시안
박철영 평론집

현대시문학

박철영 문학평론가

1961년 전북 남원 식정리에서 태어나 한국방송대학교 국문과 졸업. 2002년 《현대시문학》 시, 2016년 《인간과문학》 평론 등단. 시집으로 『비 오는 날이면 빗방울로 다시 일어서고 싶다』 『월선리의 달』 『꽃을 전정하다』, 산문집으로 『식정리 1961』, 평론집으로 『해체와 순응의 시학』, 『층위의 시학』, 『이면의 시학』 등이 있다. '더좋은 문학상' 수상. 순천작가회의 회장 역임. 『현대시문학』 부주간, 한국작가회의 회원, 〈숲속시〉 동인. young200107@daum.net

시안
박철영 평론집

발행일 　: 2024년 6월 10일
발행인 　: 양태철
편집국장 : 장계현
편집간사 : 윤슬, 문소연
펴낸 곳 　: 현대시문학
전자메일 : ahju@daum.net
등록: 1999.6.11. 제13-619호
ISBN 979-11-6771-147-2(03850)

ⓒ 박철영

『이 책은 전라남도, (재)순천문화재단 2024 창작예술지원 공모사업 후원을 받아 발간되었습니다.

시안
박철영 평론집

책머리에

　지금도 여전하지만, 어느 때부턴가 문학 속의 진정한 말들을 찾아내 그 모습이 어떠한가를 보여주고 싶었다. 어느 순간 필자가 해야 할 말은 최소한의 것이어야 한다는 것을 알았다. 시인들이 시를 통해 이미 상당한 말들을 하고 있기 때문이다. 그런 것을 알고 난 이후 비평을 통한 말은 최소한으로 충분하다는 것을 깨닫게 되었다. 시인이 간절하게 하고 싶어 한 말들을 눈여겨보며 시어 속 비유와 내재된 상징을 이해하는 노력이 먼저임을 알았다. 많은 시인의 시를 만나며 그 안에 담긴 시 문장의 시어 하나하나마다 깊은 의미가 담겨있다는 것에 놀랐던 때가 종종 있다. 시인들의 시 속 문장들은 그냥 해본 말이 아니라는 것으로 통절하게 일궈낸 진중함이 내장되어 있었다. 한번 훑어보는 시가 아니라 곱씹어 볼만한 것으로 읽으면 읽을수록 그 '시안'에는 하고 싶어 한 말들이 꼬리를 물 듯 고개를 내밀고 있었다. 전생의 인연처럼 다가온 신간 시집들을 접하다 보면 미안한 마음과 안타까움이 교차했다. 다들 남 못지않은 삶을 살아가며 진정한 마음을 담아 써온 고단한 흔적들이 담긴 시집이기 때문이다. 그렇게 쓴 시집 속의 시들을 보면서 우리는 그 시인이 꿈꾸고 있는 마음처럼 한결같아 지려할 때가 있었던가를 자문해 보았다.

한 편의 시 속에 담긴 몇 줄의 문장만으로 즐겁고 말아서는 안 된다는 생각에서 마음이 바빠졌다. 한 사람이 살아온 시간들이 한 시대의 표상이란 것으로 그 안에 깃든 시의 정신을 허투루 보아서는 안 된다는 생애 의식이 충동한 것이다. 누군가가 그렇게 진정한 마음으로 그들의 시를 바로 읽고 시를 통해 전하고자 했던 그 마음을 헤아려 사람들에게 알려야 한다는 생각과 시 속에 들어 있는 쏠쏠한 삶의 이야기는 나와 상관없는 것이 아니라 우리가 잊고 있던 시대의 무의식 속의 표상이라고 보았다. 한 사람 한 사람의 시인의 마음이 곧 우리가 살아가는 시대정신을 부양해 온 치열함이란 것에 주목한 것이다. 물신주의화한 현대 도시인들의 삭막한 의식을 완화해 줄 수 있는 안정 기제가 시인들의 시였던 것이다. 시인도 시 문장으로 표현할 수 있는 한계가 있는 것이고 그것을 좀 더 깊숙한 영역으로 끌고 와서 시대가 떠안아야 할 고뇌와 이해를 환기하는 역할은 당연히 비평가가 해야 할 일이라고 보았다. 일종의 역할 분담인 것이다. 그것은 단순히 시적으로 갖춰야 할 시의 상징성과 비유에 충실한 잘 쓴 시냐 아니냐의 문제가 아니라고 보았다. 어차피 모든 시가 현시대를 살아가는 사람들의 체험 속에서 비롯된 것이고 그것의 일부가 시란 형식을 빌어 문장으로 표현된 것이기 때문이다. 그 말은 곧 모든 시가 우리의 삶에서 발현하여 시적 상상력을 가하여 얻어진 문장으로 규정하는 데 있어 차별되어서는 안 된다는 것이다. 결국은 시를 통해 우리가 알지 못한 시인의 삶 속에서 혼신을 다한 시를 접하면서 부가적으로 깨달을 수 있는 통찰의 기여가 분명히 있었다. 한 편의 시로 인해 우리가 올바른 세상을 알아가길 희망하는 것의 바람이라면 너무 큰 것인가? 자문하면서 아직도 가야 할 길은 참으로 지루하고 먼 것이란 것을 생각해 본다. 겨우 초입에 들어서서 힘겨워한다는 것과 게으른 것과는 차원이 다르다. 시대가 부여한 평론의식을 제대로 실천하겠다는 사명을 자임했기 때문이다.

 네 번째 평론집 표제를 『시안』으로 정한 것도 앞서 발간한 『해체와 순응의 시학』, 『층위의 시학』, 『이면의 시학』의 연장선으로 그 의미는 상통한다. 이미 세 권의 평론집을 발간하면서 책머리글로 밝힌 바와 같이 중앙 문단의 부류가 아니면 아예 소외시켜 버리는 문단의 끼리끼리 뭉쳐가는 세태는 세월의 더께가 쌓여 당연한 것처럼 거리낌이 없다. 그에 아랑곳하지 않고 진정한 글쓰기에 한시도 소홀한 적이 없는 변방의 시인들을 만나곤 한다. 그들을 통해 우리 사회의 불합리와 부조리 그리고 극심한 양극화 현상들을 문학 안으로 수렴하여 파동 하려는 헌신을 볼 때 상당한 기여라고 말을 해야 한다. 그렇다고 견고해진 사회 제반 현상과 기성화 된 문학판이 순식간에 바뀔 수는 없겠지만, 그렇게라도 해야 하는 상황임은 분명하다. 앞으로도 필자가 바라보는 지점은 상식 있는 시인들이 그런 삶을 살며 세상을 바꿔보려 했듯이 문학을 통해 진전되어 가는 사회가 될 수 있도록 진심을 다한 시들을 만나려는 데 있다. 그런 의미에서 '시안' 이란 표제는 매우 큰 것으로 '시'의 '안'에 깃들어있는 시인의 정신과 시대 맥락의 혜안까지 통찰하려 한 미래까지를 함의하고 있다. 또한, 시가 가져야 할 안목과 와해된 사회 공동체 의식과 정서가 문학을 통해 완화되거나 회복될 수 있는가에 대한 고뇌와 그 시의 문장들이 용해되어 모든 사람에게 긍정적인 에너지로 어떻게 통기 될 수 있을 것인가를 천착해 보았다.

이번 평론집은 4부로 나뉘어 스물아홉 시인의 작품을 다뤘다. 시인이란 존재 자체가 하나의 우주이고 세계이니 그분들이 구축하고 있는 문학의 영역은 쉽게 짐작할 수 없다. 그 출발 지점인 시의 내밀한 이야기가 어떻게 고유한 형상을 갖추게 되었는가와 그 안에 천착한 시적 비의와 위의가 얼마만큼 깊은 곳에서 삶의 융숭함으로 진앙 되었던 가에 대한 물음과 그에 상응한 말들을 소중하게 여기며 아껴야 하는가를 새롭게 인식하는 계기가 되었다. 우리는 그분들을 이 시대에 필요한 시인이라고 주저 없이 호명해야 한다. 우리가 살아가는 현대 사회에서 없어서는 안 될 소중한 존재란 것을 확신한다. 밤이면 저 무궁한 우주의 모퉁이를 품고 내려와 쪽잠을 자다 부스스 일어나는 밤하늘의 별들처럼 홀연히 세상을 맞서가는 시인들의 모습을 상상하며 아직도 살만한 세상은 그들의 시가 우리 곁에 있어 가능한 것이라고 말을 얹어본다. 진정한 삶 속에서 찾아낸 시어들은 누군가를 위한 말이 아니라 누군가가 할 수 없기 때문으로 시인들은 말하기(시 쓰기)를 멈추지 않을 것이다. 그 시인들과 시들을 찾아가겠다는 마음도 변함이 없을 것이다.

2024년 6월 망종에

박철영

차례

책머리에 4

제1부 --
반향, 그리고 사유가 낳은 발화

시의 담론 속 중심의 세계 - 조선의   15
바라보는 시선과 그 반향 - 김두례   37
심연을 통과한 문장의 시선들 - 신양옥   49
상상력으로 발화한 문장의 층위 - 피귀자   69
시적 공간과 상상으로 인식한 세계 - 김순효   81
삶에서 체현된 온정한 마음 - 진영대   95
은근하게 또는 뭉근하게 - 임혜주   107

제2부 --
여울을 돌아나온 담론

슬픔이 아닌 희망이 되는 나라 - 이학영 119
저변에서 체화한 문장의 범주 - 조영심 137
시대의 저항과 성찰의 시편 - 김해자 151
소소한 것들로 흘러든 시간 붙들기 - 김미승 165
삶의 심연에서 채화된 시적 형상들 - 성미영 175
풍경소리처럼 순한 울림 - 김황흠 193
현재화된 시간 속 이면 - 정선희 203

제3부 ------------------------------------
이유 있는 발화

절실한 자기애를 실현한 궁리 - 박수림 217
시적인 영역과 상상력의 의미 담론 - 이민숙 235
사랑, 가슴 아프도록 그리운 말들 - 오미옥, 서수경 249
못다 쓴 희망의 파동 - 김기홍 271
시의 중심 속 지극한 사유 - 고영서 287
그리움, 그 안 오롯한 삶의 시간들 - 곽인숙 301
가슴에서 솟는 달 - 김도수 323

제4부
시간을 관류한 언어망

상상 속 표상과 시적 재현 - 박수원 333
천착으로 이뤄낸 환기력의 시 - 이지담 357
삶의 서사로 사유한 분광分光 - 양종화 373
동그라미처럼 그려가는 사랑 - 이은유 389
범람과 순응의 시적 재현 - 정재영 397
생태적 여성성과 연기론적 사유 - 석연경 411
낯섦에서 치환한 자연의 시어 - 김계식 425

제1부
반향, 그리고 사유가 낳은 발화

시의 담론 속 중심의 세계
 - 조선의 시집 《반대편으로 창문 열기》 중심

 허공도 공간이다. 시인은 위태위태한 허공에서 줄타기를 하듯 자모의 결합적 텍스트를 통해 인간의 심연을 벼르고 다듬어 문장을 직조하는 사람이다. 이 땅의 모든 광물들이 보석이 될 수 없듯 혼신을 다해 생산한 문장을 버려야 할 때도 연연하지 않고 독해야 한다. 때로는 처연하게 한 가지 일에 몰두한 장인처럼 문장을 다루며 언어를 도구로 필생을 겸허히 수행하는 이들도 시인이기에 앞서 평범한 사람이다. 그렇게 초연한 의지를 갖고 시인은 주체적 삶을 향한 욕망을 철저히 타자 화해야 하고 대상이라는 사물로 형상화하는 과정에서 '나'가 아닌 타자라는 입장에서 접근할 수밖에 없다. 무에서 유를 문장으로 구조해 가듯 허공에다 형상화해 가는 상상력에 대한 저항도 만만치 않다. 어차피 인간의 복잡한 심상에서 사유를 발제해 가는 작업이기에 시어로 결집하는 과정에서 감성에 대한 이성적 저항은 당연히 감안해야 한다. 조선의 시인의 이번 시집 속 시편들도 그런 범주에서 바라본다면 무방할 것이다. 특히 시인의 변별성으로 통하고 있는 생명 중시에 대한 절대적 신앙은 매 문장마다 면면한 가치를 언어의 위중함으로 말해준다. 결국 전체적인 시의 맥락에서 보여주고자 하는 시적 위의는 생명성에 대한 존재 인식과 '사랑'에 대한 천착이다. 이러한 인식은 사물에 대한 속성과 내재된 가치의 존중에서 비롯된다. 흔히 사물을 통해 시적 이면을 비유나 상징으로 환기하는 것에 의한 불편의 표출일 수도 있다. 어차피 시적인 사유로 선택된 모든 대상에는 그만의 의미가 내재되어 있다. 처마의 물방울이 결빙되어 생기는 '고드름'도 그런 사유에서 촉발된 시적 발상이다.

    빙하기를 표류한 빛살 속에서
    숨소리를 죽이고 빤히 나를 바라보는
    길쭉한 물방울 병정들의 연대가 깜냥이다

    머리부터 발끝까지 고드름이 향한 곳은
    처마 끝이거나 뜬 눈이 부신 밑바닥

    이렇다 할 옹이도 없이 아래로 오르는 정점
    설원에 닿지 못해 사라진 입김들이
    난반사되듯 구름의 역린에 달라붙는다

    그 흔한 곁가지 하나 내지 않고
    거꾸로 매달려 생을 몰두하는 무골의 종족

    -〈고드름의 뼈〉부분

첫 행이 부여하는 긴장감이 단순하지 않다. "빙하기를 표류한 빛살 속"에는 우리가 살아가고 있는 현재의 시간까지 관통하고 있다. '고드름'의 생성이란 것도 근원을 파고들며 상상해 본다면 아득한 '빙하기'부터라는 영원성을 전제하고 있다. 단순히 허공을 질러오다 기상변화로 형성된 얼음덩어리가 아니라는 것이다. '고드름'을 통해 불가능한 우주라는 실체를 확인하는 순간이다. 따라서 '고드름'은 처마 끝에 매달린 물의 결빙만을 의미하는 것이 아니다. 그 안에 내재된 생명의 비밀과 연관성까지도 유추할 수 있게 된다. "숨소리를 죽이고 빤히 나를 바라보는/ 길쭉한 물방울 병정들의 연대가 깜냥"이라고 말은 그렇게 하지만, 화자는 그 안에 감도는 신비한 기운을 포착한 것이다. 시간 속에 존재하지 않던 허공이라는 공간을 유의미한 실체적 공간으로 인식한다. 그러면서 관심 밖이었던 과거와 현재라는 시간의 연속성을 환기하려 한다. 자연스럽게 볼 수 없던 지점까지 현재라는 시간으로 끌어와 존재성을 부여한다. 그런 사물적 지시 점을 새롭게 변주하여 시적 감성으로 전달하고자 한 화자만의 시적 확장성은 쉽게 이룰 수 없는 부단한 시적 세계에 대한 상상력으로 얻은 결과일 것이다. 시인이 바라보고 있는 '고드름'을 통해 생명의 근원까지를 유추해 본질인 우주의 시간까지를 현재화하기에 이른다. 사실 고드름의 본질은 물일뿐이다. 물은 허공 아닌 땅 위에 존재하고 낮은 곳을 지향한다. 그 속성을 실현하려는 의지는 항상성이어서 변함이 없다. 허공에서 어쩔 수 없이 고드름의 형태로 존재하지만, "머리부터 발끝까지 고드름이 향한 곳은/ 처마 끝이거나 뜬 눈이 부신 밑바닥"을 향하고 있다. 고드름이 갖는 욕망은 아래로 향한 속성을 실현하는 것이다. '물'이라는 액체가 외부 환경에 의해 다른 형태로 변형되지만, 근본을 지키듯 "그 흔한 곁가지 하나 내지 않고/ 거꾸로 매달려 생을 몰두하는 무골의 종족"이었다는 자부심에 대한 각성마저 시인 정신을 닮았다. 그런 의지가 지금의 여전한 모습을 유지하게 한 동력이다. 뾰족한 끝이 향한 결기의 응집은 상승을 추구하는 욕망이 아니다. 언제든지 "한순간도 감출 수 없는 투명한 기척"을 잊지 않고 실천해야 할 무욕을 표방한 정념일 뿐이다. '고드름의 뼈'라는 지지력이 곧 '물'의 복원력이다. 그렇기에 끊임없이 변화하는 시간 속에서 영원한 속성을 복원해 낼 수 있다. 우주 속에 존재한 생물체들이 갖는 개별적 고유한 것의 특징도 알고 보면 가장 근본적인 복원력을 잃지 않았기 때문에 이룰 수 있다고 본 것이다.

나무에 물이 오르면 서로를 교감하는 파원이 생기죠
켜켜이 모이는 원圓
쓸데없는 물기를 제거하면 수직이 가벼워요 그래서 천장이 둥둥 뜹니다
우듬지 아래에서부터 아버지 허리는 쉽게 꺾였죠

-〈나이테〉 부분

시 〈나이테〉는 나무가 성장하면서 맞닥뜨린 엄혹한 시간에 대한 상세한 기록이다. 나무가 감당한 계절과 매번 다를 수밖에 없는 시류의 변화들이 민감하게 축적되어 상황을 각인한다. 환경에 적응하며 '성장'이란 유전적 본성을 실현해 간다. 그때마다 필요한 만큼의 허공을 필요 공간으로 점유한다. 지상 부를 점유한 공간은 나무의 근경을 초과하지 않으면서 경계를 사사로이 긋지 않는다. 그것마저 생존을 위한 일상이어서 '나이테'라는 연대기는 빈틈없이 빼곡하다. 죽지 않고 살아남기 위해 땅 속의 물을 끊임없이 끌어올려야 한다. 생존을 위한 물길의 통로는 유일하지만, 정량만 필요해 우듬지까지 정체는 없다. 해당 기록은 한 치의 흐트러짐 없이 '나이테'에 새김하고 어떤 외력에도 수정되지 않는 진실을 담고 있다. 그런 면에서

본다면 나무라는 속성에는 착한 인간의 본성을 아직껏 유지하고 있다. 나무가 추구하는 성장(생존)은 주변 식물군과의 경쟁적인 '교감'에서 출발한다. 인간의 사회성처럼 "켜켜이 모이는 원(圓)"을 지향한다. 나무는 필요한 만큼 수분을 섭취하기에 흡수원을 악화시키지 않는다. 나무가 갖는 뿌리 근성에는 애초부터 탐욕적인 신경망을 무디게 해 놓아 선량하다. 거기에 더해 부피로 계량할 수 있는 형상적 질량은 과욕적인 활동을 철저히 배제한 사상 체다. 여기까지는 나무가 갖는 긍정성에 대한 예찬이다. 하지만, "우듬지 아래에서부터 아버지 허리는 쉽게 꺾였죠."라는 행부터는 대상에 대한 전환을 예고한다. 즉 '우듬지'와 '허리'는 특정한 부분을 지시하지만, 자연스럽게 사람의 신체로 이전된다. 사람이 나무를 심었지만, 어느 순간 나무가 현대인의 사회 활동에 지장을 초래한 것이다. 그런 나무는 가차 없이 가지와 몸통까지 전기톱에 잘려 나간다. 몸통만 존재한 나무를 보면서 막막한 시절을 살아낸 아버지들의 모습을 연상한다. 우듬지를 키워 든든한 나이테를 만들었듯 오직 가족의 안위를 위해 헌신한 아버지가 노쇠해 무기력한 존재가 되어버린 것과 닮았다. 당당했던 '아버지'의 모습은 언젠가부터 "굳어진 근심이 지붕과 처마를 짓누르는 탓에 무릎관절은 시도 때도 없이 삐걱"여 당신의 몸도 가눌 수 없는 지경에 이르렀다. 이제 아무것도 할 수 없는 아버지가 가지와 몸통이 잘려나간 토르소 같은 나무 덩어리와 같다는 상상이 과한 것은 아니다. 성실하게 일한 대가로 가족의 안위가 우선이었던 것처럼, 우듬지만을 위해 키워 나이테만큼 속이 부실해진 나무였다. 우리의 늙은 아버지들과 쇠약해지는 모습이 운명처럼 닮았다. 그것은 우리 사회가 갖는 노령 층에 대한 경시 풍조를 몸통 잘린 나무를 통해 삼강오륜적 윤리의 회복을 성찰하게 하는 문장이다.

> 오식도에서 신시도까지*
> 파도는 흐느낌이었고 갯벌은 그래도 행복한 농사였다
> 잊혀진 이름을 신시댁이라고 불러준 것도 섬이었다
>
> 동이 트는 방향으로 갈매기는 날고
> 서쪽으로 모든 노을이 꽃잎처럼 쏟아지면
> 당신의 불안을 캐내기 위해 갯벌로 향했다
> 살아갈수록 언제 불어올지 모르는 태풍의 예고를 알면서도
> 익숙하다는 것은 위험한 동반보다 가까운 일상 아니던가
>
> 부안은 군산에 닿기 위해 발걸음을 멈추고
> 해안은 바다로 나가려고 멈칫거렸지만
> 당신은 섬 그 자체로 살았다
> 바다 속 섬은 익히 알고 있었지만
> 내 안의 섬이 된 어머니를 뒤늦게 알게 된 것은
> 바다로부터 나의 외로운 민낯을 확인할 때였다
>
> *새만금방조제
>
> ―〈섬, 어머니의 에필로그〉 부분

　육지와 멀리 떨어진 섬을 보면 어딘지 모를 고독과 그리움 같은 낭만을 품고 있을 애수가 번져온다. 조선의 시인의 '섬, 어머니의 에필로그'는 그런 인상적 이미지를 이미 전제하고 있다. 우리가 살아온 세대를 떠안아야만 했던 '어머니'들은 "섬은 물 위에 핀 꽃/

가시 위의 꽃처럼 사방이 막다른 문이다"라고 말한 것처럼 고단한 시간을 운명처럼 짊어져야 했다. 망망한 바닷속 '섬'에서 모든 것을 팽개치고 떠날 수도 없는 막막함에 절망하지 않았던 우리의 '어머니'를 생각한다. 마침 광활한 바다를 메운 새만금 간척지를 보며 상전벽해의 위용에 찬 감회가 아니다. 저 매립된 어딘가에 묻혀 있을 갯벌 속에서 혹독한 고통을 마다치 않고 당신을 속박하며 살아온 '어머니'를 떠올린다. 새만금 방조제로 '섬'이 육지가 되어버린 '신시도'에 와 있다. 화자의 기억 속 '신시도'는 "동이 트는 방향으로 갈매기는 날고／ 서쪽으로 모든 노을이 꽃잎처럼 쏟아지"던 환상적인 섬으로 기억한다. 그런 반면 '어머니'로 인한 아픔도 깊다. 섬을 에워싼 '갯벌'에서 어머니의 발목을 한시도 놓아주지 않던 '신시도'의 거친 바다가 잊힐 리 없다. 불쑥불쑥 엄습한 "당신의 불안을 캐내기 위해 갯벌로 향"해야만 했던 불면의 밤과 어머니를 힘들게 한 빈궁은 "이곳에서는 목숨 걸지 않고 되는 일은 없었다／ 인생이 꼬인 기분이 들 때마다／ 차라리 자신을 바다에 탕진하려고 악착같이 일어났다"는 것처럼 하루하루가 막막함 그 자체였다. 태풍이 코앞에 닥친다 해도 생존을 위해 갯벌 노동을 멈출 수 없었던 어머니였다. 또한 '신시도'를 떠나서는 살 수 없다는 절박함은 매번 갯벌로 내몰았다. 화자가 추억하고 있는 '섬'과 '갯벌'은 원망과 안타까움으로 비례한다. 잔잔히 잦아드는 바다처럼 어느 한때라도 어머니의 고통은 한 치도 수그러들지 않았다. 하지만, 시대가 바뀌고 섬과 갯벌을 바라보는 인식도 변화되어 이제는 낭만적인 여행지이거나 피부 미용을 위한 명소로 탈바꿈되어 사람들이 몰려든다. 바뀐 현실을 보는 속내는 편치가 않다. 어머니의 생애가 곧 섬(신시도)이었던 과거는 아직도 생생하다. 방파제 너머 일렁이는 파도가 아픈 기억들을 되살려놓기 때문이다. 방파제에 갇혀버린 신시도(섬)를 보며 그토록 간절한 삶을 감당해 온 '어머니'를 그곳에서 다시 만나게 된다. 사라진 섬 대신 스스로 섬이 되어버린 어머니를 가슴속에 고스란히 품고 있는 자신을 발견하고 화자도 이미 그곳의 섬이 되길 주저하지 않는다. 어머니가 부재한 섬이지만, 더는 외롭지 않다. 어머니의 섬은 영원히 화자의 가슴 속에 존재할 것이기 때문이다. 거친 환경에서도 어머니가 보여준 사랑은 강인하고 영원한 것이다.

  하우스 문이 잠깐 열렸다 닫히는 동안

  유예기간도 없이 찢겨버린 투명한 비닐들은 하늘의 폐활량을 가늠했다

  아득하게 돌아가기엔 먼
  빛조차 직립으로 분류되지 못했다

  예민한 내 안의 무표정이 어머니의 굽은 척추를 지탱하고 있다

    -〈무너진 직립〉 부분

〈무너진 직립〉에서 삶의 순간을 비닐하우스가 붕괴된 상황과 병치시켜 놓았다. 비닐하우스가 온전치 못해 찢기고 기어이 직립의 힘으로 버텨주던 하우스 철 구조물이 주저앉아 버렸다. 어머니가 수없이 드나들던 비닐하우스가 붕괴된 것처럼 강인했던 당신께서 몸을 더는 지탱할 수 없었는지 그렇게 되고 말았다. 몸은 병실에 누워있지만, 마음만은 당장이라도 일어설 것만 같다. 그렇지만, 다인실에 입원한 환자들 상황이 제각각인 것처럼 "일어서기 위해 몸을

눕힌 병실의 침상마다 서로 다른 불안이 선명"한 것을 보며 시시각각 덮쳐오는 운명의 시간을 예감한다. 무너져 내린 하우스가 다시는 복구될 수 없다는 것을 알 수 있듯 어머니를 바라보는 화자는 "유예기간도 없이 찢겨버린 투명한 비닐들은 하늘의 폐활량을 가늠"하려 거친 호흡을 들이마시지만, 호흡의 시간이 너무 짧다. 붕괴된 비닐하우스 안의 작물이 생존할 수 없는 것과 다르지 않다. "아득하게 돌아가기엔 먼" 어머니에 대한 애잔함만 깊다.

   구겨진 그늘 속에서 순간의 영원이 꿈틀거렸다

   한 생애 딱딱한 그리움과 가슴 깊이 들여놓은 상처까지, 꽉 찬 고독을 끌어안고 세상에 나오는 일은 쉽지 않다

   우직하고 과묵한 돌멩이는
   자신을 속박하거나 상한 마음을 가라앉히거나 웃자란 시간을 베어버리거나

   밀어를 깨우는 눈물이었으니

   무표정에 익숙해질 때 어색한 감정을 유예하지 못하고 피어나는 것이, 돌꽃이다

      -〈돌꽃 피다〉 부분

시선과 닿은 순간도 쉼 없이 시간의 축적은 진행된다. 꽃이 피고 지는 것은 소멸과 별개인 생성의 또 다른 모습이다. 여기에는 부정

이나 긍정도 존재하지 않는다. 오직 존재한다면 무수한 반동으로 모색한 활로를 스스로 열어가겠다는 강한 의지인 것이다. '돌꽃'이라는 형상에 부여된 생명성은 지극함을 은유한 생명의 끈질긴 애착이다. 스스로 생명을 얻어 생존하고 말겠다는 강력한 의지가 만든 불굴의 표상인 것이다. 아예 어느 한순간이라도 흐트러질 땐 세상에 존재할 수 없는 돌꽃이다. '돌'에 부여된 생명성은 애당초 존재하지 않는 것이기에 스스로 축적된 시간을 만들어간다 해도 꽃이 될 수 없다. 하지만, 불가능한 '돌'의 지극한 염원이 신종의 꽃으로 발현했다. 화자가 발견한 '돌꽃'처럼 우연한 삶이 없듯 자연도 그렇다는 걸 확인한다. 귀가 닳아 세상 소리를 들을 수 없다. 눈과 얼굴이 세월에 풍화되어 온전치 못해도 옹골찬 기상은 꺾을 수 없다. 온갖 풍상과 시련에도 굴하지 않는 사람처럼 돌이 품고 있는 성정도 마찬가지임을 보여준다, 물결에 쓸려 떠내려가다 어딘가에 묻혀 헤아릴 수 없는 세월을 묵묵히 보내야만 했을 '돌'의 생애가 사람과 다르지 않다. 조그만 '돌'을 통해 그 안에 담긴 자연의 이치가 오묘하듯 변화무쌍한 인간의 생애를 본 것이다. "한 생애 딱딱한 그리움과 가슴 깊이 들여놓은 상처까지, 꽉 찬 고독을 끌어안고 세상에 나오는 일은 쉽지 않다"며 풍상의 고초를 경험한 자만이 알 수 있는 단언이다. 살며 어쩔 수 없이 겪어야 했을 고난의 시간을 극복하지 못했다면 존재할 수 없었을 현재를 '돌'의 형상은 증언한다. 그 과거의 시간을 거슬러 올라간다면 거대한 바위였을 '돌'의 전생을 "우직하고 과묵한 돌멩이는/ 자신을 속박하거나 상한 마음을 가라앉히거나 웃자란 시간을 베어"내며 스스로 작아지기 위한 노력을 멈추지 않았다. 가진 것을 다 버리고 난 뒤 본성에 닿을 수 있어 지극해진 '화엄' 같은 표정을 꽃으로 피워낸 것이다. 사람의 얼굴에서 살아온 내력을 짐작할 수 있듯 '돌'의 표면에 새겨진 문양에서 자연의 비의를 읽을 수 있다. 봄에 피고 지는 꽃이나 '돌꽃'이나 다를 것이 없다. 다소 시차의 간격이 있겠지만, 영원이란 것은 이 세상에 없어 언젠가는 소멸하고 말 것이기 때문이다.

> 산을 넘으려는 늙은 해를 바라본다
> 역광을 발산하며 서녘의 구멍을 뚫고 있는 열아홉 시
> 처서는 귀뚜라미 등에 업혀오고 대추는 하늘에서 익는다
> 노을의 눈꺼풀 속으로 제 숨 풀어놓는 초저녁
> 도무지 저 인기척 없는 형물
> 하늘 바가지로 꽃을 받아내고 있는 것이다
> 한 생각으로만 하루를 넘기는 은밀한 화음花陰
> 막막이라는 그 수렁에 모든 세간을 수납한다
> 누구나 살면서 피눈물 몇 동이쯤 쏟아내지 않았겠는가만, 세상의 창문이 나로부터 열릴 때 일상의 물음이 멍 자국을 증언할 것이다
> 밤의 영혼 속으로 풀벌레 소리는 뼛속까지 파고드는데
> 달은 밝기를 더하며 내 안을 통과하고 있다
>
> -〈노을의 뼛속으로 어둠과 달이〉 전문

하루를 살다 간 해를 상상해 본다. 하루가 생애라면 하루살이와 다르지 않다. 쉽지 않은 시적 상상력을 보여주는 〈노을의 뼛속으로 어둠과 달이〉에서 "산을 넘으려는 늙은 해를 바라본다"라는 관점을

보자. 아침에 떠오른 일출이 노을을 머금고 산을 넘어가는 늙은 하루가 고달프다. 마지막 비명을 지르듯 "역광을 발산하며 서녘의 구멍을 뚫고 있는 열아홉 시"는 최후를 마감하는 존엄사적 비장미悲壯美를 더해 장엄하다. 24절기를 건너온 '처서'마저도 '하루'라는 말미를 알기에 마음이 바빠진다. 지는 해를 보며 탐욕한 시간의 허무나 무소유를 강요할 의도는 없다. 다만, 붉은 해가 하루 동안의 생애를 어둠에 내주듯 "막막이라는 그 수렁에 모든 세간을 수납한다"는 말은 결국 인생살이가 공수래空手來 공수거空手去이듯 탈탈 털려 떠나가는 해와 달의 시간도 인생살이와 같다. 어차피 해가 긴 하루를 지나 서쪽에 당도하듯 사는 것의 하루도 생의 여정으로 고난의 시간을 통과하는 고통과 상응한다. 해와 달이 낮과 밤을 이루듯 우리가 살아가는 일상도 안과 바깥으로 나뉘는 것이다.

   예측할 수 없는 퍼즐의 방식
   창문을 오래 한쪽만 열어놓으면 새로울 것도 없는 풍경이 지겨워요
   뚜벅뚜벅 구름이 걸어와도 변하지 않는 것은 죽었다고 생각했어요
   머릿속에서 쑥쑥 불면이 자라나고 외면해도 창문의 자리는 완강하죠
   암묵적인 서사라는 새로운 인사방식이 습관이 되기 쉬워요
   지구의 자전처럼 적당히 불친절해 보세요
   창밖을 볼 때 슬프다는 감정 따윈, 월식을 피해 달아난 달과 같아요
   엇갈린 방향으로 다른 피사체가 비친다면 양 눈을 뜨고 외눈으로 보는 착시와 다를 바 없어요
   바라보고 싶지 않을 때의 마음과 바라보고 싶을 때의 창문이 서로 다르듯이, 매일 도달하는 문장이 너무 낯익을 때는 풍경을 환기시켜 보세요

주술 같고 지루한 반복을 이제 그만 끝내는 게 좋아요

반대편으로 창문을 열어보세요

  -〈반대편에서 창문 열기〉 전문

 사회적인 통념으로 굳어진 관습도 습관이나 다를 바 없다. 고정관념을 따른다는 궤에서는 말이다. 그렇다면 지금껏 관행처럼 따라 하던 것을 반대로 생각하고 실천한다면 처음엔 혼란스럽겠지만, 이내 익숙해지고 말 것이다. 익숙한 것에 대한 반동으로 생각해 낸 것이 익숙하지 않은 정반대의 행동을 해보자는 것이다. 시인은 시를 쓰는 사람이다. 지루한 시적 발상의 고통을 이색적인 방법으로 시도했을 때 사유의 파격으로 상상력을 강화시켜 줄 것이다. 반복된 시어가 중첩 성을 초래해 피로를 가중시킨다는 시론적 발상이 시작되는 지점은 유사성의 남발에서 오는 식상함의 다른 말이다. "창문을 오래 한쪽만 열어놓으면 새로울 것도 없는 풍경이 지겨워요/ 뚜벅뚜벅 구름이 걸어와도 변하지 않는 것은 죽었다고 생각했어요/ 머릿속에서 쑥쑥 불면이 자라나고 외면해도 창문의 자리는 완강하죠/ 암묵적인 서사라는 새로운 인사방식이 습관이 되기 쉬워요"라고 말한다. 여기서 "주술 같고 지루한 반복을 이제 그만 끝내는 게 좋아요/ 반대편으로 창문을 열어보세요"를 따라 해 보자. 매번 그런다면 따르는 혼란은 상당할 것이다. 그렇지만 간혹 기존의 방식을 일탈해 보자는 시,〈반대편에서 창문 열기〉는 신선하고 흥미롭다. 만약에 반대 방향으로 창문을 열어본다면 지금껏 볼 수 없던 풍경과 맞닥뜨릴 것이다. 화자는 자신이 살아온 방식에 대한 반성을 통해 다른 방식의 시도를 해보겠다는 의지의 시적 지향이다. 결국은 이 세상에 없는 방식의 탐험이 시의 세계란 것을 외연을 넓혀가는 행위로 보여주고 있다. 이 말을 달리하면 시 창작의 언어적 한계에서 오는 고통이 만만치 않다는 자기 고백인 셈이다. "바라보고 싶지 않을 때의 마음과 바라보고 싶을 때의 창문이 서로 다르듯이, 매일 도달하는 문장이 너무 낯익을 때는 풍경을 환기시켜 보세요"라며 한 편의 시를 위한 획기적인 발상의 전환을 시도하자는 말이다. 막상 문장을 찾아가다 보면 스스로 강박에 쫓기는 경우가 허다하다. 사방이 막힌 곳에서 방향성을 상실한 채 방황하고 있는 자신을 발견한다.

포악한 바람에 한 시대가 쓸려가고 빗나간 맹세는 붉음을 개입시켰다
꾸다 만 꿈은 아주 선명하게 까치밥이 되어 달려있다
눈시울 뜨거운 저 생혈이 사무치듯 엉킨 것은
인생의 막후를 자백하는 감정
야윈 감정만 남아 입 없는 말들이 경계 밖을 떠돈다
여태 헛것과 바람둥지에 세 들어 살았던가
이미 멀리 와 버린 것들이 뒤척이는 가지 끝
쓸쓸한 그리움이 흑백 스냅사진으로 매달려있다

 -〈문득 오래전, 까치밥〉부분

존재와 부재 사이에서 시적 화자는 현실에 대한 물음을 던지고 있

다. 사람에게 다가가 대화를 하고 싶어도 "인기척이 사라진 골목"에서는 별 수가 없다. 사람들의 관계가 개인주의로 흐르면서 단절은 일반적인 것으로 현실을 핑계 삼는다면 그마저도 할 말이 없다. 동일한 시, 공간에 살고 있지만, 공동체라는 인식은 사라지고 없다. 단절과 고립된 삶이 편안하고 서로에 대한 이해와 소통은 불편한 것이 되어버렸다. 그런 부류의 사람들이 애당초부터 그랬던 것은 아니다. 멀지 않은 과거 아름다운 동행으로 온정을 나누던 때를 모를 리가 없다. 누군가에게 나눔이라는 인정머리가 구들방의 온돌처럼 따뜻하게 감싸주던 시절을 기억한다. "숨겨야 할 그 무엇도 없이 추위를 건너온 사람들이/ 일어서려고 몸부림치다 주저앉을 때 삐걱거리는 관절마저도 퇴행을 어쩌지 못했다"는 사회 인식은 우리가 그토록 소중히 여긴 '인정'과 '온정'에 대한 절실함으로 다가온다. 화자는 변질된 사회 현상을 복원할 수 있는 방법을 모색하면서 원인을 "악습에 갇힌 변민"에서 찾고 있다. 지금껏 살아온 날의 반성과 전환점은 "포악한 바람에 한 시대가 쓸려가고 빗나간 맹세는 붉음"이라는 상실된 인간성의 회복에 있다는 것이다. '붉음'은 인간의 내면에 자리하고 있는 본성을 가리킨다. 자신이 살아온 날의 기억에 대한 복원을 의미하면서 우리가 잊고 살던 소중한 가치들을 환기시킨다. 가슴에서 사라진 '배려'가 갖는 기억을 상기한다. 그것의 중심은 '사람'에 있었고 '사랑'을 실천하는 '까치밥'을 통해 가능성은 아직도 유효하다. 작은 배려가 삭막한 사회를 건강하게 유지하는 버팀목이 되어 준 것이다. 감나무에 매달린 몇 개의 홍시가 혹독한 겨울을 이겨내는 까치의 구휼미였다. '까치밥'의 의미 속에서 그 시대의 사람들이 무엇을 소중하게 생각하며 살아왔는가를 자문해 본다. 누구라고 특정하지 않은 우리라는 공동체에 대한 사랑의 실천인 것이다. 과거를 낡은 것으로만 치부해선 안 된다는 각성이 곧 "인생의 막후를 자백하는 감정"으로 분출한다. 언젠가 끝이 나고 말 생의 치열함도 종래에는 잘 살아보자는 것이 아닌가? 이제 남아 있다면 '헛것'처럼 흘러가버린 '바람둥지'의 허망한 시간과 '쓸쓸한 그리움'이거나 '흑백 스냅사진'으로 언제든지 빛이 바래 사라질 것들이 전부라는 것을 깨달은 것이다. 우리가 살아가는 현재라는 시간에서 사라져선 안 될 것 중 하나가 이기적인 탐욕이 아닌 '까치밥' 같은 온정적인 나눔의 가치임을 환기하고 있다.

소금쟁이가 남긴 파문이 자꾸만 따끔거린다
저지대를 탐색 중인 신호는 젖은 지층에 걸려 주파수를 이탈했다
잴 수 없는 수심은 거짓말처럼 얕았으나
웅덩이는 하늘과 바다를 임시로 연결하는 환승역이 되었다

두려울 때마다 물이 무릎까지 차올랐다
달이 뜨면 나를 어떻게 할까, 사람들이 웅성거렸다
그래도 몇 개의 비밀만은 간직하고 싶었다

버드나무 허기진 그림자가 수면에 누워 화석처럼 굳어갔다
번지거나 스며드는 언어만 있을 뿐
흐르지 못하는
유속은 나를 휘발시키기에 충분했다

물고기들이 먼바다를 향해 헤엄치고 하늘로 떠나는 표는 이미 매진됐다
시나브로 웅덩이가 마를 무렵
길을 확장하는 포크레인 소리가 가까워졌다

-〈웅덩이에 관한 소고〉 전문

 우리는 매일 달라진 환경을 접하면서 아무렇지 않게 살아간다. 겨우 한다는 것은 몇 년 전 풍경을 소환하며 추억담이라는 담론의 시간을 메꿀 뿐이다. 인간이 살기 좋은 환경을 만든다지만, 그런 것만도 아니다. 꼭 있어야 할 자연 상태의 환경마저 밀어버리고 인위적인 구조물을 장치해 기존과는 판이한 도시 환경을 만들기 때문이다. 사라져야 할 대상이 아닌 것들에 대한 경시는 오랫동안 적응하며 살아온 생명체들을 제거하는 수단이 된다. '소금쟁이'도 그중 하나다. 맑은 물이 흐르는 냇가에 총총 하늘을 날 듯 뜀뛰기를 하는 모양새가 특별해 순수한 아이들 눈에 그만한 게 없었다. 수면 위를 자유롭게 오가는 것과 간간이 하늘로 날아 공간 이동을 하는 소금쟁이를 보며 신기해했다. 거기다 작은 깨끔발로 물을 딛고 서서 물속으로 가라앉지 않는 초능력까지 겸비했다. 위태롭게 물살에 떠내려가다 훌쩍 제자리로 돌아와 총총거리던 소금쟁이가 눈에 들어온 것도 어릴 적 추억 때문이다. 그 소금쟁이가 말라 가는 웅덩이에 갇혀 탈출을 시도하지만, 번번이 실패하고 만다. 더는 벗어날 수 없는 죽음의 환경에 갇혀버렸다. 유년의 낭만을 상기시켜 주던 소금쟁이의 위기를 통해 도시의 난 개발에 대한 문제의식으로 진전된다. 소금쟁이가 갇힌 웅덩이는 예전 물이 무릎까지 차오르던 두려움 가

득한 물길이었다. 물가에서 녹음 짙은 버드나무도 무참히 뽑혀 누워버린 그곳은 생명체가 더는 살아갈 수 있는 곳이 아니다. 포클레인에 의해 웅덩이가 사라지고 나면 번듯한 차량들이 도로를 질주할 것이다. 미물에 불과한 생명체가 환경에 대한 파문을 소요하고 있다. 화자가 갖는 환경파괴로 인한 재앙에 대한 인식은 유년의 추억에 대한 안타까움만은 아니다. 우리가 소중하게 간직해야 할 목록들을 짚어가는 환경의식인 것이다. 그것은 생명에 대한 사랑의 실천 행위이다.

낡은 벽지를 뜯어내니 여기저기 못 자국이다
헐거워져 빠져나간 것들과 아직 그대로 박혀 있는 멈춤의 시간이
비장한 연대를 이루며 통점으로 남아 있다
벽에 귀를 대자, 쾅쾅 아버지의 망치 소리가 들린다

충격에 저항한 것은 몸이 뒤틀리고
힘의 방향으로 뚫고 들어간 것은 콘크리트 벽 속에서 팔딱거리고 있다
옆집에서 쾅쾅 못 박는 소리조차
은밀하고 신비한 내 슬픔을 관통하고
불모의 터 같은 벽에선 암각화 냄새가 났다
왠지 불안했던 휘어짐의 각도들이 장도리에 꿰어 나오고
예전에 피었던 꽃들은 빛바랜 흑백 사진처럼 누름꽃이 되었다

세월을 마중 나온 상형문자 같은 목숨

허름한 옷과 중절모가 수직의 힘에 의지한 채
어떤 소문도 발끝의 힘을 빼는 동안 아버지의 곧은 등뼈는 차츰 휘어
유통기한이라는 녹물에 꺾이곤 하였다

가끔 불꽃같은 본능을 주체하지 못해 반대방향으로 균형을 잃고
어머니 가슴에 대못이 박힐 때면
벽지에 난무하는 꽃잎의 시름은 이만저만이 아니었다

나는 그때마다 죽은 새를 날려 보냈다

못 서너 개 빼내고 그 위에 새로운 벽지를 바른다
모란꽃 발등 아래 구름의 얼굴 씻기는 소리가 들리면
아버지는 연장통에 들어있는 구부러진 못을 주춧돌에 반듯하게 펴
당신의 등고선에 어머니의 웃음을 걸어둘
추억을 못질하고 있다

　　-〈아버지의 못〉 전문

'아버지의 못질'은 자신의 삶을 지탱하기 위한 방편이다. 반듯하게 발라진 방안의 벽에서부터 시작된 아버지의 못질이다. 차차 시간이 흘러 집 바깥에서도 못질이 잦아지셨다. 화자는 아버지의 존재를 확인하는 순간을 맞이한다. 이전까지는 단순히 가족 구성원의 최상위에서 근엄한 상징으로 존재한 것까지였다. 하지만, "낡은 벽지를

뜯어내니 여기저기 못 자국이다/ 헐거워져 빠져나간 것들과 아직 그대로 박혀 있는 멈춤의 시간이/ 비장한 연대를 이루며 통점으로 남아 있다/ 벽에 귀를 대자, 쾅쾅 아버지의 망치 소리가 들린다"는 지점은 아버지의 시간을 연대기적으로 보여준다. 낡은 벽지를 뜯어낸 순간 감춰진 아버지의 본모습을 발견한다. 수없이 당신만의 세상을 이루기 위해 못을 박아야 했지만, 빈번히 실패하고 말았을 아픈 흔적이다. 아직도 못다 이룬 못질은 진행 중이다. 쉽게 박힌 못은 쉽게 빠지듯 강한 힘에 부딪혀 휘고 마는 못은 쉽게 제자리를 찾지 못한 채 폐기되곤 했다. 그럴수록 감정을 더한 힘으로 밀어붙였지만, 아버지의 뜻대로 돌아가는 세상이 아니었다. 까칠한 분풀이처럼 튕겨 나온 못은 애꿎은 '장도리'가 도맡았다. 그것만이 아니었다. "옆집에서 쾅쾅 못 박는 소리조차/ 은밀하고 신비한 내 슬픔을 관통하고/ 불모의 터 같은 벽에선 암각화 냄새가 났다"며 이웃과의 분쟁을 기억하고 있다. 집의 경계를 뚫어버릴 기세로 가해지던 이웃의 못질마저 또렷하게 각인된 유별한 시간을 기억하게 한 상형의 형상이다. 그 안을 관통하고 있는 중심은 언제나 살기 위해 몸부림친 것이었다. 힘에 부친 생존을 연장하기 위한 치열한 '아버지의 못질'은 긴박한 삶에 대한 유서이다.

　화자는 유서에 새겨진 상형의 문자를 옮겨 적고 있다. 거기에는 잘못 박은 못질이 어머니를 향해 가해질 때도 있었다는 통증 깊은 삶의 서사를 종종 드러냈다. 통증마저도 이제는 사랑할 수밖에 없다. 무모한 아버지의 못질도 알고 보면 "모란꽃 발등 아래 구름의 얼굴 씻기는 소리가 들리면/ 아버지는 연장통에 들어있는 구부러진 못을 주춧돌에 반듯하게 펴/ 당신의 등고선에 어머니의 웃음을 걸어둘" 요량이었지만, 소망은 이루지 못했다. 그 모든 것의 추억을 관통하고 있는 아버지와 어머니의 세월이 사라져 가고 있다.

 조선의 시인의 시들을 살펴보면서 우리가 잊고 살던 삶의 주어가 무엇이어야 하는 가를 생각해 보았다. 과거라는 시간 속에서 누구나 지켜야 할 보편적 가치들이 현재를 살아가는 사람들에게 무의미한 사어가 되어버렸다는 것을 깨닫게 된다. 인간이 세상을 바라볼 때 진화론적 관점으로 제반 사회 현상을 바라보려 한 인식들이 꼭 잘못된 것만은 아니지만, 놓쳐서는 안 될 사람 중심의 가치를 환기시켜 주었다. 우리가 추구하는 삶의 방향은 나와 너라는 공동체적 가치를 실현하는 노정에서 만나야 한다. 나와 타자가 다르지 않다는 사회 가치의 중심에는 온정의 근본인 '사랑'이 존재해야 한다는 시적 담론이다. 시가 추구하는 이상은 형용한 문장의 현란한 굴림과 부림에 있는 것이 아니다. 시도 소통의 수단이기에 담론적 가치는 현실에 부합하는 문장이어야 한다. 그런 면에서 조선의 시인이 추구하는 생명이 깃든 삶은 곧 시의 한 전형이란 것도 말하고 싶다.

바라보는 시선과 그 반향
 - 김두례 시집 《드라이 플라워》 중심

 사람마다 바라보는 지점도 다를뿐더러 이입된 풍경은 사유의 밀도를 통해 또 다른 형용으로 문장 속 형상을 이룬다. 흔히 사물의 파동으로 혼재된 경험들이 또 다른 변용과 상상력을 통해 시적 완성으로 표현된다는 의미다. 언어의 창조성에 대한 시의성을 정의해 볼 때 쉽지 않은 과정을 통해 이뤄진다는 것을 알 수 있다. 보이지 않은 사유를 상상력으로 전환해 가는 시인의 집요한 열정이 넘친다 해도 시도 때도 없이 발현하는 것은 아니다. 그것의 결정적인 순간을 맞기 위해 평소 세심한 관심과 지속적인 탐색으로 얻어낸 고통의 결정체는 노력의 크기에 비례하지 않는다. 시인마다 추구하는 시의 방향성이 다를뿐더러 그 지향하는 목적의식도 같을 수 없다. 그런 면에서 시집 속에 상재된 시 세계는 개별적 사회의식을 문학으로 구체화한 표징으로 봐야 한다.

 한 권의 시집으로 묶어진 시공간에서 대상과 사유는 다양한 개연성으로 나타난다. 김두례 시인의 《드라이 플라워》를 통해 우리가 바라보는 사회 제 현상과 관심에 대한 가치가 사유로 포집되어 어떻게 문학적으로 환기되는가를 살피려 했다. 시인의 고뇌에 머물지 않고 우리 사회가 주목해야 할 보편적 유의미를 어떻게 부여했는가에 대한 관심은 당연하다. 시의 주조를 이루고 있는 따뜻한 삶을 위한 진전과 심층에서 발현한 진의와 외연까지를 살피려는 것도 그런 이유다.

그중 아버지와의 추억을 통해 회상하는 혈연적 사유는 길지만, 아픈 여운을 담고 있다.

> 반지하 방의 깨진 계단은 모서리가 불안하여 햇살을 찾아다닌다 어제의 시간이 덮친다 나는 나니아 연대기를 자꾸 떠올린다 음지는 나의 연대기 계단을 만들지 못한다 지하 바닥에 머뭇거리는 바퀴벌레가 숫자를 불린다 뉴스에 마곡사가 나온다 어디에 있는 마곡사일까? 떠올리는 데는 시간이 걸렸다 가까운 곳 같기도 하다 창은 작아지고 바닥은 기울어진다 마곡사 가던 길에 보았던 갈매기, 바다가 아닌 계곡에서 두려운 눈빛을 하고 있다
>
> -〈겨울일기〉 부분

길을 잃고 웅크리고 있는 갈매기다. 바다가 아닌 그곳은 마곡사가 있는 계곡 근처였다. 오래전 기억을 더듬어 불안하게 바라보았던 당시를 회상하면서 자신도 아버지도 길을 잃고 헤매는 듯한 시간이 있었음을 말하고 있다. 〈겨울일기〉에서 여러 생각들로 연상되는 아버지와의 추억이 슬픔 같은 애잔함으로 발화했다. '겨울일기'란 말에는 화자가 살아온 고통까지 함축하고 있다. "반지하 방의 깨진 계단은 모서리가 불안하여 햇살을 찾아다닌다 어제의 시간이 덮친다 나는 나니아 연대기를 자꾸 떠올린다"라며 자신의 추억에 잔존해 있는 불안감을 비유적 발현한 문장이다. 가난한 사람들에게 겨울은 더한 고통으로 다가온다. 지하 방인 그곳은 온통 삭막해 인간이 살

기에 적합하지 않은 음지의 세계다. 뉴스에 나온 마곡사도 어디에 있는 마곡사인지 불확실하다. 화자는 이내 추측을 통해 다녀온 적이 있던 곳이라고 확신한다. 마치 현실처럼 음침한 지하 계단을 터전 삼아 숫자를 불리는 바퀴벌레를 본 듯 도진 트라우마에 불안해한다. 화자는 "역 앞 광장에서 아버지를 만난 날 답답하고 어지럽다며 진땀을 흘리고 계셨다 아버지는 공황장애를 앓았다 나는 환승길에 아득해져서 벽에 기댄 날이 자주 있었다"며 고통을 호소하던 모습을 떠올린다. 당시 난감한 상황을 어떻게 대처해야 하는 가를 알지 못한, 세상 물정에도 어두웠던 때였음을 말해준다. 살기 위해 생의 대열에서 이탈할 수 없었던 절박한 심정도 그와 연관이 없지 않다. 온통 세상이 낯설고 일상으로 다가오는 현실은 두려움 그 자체였다. 간혹 길을 잃었을 때 할 수 있는 것이라고는 그 자리에 주저앉아 자신을 돌아보는 것이 전부였다.

그런 환경은 데자뷔처럼 〈줄에 눈이 간다〉에서 재현된다. 살펴보니 줄을 선다는 것은 현대인들의 삶의 한 방식이란 것을 깨닫게 된다. 아파트 외벽에 얹어진 에어컨 실외기도, 주차장의 차들도, 나란히 피어있는 메리골드 화초도 온통 줄서기인 반복이다. 현대인은 줄 서기에 익숙해지며 건조한 삶을 살아간다. 인간 이외의 생명체는 그렇지 않다며 "길바닥에 내려앉은 까치는 꼬리를 까딱까딱하면서 줄 서지 않"는 모습을 지켜보다 놓친 줄을 다시 따라잡기 위해 마음이 급해졌다. 이것 또한 치열해진 경쟁 사회가 낳은 강박임을 화자는 알고 있다. 스스로 그런 '줄 서기'를 거부하지 못하고 답습하는 것이니 말이다. 여전히 줄을 선다는 것을 강박을 요구하는 고통이다.

지나간다. 고속도로를 달리는데 장의차가
천식 앓던 외할머니 기침 소리 지나간다
도수 높은 돋보기 끼고 노인 회관 드나들던 큰아버지 지나간다
'소리 지르지 마라' 입 모양 찬찬히 보던 큰어머니 주름진 얼굴 지나간다
육이오 때 경찰이었던 외삼촌 낙동강 지나간다
씨앗 품은 봉선화 같은 숙모 지나간다
객사 직전 고모를 찾았다는 외사촌 오빠 다급한 목소리 지나간다
이발사였던 둘째 큰아버지 가위 소리 지나간다
급체로 돌아가신 둘째 큰어머니 창백한 얼굴 지나간다
손님처럼 하룻밤 주무시고 순천으로 떠난 아득한 할머니 흰 무명치마 지나간다
마루에 앉아 앞산 하염없이 바라보던 반백의 아버지 지나간다
어린 자목련처럼 입술 파리한 큰언니 지나간다
먼 하늘 달린다 푸른 산이 달린다 깊은 강이 달린다 고속도로가 달린다

-〈진안 간다〉 전문

언어가 소리로 발성되면서 모호성을 더해 재미있는 시라고 보았다. 우연히 고속도로를 지날 때 장의차를 보며 '지나 간다'라 말한 것이 마치 '진안 간다'처럼 들렸던 모양이다. 유족과 무관해 슬픔도 멀어 어딘가로 향하고 있는 장의차를 보며 무심하게 던진 말이 가슴에 여운을 파동 한 것이다. 저렇게 세상을 정리하고 갔을 사람들이 주변에도 있었다는 것을 상기한다. 호명된 사람은 다들 친인척 관계로 화자의 삶에 영향을 끼친 분들이다. 그분들도 누군가를 스치며 저렇게 지나갔을 것이다. 언젠가는 우리 또한 그런 길목에서 누군가의 시선을 받는 것은 필연이다. 결국 운명만큼 감당하다 이 세상

을 떠나간다. 생을 영위하는 동안 여한 없이 잘 살지 못한 것이 인생살이라는 것을 생각하며, 생을 떠난 사람이나 뒤에 남아 그렇게 훌쩍 가버린 사람을 잊지 못한 채 살아가는 우리지만, 다를 바가 없다. 시간을 지나치는 것과 같은 삶을 우린 죽어라고 악다구니를 하며 살아간다.

그토록 아쉬움만 남긴 채 떠나가신 어머니를 시 〈바닥〉에서 생전 모습 그대로인 사진첩을 본 것에 대한 감정발화다. 어머니의 기억을 촉발케 한 철조망 아래 죽어있는 새에 눈길이 간 것이다. 생의 길인 줄 알았다가 죽음에 이르러 "바닥에 등을 대고 있는 새"가 날기를 멈추고서야 자유를 찾았다. 새처럼 바삐 사셨던 어머니가 어느 때인가 허리가 구부정해졌고, 이어 굽은 허리 한번 곧게 펴보지 못한 채 그만 "담장 너머의 말이 쌓이고/ 눈 뜨지 못하고서/ 바닥에 등을 댈 수 있었다"는 마지막 기억이 또렷해졌다. 모든 생명체가 죽어서야 고통에 찬 생을 벗어날 수 있다는 것 또한 자연법칙으로 모두가 대상에서 자유롭지 못하다. 그들이 애써 쫓았던 '길'이란 것도 따지고 보면 살기 위한 선택이었지만, 꼭 그런 것만은 아니었다.

불현듯이 귀가 닿도록 사랑했던 〈지지〉란 시에서 "책장에 할머니가 준 먼지 묻은 인형/ 가만히 들여다보고 토끼라 부른다" 했는데 보는 사람마다 달라 "꼬리가 사슴 꼬리 같아요/ 귀가 햄스터 귀 같아요/ 지지가 지워져 갈 때 토끼만 남았다"며 본래 '지지'란 깜찍한 이름이 있었는데 이름은 사라지고 결국 토끼가 된다. 디자이너가 고안한 멋진 인형에 붙여준 '지지'란 이름을 세상은 인정하지 않았다는 자기중심적인 세태를 말하고 있다. 그러거나 말거나 화자는

'지지'란 인형을 손에서 놓질 않는다. 그것은 유년기 추억처럼 "쫑긋거리는 귀/ 안으려 하니 빠져나가는/ 발자국 남겨지는 누런 토끼/ 놓아주어야 할까// 비 오는 날 만지작 거리다가/ 촉촉해진 토끼 지워지는 날이 있었다"며 더 애틋한 마음에 '지지'란 이름을 가진 인형에 집착했을 것이다. 상대에게 고유한 이름을 존중하며 호칭해 줄 때 친밀감이 깊다. 화자가 말하고 싶은 속내는 시의 이면에 숨겨져 있는 욕망에 대한 자아의 적극적인 표현으로 봐야 한다. 그런 상징적인 문장으로 익명화한 대상을 등장시켜 정체성의 주체인 자신을 드러내고 싶은 것이다. 하루를 어떻게 보낼 것인가를 구상하는 것은 누구나 하는 생활 습관이다.

그렇지만 색다르다 해서 실현 가능한 뻔한 이야기를 진지하게 토로하는 것은 아니다. "데이와는 말이 통할 것 같아/ 오래 걸으며 말을 섞고 싶네/ 다리가 긴 그는 코도 높고/ 그의 주위에는 발걸음들이 언제나 잦지"라며 시작한 〈오늘의 계획〉도 그런 맥락을 벗어난 심리적 반사로 스토리가 탄탄해진 시다. 그것은 대상 속 타자를 통한 자아의 주체성을 찾아가는 여정인 것이다. 자신과 항상 동행하는 '타자'이면서 '나'로 존재하는 대상은 자신의 또 다른 분신 같은 '그림자'란 것을 알 수 있다. 항상 화자와 동행하는 '그림자'에 주목하면서 실존하는 또 다른 존재로 인식하려 한다. 아무 때나 훌쩍 커져 모습을 드러내는 존재지만, 존재하지 않는 허상과 별반 다를 것이 없다. 그 타자에게 이름을 붙여 '매일'이라는 의미로 '데이'라 할 때 비로소 사회적인 관계가 대등해진다. 하지만, 멀찍이 떨어져 있어 만지거나 긴밀한 대화를 할 수가 없다는 것이 문제다. 매번 동행하며 무슨 일이 든 똑같이 따라 하는 습성을 보여준 '데이'다.

그날도 "철학 책을 끼고 가는 그를 본 적 있네/ 그림도 늘 옆에 두는 듯/ 최근엔 우유를 따르는 사람이랑 함께"라서 말 붙일 여지조차 없었다. 화자는 '데이'를 통해 현재의 자신을 새롭게 발견한다. 평소 소심한 성격을 탓하면서 활달하게 전면에 나서지 못한 것에 대한 심기일전의 각오로 이해된다.

보이는 사물의 실체는 의외로 다른 모습일 수 있다며, 〈문밖의 새〉를 주시하며 그 새가 자신이란 것을 말하고 싶어 한다. 항상 관계 안에 진입하지 못하고 바깥으로만 맴돌던 순간들이 주마등처럼 스쳐왔다. 실존에 대한 고뇌로 밤을 지새우다 피로처럼 후회만 남겼던 지난 과거를 되풀이하고 있는 '새'를 통해 자신을 들여다본다. 이제 좀 더 당당한 모습으로 고유한 개성을 드러낼 수 있는 기회가 온 것이다. "이름을 지울 수 없는/ 부푼 새가 나를 붙잡아요/ 굴절하기 좋은 밤/ 그림자는 점점 자라서 커다래집니다."라며 기대한 모습을 상상에 그치지 않고 실현하겠다는 의지를 보인다.

의식의 변주로 실체화된 〈오늘의 새〉도 그런 시의성詩意性을 전제하고 있다. 새는 하늘을 날고 사람은 걸어간다. 거리를 이동하는 데 있어 걷거나 난다는 것에서 결과는 같다. 굳이 구분한다면 체형으로 발달된 구조의 활용이 다르다는 속성에 의해 전개했을 뿐이다. 날개가 발에서의 진화라면 새는 날고 있는 것이 아니라 걷고 있는 사람과 동일하다. 그렇기에 새는 바로 인간의 전형으로 치환되면서 동일시된다. '붉은 오목눈이'가 숲으로 사라졌는가 싶었는데 그들이 향한 처소는 안온한 밤을 맞을 수 있는 안식처였다. 숲을 향하여 날아간 새들처럼 화자도 당연히 집을 향해 걷고 있다. 폼만 다르지 목적은 똑같다는 것으로 낮의 분주했던 기억처럼 "노을은 저만치 멀어지고/ 오가는 소리 붙들고 느리게 날갯짓하는 새는/ 가끔 안양천에 내려앉았다 가는 새는/ 울음을 남긴다"며 하루의 노곤한 피로를 거두지 못한 흔적일 것이다. 그렇지만 저녁을 서두를 수밖에 없다. "야근하는 날이라"며 "속이 쓰리다고 겔포스를 빠는/ 얼굴이 노랗게 부어 있"는 그 사람을 보며 짠한 마음을 토로한다. 남들이 자는 밤의 '철야'는 뜬 눈의 고통을 감당해야 하기에 마음을 아프게 한다. 그 사람에 대한 감정의 동일시는 서로를 가슴으로 바라본 시간만큼의 심화된 사랑의 모습이다. 하지만 지금껏 전해온 말들은 쉬운 일일지 모른다. 더 모호한 이야기들이 기다리고 있을 테니까.

〈장총〉에서 논하고자 한 말들은 시적인 상징으로 읽어야 한다. 그렇지 않으면 진짜 장총에 몸을 다칠 수도 있다. '장총'은 사람 간의 보증수표 같은 신뢰를 매개로 한 전형으로 문서가 존재하지 않는 거래로 보면 무방할 것이다. 한 사람은 '장총'을 줬다 하고 받은 사람은 반신반의한다. 그런 오해의 소지는 둘만의 거래가 애매한 정황 속에서 두루뭉술하게 이뤄졌단 것을 알 수 있다. 그렇기에 '장총은' 진짜 '장총'이 아니라 아무런 기록도 남기지 않은 불확실한 거래 목록임을 알 수 있다. 아쉽게도 거래는 상당히 진척되어 화자가 받았다는 실물(장총)이 확실한 것이라고 인정하면서 구체적인 행동으로 옮겨 놓길 반복한다. 일종의 가스라이팅을 제대로 당한 셈이다. 결국 '장총'은 실 사격으로 총구에서 탄환이 빠져나가야 진짜 총이 되는 것처럼 "장총을 보관만 하지는 마세요"라는 경고대로 실행하기 위해 "그가 말한 장총을 어떻게 사용해야 할까"에 대한 고민과 시기에 대한 결정은 타자가 아닌 자신 곧 행동의 주체다. '장총'으로 상징된 욕망을 실현해야 할 사람은 각성한 자아이며 즉 '나'란 것으로 그때가 언제일지 모르지만, 주저만 할 수 없게 되었다.

 반듯한 것보다 더 멋진 것은 '기울다'일 것이다. 모든 사물이 반듯하게 서 있지만, 간혹 의도적으로 기울기를 가해 미학적인 집중으로 세간의 관심을 받은 경우를 본다. 안정된 구도를 허물어 형이상학적인 미적구조를 만들 수 있기 때문이다. 어느 한쪽이 기울어 쓰러져야 하는 경쟁 사회에서 결국 〈기울다〉란 시를 통해 패배로 귀결되지 않으면서 살아남는 것의 아름다움을 말해 준다. 누구보다 먼저 고개를 숙이는 것도 '기울다'의 한 모습이다. 알고 보면 아름다운 것 일수록 반듯하지 않아 형상 미학적인 감각을 도발하는 경우가 많다. 울타리의 장미꽃도 그렇거니와 하늘에 뜬 둥근달도 한쪽으로 삭아져 기울면서 무궁한 감정 속 상상을 증폭해 준다. 사람들 속에서 어느 한쪽으로 기울어질 때 사랑의 감정선이 출렁이는 법이다. 일상적인 관계가 어느 순간 가슴속으로 파고들어 그윽했을 때 "잠을 든 너에게서 땀 냄새가 나/ 그 땀을 견디고 닦아줄 마음이/ 너에게로 가까이 기울어 있다는 것"이라며 "나에게 기울어 올 때/ 너에게 기울어 갈 때/ 서로 기울이며/ 또 우리는 시작하는 것이지"라며 가빠진 감정선을 시적 둔감으로 차폐했다.

  와온의 해는 몸을 낮추느라
  산봉우리 사이에서 그림자를 느리게 끌고 간다

  걸음 걸음 피어나는
  안녕의 발자국들

돌아보는 갯벌에 해거름이 묻어 있다

내려다보는 바다
돋보기안경을 낀 할머니의 무릎 자장가가 들린다

바다는 해를 위로하느라 새를 부르고
저녁의 노래를 들려준다

해의 뒷모습이 사그라지자
울음을 품은 새는
밤이 오는 집으로 날아간다

어둠을 들러야 하는 바다
밀려드는 바람 소리에 귀 기울인다

와온 바다 어둠 속을 오래 걸으면
해를 보낸 바다의 기도를 오래 들을 수 있다

  -〈와온의 저녁〉 전문

 해가 이동하는 자오선을 따라가면 '와온'에 당도하고 가물거리는 수평선이 노을에 물들어가는 바다가 그곳으로 뉘엿뉘엿 파고든다. 누구나 태초의 신비와 장엄을 더해 가는 일몰 앞에 서면 느슨해진 신앙심을 다잡게 되어 경건해지는 법이다. 화자 앞에 펼쳐진 와온 바다는 소란한 세상을 어둠에 내준 채 숨을 고르는 저녁을 맞는다. 시선을 압도했다기보다 사위四圍로 잦아들어 주변을 아우르는 와온에 가슴 벅차 자신도 모르게 감동한 것이다. 검은 등을 편 채 일몰처럼 따라 눕는 수평선과 갈대밭은 오래전부터 한 혈족이어서 "돋보기안경을 낀 할머니의 무릎 자장가가 들린다"는 서정이 어둠처럼 포근해졌다. 이명처럼 들려오는 소리에 귀마저 솔깃해진 애 저녁은 또 하루를 안도하며 가슴을 다독인다. 이내 어둠 속으로 사라진 "해의 뒷모습이 사그라지자/ 울음을 품은 새는/ 밤이 오는 집으로 날아간다"며 와온 바다가 품어준 어둠은 누구에게나 따뜻한 처소가 된다. 고요한 단잠에 든 와온은 욕망과는 먼 갯내 가득한 아득한 기억을 되돌려 준다. 그곳에 달이 차고 야위어 가는 시간들을 빼꼭하게 기록하고 있는 바다가 '들물' 드는 물때를 잊지 않고 찾아와 안부를 물어왔다.

그러한 곳이 어디 와온뿐이겠는가? 〈산자고 필 때〉에서 그 시기는 사방이 꽃 천지인 4월경이다. 한국 지형이면 어느 곳에서든 서식하는 야생화다. 고향인 전남 광양 선산을 찾았고, 때마침 산자고가 봄 기운에 어우러져 곱게 폈을 것이다. 그 꽃잎처럼 여리기만 했던 유년기의 추억에 젖어든 화자가 새록새록 그 당시로 빠져들며 "아이들의 엉덩이가 하늘을 치켜드는 절/ 가랑이 사이로 까르르 눈이 마주치고"놀던 때를 회상하고 있다. 다시는 오지 않을 소중한 시간들이 봄꽃처럼 가슴속에서 재현한 것이다. 김두례 시인이 바라보는 대상에서 환기된 상상력으로 보여준 다양한 시적 세계를 접할 수 있었다. 그것의 지점은 삶을 관통해 온 첫 시집 《바그다드 카페》에서 보여준 시력을 바탕으로 한 과거의 경험과 시공간을 아우른다.

이번에 출간한 김두례 시인의 시집 《드라이 플라워》에서 시적 정서로 부여하는 이미지도 첫 번째 시집과는 많은 인식의 차이를 드러낸다. 도시적인 감각을 지향하는 듯 시집 표제인 '드라이 플라워'도 모던한 이미지의 차용이라고 볼 수 있다. 그렇지만 유년기의 체험과 자란 바닷가의 정서가 끼친 영향은 깊다. 그런 무의식 속에서 발현한 사유를 통한 진전은 곧 시적인 영감을 직관으로 추상하여 현현한다는 것을 보여주는 현재까지이다. 그런 경향에서 시적 개연성으로 심화해 가는 문학적 열정 또한 더 강하게 발현될 것으로 상상해 보았다.

심연을 통과한 문장의 시선들
― 신양옥 시집 《카르페디엠》 중심

 언어의 영역 안에서 주어진 상상력을 특별한 결합으로 발현한 결과가 시라면 결국 언어의 선택적 사용으로 봐야 한다. 신양옥 시인의 두 번째 시집 《카르페디엠》을 표제 명으로 선택한 것을 보며 철학적 사유보단 문학적 변주로 이해되었기 때문이다. 물론 많은 사람도 그런 범주 내에서 응용하거나 활용했을 것이다. 어찌 되었든 그 안에 함의한 의미를 문학적으로 받아들여야 하고 신양옥 시인의 고도한 세계관으로 바라볼 수밖에 없다. 그런 것을 쉽게 엿볼 수 있는 "이 순간에 충실하라"라는 문장에서 확신에 찬 초월적 신념을 읽어낼 수 있다. 꼭 그렇게 해야 한다는 명언明言 같은 단정에서 묵시적 실행력을 행사한다. 그렇다고 딱히 그래야만 하는 이유가 명시된 것도 없다. 그런 계기를 굳이 들어본다면 호라티우스의 시 〈오데즈Odes〉에서 출현한 문장을 영화 '죽은 시인의 사회'를 연출하면서 키팅 선생이 학생들에게 수사적 발화로 인용하면서였다. '카르페디엠'이란 문장의 강렬함을 반복적 메시지로 연출하면서 영화가 흥행하는 데 기여했을 것이고, 그 말속에 담긴 상상력이 확장 변주되면서 문학적으로 환기된 것이다. 결국 신양옥 시인의 이번 시집 전반에 담긴 시적 세계관도 언어 일상의 선택에서 집약된 것으로 좀 더 시적인 것의 분별인 것이다. 시집을 목차대로 분류하다 보면 시인의 의도가 담긴 첫 번째 시에 시선이 집중되는 것은 인지

상정이다. 보편적인 생각들이 그렇기에 첫 시의 상징적 의미를 되짚어보려 한다.

    함박웃음을 머금은 수국부터
    여린 꽃잔디 밥풀떼기까지
    크다고 위대하겠으며 작다고 초라하겠는가

    깊은 숲 절벽에 피어나는 꽃이라고
    위태한 목숨, 외면당할 수는 없는 것

    작은 볼우물에 고인 물이나
    물기둥으로 쏟아내는 폭우도
    작은 꽃 입술 적시는 일은 똑같지 아니한가

    진정으로 바라봐주면
    서로 통속하듯 너는 꽃이 되고 사랑이 되고
    고귀한 인연이 된다는 것을, 나는 알지

    짧은 봄을 통과하는 조팝꽃

    막연함을 좁히는 향기, 눈부신 청음淸音이다

        -〈조팝꽃의 청음〉 전문

 꽃의 생김새를 통한 분별이 시작된다. 이미지에서 풍기는 시각적 상상력도 그럴거니와 눈으로 나열한 '수국', '꽃잔디', '밥풀떼기'까지 분별한 크고 작은 것에 대한 존재감을 통해 인간의 눈으로 본

기준이 무의미한 것을 확신한다. 그런 인식은 인간의 제각각 다른 체형이나 기질 면에서도 위와 같은 사실이 증명되곤 한다. 키가 작다고 사회 일상에서 낙오자로 사는 것은 아니기 때문이다. 여기에 부언하는 2번째 연은 가파른 절벽에서 혼신을 다한 생명력이 부여해준 생명성의 위중함 앞에서 아름답거나 아름답지 않고의 차이가 없다는 것이다. 똑같은 생명 성을 근본으로 하는 데서 다를 바가 없다. 시인은 한 번 더 동일성에 대한 가치를 확신하려는 듯 "작은 볼우물에 고인 물이나/ 물기둥으로 쏟아내는 폭우도/ 작은 꽃 입술 적시는 일은 똑같지 아니한가"라며 확신을 담보 받고자 한다. "정으로 바라봐주면/ 서로 통속하듯 너는 꽃이 되고 사랑이 되고/ 고귀한 인연이 된다는 것을, 나는 알지// 짧은 봄을 통과하는 조팝꽃// 막연함을 좁히는 향기, 눈부신 청음淸音이다"라며 상상적 발상을 문장으로 치환한다. 화자는 내면에서 현현한 사유를 존재와 동일체로 받아들인다. 즉 사물적 대상이 사유의 주체로 관계한다고 본 것이다. 오밀조밀 뭉쳐 핀 조팝꽃에 대한 아름다움에 찬 감동을 '사랑'으로 응시한다. 봄기운의 충만을 알리는 '조팝꽃'의 만개를 본 순간 환희로 전이된 심연이 언어적 기의로 작용한다. 후각을 자극하는 향기가 소리로 형상화되면서 "눈부신 청음淸音"으로 변주된 것이다. 자연은 고유한 식물성을 통해 존재 의미를 극대화하고 그것을 바라본 화자는 시적 환기를 통해 주의를 집중한다. 그렇기에 모양을 통해 전달된 의미를 소리로 인식할 수 있다. 그것은 감각적 전언 현상으로 볼 때 지극히 정상인 시적 전조로 볼 수 있다.

추파처럼 터지는 몸의 이상 신호
최소한의 예의도 없이 강렬하다

두려운 건 내가 갱년기에
무참히 사로잡히는 일이다
사라지는 낮별들의 민낯이
분수처럼 뿜어져 나오는 선홍빛 발악
확 획을 긋는 일단락이 아프다
비워지는 앓는 근원의 고통
정리되는 기록지가 체위를 바꾼다
다시 시작이다

-〈갱년기 꽃〉부분

꽃의 생성과 만개 이후 소멸하는 과정을 보면 동일한 계절에 피었다 시들어버리는 동시성을 띤다. 길지 않은 개화를 놓치지 않으려고 사람들은 몰려다닌다. 안부를 묻듯 감상하고 돌아설 때 떨어져 나뒹구는 꽃잎을 보며 죽음의 그림자를 본 듯한 '갱년기'를 상상한다. 그렇게 핀 꽃의 비밀은 신록 여린 잎사귀를 내밀며 시작된다. 그 시기만 해도 특별할 것 없이 똑같은 어린잎을 물고 있다. 그렇지만 7월경으로 접어들면서 내재한 특성이 유전적 변이를 촉발한다. 함께 종알대며 신록의 계절 내내 잎사귀를 비벼대던 잎자루는 은밀한 징후를 알아챈다. 똑같은 '잎눈'이 군데군데 '꽃눈'으로 분화되면서 식물의 번식 본능에 대한 밀명을 받든 것이다. 그렇게 분화된 가지는 해가 바뀐 봄이면 소망한 개화를 실행한다. 살을 찢는 고통도 다 견뎌낸 후에야 꽃봉오리는 제대로 된 속 꽃을 보여준다. 화자는 몸으로 느껴오는 통증에 집중하고 있다. 맥박은 심장을 박동한 진동의 크기다. 일정해야 할 박동의 크기가 심해지면 강박이 되고 강박을 추동하면 악화되어 신경을 자극한 통증으로 확대된다.

결국 운동성을 추동하는 박동이 일정한 횟수를 벗어나면 극심한 통증을 유발한다. 그 통증이 심화하면 호흡 곤란으로 가중되고 신체 구조에서 감당할 수 없는 심정지 상태가 온다. 그것을 알고 있는 화자는 요즘 들어 부쩍 예민해져 있다. 자신을 돌아보니 그 징후가 귀신처럼 알고 찾아온다는 '갱년기' 증후症候란 것을 알았다. 사람은 태어나 유소년 기를 지나 청년기를 거치고 장년기를 맞는다. 그러나 여성에게만 찾아온다는 갱년기가 노년기 사이에 존재한다. 여성의 생리가 종료되는 시점을 전후로 발현하는 신체 이상 증상이 조금씩 나타나다 횟수가 증가하며 피로 도를 높여간다. 화자는 그런 몸의 이상 징후를 "갱년기 꽃"으로 형상화한다. 화자가 겪고 있는 진통의 시간도 어느 순간 되돌아보면 다시는 경험할 수 없는 아름다운 것임을 깨달은 것이다. 그런 시간의 축적이 분절된 인생 전반으로 수렴되면서 생애를 성장시킨 과정이란 것을 통찰한다.

거꾸로 자라나는 하늘이다

강추위를 물리치고 찾아온
창백한 투혼
부러질지라도 절대 휘어지지 않는
그것이 독특한 매력이다

한 방울 물로 사라질지라도
흐트러지지 않는 곧은 자세가 일품이다

　　-〈주렁주렁 고드름〉 부분

고드름은 땅속을 떠나온 기억을 잊지 않은 모양이다. 물이 지표로 용출된 뒤 긴 부유浮遊의 시간을 거치며 다시 땅속으로 돌아가는 여정이다. 인간의 생로병사와 다름 아닌 고드름도 생성과 소멸을 통해 본래 모습으로 돌아간다. 인간도 생의 시간을 죽음 앞에 내놓으며 무기력하게 무너지듯 고드름도 생성과 소멸의 과정을 보여준다. 본래의 모습으로 돌아가는 것의 여정은 험난한 고통을 수반하듯 고드름도 형상이 무화되는 과정을 거듭한다. "거꾸로 자라나는 하늘"을 향한 생장의 시간은 언젠가 끝이 날 것이다. 이후 소멸로 치달아야만 하는 '고드름'의 생성은 강한 추위에 활발한 특성을 지닌다. 고집하는 생장점은 허공을 딛고 아찔한 지상을 향하고 있다. 그 지상이 아무리 높아도 두려워하지 않는 "창백한 투혼"을 우직하게 발휘한다. 인간의 직립 보행이 자부심을 지지하듯 한순간도 속성을 굽히지 않는 고드름도 그것을 답습한다. 우리가 사는 세상의 구조를 변화시킨 주체가 수평적 사고를 거부한 수직이다. 그 직선이 상하좌우로 끝없이 질주하듯 삶을 변화시킨다.

상하좌우를 호령하는 눈은
낮은 골목길에 버려진 설움 한 움큼을 들추고
육중하게 밀려들어온 철심의 아픔을 보듬는다
반듯하게 서 있는 콘크리트 구조물 사이로
차곡차곡 채워지는 가로와 세로
혼자인 듯 여럿인 듯
공중을 묶고 펴는 강한 힘줄이 탱탱하다
가끔 해고 노동자들이 올라가

부르짖는 절규가 가슴을 메이기도,

클로즈업된 느낌이나 감정이 치솟는다

-〈타워크레인 - 공중의 감정〉 부분

그 직립 지향성을 들여다보면 단순한 것처럼 보여도 한번 시도하면 집요하여 끝을 봐야만 직정이 풀리는 듯 수평적 환경을 끝없이 변화시킨다. "강한 갈망이 세운 높은 수직/ 고독하고 외로운 작업의 시작이다/ 외발 한 손으로 균형을 잡으며 하늘에 머리를 둔/ 지상에 몸을 누일 수 없어/ 단꿈으로 둥지를 만든 허공/ 굵직한 힘을 발동한다"며 직선으로 이룬 수직의 속성을 이미지로 환기한다. 그것은 시작에 불과한 본능으로 기계 메커니즘에 내재한 구조물의 고도 지향은 더 지독한 것이다. 수직은 상하좌우를 구분하지 않고 질주하여 기존의 속도마저 갱신한다. 지표면에 설치된 '타워크레인'도 해체해놓고 보면 단순한 쇳덩어리에 불과하다. 하지만, 그것으로 이뤄진 직립의 결합체는 대단한 위력을 발휘한다. 기존의 설계 한계를 끝없이 무시하고 새롭고 더 거대한 것에 대한 변화를 실현하려 한다. 그런 고난도의 작업이 끝나면 해체되어 볼품없는 쇳덩어리로 녹슬어 가지만, 거대한 수직체로 결합될 시간을 묻곤 한다. 그것의 반복은 매번 수평적 예상을 뛰어넘는다. 인간이 자연 공간으로 활용하는 지상의 여유 공간을 싹쓸이하듯 구조물을 세워놓기 때문이다. 삭막한 구조물만 가득한 세상을 최상의 공간이라며 강요한다. 그것에 대한 질주 본능을 제어하듯 기계 동작의 효율적 가동을 강제로 정지시킨 경우도 발생한다. 작업을 중단시킨 고공 농성은 '타워크레인'의 고장 때문만이 아니다. "가끔 해고 노동자들이 올라가/ 부르짖는 절규가 가슴을 메이기도,/ 클로즈업된 느낌이나 감정이 치솟는다"는 화자는 타워크레인을 점거하여 얻어내려는 결과가 무엇인지를 안다. 그 또한 치열한 경쟁 사회가 빚은 본능임을 알고 있다. 남들보다 뒤처지면 안 된다는 신분 상승적 사고에서 기인한다. 그런 모습은 우리 사회만이 그런 것은 아니다. 결국 열악한 노동환경 개선과 임금 차별에 대한 보상이 주조다. 그것이 관철될 때까지 농성하는 것도 빈부 차이에 대한 욕망에 근거한다. 그윽한 시선은 끊임없이 다른 대상을 향해 다가간다. 그 시선이 당도한 곳은 언제나 사람들을 동그란 마음으로 보듬어주는 달이다.

  온통 천지가 암흑뿐인 넓거나 좁은 곳도 높거나 낮은 곳도, 분간하기 어렵다
  달이 어둠의 빗장을 풀면 무슨 일이 벌어질까
  사기와 거짓이 난무하는 세상일 수도, 평화와 고요와 휴식이 있는 공간일 수도
  천 길 낭떠러지, 건너가기 힘든 협곡도
  초연하게 떠오르는 너를 등에 업으면 무탈하게 세상을 지날 수 있을까
  온전함이 착시가 되어 반달이 되기도, 초승이 되기도 하는데 팥죽 끓이던 동지 끝 긴긴밤에
  동동 달이 뜬다

    -〈동동 달〉 전문

하늘에 달이 뜨면 바라본 가슴에도 달이 둥실 돋는다. 그 달과 세상을 함께 한 시간만큼 몸과 같은 완전체가 된다. 달을 보며 화자

는 소녀 적 아이처럼 달이 사라져 버린 밤을 상상한다. 아직도 순수한 동심을 잊지 않은 듯 "달이 어둠의 빗장을 풀면 무슨 일이 벌어질까"라고 상상하지만, 실제로 그렇게 된다면 하는 두려움도 은근히 엿보인다. 어둠과 환함의 대비 속에서 벌어질 개연성으로 발생될 일들을 유추해 본다. 이런 상상을 하게 된 계기는 세상을 살아오며 지금껏 경험하지 못했던 이면을 안 것이다. 선과 악이 나뉘고 "사기와 거짓이 난무하는 세상일 수도, 평화와 고요와 휴식이 있는 공간일 수도" 있을 것 같은 마법에 갇힌 세상을 환함과 어둠으로 본 것이다. 그것을 알게 한 것도 화자의 가슴속에 뜨고 지던 '동동 달'이다. 어둠뿐인 밤하늘을 상상해 보았지만, 사라져선 안 될 '달'이다. 아직도 화자가 건너야 할 어둠 속 혼탁한 세상은 험난하고 두려운 곳이다. 간교하다 못해 불온하기까지 한 세상을 온전하게 건널 수 있도록 환하게 비쳐야 할 '동동 달'을 빚어 "팥죽 끓이던 동지 끝 긴긴밤"을 맞아야 한다. 동지 긴 밤을 환하게 비춘 달을 보며 간절한 소망을 꼭 이뤄달라고 빌 것이다. 옛날 옛적부터 밤마다 오순도순 정 붙이며 토끼가 방아를 찧는다는 '달'은 화자의 가슴에서 뜨고 진다. 그렇게 사는 법이 화자가 추구하는 삶의 소망임을 보여준다. 주어진 행복을 놓지 않으려는 최선의 것, 그것은 하늘 가득 환하게 뜬 달처럼 살아가는 것이다. 그래서 매일 밤을 밝히는 '동동 달'은 우리가 바라보는 어디든 기운찬 북소리처럼 가슴을 박차고 떠올라야 한다. 동동 뜨는 달을 보며 모든 사람들의 무탈을 기원한 적이 있다. 달 같던 마음들이 차고 기울기를 반복한다. 그것이 사람 마음이다.

어떤 이의 기도가 있어 평안함이 흐르고 있는 걸까

별다른 이유도 없이
가슴에서 울컥 눈물이 차오르기라도 하는 날이면
나는 일회용 감정을 억눌렀다

활짝 핀 어둠처럼 사방이 불확실한 세상에서
늘 슬픔보다 용감해야 했기에
얽힌 마음을 무장해제시키고
카르페디엠, 카르페디엠

무엇이든 완벽하지 않으니까
그러려니 하며 사는 것이 삶이니까

감정에만 반응하는 아련한 향수와
무표정한 미소가 수채화처럼 번지는 날이면
정신의 빈 곳까지 채워지는 웃음을 웃어볼 일이다

You only Live Once
한 번뿐인 인생이 상처받지 말라고
어느 사이 달빛이 다가와 포근히 나를 감싼다

   -〈카르페디엠〉 전문

 알 수 없는 기운이 종종 내 몸을 보호한 듯한 소름에 찬 기운을 경험한 적이 있다. 그럴 때 흔히들 우리는 음덕蔭德(조상 덕) 때문이라고 말하곤 했다. "어떤 이의 기도가 있어 평안함이 흐르고 있는 걸까"라며 생각하는 것도 무리는 아니다. 자신에게 행운처럼 피해 가는 액땜도 있으니 말이다. 간발의 차이로 얻은 행복이니 크고 작든 간에 비교할 바가 아니다. 인간은 기도하면 응답한다는 신을 믿으려 한다. "별다른 이유도 없이/ 가슴에서 울컥 눈물이 차오르기라도 하는 날이면/ 일회용 감정을 억눌렀다"라고 한 화자다. 그런 감정은 신앙에 대한 믿음으로 강화되고 자신도 모를 희열에 찬 눈물을 흘리게 된다. 그런 일이 반복되면서 자신이 믿는 신에 대한 유대감은 심화된다. 그럴 수밖에 없는 것은 인간의 연약한 의지에서 비롯되는 것으로 난관에 부딪힐 때는 몹시 불안정한 상태가 된다. 거기에 더 나아가 삶의 고통이 가중된다면 혼란은 극심해진다. 도저히 혼자 그것을 감당할 수 없는 지경에 이르게 되고 절망 속으로 침몰해 갈 때 절대적인 대상에 대한 의지는 선택의 여지가 없다. "활짝 핀 어둠처럼 사방이 불확실한 세상에서/ 나는 늘 슬픔보다 용감해야 했"다며 그것 또한 종교적 신념으로 강화된 것이다. 앞서 알 수 없는 '어떤 이'에 의한 기도의 힘이 자신을 보호해주고 있는 것처럼 그 기운을 느꼈다고 말한다. 누군가의 간절한 기도가 있었고 그로 인해 고통스러운 터널을 빠져나올 수 있었다는 것에 대한 믿음을 확신한다. 인간의 의식적 성장은 평범한 일상에서 발생하지 않는다. 화자는 자신이 살아오며 가졌던 일관된 생각을 바꿔야 할 기로에 서 있었고 때마침 격하게 밀려오는 충동을 느낀 것이다. 기쁨이나 슬픔을 유, 불리로 나누지 않겠다는 변화가 가슴을 벅차게 한 것이다. 화자에게 '카르페디엠'에 함의된 의미는 생의 모든 순간에 충실 하라는 각성으로 전율한다. 단지 화자가 인식하지 못했을 뿐이지 이미 실천하고 있을 수도 있다. 성찰은 빛처럼 찰나에 심연을 파고들었다. 매 순간 밤하늘에 뜬 '달빛'이 그토록 긴 생을 감싸고 있음을 깨달은 것이다. 가만 되돌아보니 저 '달빛'이 나를 위해 기도해 준 '어떤 이'였으며 그 믿음을 충만하게 해 준 신앙의 주체였음을 깨달았다. 화자가 외친 '카르페디엠'은 삶에 대한 새로운 인식이자 방향을 지시하는 좌표로 다가온다.

먼저 도착한 그리움이 세파를 헤치고 온
발걸음을 반가이 맞으며 다독인다

저무는 해가 건네는 위로가
달을 맞이하는 저녁이 있다

나른한 게으름을 채근하기도
밑줄 굿고 각주를 달지 않아도
헛짚은 길은 인생의 함정과 같다

자유롭게 사방을 알려주는 내가
고립의 방향 쪽으로 나그네의 여정을 읽는다

-〈이정표〉 부분

 화자가 서 있는 공간을 지시하는 〈이정표〉는 내면에 존재하는 공간이면서 실재한 지점과 동일하다. 화자는 순간순간 닥쳐오는 사유의 단상에 골몰하고 있다. 그런 일들이 매번은 아니지만, 특별하게 다가온 때가 있다. 살다 뜻밖의 연유로 혼란을 초래한 때 그곳에서 벗어나기 위하여 좌표를 찍고 이정표를 확인하는 것은 중요하다. 그로 인해 설정된 이정표가 목표한 지점이기 때문이다. 화자는 그렇기 위해 현재의 좌표에서 멈춘 시간의 과거를 헤아려본다. 삶의 지향이 같아도 전혀 다른 양상을 보여준다. "누군가에게는 목적이 되고/ 누군가에게는 방향이 된다"는 경험적 인식은 분명하다. '목적'지로 특정된 지점이라면 오직 정해진 위치에 정확히 도달해야 하는 것이고, '방향'이란 지점은 좁은 지점보다 광역적인 영역을 포함하여 여유를 갖고 나아갈 수 있다. 목적을 향해 나아가다 장애물이 나타나면 꼼짝없이 갇히고 만다. 그럴 때 화자가 제시한 '방향'은 매우 유용한 것이다. 목적을 이루기 위해 난관을 극복하는 수단으로 방향을 변경하고 그 목적 지점으로 다시 나아가는 것이다. "저무는 해가 건네는 위로가/ 달을 맞이하는 저녁이 있"게 한 것으로 보았다. 화자가 '저녁'이라는 목적지에 무사히 도달할 수 있었던 것은 하늘에 뜬 '달'이 있어 가능한 것이다. 그 '달'을 통해 방향을 잡고 목적지인 '저녁'의 휴식을 만끽할 수 있다. 그 '저녁'은 가족이 모인 '집'일수도 있지만, 오랫동안 이루고자 한 소망의 완성일 수도 있다. 이제 화자에게 부여된 시간은 긴 저녁으로 주어진 안락함이다. 그런 한가한 시간을 통해 자신을 돌아보는 것은 앞으로 나아갈 이정표를 설정할 수 있는 여유가 된다. 긴 고통의 시간을 극복한 경험을 통해 이제 화자는 "자유롭게 사방을 알려주는 내가/ 고립의 방향 쪽으로 나그네의 여정을 읽는다"며 삶에 대한 자신감을 피력하고 있다. 하지만 긴장을 한시도 놓아서는 안 된다. 우리가 꿈꾸는 세상은 멀리 있지 않다.

한 줌 떠먹어도
줄지 않을 달빛

피안을 기약하는
마법이 펼쳐지는 것 같다

밤으로 낮이 기웃대는 백야

자유스러운 오마 라우하*

속살대는 그리움이
꽃으로 피고 있다

*내 안의 평화

-〈오마 라우하 달〉 전문

　화자는 은은하게 밤하늘을 비춰주는 '달'을 가슴에 품고 산다. 시집 속 다른 시에도 몇 번의 '달'이 뜨고 진다. 그중 발원한 '달'이 하루를 마감하고 "투명해진 호수 속으로 해는 지나고 달은 잠긴다"(〈돌을 새라고 생각할 때〉)는 수면에 잠긴 '달'의 이미지를 쉼(저녁)의 시간으로 환기하고 있다. 달이 잠기는 '호수'도 삶의 반경인 저녁의 안온함으로 온유한 서정을 빚어낸다. 그렇게 비춘 '달'은 태초부터 절망과 고통의 시간에 갇힌 상처를 사랑으로 치유한 전유체다. 천 사람, 만 사람의 소원을 다 들어주며 수만 년을 같은 모습으로 떠 있다. 화자의 가슴속에 뜬 달도 그중 하나다. 다들 가슴에 간직하고 있는 달은 보름 만에 뜬 만월이 아닌 수시로 변화하는 세상사를 품고 있다. '오마 라우하 달'도 그런 주술적 상상력이 추상적으로 변주되면서 형상화된 인간의 소망을 담은 전형이다. 핀란드 사람들의 가슴으로 뜨고 지는 달은 숲으로 둘러싸인 호수를 지나고 순록이 오가는 길을 따라온다. 숲으로 돌아가는 길을 따라가며 그리움 같은 그윽한 달빛으로 날마다 안부를 묻던 정겨운 달이다. 그

달을 1,500년 전 백제의 한 여인이 '정읍사'를 읊으며 장사 나간 지아비의 무탈한 귀가를 애절하게 전했던 달이다. 어둠을 비추는 달이어서 아득하게 밀려오는 온기 가득한 사랑을 다독이며 과거를 지나온 것이다. 오늘 밤 떠오를 달은 과거를 회상하고 현재에 머물지 않고 미래를 추상하고 있다. 영원을 상징하는 달을 통해 "내 안의 평화"는 이루어진다. 그런 믿음에도 간혹 어긋난 일상을 경험한다.

정해진 장소, 정해진 시간
어김없이 기차는 출발한다

간발의 차로 목전에서 기차를 놓친 아쉬움보다는
하마터면 다른 기차에 몸을 싣고
엉뚱하게 출발할 뻔함에 가슴을 쓸어내린다

방향이 같고, 목적지가 같다고
하물며 나란히 놓여 있다고
초대받은 자의 자리가 아님은 불편을 초래할 뿐이니
각자의 선택한 몫이 다르고
속도가 다르고, 비교의 대상도 아니다

   -〈익산역에서〉 부분

한번 기회를 놓치면 되돌릴 수 없는 것도 있다. 어쩌다 인간은 외통수를 치는 것을 알았는지 무작정 앞으로만 질주하려 한다. 한번 정한 방향으로 열차가 놓이면 열차의 생명이 다할 때까지 그 방향으로 달려야 한다. 어찌하다 화자는 타야 할 기차를 놓치고 만다.

그 기차를 놓치게 된 것은 그럴만한 이유가 있을 것이다. 익산역은 호남선과 전라선이 교차하는 곳으로 KTX 환승역이다. 이용 열차 편수만큼 넉넉하지 못한 선로의 플랫폼에서 동시 출발시키다 보니 혼동했던 듯하다. 한 철로 위에 같은 방향으로 정차한 목포행과 여수행 열차를 보고 착각을 한 것이다. 시간 차이가 거의 없는 출발 시간과 배선 문제지만, 깜빡해 확인 미숙으로 그 열차를 탔다면 일정을 망가뜨리는 낭패를 볼 수 있다. 말하고자 한 것은 잘못 탈 뻔한 기차가 아니다. 그런 일들은 언제든지 살다 보면 발생할 수 있는 일상의 한 사건일 뿐이다. 단념과 체념은 다른 것으로 화자는 체념을 통해 촉발된 사유를 긍정으로 이해하려 한다. "방향이 같고, 목적지가 같다고/ 하물며 나란히 놓여 있다고/ 초대받은 자의 자리가 아님은 불편을 초래할 뿐이니/ 각자의 선택한 몫이 다르고/ 속도가 다르고, 비교의 대상도 아니다"라며 경계한다. 삶의 여유로 돌아가 보자. 잘박 잘박한 향기가 밴 시간을 밟고 나선 걸음이 가볍다.

하늘 궁창이 내려왔나
아름다운 저 표정을 보라
님 오시는 길이었던가
터지는 꽃봉오리들이 반긴다
두 팔 벌려 기다리고 있었을
별들의 속삭임이 연꽃 속에 충만하다
어쩌란 말인가
어화둥둥 향기가 피어난다

* 부여읍 소재 백제의 별궁 연못

-〈궁남지*에서〉 부분

  시인은 '궁남지'를 돌아보며 시간을 초월한 과거로 거슬러 간다. 백제 무왕이 되었다는 서동과 선화공주의 아름다운 이야기가 전설처럼 내려오는 부여 궁남지를 찾아간 시인은 "하늘 궁창이 내려왔나/ 아름다운 저 표정을 보라/ 님 오시는 길이었던가/ 터지는 꽃봉오리들이 반긴다"라며 연꽃이 만개한 '궁남지'의 비경에 빠져있다. 무왕의 출생 설화와도 연관이 있어 그러했을까? 백제 무왕이 별궁에 조성한 인공 연못이라니 세월의 연륜도 만만치 않다. 연꽃의 향기가 은은하게 피어올라 천 년이 넘은 세월을 고스란히 전해주는 듯하다. 궁남지 안 연꽃을 바라보며 잠시나마 세상사를 잊은 듯 "분홍 입술연지 바르고/ 손잡아 빙 돌려주는 너의 숨결/ 연밥 한 톨 입에 물고" 황홀경에 빠져들었다. '궁남지'의 시 전경은 아름다운 긍정으로 발현한 사랑에 근원을 두고 있다. 결국 풍경을 시적으로 환기하는 과정은 감각에서 비롯됨을 알 수 있다. 연꽃 핀 궁남지의 비경에 감동할 수 있었던 것도 시공을 초월한 파동의 동조화로 접면을 증폭했기 때문이다.

  〈은파에서〉도 "둘레길 따라 곁을 내주는 호수/ 색색 단풍 옷을 입은 나무들이 느리게 빛난다/ 꼭지를 튼 날개에 바람이 닿으면 은빛으로 팔랑이는 조각구름/ 잠시 머물다가는 사람들이 은파 햇살에 포위된다/ 물결치듯 흔들리는 이파리들의 환몽/ 발효되는 그리움이 선명하다"라고 말할 수 있는 것도 현상에 대한 몰입에서 가능하다. 수면의 잔잔한 파문이 '은파 햇살'을 받아 유현한 파동을 이뤄낸다. 수평을 비집고 나온 햇살은 '은파 호수'의 잔물결이다. 시인은 바람에 일렁이는 호수의 동심원을 살랑살랑 흔들리는 나뭇잎으로 변주한다.

 그렇게 감상의 공명에 완전한 동화를 이룬 것도 풍부한 시적 감성으로 볼 수 있다. 풍경이 보여주는 현재를 삶의 전경으로 일체화하는 상상은 유형을 달리하며 나타난다. 〈구례 벚꽃〉의 "무언無言이 주는 신뢰감에/ 걸음을 옮길 때마다 울컥하게 한다// 활짝 웃음을 보내는 우듬지/ 더없이 반가운 어느 봄날 꽃길"에서 삶의 유전流轉으로 다가간다. 떨어지는 꽃잎에 대한 안타까움은 생명의 유한함이다. 그 소실된 공간을 또 다른 우듬지가 메우고 있다. 돌고 도는 인생의 유정함도 바람에 떨어지는 벚꽃과 별반 다를 것 없는 생의 비의로 다가간다.

 지금껏 신양옥 시인의 시를 살펴보며 시가 지향하는 세계를 공감해 보았다. 일상의 일탈된 영역이 문학의 전경이 아니란 것을 말한다. 순간적으로 접한 대상이 감각적인 신경망을 도발하고 언어적 상상력으로 전위되면서 확장된다는 것을 보여준다. 시는 사유 속 고뇌를 존재 의식으로 이전하여 현실을 문학 자장 속에서 상상력을 통해 구현한 결과물이다. 또한 자연 속 사물을 통해 고달픈 삶을 희석하고 긍정적인 인식으로 환기하는 것도 시가 갖춰야 할 덕목이기에 바람직한 담론으로 볼 수 있다. 자신을 되돌아보는 시간이 삶의 기회로 끝나지 않고 깊은 침묵이나 고요한 사유를 거쳐 언어로 구체화한다. 작거나 크거나 내재한 상처는 불합리와 유무 자체를 해체하여 성찰 즉 긍정으로 나아가게 한다. 시를 통해 보여줄 수 있는 확신과 소망 그리고 희망은 이내 모습을 드러낼 것이다. 어차피 시는 시간의 문학이다. 유한한 시간을 건너온 제반 현상에서 집중할 수밖에 없는 삶에 대한 애착이 시로 발현한 상상력이고 그것을 형상화한 모습이 시라고 볼 때 꼭 있어야 할 존재에 대한 가슴 안의 '사랑'일 것이다. 우리가 살아온 과거와 현재 그리고 미래까지를 통틀어 본다 해도 상처나 고통은 소멸을 모른다. 다만, 잊어야 할 비망록이기 때문이다. 그것마저 그리움으로 몰입한 사랑이라며 시적 세계로 이끌어 주는 신양옥 시인을 만나보았다.

상상력으로 발화한 문장의 층위
 - 피귀자 작품론

 세상이 예전 같지 않아 다들 살기가 팍팍하다고들 한다. 팍팍한 세상의 고통을 감내하면서 또 한편으로 문학을 떨쳐버리지 못하고 무병처럼 안고 살아가는 시인의 삶이 존재한다. 그렇게 살아가는 삶도 경외스럽거니와 한 순간도 마음을 놓지 않는 문학적인 열정에 감탄하면서 고투의 시간을 통해 내보이고 있는 시편을 접하면서 그래도 우리가 살아가는 세상이 아직은 살만하다는 것을 깨닫게 된다. 누구에게나 시간은 공평한 것이어서 시인이라고 하여 특별한 것은 아니다. 우리에게 어김없이 다가와서 현재라는 모습을 통해 새롭게 세상을 바라보도록 하는 현상 속에 존재하는 인식의 층위를 다만 시적으로 전유하여 천착한 것이다. 지금껏 이 세상에 존재하지 않는 낯선 상상을 통해 드러내는 형상들은 사유라는 접점에서 시인의 문학적 메타 성을 유발한다. 알고 보면 현재의 시간도 어딘가를 경유하여 건너왔기에 이미 과거라는 시간의 층위를 내포하고 있다. 비록 우리 앞에서 새로움으로 다가와 하나의 사물 성을 현재라는 모습으로 재현하고 있지만, 지금의 시간도 따지고 본다면 이미 오래전 과거에서 출현했던 현상에 불과하다는 것을 알아야 한다. 그런 담론을 들추는 데는 다름 아닌 새로움이 지금껏 이 세상에 존재하지 않는다는 것을 의미하지 않고 새롭게 인식한다는 것으로 이해해야 한다. 피귀자 시인의 시적 유의미라는 문장 속에 존재하는 내면에서 그런 사유의 단초를 발견할 수 있다. 이미 내면 속에 존재한 사유, 그리고 감정들을 현재라는 시간으로 호명하여 문장화한 것이기에 그렇다. 신선하게 다가오는 형상적인 언어들도 따지고 보면 이미 화자의 경험을 통해 충분히 이해되는 상황으로 감당을 할 수 있는 것들이라는 것을 말해준다. 특히 여성만의 일상들을 섬세하고 예리한 상상력으로 발화한 시편들을 통해 그러한 예증을 확인해 준다.

순종적인 나는
뼈가 없어 이제 칼도 두렵지 않죠

상처를 잊는 법을 알고 있어
어떤 비명도 지르지 않죠

자존심의 각에 따라 모서리가 생겨나도
심장만큼은 물컹하죠

바깥에서 바라본 중심은 아득하지만
굳이 나를 고집하려 하지 않아서
들러리와 어울려 맛을 내죠

바스러진 꽃 스미고 뭉쳐
몽글몽글해진 하얀 살갗
비로소 당신 살과 피가 되고 싶죠

뜨겁게 쥐어 짜인 기억마저
노래하는 칼날에 잘려지죠

토막처지는 내 삶의 어설픈 구간은
맷돌의 어처구니를 돌린 당신의 방식이죠

　　-〈두부를 말하다〉 전문

'순종'이라는 것의 의미는 의지의 포기가 아닌 자의식을 표표히 드러내는 '주체'라는 것으로 이해되어야 한다. 그 '순종'으로 대상화된 '두부'도 본래는 현재의 형상이 아니었음을 익히 알고 있다. 콩이라는 본질에서 변화를 거듭해 본래의 물성과는 전혀 다른 형상으로 변화된 '두부'인 것이다. 그렇기에 더는 본래의 모습을 강조할 필요가 없다. 어차피 부두로 변화된 이상 다시 원형의 모습인 '콩'이 될 수 없다는 것을 잘 알고 있다. 이제는 '콩'이라는 물성을 벗어나 '두부'가 된 현상을 긍정하듯 우리가 살아가는 삶의 모습도 그러해야 한다는 보편적 가치와도 상통한다. 그것은 결국 사회라는 거대 구조 속에서 살아가며 행할 수 있는 것을 변화시킨 타자에 대한 이해와 긍정이 최선임을 알아버린 것이다. 하지만 우리가 간과해선 안 될 문장 속 '순종'으로 긍정하기까지는 많은 고통을 극복해 가는 시간이 필요하다. 한 알의 콩으로 존재하는 것이 아니라 스스로 더 많은 콩과 결합하여 유익한 물질로 변화하는 과정처럼 한 여성으로 감당해 온 삶의 모습도 그러하다는 것이다. 두부만이 갖는 물성에 멈추지 않고 또 다른 물질과 융합하여 새로운 변화를 추구해 간다는 데 있다. 여기에서 재미있는 시적 환기는 아무래도 여성적인 시각에서 바라본 '두부'라는 형상을 통해 무한 변화해 가는 여성성의 모습으로 환기 변주해 간다는 데 있다. '뼈'가 없다고 말하면서도 이미 내면에는 자아라는 '뼈(주체의식)'가 어떤 상황에서든 지지할 태세가 갖춰져 있다. 또한 아픈 상처를 잊기 위한 방법으로 묵묵히 인내하는 여성성을 보여주고 있다. 또한 자존심을 버렸다고 하지만, 확연하게 자신을 나타내는 '모서리'를 갖고 있어 개성 있는 삶을 살아가는 주체의식을 드러낸다. 자신의 실재를 부인하지만, 또 다른 존재가 내면에 형성되어 있음을 알 수 있다.

바람 횡포에 몸 살점 떼어먹힐까
쉽게는 부러지지 않겠다고 곁의 가지와는
간격을 둔다

눈 감고 기도하는 꽃봉오리들
목줄 풀린 내가 주무르면
방해 말라고 튕기는 굳은살

그래봤자 으르렁거리다가 가벼워질 이빨
해마다 나는 순해지고 있다

누가 부르지 않아도 끓는 이마
뿌리로부터 철철 넘치는 집중

점점 커지는 너의 은밀한 둥지는
더 이상 참지 못해 물컹해지고
쓰다듬는 내 눈독은 집요하다

하루에 하나씩 아껴 피던
수줍음마저도 어느새
지르밟는 발아래 너털웃음이다

－〈목련제祭〉 전문

 '목련제祭'라고 말하지만, 목련 축제祝祭를 다녀왔을 것으로 추측한다면 무리일까? 하긴 언어로 사물을 직접 표현하지 않는다 하여도 어쩔 수 없이 우리는 대상화된 사물을 특정한 언어로 인식하면서 탐색과 재발견을 통해 인지할 수밖에 없다. 그러면서 목련이라는 사물성에 대한 상상의 사유를 펼쳐가는 것이다. 화자도 그런 상황에서 한껏 자태를 드러낸 목련의 모양에서 전해오는 감상적인 충동에 반응하며 형상화한 존재성을 시라는 문장을 통해 재현했을 것이다. 그 충동적인 시작은 목련의 아름다움에서 비롯되었지만, 지나온 삶의 한 부분처럼 꽃으로 개화하기까지 있었을 과거의 시간을 거슬러 간다. 먼저 목련이 꽃으로 피기까지 겪어야 했던 시간을 되짚어보며 꽃을 피우는 고통을 상상하고 있다. 마치 산모가 뱃속의 태아를 생각하며 매사에 언행을 주의하듯 "누가 부르지 않아도 끓는 이마/ 뿌리로부터 철철 넘치는 집중"이 있었을 것이다. 그렇게 가지에 맺힌 무형상의 목련꽃을 피워냈다. 화자는 꽃을 보며 말 없는 목련도 자신과 같은 마음일 거라며 동일시하고 있다. 눈 감고 기도하는 긴 시간을 지나서야 하나의 꽃으로 형상이 맺혀 본색을 드러낼 즈음 더더욱 단단해진 생물적인 완성을 향해 나아가는 모습이 곧 세월이다. 그 순간마다 좋은 생각으로 태아 같은 꽃봉오리를 키워 어루만지며 "점점 커지는 너의 은밀한 둥지는/ 더 이상 참지 못해 물컹해지고/ 쓰다듬는 내 눈독은 집요하다"며 과거적 몸에 익숙한 시절을 추억하고 있다.

남산성당 수돗가 낡은 물그릇 테두리에
포로롱 날아와 발 딛는 참새
동그랗게 눈 뜬 내게 쉿!
갈라진 입술로 십자가 긋는다

이마로 찍어 입술에 바르는 물 흘려
견뎌온 갈증을 꿀꺽 삼키는지
톡톡 익숙하게 구부린 자세로
말러의 교향곡 4번을 듣는다

그렇게 기도를 마친 참새는
끄덕끄덕 민들레는 또 피어나라고
사방을 살피며 들어 올리는 고개 짓
긍정의 몸짓이다

홀가분한 몸 항문까지 젖은 참새는
구불구불 밖으로 빠져나간 물로
한 줄의 비망록을 성모상 손바닥에 남긴다

단번에 삼킬 수 없는 벌레를
이리저리 앞발로 굴리던 나는 아직도 목이 마른데
사랑 공부에 눈 맑아진 참새는
훌쩍 성당지붕 십자가 위로 솟구치고 있다

　　　－〈손바닥 경전〉 전문

기도하는 성당에 한 모금의 물을 얻기 위해 날아든 참새의 일상이 안온한 화자의 심정적인 감정 선과 맞닿아 있다. 주변에서 일상적으로 일어난 일들이 다들 새롭고 경이롭게 느껴지는 것은 아니다. 그날의 풍경 속 참새의 작은 미동들도 어찌 보면 흔히 있을 수 있는 일로 치부할 수 있다. 그날이 특별한 경우라서가 아니라 대상으로 다가온 풍경을 통해 전이된 상상 지점에 존재한 시의성이 감각적 환상과 합일한 것이다. "남산성당 수돗가 낡은 물그릇 테두리에／ 포로롱 날아와 발 딛는 참새／ 동그랗게 눈 뜬 내게 쉿!／ 갈라진 입술로 십자가 긋는다"며 화자는 성당 수돗가에 내려앉은 참새를 그냥 보아 넘기지 않는다. 장소가 성당이니만큼 참새도 화자가 갖는 경건한 마음처럼 종교적인 행위로 교감이 확장된 것이다. 이어 참새가 잠깐의 여유를 즐기는데도 무심히 보내는 것이 아니라 마치 천진난만한 아이가 물장난을 치는 모습으로 연상되며 말러의 교향곡 4번의 감동으로 번져간다. 그 짧은 시간 동안 참새를 통해 많은 생각들을 삶의 지나온 순간들로 변주해 간다. 참새는 단순히 물을 마시는 것이 아니라 하루에 대한 감사로 의식을 집행하듯 입술로 성호를 긋고 기도를 간구한다. "그렇게 기도를 마친 참새는／ 끄덕끄덕 민들레는 또 피어나라고／ 사방을 살피며 들어 올리는 고개 짓／ 긍정의 몸짓"까지 엄숙하게 마친 뒤 이마에 마치 성수를 뿌리는 것처럼 행위를 거듭한다. 이어서 성모상의 손바닥으로 다가간 뒤 간곡한 소원을 또박또박 눌러 적고 온통 세상에 대한 긍정과 예찬의 몸짓을 보여준다. 참새의 작은 몸짓을 보며 지상의 시간 속에서 행한 행동은 지금껏 화자가 행해온 종교적인 경건한 기도였음을 말해준다. 평소에 갖고 있는 화자의 생각들을 참새를 통해 자연스럽게 감정이입을 통해 보여주고 있다.

자라는 머리카락 시간을 보려
솔숲에 가만히 귀를 세워요

저녁을 벗어난 달의 정수리에
반짝이는 이슬의 노래를 들려주죠

외출이 자유로워진다고
노래는 후렴에 후렴을 잇고
검은 옷을 부탁해야 하는데
파가니니 바이올린 소리 들려요

한 달에 한번 가꾼 솔숲엔
지천에 꽃들이 한창
넘실넘실 넘쳐 살에 살이 닿는 축제죠

비로소 째깍째깍 초침소리 잉태한 숲에는
이끼 이불 덮고 잠든 아이가
발 시린 소나무를 흔들어 깨우고 있죠

  -〈염색나라〉 전문

 언제나 그럴 거라고 믿었고 자신만은 항상 검은 머리카락을 평생 유지하며 살 거라고 생각했다. 생각과 달리 어느 때부터인가 귀밑 머리가 하얗게 변하기 시작한 것을 깨닫게 된다. 흰머리를 뽑거나 숨겨도 자꾸만 돋아나는 하얀 머리카락이다. 어쩔 수 없이 염색약을 발라가며 비집고 나온 새치라는 흰머리를 관리해야만 하는 때가 오고 만다. 화자도 거울 앞에서 자신을 바라보며 피해 갈 수 없는 세월을 알아차렸다. 흰머리를 감추기 위해 반복적으로 어느 시점이 되면 머리에 염색약을 발라가며 사는 것이 나이 들어 치르는 일이 되었다. 말이 그렇지 주기적으로 행해야 한다는 것은 쉽지 않은 일이다. 그런 일상을 화자는 귀찮아하지 않고 그 시간을 통해 변화되는 자신의 모습을 상상하며 즐거워한다. 사실 대부분의 사람들은 반복된 행위를 하면서 불편하거나 귀찮아하는 것이 일반적인 모습이다. 그런 반복된 일정을 즐거운 마음으로 전환해 가는 화자는 세월의 흐름을 거부하지 않고 담담하게 받아들이려는 긍정적인 가치관에서 비롯될 것이다. 마치 호기심 많은 아이 같은 마음으로 "자라는 머리카락 시간을 보려/ 솔숲에 가만히 귀를 세워요"라며 머리카락이 자라는 시간을 알기 위해 귀를 쫑긋하며 듣고 있다는 호기심을 보면 마치 아이 같다. 나이 지긋해서도 자신의 몸에서 일어나는 변화의 기미를 감지하려는 마음이 명랑하다. 거기에 더해 소녀처럼 밤을 아껴 달빛과 교감하는 낭만마저 이슬에 젖은 채 "파가니니 바이올린 소리"에 흠뻑 빠져 예쁜 모습으로 변신해 외출을 꿈꾸는 상상마저 감상에 부풀어있는 소녀 같다. "한 달에 한번 가꾼 솔숲엔/ 지천에 꽃들이 한창/ 넘실넘실 넘쳐 살에 살이 닿는 축제죠"라며 충동적인 상상은 매사를 긍정하며 살아가는 모습의 일부일 것이다. 화자가 지향하는 생기발랄한 삶의 에너지가 역동성을 통해 긍정적인 활력으로 자연스럽게 일상으로 번져간다. '염색나라'는 자신만이 느낄 수 있는 과거의 시간을 돌려받는 환원적인 사유로 이룰 수 있다.

물속에 심지 박고 서 있던 섬이
해 지면 바지락 꽃게 거느리고

상사화로 핀다
짙푸른 그리움과도
손 잡아주면 한 계절 건너 뛸 수도 있겠다

신발 끈 묶고
아무도 모르게 조금씩 다가오는
속 붉은 암술의 술래는
솟아오르는 울렁증이 되고

파도의 등 떠미는 바람에도
아랫도리는 늘 축축했다고
젖은 모래에 뒤엉키는 몽돌들

밀고 당기는 어제보다
썰물에 가까워진 아침의 내 몸은
은근 슬쩍 철썩이는 자석이 되고

*밀물 때는 섬이 되고 썰물 때는 육지가 되는 서해의 섬

−〈나의 면삽지*〉 전문

 시를 통해 가슴 안에 들어와 자리 잡은 섬이 '면삽지'다. 그 '면삽지'는 정확히 '충청남도 보령시 오천면 삽시도리'다. 충남 보령에 있는 섬을 찾아가 시간을 보내면서 즐거웠던 순간들이 몸의 어딘가에 층위라는 겹으로 달라붙어 섬이라는 신비감으로 아련해져 충동질을 했을 것이다. 그 섬에서 젖어든 감상이 오래전 경험처럼 가슴을 밀치고 나와 "물속에 심지 박고 서 있던 섬이/ 해 지면 바지락 꽃게

거느리고/ 상사화로 핀다"라며 마음 시린 애틋함처럼 느껴진 것이다. 하지만 화자는 그런 풍경에 만족하지 않고 그 안에 감춰진 또 다른 이별의 시간 동안을 "짙푸른 그리움과도/ 손 잡아주면 한 계절 건너뛸 수도 있겠다"라며 아련하게 밀려오는 그리움으로 애써 말하고 있다. 그 섬에서 보았던 것처럼 어김없이 밀물과 썰물을 통해 지형의 풍경이 바뀌는 자연 속 경이로움에서 화자의 시선을 압도한 것이다. 밀물 때면 섬이 되는 섬, 물속에 가라앉은 섬의 아랫도리는 언제나 촉촉이 젖어 한 족속이란 것을 확인할 수 있었다. 썰물 때면 아무렇지 않은 듯이 드러나 섬사람들에게 다가가는 '면삽지' 섬이 화자의 마음속에서 물때에 맞춰 일렁이고 있다. 아직도 가슴 어딘가에 남아있는 사춘기의 한 때처럼 "신발 끈 묶고/ 아무도 모르게 조금씩 다가오는/ 속 붉은 암술의 술래는/ 솟아오르는 울렁증이 되고"라며 그동안 잊고 지냈던 소중한 추억의 한 소절을 찾아내 썰물이 만들어낸 갯가의 흔적처럼 그곳은 여전히 그대로 있을 것이다.

 피귀자 시인의 시 다섯 편을 살펴보았다. 시 전편을 통해 다양한 시의성을 드러낸다. 그중에서 눈여겨보았던 것은 시적 대상에 대한 사유의 근경이 탄탄하여 우리가 살아가는 일상의 순간들을 사유 깊은 형상으로 환기시켜 준다. 또한 일상에서 만난 사소함에도 상당한 삶의 의미를 부여하여 상상력을 통해 우리의 소중한 한 시절로 존재한다는 것을 보여주려 한다. 특히 그 안에서 그리움으로 잔잔하게 파동 되는 삶의 부분들이 슬몃슬몃 외양을 드러내는 것도 유의미하게 바라보았다. 시를 일상처럼 상상(초월)하면서 현실 속으로 끌어와 새로운 접점을 만들어내는 것도 피귀자 시인만의 변별성으로 보았다. 시 다섯 편이 결국은 우리의 삶과 별개로 존재하는 것이 아닌 일상의 한 부분이라는 것을 자연스럽게 말해준다.

시적 공간과 상상으로 인식한 세계
- 김순효 작품론

 5월의 장미도 고혹한 색감을 잊은 지 오래다. 이후 왕성한 넝쿨을 타고 자지러지던 연초록의 이파리마저 가시에 무뎌진 칠월이다. 습한 기운을 미리 알아차렸는지 탱탱한 줄기의 수분을 줄여 성장을 멈춘 요즘 비가 많이 온다는 일기예보가 지구 환경의 이상 현상과 맞물려버린 칠월은 몹시 아프다. 얼마 전까지만 해도 폭염 맛을 미리 보여주듯 간간이 며칠 건너 뜨겁던 한 낮도 알고 보니 기후 환경의 이상 징후였다. 그러더니 엉뚱하게 언제 그랬냐는 듯이 하늘 판을 갈아 끼운 것일까 연이어 비가 내린다. 수직으로 내리꽂다가 하늘이 내려앉은 것처럼 변화무쌍한 모습이다. 그런 기후에 개의치 않은 듯 가을을 예고하는 절기의 질서처럼 먼저 넘어와 길목을 지키고 있는 김순효 시인의 시 다섯 편을 살펴보니 그런 심정적인 변화를 담고 있다. 시로 형상화되는 대상에 대하여 감정의 변화가 직관을 따라 사유하듯 예상치 못한 모습으로 우리에게 다가온다. 물끄러미 비를 쳐다보며 비에 젖은 과거의 시간을 회상한다. 유년 시절 처마 끝에서 하염없이 쏟아지는 장대비가 초가지붕의 끝단에 매달리다 기어이 땅으로 곤두박질치는 물방울을 보며 잠시 일다 사라지는 '비'의 단명한 생애를 무심하게 볼 수 없었던 기억이 새롭다. 그때처럼 김순효 시인의 시를 통해 우리가 알지 못했던 현재의 시간을 통해 과거의 기억을 공유하는 것도 시로써 가능한 일이다.

바랜 시간을 펼치니 장미꽃이 피었다
여린 잎은 햇빛 속에 푸르다

빛깔들이 떠난 당신의 계절은
하얀 기억들이 불빛 사이로 손을 내민다
훈장이 달린 헤링본 슈터를 입은 기사는
무뎌진 검을 움켜쥐고 절룩절룩 걸음을 옮긴다

빛나는 시간은 껍데기로 남는다

힘겹게 잡은 시간을 까마귀 떼가 난장을 친다
안간힘을 다해 저항을 해보지만 녹록치 않다
몇 번이나 마주하는 이별도 끝이 아닌 줄은 알지만
당신은 붉게 피었다가 하얗게 돌아섰다가

시공이 나뉜 평행선을 건넌다

녹턴이 흐르는 혈관 속으로
알코올에 절인 시간이 배어난다

기도는 녹슬어 어둠에 길을 잃는다

장미가 만발한 그 곳에서 서성인다
온전히 당신을 위해

    -〈타임 슬립〉전문

화자가 바라본 시간은 현재의 의미에서 본다면 유효한 것이 아니다. 온전한 형상은 이미 사라지고 허상처럼 그 자리에는 흔적만 남았기 때문이다. 한때는 분명히 온전한 생명의 기운을 담고 있었던 시간을 표본화한 형체를 보여주던 '장미꽃'이다. 그토록 화려한 시간이 경과한 현재는 아무런 의미 없는 것에 불과하다. 하지만 놀랍게도 그런 기억을 송두리째 앗아가는 인식의 회전 현상이 발생한 것이다. 그럴 것이라는 과거를 뒤집어 "바랜 시간을 펼치니 장미꽃이 피었다/ 여린 잎은 햇빛 속에 푸"른 기운으로 사라져 없던 존재가 사실처럼 유효한 생명의 기운으로 부활한 것이다. 그렇지만, 그것은 착시일 수 있는 찰나로 그치고 만다. 한때 화려했던 과거의 모든 것은 허망하게 끝나버렸고 영광스런 모습은 그 어디에도 없는 쇠약해 가는 인간의 모습과 닮은꼴이다. 붉은 장미처럼 화려했던, '당신의 계절'도 사라져 버렸고 건조해진 시간의 색깔도 무의미한 것이어서 홀로 빛이 되지 못한 "하얀 기억들이 불빛 사이로 손을 내민다"는 것이 전부다. 그렇게 드러낸 반응은 "훈장이 달린 헤링본 슈터를 입은 기사"의 상징인 용맹과 위엄은 사라지고 아무짝도 쓸모없는 무딘 검과 세월을 이기지 못한 몸의 쇠락으로 걸음마저 무겁기만 하다. 간혹 미련처럼 흘러간 추억 속에 존재한 영욕의 시간이 돌이켜 위안을 삼았다. 그 또한 부질없는 것으로 "빛나는 시간은 껍데기로 남는다"며 없던 기억처럼 하얗게 밀봉을 하고 만다. 이제는 기억마저 온전하게 끌어낼 수 없어 균형 있는 평행선을 긋기도 벅찬 나날이다. 그것을 위로하는 방법은 은밀하게나마 드나들 수 있는 화자만의 비밀에만 존재하는 미로 같다. 안타까운 이별의 순간을 회상하는 것이 유일한 기쁨으로 그래도 다행인 것은 무의식을 넘나드는 공간에서 운 좋게 재회하는 경우도 있다. 하지만, 그것의 끝은 이성적인 것이어서 언제나 차갑게 돌아서고 말면 매정한 상처만 되었다. 이제 이별 같은 재회는 없을 것이라면서 사랑은 비정한 것이라고 핑계 삼아 외면해야 할 때다. 자아 속 빈곤 같은 우울을 조금이나마 완화하려 한 것이지만 그것마저 실패하고 만다. 야상곡으로 흘러나온 곡조가 잔잔해진 슬픔을 자극하여 그 빈티를 메우는 것은 깊은 술통에서 흘러나온 알코올이 필요해졌다. 혈관을 타고 흘러든 잔잔해진 과거를 현재로 소환하는 것의 증상은 누구나 겪는 자정작용이란 것을 '타임 슬립'은 말해준다. 인간은 과거로부터 잉태되어 현재를 넘어서는 욕망의 끝을 보려는 것도 그 때문이다.

    부드러운 날갯짓으로 영해를 들어선다
    풀리지 않는 날개들이 소용돌이 속으로 조밀하게 죄어오면
    단단한 것에서 생기는 눈은 나비가 된다

    따뜻한 문장은 부풀려진 채로 해방구를 찾아 맴돈다

    휘파람소리에 엮이는 것마다 파탄이다
    장막 뒤로 불꽃이 떨어지면 하늘은 눈을 감는다
    세상은 다시 눈물이다

    몇 편의 시를 길어 올린 시인은 다리를 꼬고 앉아
    더 이상 볼 문장은 없다고 말한다
    시인의 날갯짓은 경멸보다 아프다
    예보는 어긋나지 않았고

    직진으로 달려드는 바람에 폐허가 된 문장
    날갯짓은 끝이 나도 문장은 그날 이후 부풀지 않았다

극한을 날았던 나비는 폐허 속에 이름을 새기지만
나는 무너진 문장을 쪼는 까마귀를 쫓고 있다

    -〈나비〉 전문

 화자가 추구하는 이상적인 사유 환경은 기상예보에 개의치 않고 감정의 습도를 자율 조절해 가며 무의식을 넘나든다. 그럴 때마다 사유의 실체로 떠오른 이미지를 특정하거나 한정하지 않으면서 변환을 거듭하여 드러내려 한다. 여름 장마가 계속되는 요즘은 '나비'가 날기에는 부적합한 환경이다. 하지만 어차피 화자의 사유 속에서 날고 있는 '나비'는 상상 속의 존재로 일기와 상관없이 날 수 있다. 여기서 주목해야 할 지점이 있다. 화자가 생각하는 나비는 매번 날 수 있는 즈음에 새롭게 생성한 나비가 아니라 이미 심상 안에 "부드러운 날갯짓으로 영해를 들어선다"며 지금보다 더 많이 날고 싶은 비행에 대한 계획을 오래전 하고 있었던 것이다. 수시로 수만의 날개를 발생시켜 수없이 원하는 공간으로 날려 보냈지만, 욕망을 이룰 수 없다는 것에서 새롭게 시도한다. 결국 화자가 말하는 '날개'는 상상을 통해 현실처럼 실재함을 말하는 것으로 매번 그 실체 속으로 다가가려 하지만, 해소되지 않는 궁금증을 알 수 없었다. 그럴 때마다 궁금증에 대한 것을 알려주듯 "풀리지 않는 날개들이 소용돌이 속으로 조밀하게 죄어오면/ 단단한 것에서 생기는 눈은 나비가 된다"라고 말하고 있다. 새로운 욕망에 대한 실행적인 상상은 주변 환경과 맞물려 변주하듯 탈출구(대상)를 찾아 나서게 된다. 이제는 '휘파람소리'가 관심의 주체가 되었음을 알 수 있다. 한동안 경쾌한 리듬처럼 가볍게 발성되는 심상 안의 고조된 명랑으로 화자를 들뜨게 했을 '휘파람소리'는 짧은 순간이지만, 환상에 대한 실현처럼 듣기에도 좋았을 것이다. 그렇지만, 고조된 기분과는 상관없이 포물선을 그리며 잦아지는 경쾌한 경음이 무겁고 칙칙한 탁음으로 소실되면서 일상에서 들을 수 있는 '소리'에 불과하다는 것을 깨닫게 된다. 그 순간 화자가 추구한 시적 열망은 "휘파람소리에 엮이는 것 마다 파탄이다/ 장막 뒤로 불꽃이 떨어지면 하늘은 눈을 감는다 / 세상은 다시 눈물이다"라며 환상에 대한 열망은 여지없이 깨져버렸다. 기대가 무너진 순간 자괴감은 커질 수밖에 없다. 지금껏 사유한 문장들을 다시 냉정한 시심으로 검열을 해보지만 씁쓸한 회의감만 가득하다. 마치 포구 가득 일렁이던 윤슬을 지우고 빠져나간 썰물처럼 바닥을 드러낸 화자의 가슴 안이 몹시 허전하다. 그렇게 몇 편의 시들과 시름한 날들도 이젠 지쳐 그것만으로 위로하며 끝을 봐야 할 "몇 편의 시를 길어 올린 시인은 다리를 꼬고 앉아/ 더 이상 볼 문장은 없다고 말한다/ 시인의 날갯짓은 경멸보다 아프다"며 마침표를 찍으려 한다. 화자의 마음은 만족과는 더 한참 멀어져서 있어 그렇게 쉽지 않다. 미련처럼 수없이 다시 날기를 시도하지만, 통제 선으로 구획된 비행금지구역을 매번 벗어나지 못하고 다시 비정상적으로 회귀해야 하는 '날갯짓'도 허망한 것이다. 화자 자신을 자책하는 마음을 담고 있는 시 '나비'는 시적 구현이 쉽지 않다는 괴로움을 표현하고 있다.

오래된 가을을 흔들어 깨우는 잎새
휘파람새는 강기슭을 오르며 날선 소리로 운다

꼬리를 물고 떠다니는 빨간 입술

검지가 우우 몰려다니는 강변에 설익은 얼음이 앉는다
갈대가 키우는 바람이 흔들리는 것은
나의 의지와는 관계없는 일이다

그들은 네프티스 때문이라고 말한다

다 그런거다
스스로 태울 수 있는 것은 아무것도 없다
검지가 호루스의 눈을 찔렀다
햇빛이 쏟아진다

시간이 없다는 말은 그리움을 남기지 않아도 된다는 말

날을 세운 문장이 등 뒤로 떨어졌다
눈물이 켜켜이 쌓여 있다

　　　-〈윤슬〉 전문

　휘파람새가 우는 시간과 계절에 예민해질 정도라면 세상을 분별할 수 있을 연륜이란 것을 알 수 있다. 흔히들 휘파람새는 저승 가는 길을 알려주는 죽음과 관련된 영물스러운 새로 알고 있기 때문이다. 그래서일 까? 이번엔 낯선 세계로부터 들려오는 듯한 소리가 귀를 자극한다. 어차피 '윤슬'이란 단어가 실체 없는 허상을 통해 빛을 발하는 착시적인 이상 현상이란 것을 안다면 화자가 갖는 심리적 교란을 통해 감각의 크기로 다가온 파장이란 것을 말해준다. 녹음의 표면을 온통 푸르게 물들인 광합성 작용으로 인해 우리가 예상할 수 없는 식물적인 성장을 촉진하는 우듬지에 다다른 것을 본다.

그렇지만, 그것이 끝은 더 이상 우듬지에 미치지 못한 계절의 변곡점에서 끝이 난다. 그것의 정점은 푸른 기운에서 붉어가는 변이 작용으로 가을이 다가왔음을 예고한다. 마치 잠깐 이는 바람에 푸른 잎사귀의 표면이 뒤집히면서 발랄해진 환영을 보는 듯 말이다. 그러다 가을로 깊어가며 서서히 본색을 드러내는 식물성으로 치장한 변화를 놓치지 않고 감상을 파고든 충동에 편승 동행하고 있다. 마치 바다에 뜬 달빛에 고요를 뒤집으며 이는 파랑에 반짝이는 햇살이 환상적 분위기를 돋우는 것처럼 "오래된 가을을 흔들어 깨우는 잎새/ 휘파람새는 강기슭을 오르며 날선 소리로 운다"는 화자의 심정이 계절보다 바쁘다는 것을 알 수 있다. 그것의 징후는 이미 예견된 것으로 오랜 연륜에서 체험한 계절감을 예견한 것이다. 강기슭에 자리 잡은 가을은 오래전 그곳에 당도해 있었고 시기를 가늠하며 기미를 늦췄을 뿐이다. 그 강변에 해마다 살얼음이 얼기 전 단풍 진 낙엽들(빨간 입술)도 떠나갈 유영의 시간을 기다렸던 것이다. 하지만 그것은 그것대로 또다시 시작하는 신생의 시간으로 존재하는 것이어서 단순히 한 계절의 소멸이 아니다. 그런 현상을 통해 변주된 형상적인 고조가 야기한 변화의 중심에는 고뇌가 있었음을 알아야 한다. 초심대로 진행되지 않는 화자의 발심은 매번 예상하지 못한 방향으로 진전되다 엉뚱한 곳에서 좌초하고 만다. 순항해야 할 경로상 들이닥친 돌풍에 걷잡을 수 없는 상황의 현상(갈대)은 인간의 의지와 무관한 일이다. 잘못될 수 있는 경우의 수에 대한 회피성 같지만, 따지고 본다면 그것이 의지의 한계인 것이다. 인간의 의지로 실행하고자 하는 상상력과 구체적인 표현에 대한 한계가 있다는 것을 인정하는 것으로 그것에 대한 이유는 따로 있다. 바로 "그들은 네프티스 때문이라고 말한다"라며 어쩔 수 없다는 것을 명확히 한다. 모든 것의 근원인 생명활동도 사랑으로 본다면 쉽게 이해될 수 있다. 화자가 그토록 열망한 시적 삶도 사랑의 한 표현 상태로 존재한다. 어차피 네프티스도 욕망으로부터 출현한 존재로 그 사랑을 차지하기 위해 호루스의 눈을 찔러야만 했다. 인간이 성취하려는 욕망은 시간과는 무관하게 신들의 관계처럼 우리가 추구하는 삶에서도 유사 반복됨을 말해준다. 모든 것을 이루고 난 뒤의 습습한 마음은 허탈한 것이다. 그럴 때 흘리는 눈물은 성취로 발산한 환희의 눈물이 아니라 후회와 반성을 의미한다.

그녀 탓만 하다 어둠이 발을 빠뜨렸어요

우울은 꼬리를 늘어뜨리고 나를 안아요
예감할 수 있어요
그녀를 떨쳐내기란 쉽지 않다는 것

거추장스러운 하루가 구겨져요

어둠을 밟으면 꼬리는 자꾸만 길어져요
아무것도 할 수 없어요
어쩌자고 이 밤 샤콘이 흐르는데

얼음 속에서 꿈을 빌려요

미궁을 헤매는 퇴화된 그리움은 걸음이 불편해요
올 마다 쓸려 나간 살점을 핥으며
농창이 난 어둠이 눈을 감아요

현을 밟는 향기에 여리고 장미가 깨어나요

푸른 날개가 돋아나고 있어요

　　-〈샤콘느가 흐르는 밤〉 전문

 음감으로 출현한 소리가 이미지로 환원되면서 내면의 감성을 압도한 것일까? "그녀 탓만 하다 어둠이 발을 빠뜨렸어요"라는 상황은 유혹의 시작일까? '어둠'이 '발'을 빠뜨렸다는 것이 지시하는 은유의 진폭은 쉽게 가늠하기 어려운 것으로 변화되어 갈 지점으로의 진행이 멈춘 상태를 말해준다. 화자가 품고 있는 심리적 공간을 유추해 볼 때 그 의미는 현실 속의 시간을 잊었다는 것의 또 다른 표현으로 볼 수 있다. 음악이 고조되면서 몰입도가 높은 사람일수록 화음이 갖는 신비로움에 흠씬 젖어든다. 그러면서 그 소리의 정점에 있을 사랑의 대상인 누군가를 떠올리곤 한다. 그런데 화자의 감정 선을 강하게 흔들고 있는 음악은 바로크 시대의 대표적인 무곡으로 샤콘느'란 곡이다. 샤콘느를 흔히 슬픔과 관련지으려는 경향을 보이지만, 꼭 그렇지만은 않다고 한다. 샤콘느'는 그냥 느린 4분의 3박자의 춤곡으로 어두운 단조 풍의 샤콘느들이 현대에서 자주 연주되는 것일 뿐. 밝은 분위기를 연출하는 곡들이 당시(바로크 시대)에 더 많이 유행했다고 한다. 화자가 감상에 젖어든 샤콘느는 어느 쪽에 가까운 가는 알 수 없지만, 시의 전개를 살펴 감안해 볼 수 있다. 우선 '우울'이란 시어가 던지고 있는 분위기는 그 이유를 질문할 수밖에 없는 모호성을 내포하고 있다. 여기에 등장한 '그녀'에 대한 전혀 다른 은밀성으로 생각해 본다면 한결 쉬울 수 있다. 그녀(낮)와의 벌어진 일들로 인해 몹시 우울해졌고 그 시간이 자꾸 길어진 것은 회복에서 멀어질 수 있다. 지난 일을 빨리 잊어야 하는 데 그것에 대한 결단이 쉽지 않은 것이다. 그러다 보니 모든 것들에 대한 불편이 가중되고 당연히 우울한 기분이 강해질 수밖에 없다. "어둠을 밟으면 꼬리는 자꾸만 길어져요/ 아무것도 할 수 없어요/ 어쩌자고 이 밤 샤콘이 흐르는데"라며 묻고 있지만, 자꾸만 늘어지는 낮의 시간은 음악이 흐르는 템포만큼이나 마음속 고조된 감정을 붙잡고 있다. 밤의 행복을 위한 사랑의 밀도가 시간이 흘러갈수록 덤덤해지면서 마음의 낭만은 시간과 비례해 식어간다. 이제 모든 것에 대하여 어떤 이유가 된다 해도 죄다 잊어야만 할 시간으로 도래하고 있다. 화자의 것이어야 하는 희망(사랑)은 도저히 회복될 기미가 보이지 않는다. "얼음 속에서 꿈을 빌려요"라며 추억으로 간직한 그녀와의 아름다웠던 사랑을, 식어버린 과거 즉 '얼음 속'에 묻어버리고 마는 그저 미련에 대한 회상 정도일 수밖에 없다. 그것으로 만족해야 할 현실 속에서 사랑의 아픈 상처는 우울을 가중할 따름이다. 한때는 소중했던 그녀와의 사랑도 이제는 퇴화된 그리움으로 현실 속에 존재하지 않는 추억에 불과하다. 과거의 순간들을 회상할수록 어둠 같은 시간은 괴로운 것이다. 이제는 바이올린의 현을 타고 울리는 샤콘느의 음감에 열중해야 한다. 어딘가에 있을 희망의 '푸른 날개'가 돋아날 것이기 때문이다. 화자가 몰입할 수 있는 시간의 허락은 자유로운 것이어서 지난 과거의 어떤 사연으로 묻힌 사건도 생생하게 되돌릴 수 있다. 그런 행위는 음악을 통해 심미적인 감동으로도 실천의지를 강행하게 하는 힘이 된다.

부끄러움은 부끄러움을 모르고

얼굴 없는 문장은 얼굴이 없네요

화훼원예사는 노란백합을 재배한데요
아왜나무의 그림자가 뿌리를 내리는 저녁
끼리끼리 모여 씨앗을 나눠가져요

공중에 매달린 십자가를 보며 누군가는 성호를 긋고
누군가는 손바닥을 마주하지 않으려고 발등을 본다

당신은 눈길을 걸어본 적 있나요

한 걸음 한 걸음 똑바로 써 내려가도 틀림없는 당신은
틀림없는 그림자를 키우겠지요

얼굴을 가린 구름과 하늘을 닮은 잎들이 손사래 쳐도
화훼원예사의 노래는 아왜나무 귀를 키운다

아왜나무가 받아 쓴 고해가 공중에 매달렸다

이 저녁 누군가 성호를 긋는다

  -〈십자가를 매단 저녁〉 전문

 우리는 길을 가다 정오를 맞고 누군가는 밥 때를 생각하고 또 다른 누군가는 유일신에 대한 신성한 의식을 실행한다. 밥에 대한 시간도 소중한 것이고 신에 대한 경건한 의식도 절대적으로 필요한 것이다. 그런 행위에 대한 표면적인 이면에는 인간의 욕구와 욕망이 상존한다. 지금껏 행동한 행위에 대한 보상을 위한 절차이기 때문이다. 전자는 신성한 노동의 시간을 수행했기에 응당 배고픔에 대한 욕구이고, 후자는 신을 위한 시간을 살아왔으니 내세에 대한 보상을 염두에 둔 욕망이니 지금껏 행해진 모든 것에 대한 용서와 구복을 바라는 심정일 것이다. 화자는 그런 행위가 갖는 것의 근본에 자리 잡고 있는 인간적인 욕구와 욕망으로 빚어졌다고 본 것이다. 그러나 어느 순간 그마저 변질되어 탐욕으로 의기투합하여 "부끄러움은 부끄러움을 모르고/ 얼굴 없는 문장은 얼굴이 없네요"라며 근래 사회에서 벌어지고 있는 파편적인 현상을 말하고 있다. 문제는 화훼원예사가 재배하고 싶은 것은 '노란 백합'인데 '아왜나무'의 강렬한 생장력이 더 빠르게 뿌리를 내려 노란 백합이 뿌리내릴 공간을 없애버린 것이다. 사람들은 노란 백합의 씨앗이라며 나눠 갖지만, 아왜나무의 씨앗을 받아가는 아이러니한 세상을 화훼 원예사를 통해 보여준다. 인간의 욕망은 그것으로 끝나지 않는다. 고유한 개성을 인정하지 않는 사회 풍토는 공동체의 삶을 왜곡해 가는 것으로 "공중에 매달린 십자가를 보며 누군가는 성호를 긋고/ 누군가는 손바닥을 마주하지 않으려고 발등을 본다"라고 서로 간 이해 통로가 없다는 것을 안타까워한다. 타자의 존재를 인정하지 않는 사회에서 우리들의 모습인 '당신'을 본다. "한 걸음 한 걸음 똑바로 써 내려가도 틀림없는 당신은/ 틀림없는 그림자를 키우겠지요"라며 결국은 '그림자' 같은 허상을 쫓는 세태란 것을 다시 말하고 있다. 하지만, 아무리 올바로 걷는다 해도 그림자는 삐뚤어지고 굴절된다는 것마저 아예 인정할 수 없다는 현대인의 아집은 쉽게 끝나지 않는다. 아왜나무를 가리켜 노란 백합이라고 말을 하는 화훼원예사는 현대를 살아가는 우리의 모습인 것이다. 우리는 오직 자신만을 위한 성호를 긋는 데 그토록 믿어 온 신마저 이제는 유일한 대상이 아닐 수 있다. 사람들은 제각각의 의미가 다른 유일신을 믿고 있기 때문이다.

 김순효 시인의 시를 살펴보며 시인을 사적으로 잘 안다는 것과 시를 평하는 것은 전혀 별개란 것을 알게 되었다. 타자를 통해 지시한 지점과 방향성 모두가 또 다른 의식 세계에서 상상력으로 발현되기 때문이다. 낯선 의식체인 공간의 범주가 전혀 다른 세계로 환기되는 것을 보여준 때문이다. '타임 슬립'으로 발제된 시를 통해 김순효 시인이 추구한 세계에 대한 예감을 어느 정도 감안했지만, 현실 속에서 분리된 또 다른 시적 세계를 공유하고 있는 의식의 공간은 다양한 사유로 변주를 거듭하고 있다는 것을 간과했다. 이번을 계기로 알게 된 삶의 깊이로 체현한 상상력이 얼마큼 시적 발현에서 상상 공간을 넘나들며 문장으로 자유롭게 발화할 수 있는가를 볼 수 있었다.

삶에서 체현된 온정한 마음
 - 진영대 작품론

 기쁜 일이다. 한 해가 저물었고 새해가 밝아오는 시점에 새로운 시인의 시를 접한다는 것 또한 기분 설레는 것이다. 과일 맛이 토양이나 환경의 영향을 받듯 시도 마찬가지로 시인이 살아온 여건을 반영하여 나타난다. 문학을 통해 형상된 시를 읽다 보면 즐거웠던 때보다 슬픈 일이 더 많은 공감을 불러온다. 동병상련 같은 과거지사를 들춰내다 보면 자연스럽게 촉촉이 젖어드는 듯 가슴 시리다. 시 속에 장치된 체험적인 서사에 몸이 솔깃해져 함께 슬퍼지고 싶은 것이다. 그것 또한 시를 읽는 것에서 발현된 동조 현상으로 종래에는 시인과 독자가 일치된 마음속에서 움직이는 것이다. 물론 모든 것에 동의하는 것은 아니지만, 어느 정도는 그런 심리작용을 이룬다고 보았다. 시를 쓰는 시인과 시를 읽는 독자와는 서로 대항적인 관계가 아니라 공존 관계라고 볼 때 매우 긍정적인 것이며 바람직한 것이다. 그런데 시가 발화하는 과정과 시인이 추구하는 '시적인 것의 의미'는 읽기와는 달리 과정에서 매우 많은 고통을 수반한다. 시어 그 자체가 평이한 서술적인 문장의 나열이 아니라 고도의 언어 상징을 내포하고 있기 때문이다. 흔히 그것을 우린 언어의 정제와 절제에서 고도의 가성 비를 가졌다고 말한다. 그것을 이루기 위한 의도였든 아니었든 간에 기 발화된 시의 형상은 또 다른 상상력을 유발하여 더 많은 시적 가능성을 언어로 환기해 준다. 현재의 사회 인식과 개개인 간의 차이가 시라는 언어 형태로 변용되면서 삶과의 연관성을 더 긴밀하게 하여 그 안에서 위안을 찾는 기회를 갖게 된다. 그것의 표상체계는 일상이라는 삶의 변화를 솔직한 언어로 유인하여 직접 경험하고 체험한 자신만의 문장으로 표현된다. 진영대 시인의 시 다섯 편은 우리가 흔히 마주칠 수 있는 평범한 일상에서 체험한 내용으로 누구나 할 수 있는 생각들이다. 그 안에 담긴 오롯한 마음들은 시인이 세상을 바라보는 마음을 시의 세계로 다시 투영시킨 것이다. 순정한 눈빛으로 드러낸 시편 속 정감이 새록새록 마음속으로 파고드는 세계는 현대인들에게 어떻게 살아야 하는가에 대한 유의미한 담론으로 다가온다.

    어머니가 시집올 때
    삼십 리 산길을 등에 지고 온
    반닫이 옷장

    다른 세상 가시는 길엔
    지고 갈 사람이 아무도 없었다

    꺼내놓을게
    눈물밖에 없지만

    어머니가 다시 와서 열어볼 때까지
    주먹만 한 자물통을

    열어보지 못했다

-〈유품〉 전문

 지긋한 나이가 들어서야 세월을 돌이켜볼 여유가 생긴다. 그래서 세월은 무정한 것이다. 항상 옆에 계실 것만 같던 어머니였다. 그러나 어느 날인가 다정만 하시던 어머니도 어쩔 수 없었는지 지난한 시간을 고별하고 세상에서 더는 볼 수 없게 되었다. 누구나 한 번은 그 길을 가야만 한다지만 당신의 어머니만큼은 그러지 않기를 바라는 것이 인지상정이다. 어머니의 죽음을 맞이하는 것에서 오는 깊은 연민을 담은 시 '유품'이다. "어머니가 시집올 때/ 삼십 리 산길을 등에 지고 온/ 반닫이 옷장"을 보며 회한에 잠겼다. 이 세상을 떠나가신 뒤 아직도 어머니의 마음처럼 방안에 남아 시인을 지긋하게 바라보는 '반닫이 옷장' 그 안을 차마 열어볼 엄두를 갖지 못했다. 반닫이는 여인네 허리 높이의 작은 옷장을 일컫는 데 꼭 옷장만의 용도가 아닌 다용도로 사용할 수 있는 소품 공예장이다. 그래서인지 쓸모가 다양하여 예전 시집올 때 꼭 들여오는 혼수품 중 하나로 기거할 방안에 곱게 놓아 사용했던 애장품이다. 그 반닫이 문을 열고 닫으며 인고의 시간들을 차곡차곡 쌓아둔 곳이어서 손때가 묻어 있기 마련이다. 한 여인이 시집와 살아온 생애사가 온전히 깃들어 있는 '반닫이 옷장'이었다. 어머님이 돌아가신 뒤 아직도 그 반닫이를 열어보지 못했다는 화자의 마음속 결이 어디에 있는가를 가늠해 볼 수 있다. 예전에는 부모님이 남긴 가구나 옷 식기류를 소중히 보관하여 남은 가족들이 다시 사용한 것이 하나의 예였다. 부모님의 유품을 집안에 두면서 못다 한 효도를 조금이나마 덜고 싶은 심정도 작용했을 것이다. 그것도 그만큼 순정한 사람들이 살던 옛날이야기가 되어버렸다. 이제 세월도 각박해져 그런 생각마저

진부한 것으로 구닥다리보다 새로운 것을 더 선호하여 귀찮은 물건이나 된 듯 몽땅 버려지고 만다. 요즘은 장례를 치른 뒤 아예 부모님이 사용했던 유품을 몽땅 크기와 용도에 맞게 폐기 처분을 위한 딱지를 붙여 집 바깥으로 내놓아 버린 세상이다. 삭막한 세상이지만, 화자는 그럴 마음이 아예 없다. 오히려 어머니의 유품으로 남은 '반닫이 옷장'을 보며 당시의 아련한 추억을 회상하고 있다. 그 마음은 생전의 어머니에 대한 사랑의 마음을 잊지 못한 까닭이다. 아직도 반닫이 옷장 안을 열어보지 못한 것도 그런 마음에서였다. 그 안 깔끔하게 정리된 옷가지며 어머니가 요령껏 관리해 온 소중한 것들을 보게 된다면 걷잡을 수 없는 슬픔을 감당할 수 없기 때문이다. 화자는 어머니가 채워 놓은 자물통을 바라보는 것만으로 밀려오는 그리움이 복받치기 때문에 고통스럽다. "어머니가 다시 와서 열어볼 때까지/ 주먹만 한 자물통을// 열어보지 못했다"는 그 마음이 훨씬 더 많은 위안이 될 수 있단 생각에서였다.

    애야, 질 조심하거라
    어머니는 길을 질이라고 불렀다
    사람 하나 겨우 다니는 시골길에
    조심할 게 뭐 있다고
    외출할 때마다 신신당부하셨을까?
    문득, '문은 길의 시작이다'하고
    첫 문장을 쓰다가
    어머니가 하시던 말씀이 생각났다
    '문은 질의 시작이다' 고쳐 써도
    틀린 문장은 아니라고 생각했다
    길을 질이라고 불러야

대문 앞에는 아직도 어머니가
손을 흔들고 계실 것 같았다

　　-〈길〉 전문

 언어의 살가움은 아무래도 그 지역만의 공유할 수 있는 사투리가 훨씬 정감 있다. 언어가 갖는 전달성에서 가장 효과적인 것은 소리 감정으로 전달된 구음으로 억양이나 말투로 그들만의 공감을 이뤄 간다. 공명되는 울림에서 귀에 익은 기억이 고스란히 살아나 친밀 감을 높여준다. 화자가 말하고 싶어 한 것도 위에서 언급한 "얘야, 질 조심하거라/ 어머니는 길을 질이라고 불렀다"라고 말을 전한다. 사실 시골길이란 것이 크게 차가 붐빌 리가 없고 사람 다니는 정도 로 한갓진 길일뿐이다. 그 '길'을 '질'이라 말하면서 조심해야 한다 는 말을 강조한 것이다. 아마 어머니가 말씀하신 깊은 속내는 그 길을 통해 조심해야 할 것들이 많다는 뜻일 것이다. 오가는 '질'을 통해 아들이 경험해갈 일들이 무수히 많을 것이라는 속 깊은 마음 으로 이른 말씀이다. 세상을 잘 살아가기 위해 열심히 공부한다고 오가는 길이니 그 의미는 더 큰 것이다. 인생사가 모두 길을 통해 이뤄진다는 것을 어린 화자는 말씀의 깊은 의미를 몰랐을 뿐이다. 문을 나서는 순간 바깥은 그만큼 삼엄한 세상임을 일컬어 깨달음을 주신 말씀이었다. 세상을 살아가는 데 있어 집안의 방문을 열고 대 문간을 나서면서 시작되는 세상살이가 모두 어머니의 마음에는 '질 (길)'인 것이다. 누구나 '질(길)'을 통해 사람을 만나고 세상이라는 사 회를 알게 모르게 조금씩 접하게 된다. 따라서 '문은 질의 시작이' 라는 말이 갖는 의미는 어머니의 인생관을 담고 있다. '당신'께서 세상을 나설 때마다 조신하는 마음으로 집 방문을 나서며 대문을 열고 두려운 세상으로 나가셨던 것이다. 그 반복된 삶의 실천에서 곧은 생각과 바른 행동을 하며 흐트러짐을 경계했을 것이다. 아무리 어렵고 힘들어도 세상의 혼탁함에서 자신을 지켜가는 '질(길)'을 긴장하며 살아온 것이다. 그 말씀은 올바른 행실에 대한 실천궁행의 길이어야 한다며 아들에게 귀에 박히도록 말씀하신 것이다. 지금도 화자는 어머니가 대문 앞에서 손을 흔들며 잘 댕겨 오라는 말씀이 들리는 듯 눈에 선연하다, 그 말씀을 가슴 깊이 새기며 살아왔으니 화자의 삶도 분명 반듯할 것이다.

도시 사는 친구는 오랜만에 만나 고추는 잘됐냐, 고구마는 심었냐, 깨알같이 쏟아놓은 말이 한 섬이지만 나는 입도 뻥긋 못했습니다 오이 농사가 돈이 된다더라, 호박을 심지 그랬냐, 농사일이 식구들 안부보다 궁금한 모양입니다 하늘만 멍석만 한 심심산골에 뭐가 있어 자랑이라고 할 말이 있겠어요 하늘밭 삼만 평에 별 농사만 지었다고 했더니 그게 어디냐고 그걸 또 부러워하는데 무슨 말을 더할 수 있을까요? 잘되고 못되고 할 리 없는 마음 밭만 묵정밭이 되고 말았습니다 별 농사라도 제대로 지었으면 친구에게 별이라도 하나 따다 주었을 텐데…… 내년엔 묵정밭 한 자리 얻어 고추 몇 포기, 오이 몇 포기라도 심어야겠습니다

　　-〈별밭 삼만 평〉 전문

시골 생활이란 것이 알고 보면 매우 단순하게 보이지만, 딱히 그렇지만은 않다. 자고 일어나서 할 일이 정해진 것도 아니고 그렇다고 마냥 노는 것처럼 하루를 넘겨 될 일도 아니다. 열심히 무언가를 해야만 겨우 경제적인 수입이 될까 말까 한 것이 시골 농사꾼인

것이다. 도시에 사는 친구들의 안부 겸 근황을 묻는 말에 우스갯소리로 말 대거리한 재치가 낭만이 가득한 '별밭 삼만 평'이라니 둘러댄 말이 좋다. 하늘을 갈아엎은 밭고랑에 '별'의 씨앗을 뿌려 삼만 평의 별 밭을 이뤘으니 가슴 뿌듯하지 않겠는가? 누구나 시골살이를 경험해보지 않고서는 노동으로 투여된 고통을 잘 모른다. 그저 단순하게 신선놀음 같은 전원생활을 떠올리기 때문이다. 아무 대책 없이 산골로 찾아든다면 그것은 무모한 것이다. 도시 생활 못지않게 팍팍한 시골 살이란 것이 그저 세월 먹기로 되는 것이 아니다. 모처럼 만난 덕담으로 "도시 사는 친구는 오랜만에 만나 고추는 잘 됐냐, 고구마는 심었냐, 깨알같이 쏟아놓은 말이 한 섬이지만 나는 입도 뻥긋 못했습니다 오이 농사가 돈이 된다더라, 호박을 심지 그랬냐, 농사일이 식구들 안부보다 궁금한 모양입니다"라는 말들 중에 얼마나 고생이 많을 것인가는 쏙 빼버렸기 때문이다. 사실 시골살이처럼 열악한 환경도 없다. 애써 쏟은 고통에도 되느냐 마느냐에 대한 경제 가성 비는 전혀 생각하지 않는 친구(도시적인 생각)들은 재미로만 인식하고 있다. 거기에다 시골에서 죄다 고추 오이하우스 농사를 지어 떼돈을 버는 것으로 생각하는 듯하다. 그저 편안한 마음으로 바라보는 친구들이 농촌 사람들보다 더 순박한 이상에 치우친 것인지 모른다. 화자는 농촌 생활의 고달픔을 에둘러 '하늘 밭 삼만 평'에 별농사를 지었다며 얼버무리는 수밖에 없다. 내년에는 묵정밭이라도 얻어 채소라도 심어야겠다는 것을 보면 그런 푸성귀를 아예 심지 않았던 것 같다, 그 친구들을 위해 "내년엔 묵정밭 한자리 얻어 고추 몇 포기, 오이 몇 포기라도 심어야겠습니다"는 마음을 다진다. 아마 그 친구들이 찾아오는 내년이면 한 아름씩 푸성귀를 안겨주고 싶은 것이다. 그것이 진영대 시인의 소박한 온정이다.

> 십 년 키운 복돌이가 죽었다
> 남자가 외로워서 못 살겠다고 울었다
> 술 먹고 걷어찰 복돌이가 없으니
> 시원하다며 울었다
> 복돌이는 남자가 가장 외로울 때 만난 믹스견이다
> 복돌이도 외로워서 자주 울 때였다
> 상처를 치유하려면 다섯 배의 노력이 필요하다고
> 어디선가 읽은 것 같다
> 복돌이가 없으니 집이 넓어서 좋다며
> 살았을 때 복돌이가 제일 좋아하던
> 호피 무늬 담요를 덮어주었다
> 복돌이가…… 죽은 복돌이가 웃고 있었다
>
> -〈복돌이〉 전문

'복돌이'란 이름이 우선 좋다. 요즘 들어 들어보기 어려운 이름이거니와 예전에는 사람 이름에도 많이 사용했던 귀한 이름이다. 그래서였는지 모르지만, 큰 동네에서 복돌이란 이름을 가진 아이들이 한 둘은 있었다. 반대로 흔한 이름이기에 쉽게 생각할 수 있어서였을까? 어느 때부턴가, 시골 사람들은 그 '복돌이'란 이름을 개에다 붙여주길 즐겨했다. '개' 이름으로 불린 '복돌이'는 주인이 베푼 가장 큰 호사인 것이다. 사람처럼 귀하게 여기며 위해주겠다는 무언의 약속인 셈이다. 그를 철석같이 믿고 주인 말이라면 죽는시늉도 마다하지 않던 '복돌이'였다. 그런데 사람 사는 것이 술술 잘 풀린다면야 좋겠지만, 복돌이를 애지중지하던 주인장 사정이 그리 좋지는 않았던 모양이다. 주인장도 홀로 사는 독거인 이고 마침 그 집에 입양된 '복돌이'도 마찬가지로 동병상련의 딱한 처지였기에 한편으론 다행이다 싶었다. 하지만, 홀로 살아가는 세상이 온통 힘들다며 주인은 술을 마시고 들어와 화풀이를 '복돌이'한테 한 모양이다. 아무 때고 화풀이를 해도 잘도 들어주던 '복돌이'도 더는 살지 못하고 숨을 거두고 말았다. 숨을 거둔 '복돌이'를 보며 흘린 눈물은 늦은 후회이다. 그렇지만, 한번 세상을 등진 '복돌이'는 살아 돌아오지 않는다. 누군가를 좋아하거나 증오했다 해도 사람 마음이란 것이 요상해서 옆에 없고 나면 소중한 것을 알게 된다. 옆에 있을 때는 귀찮기만 했던 복돌이였다. 막상 동고동락하던 존재가 사라지고 없는 부재에서 오는 적막감은 걷잡을 수 없다. 그 기간이 십 년이라면 함께 살아온 세월이 적지 않다. 이제 귀찮다고 걷어찰 복돌이도 없고 바보 마냥 매몰찬 주인을 속창아리 없이 꼬리 치며 달려들던 그 모습을 떠올리면 씁쓸할 뿐이다. 아무도 반겨줄 사람도 없는 집안에서 유일하게 화자를 사랑으로 반겨주던 "복돌이는 남자가 가장 외로울 때 만난 믹스견이다/ 복돌이도 외로워서 자주 울 때였다"라며 서로에게 필요한 존재였다. 복돌이도 십여 년을 사는 동안 제짝을 만나지 못한 채 늙어간 것이다. 그와 마찬가지로 '남자'도 홀로 사느라 지쳐있던 시절을 같이 한 셈이다. 그렇게 서로 외로운 처지에 만나 애증이 겹친 시간을 함께 잘 살아왔는데 허망하게 끝이 나고 말았다. 죽은 복돌이를 위해 해줄 수 있는 것이라고는 평소 좋아했던 호피 무늬 담요 한 장뿐이었다. 그토록 사람을 무장 없이 반기며 따랐던 복돌이의 생은 죽은 뒤에야 호사를 받으니 아이러니하다. 이제 '남자'만 덜렁 남은 집안이 넓다 해도 아무 소용도 없다.

그래서 반려견이라 했을 테고 사람처럼 복돌이라 이름까지 지어주었는데 잘못한 일들이 가슴에 사무친다. 사람 사는 일과 다르지 않아 이것 또한 가슴 시린 일이다.

    친구 돈 오만 원을 삼십 년 넘게 갚지 못했어요 그 돈으로 어린 딸 분윳값을 하고 얼마간 남아서 우리 세 식구 꽃구경을 다녀왔었지요 지금은 차용증의 인주 자국도 기억처럼 희미하게 지워져 은행원이었던 그 친구도 긴가민가했겠지요 일전에 포도밭에 친구 내외 다녀갈 때 본전이라도 들려 보낼 것을…… 포도만 몇 상자 승용차 트렁크에 실어주고 말았어요

빚을 갚으면
동학사 벚꽃이 얼마나 예뻤는지
기억나지 않을 것 같았어요

    -〈빚〉 전문

세월이 많이 흘러 그 시절의 기억을 더듬는 데 긴가민가할 때가 있다. 그럴 때 가물가물하단 말을 한다. 지금의 상황이 화자가 말하고 있는 것과 딱 맞다. 너무나 오래전 일이라서 꼭 꿈속 같기도 하고 아닌 것 같기도 한 애매모호한 일들이 살다 보면 더러 있다. 하지만, 무의식 속에 잠재된 그 기억은 모질게 도사리고 있었다. 삼십 년 전이라 그럴 만도 하지만, 친구에게 빌린 돈 오만 원이 화자의 마음을 지금껏 께름칙하게 하였고 미안하기도 하여서 이러지도 저러지도 못한 상황이다. 그렇다고 이제 와 그 이야기를 꺼내 돌려줄 수도 없는 난처한 입장이 된 것이다. 그래도 친구 덕분에 어려웠던

시절 아기 분유 값도 마련할 수 있어 더 고맙기만 한 궁핍한 때였다. 마침 그러고도 돈이 조금 남아 아내와 세 식구 조촐하게 꽃구경을 다녀오기까지 했다. 그 기억이 선명한 것을 보면 친구에게 돈 오만 원을 빌린 것이 분명하다. 자 그렇다면 생각해 보자. 그런데 그 친구가 마침 화자의 포도 농장을 찾아온 모양이다. 그때 허심탄회하게 예전의 사정을 말하고 빌렸던 오만 원을 돌려줄 것을, 그러지 못한 것에 마음이 쓰인 것이다. 모처럼 찾아온 친구에게 덜렁 포도 몇 상자만 차에 실어 보내고선 또 후회를 하고 있다. 그런 일들은 누구나 있을 법한 일이다. 우리가 여기서 간과해선 안 될 것은 다른 데 있다. 화자의 마음이 착하고 여리다는 뜻이다. 훌쩍 30여 년이 흘렀지만, 어지간한 사람들이라면 그까짓 것 하며 알아도 그냥 넘어가 버리거나 뭉개버리는 것이 세상일이다. 하지만, 소소한 일로 생각하는 친구와 달리 지금껏 미안한 마음을 놓지 못한 화자다. 만약에 "빚을 갚으면/ 동학사 벚꽃이 얼마나 예뻤는지/ 기억나지 않을 것 같았어요"라며 그나마 빚을 갚지 않았던 것을 다행으로 생각하고 있다. 친구 덕분에 마음 환해지는 아름다운 추억을 가졌으니 감사할 따름이다.

따복따복 눌러쓴 시 다섯 편 속에서 우리가 쉽게 생각하고 말 수 있는 관계가 얼마나 소중한 것인가를 되돌아보게 한다. 진영대 시인은 1997년 『실천문학』으로 등단, 시집 『술병처럼 서 있다』, 『길고양이도 집이 있다』, 『당신을 열어 보았다』 등이 있다. 시인은 시 한 편을 쓸 때마다 조심스럽게 처신했을 것이다. 그만큼 접하기가 쉽지 않은 시를 함께 하고 있다. 지금껏 진영대 시인이 살아온 세상은 허명을 쫓던 적 없이 주어진 삶에 최선을 다하는 것이었음을 말해준다. 그런 모습들은 시 전편에 흐르고 있는 삶의 일상 과 매사를 귀히 여기는 언행이 고스란히 시에 담겨 있기 때문이다. 흔히들 시인의 삶을 시로써 말한다고 한다. 그런 인생살이의 노정 이 시라는 문장 속에서 따뜻한 마음을 담은 그리움이 되어 심연 깊 숙한 곳에서 발현하고 있음을 알 수 있다. 시가 갖는 근원적 진실 은 인간애에 바탕한 삶의 이야기란 것을 생각해 보는 귀한 시간이 었다.

은근하게 또는 몽근하게
― 임혜주 시집 《어둠은 어떻게 새벽이 되는가》 중심

먼저 임혜주 시인의 첫 시집 《옆》에 이어 두 번째 시집 《어둠은 어떻게 새벽이 되는가》에서 시집 속 언어의 표상들이 각박해진 사회관계의 범주보다 인간의 본성을 되돌아보게 하는 담론으로 다가왔다. 지금에 이르기까지 성찰적인 사유에서 건져 올린 시어를 보면 일정한 경지에 든 듯 은근한 문장의 중력을 세계로 말아 올리고 있다. 소소한 일상의 천착을 통해 살아온 시간에 대한 반성적 깨달음으로 수긍하듯 하는 시적 세계가 전언으로 번져오기 때문이다. 그윽하게 바라본 삶의 풍경들이 문장 안으로 들어와 은근하여 몽근 세계를 형성한다. 일상을 접하면서 가슴 한켠을 차지한 생각들이 체화되면서 웅숭깊은 언어의 기억을 더듬어 찾아가듯 형상을 이룬 것이다. 마치 오랜 시간 습한 논에서 벼 수확을 끝낸 뒤 햇살에 꾸덕꾸덕 말라가는 논바닥처럼 본성으로 되돌아가는 것처럼 말이다.

밑간이란 말은 왠지 조금 아픈 말

밑이 되어 아프다거나
밑에 뭐가 생겼다거나 하는 말처럼
생채기에 말씀이 들어가는 것처럼

조금은 짭조름하고
어쩌면 달짝지근한

배추나 무나 도라지 뭐 그런 것들이
숨을 죽이고

각진 소금 알갱이

설렁설렁 안아 보다가

마침내 몸에 들여놓는
가장 겸허할 간기

　　　-〈밑간〉 전문

　사물의 성질을 변화시키는 것이 아니라 해도 소량의 투여제인 '밑간'이 갖는 자의성을 생각하고 있다. 그 말속에 깃든 의미가 가슴을 아프게 한다는 속뜻으로 이해되었기 때문이다. 하지만, '밑간'이란 스스로 변할 수 없는 모양이나 형태에 첨가를 통해 본래와 다른 성질이나 형태 변화를 유도하는 데 있다. 그런 과정을 거치며 다양한 형태로 변용되는 효과를 볼 수 있다. 투여된 분량에 따라 부분만 변하는 경우도 있지만, 본래의 물성 자체와 전혀 다른 형태를 만들어내기도 한다. 오랜 경험을 통해 터득한 지혜로 체험에 의한 것들이다. 화자는 "밑간이란 말은 왠지 조금 아픈 말"이라 하지만, 은근하게 변화를 강요하는 성질을 오래 유지 강제한다면 결코 작지 않다. 그것이 만약 사람에게 작용하는 것이라면 쉽게 치유될 수 없는 아픔인 것이다. 화자도 "배추나 무나 도라지 뭐 그런 것들이/ 숨을 죽이고"라며 싱싱한 채소가 짭조름한 소금 간을 맞춰 김치를 담그는 과정에서 연유한 발상일 것이다. 그렇지만, 거기에서 그치지 않고 '밑간'의 의미를 삶의 지혜로 치환하고 있다. 생각이 닿는 대로 사유의 천정은 자꾸만 높아가고 때론 낮아져 항상 그만큼의 세계를 운신 공간으로 유지하면서 호흡하는 그만의 비법인 셈이다. 그 대상은 좌우와 높낮이를 가리지 않고 표면을 확장해 간다.

〈안간힘〉도 그런 속말의 시의성을 드러낸다. 정황을 관조하는 눈빛이 위태로워 자신도 모르게 마음을 곤두세운다. 생명에 대한 위중함은 차이를 둘 수 없다. 타고난 본성이 곱고 선함에 마침이 없을 때 트럭에 실려 가는 소 한 마리가 눈에 들어왔고 차가 신호등에 설 때마다 중심을 잡기 위해 몸부림치는 광경을 목격한다. 화자의 눈빛에 비친 "비틀린 다리를 곧추세우는/ 저 처연한 동작"의 모습이 몹시 애처롭다. 그 몸부림은 '안간힘'으로 혼신을 다한 생의 중심에서 마지막 순간까지 밀려나지 않으려는 투혼으로 보았다. 그런 모습을 보며 만감이 교차하면서 안타까움과 측은한 생각이 뇌리를 스치며 "언제 본 듯한// 아랫배 깊숙한 그 어디/ 은밀하게 쥐고 있던 자존심// 마지막이라 여겼던 그 언제쯤이던가"를 상기한다. 그 전조는 슬픔이고 전이된 고통이 뇌리를 맴돌며 생에 대한 절실함을 헤아리게 한다.

처음 맞닥뜨릴 때는 전혀 의식하지 않았지만, 자신도 모르게 대상을 통해 무언가를 골똘하게 하는 때가 있다. 그것을 깨달음이라고 할 수 없지만, 그렇다고 시 〈고요 속에 있는 것〉에 대한 실체가 보이지 않았다고 무턱대고 '없'다고 말할 수도 없다. 형상이 있지만, 형상이 없는 것을 실재와 실재하지 않음으로 규정할 수 없는 혼란에 빠지고 만다. 그런 상황은 분별하려는 의식의 겹을 둘러싼 듯한 현상을 분명 있는 거처럼 느꼈기 때문이다. 막상 살펴보니 없었다는 것의 모호한 실체를 통해 허상이 던지고 있는 무형의 기운을 생각하며 가끔 비현실적인 현상에서 자연의 신비한 존재 반응을 감지하게 된다. 그 시구를 같이 공감해 보자. "무슨 큰 벌레가 들었나 해서 가만히 다가서 보니/ 수풀이 저 혼자 그러고 있는 거였다/ 저희끼리 덤부렁듬쑥에 잘 보이지 않았는데/ 톱니 같은 잎과 잎/ 코끝 시큰해진/ 그의 옆구리를/ 가장자리 까슬한 끝까지/ 몸 안쪽으로 끌어당기고 있는 거였다/ 그때 살짝 일렁이던/ 달리야 꽃 진 자리/ 가운데서 좀 비껴난/ 바람 한 점"을 통해 적요처럼 미동하는 세계를 본 것이다. 우리가 접한 대상의 관조에서 얻을 수 있는 미세한 깨달음이라 해도 파동을 거쳐 기시감처럼 현실에서 투사된다.

 그런 당당함은 어디에서 오는가를 천착한 시 〈사마귀 눈〉에서 다시 확인할 수 있다. "투명한 형광 눈"으로 세상을 신중하게 경계하는 사마귀를 보았다. 하잖은 미물인 사마귀의 행동은 의외로 가볍지 않은 것이며, 그 모습은 흠결 있는 자세가 아니라 완벽에 가까운 "몇 걸음 걷다 멈추고 또 멈추곤" 하는 삼간 행동이 태산을 옮기는 것처럼 진중하다. 사마귀가 행하는 행동은 단순히 생명을 보존하기 위한 것만이 아니라 모든 순간의 엄중함을 알고 있어 그리 행한 것이다. 언제 닥칠 줄 모르는 위험에 대비하는 사마귀를 통해 인간의 삶도 허투루 행할 것이 아니다. 그렇게 신중한 경계의 눈빛을 한시도 놓지 않는 "초록빛 처세"에 능한 사마귀처럼 행동하던 사람들을 떠 올린다. "저 명징한 두 눈을 히말라야 새벽 산등성에서 본 적"이 있는 화자의 기억은 멀리 있지 않다. 그때도 가다 서다를 거듭하며 목적지에 도달하고야 말겠다는 신념에 찬 모습들이 딱 저러했다.

〈아침 숲에 들다〉에서 화자가 보는 인식의 전환점은 언제나 밤이었다. 그 밤이 영원한 듯 잠들면 새 아침이 다가와 있다. 밤의 끝은 그저 여명으로 오는 것이 아니라 '견딤'의 고통이 선 지불된 것이다. 화자가 잠든 사이 세상 만물은 온전한 아침을 맞기 위한 "너도 어제/ 밤을 견뎠구나/ 너도 오늘이 오지 않을까/ 걱정했느냐/ 잿빛 새 허름한/ 밑창을 드러내며/ 퍼덕이다 사라진" 것들이 있어 새벽을 건너 아침에 이른 것을 깨달았다. "누런 잎 하나 뚝 떨어지는 소리/ 검불 아래 거미줄에 걸렸다"라고 말한 절창은 득도의 경지와 같다. 마치 불가에서 깨달음에 이른 화두처럼 간밤의 모습을 명징하게 알아버렸다. 아침은 매번 밤의 처절함과 교환되어 찾아왔던 것이다.

〈어둠은 어떻게 새벽이 되는가〉에서 하루라는 시간 동안 낮과 밤이 밝음과 어둠으로 구분되는 현상은 지구의 자전에 의한 것이다. 지구의 자전은 하루 24시간을 주기에 따라 낮과 밤이 번갈아 오게 된다. 반면, 공전을 통해 하루 365일을 주기로 하여 봄과 여름 그리고 가을과 겨울이 바뀌게 된다. 계절의 변화보다 빈번히 반복되는 낮과 밤의 주기에 화자가 민감해졌다. 날마다 변화를 통해 새롭게 창조되는 또 다른 시간의 모습들로 변주되는 순간을 발견한다. 자신도 모르게 시간의 경계가 어떻게 허물어져 또 다른 모습으로 전환되는가를 알게 된다. 깊은 어둠에 묻히면 꼼짝할 수 없을 것 같던 세상이 아무도 모르게 어둠을 물리고 조금씩 환해져 가는 모습에 민감해진 이유는 무엇일까? "어둠 속에서 새벽이 오는 것을 보았다/ 어둠이 어떻게 물러나는가를 찬찬히 보았"기 때문이다. 마치 애벌레가 우화를 통해 나비가 된 것과 같이 생명 탄생의 순간처럼 신비한 정경을 봐 버린 것이다. 그런 화자도 보지 못한 것이 있다. "아무리 뚫어져라 보고 있어도 훨훨/ 그가 물러나는 처음을 볼 수 없었다"는 것을 고백한다. 결국 자신이 본 것은 내면에 자리 잡고 있는 심정적인 어둠이었고, 궁금증이 해소된 것처럼 의식한 새벽이었을 뿐이다. 이미 깊은 어둠 속에 새벽 또한 공존해 있었던 것으로 초자연적인 우주의 비밀을 읽지 못한 것은 당연하다. 화자가 바라본 찰나인 모습도 그렇거니와 어둠을 물리고 조금씩 밝아지는 새벽의 모습이 현재로 보였을 뿐이지 진실한 실체는 아니다. 단지 그렇다고 믿으며 살아갈 뿐이고, 그 실체에 다가가기 위한 구도적인 수행은 더 지극해질 것이다.

    수십 개의 은 종을 달고 있어도
    함부로 흘리지 않는다
    거목 밑에 한참을 귀 기울여도
    다디단 그의 득음을 얻을 수 없다
    먼 데서 달려온 바람 한 점
    타종처럼 두드릴 때
    몸 구석구석 묻었던 향기를 풀어
    마침내 문 바깥
    천 리까지 내놓는다

-〈은목서 향〉 전문

 자연의 비밀한 기운으로 생성한 향기를 맡았다. 그 향기는 어디에서 오는 것이며, 어디를 향해 가는가? 가장 궁금한 것은 매혹적인 향기를 잉태한 순간이다. 이후 소란하지 않으면서 고요까지 닮은 은밀한 향기의 생성도 그렇고 발향發香하는 순간도 몹시 궁금한 것이다. 그것의 고고한 품격은 "수십 개의 은 종을 달고 있어도// 함부로 흘리지 않는다"라며 과한 것 같아도 마냥 헤프지 않은 데 있다. 그 호기심이 궁금해 '은목서'에 다가갔지만, 알 수 없는 비밀은 더 깊어졌다. 화자가 놓쳤던 것에 답을 주듯 순간 바람이 일면서 시침만 떼던 은목서가 방향芳香을 풀어낸 것이다. 은은하게 퍼진 향기가 천리를 간다는 은목서다. 그 향기에 매혹된 시심 속에 화자가 있다. 향기는 은목서가 품었지만, 제 몸에 든 것을 스스로 풀어내지 못하고 바람의 힘을 빌려야 가능한 것을 보며 인간의 삶과 흡사하다는 것을 깨닫는다. 생성한 것의 절정 같은 꽃의 향기도 천리까지 닿으면 소멸하고 만다. 그런 걸 보면 꼭 죽음만을 소멸이라 할 수 없다. 모든 과정이 죽음으로 나아가는 여정이기 때문이다.

 생성과 소멸은 분절이나 단절이 아닌 자연법칙 속에서 우주의 영원성을 환형적으로 구조하는 데 있어 필연적인 과정인지 모른다. 〈니르바나〉에서 보여주는 사물에 대한 기억을 상기시켜 실체에 다가가는 소크라테스의 문답법처럼 대화를 통해 진실을 찾아간다. 대상은 화자와 또 다른 화자의 대화를 통해 이뤄진다. 묻기를 반복하며 "저 새가 후루티라고 일러 주는 남자 곁에서/ 매화나무를 들락거리는 새를 본다/ 참새 같은데?"라며 모호한 실체에 조금씩 근접해 간다. 온통 눈 덮인 풍경을 보며 균형이 깨지는 순간을 놓치지 않는 화자다. 시적인 충동이 어느 순간에 감각을 자극하여 생성하는가를 말하고 있다. 이미지를 그려가듯 햇살이 가뭇해지는 어스름 내린 대숲에서 방금까지만 해도 소복하게 쌓인 눈덩이가 바람에 한 무더기 쏟아지더니 이내 흩어져 사라졌다. 형태의 소멸에도 아랑곳하지 않고 무표정한 눈 위를 "오랜 진화처럼 시커먼 고양이가/ 느린 걸음으로 마당을 지난다/ 천천히 눈을 끌고 가는 자리가/ 포물선으로 휘어지고 중간중간/ 발톱 자국이 규칙적으로 찍힌" 상태를 보여준다. 그렇게 지나간 흔적은 찰나여서 내린 눈에 덮여 사라질 것이고, 누군가는 그곳을 뚫어져라 응시할 것이다. 그런 풍경을 보며 화자는 생성과 소멸을 떠올렸다. 지극한 운동의 정점은 "눈 그늘 만들었다 지운다/ 어느새 매화나무 끝이 빨개졌다"라며 충만한 기운을 열반nirvana의 모습으로 환기한다. 열반은 죽음에 이른 소멸처럼 또 따른 생명체로 태어난다. 모든 생명체는 인연 되지 않은 것이 없다 했다.

〈엄마〉라는 존재는 이 세상에서 누구도 대신할 수 없는 하늘이 내린 인연이다. 엄마에게 소중한 아들이 있었다. 천형처럼 발작이란 병을 앓고 있는 아들을 둔 엄마다. 사는 것이 일상이듯 긴장하며 불안했을 엄마였다. 앓고 있는 질병 자체가 정신적인 의지로 극복할 수 있는 것이 아니어서 곤혹스러운 것이다. 탱자나무 울타리에서 쓰러져 온몸과 얼굴에 상처투성이가 된 오빠를 본 "엄마는 가슴 속에 있는 것을 죄다 훑어 내리듯 오빠의 바짓가랑이며 팔뚝을 번갈아 훑어 내었다 그럴 때는 마당 껍질이 벗겨질 것만 같았다"는 간절한 주문呪文이자 회복을 기원하는 비원이다. 그 고통이란 것도 알고 보면 인연에서 비롯되었다. 매번 아들의 고통을 끊기 위해 속죄하듯 선행善行을 주저하지 않으셨다. 그러면서 "엄마가 낮은 소리로 늘 하던 말, 아픈 사람의 손 같은 말, 아픈 자리에 가 닿는 붉어진 꽃물 같은 말,"을 간곡함으로 발원했을 것이다. 그 말에 더한 "쓰다듬고 달래듯 자꾸 안의 것을 퍼내는 그건, 전생과 후생을 오갔을, 그 사이에 한 점 놓아 보는 얼마나 아팠을 얼룩진 말"인가를 들었고 보아온 화자다. 그럴 때마다 매번 단장斷腸같은 고통이 한恨이 된 어머니의 절절함을 더했다. 〈엄마 이름은 한정희〉에서 가슴 아픈 세월을 견디지 못한 "엄마는 왜 딸을 기억 못 하고 이모의 이름은 기억하는 걸까 이모 이름은 정숙, 나를 정숙이라 부른다 엄마는 점점 종이처럼 얇아진다"는 요즘 부쩍 정신이 혼미해진 엄마를 본다. 당신이 그토록 평생 갈구한 아들의 삶을 바꾸지 못했고, 소중한 것들 훌훌 털어 가벼워진 "서랍은 비워진 지 오래다 몇 해 전엔 휴지, 보청기, 틀니, 팬티 두어 개가 들어 있"는 것이 전부인 어머니는 또 다른 세계 안에 갇히고 말았다.

그럴 때 가슴으로 울컥 치밀어 오는 감정에 목이 메고 만다. 〈동지〉 팥죽에 넣을 둥근 새알심 속에 소원한 삶이 있다. 험한 세상 둥글고 끈기지게 해달라고 빚은 새알심 속을 "파헤친 의미라야 고작 이렇게 부드럽고 가벼운 것일지라도 몰라 둥둥 거친 목구멍 지나가는 뜨거운 어둠 한 알" 같은 생의 순간임을 알았다. 〈아버지의 독서〉를 보면 가슴 짠한 말들이 가득하다. 당신이 그토록 읽어낸 책에서 알게 된 좋은 말들은 발설하지도 못한 채 동굴에 갇혀버린 어머니를 위한 전언은 "문 잠가, 병원에 약 타러 가" 정도로 짧은 몇 마디로 충분했다. 하루해가 지고 다시 다음날 해가 솟구치듯 아버지는 구십이 되어서도 여전하셨다. 변하지 않은 그리운 것들은 항상 같은 것이어야 하는 것인가를 반복하며 또 묻는다. 〈꽃〉을 통해 말하고자 한 '슬픔' 같은 것은 확연히 다른 모습처럼 보이기도 하지만, 궁극에서 '슬픔'으로 환기하는 화자의 필설은 다른 시에서도 눈에 띈다. 임혜주 시인만의 변별적인 문장들은 공감을 파동 하는 끌림과 유연한 안타까움이 몽근하게 깃들어 먹먹한 것들이다. 그것의 진의는 의도하지 않았지만, 심상 속에서 발화한 언어는 잔잔하게 고요처럼 가슴을 맴돈다.

제2부
여울을 돌아 나온 담론

슬픔이 아닌 희망이 되는 나라
  - 이학영 작품론

 어느 때부턴가 우리가 사는 시대에 주체가 존재하지 않는다. 그러다 보니 소중한 시절을 생각할 겨를도 없이 세월은 화살처럼 빠르게 우리 곁을 스치고 가버렸다. 한갓 과녁도 되지 못한 삶을 탓할 바도 아니다. 참 무섭게 변해가는 세상이라고 말해야 한다. 주범은 속도다. 느릿하게 가야 할 곳에 직선도로가 생기고 더 빨리 가야 된다고 ktx가 들어간다. 몇 시간씩 걸려서야 들어갈 수 있는 섬을 이삼십 분이면 바다를 가로질러 건너간다. 속도 속으로 소중한 풍경들이 사라져 간다. 몇 백 년 된 마을을 지탱해 준 당산목도 순식간에 뽑혀지고 마는 세상에 살고 있다. 아껴 보존해야 할 우리의 소중한 것들에 대한 생각을 하지 않을뿐더러 기존의 것들은 신상의 개념에서 하찮고 무용한 것으로 치부된다. 그래서 우리의 옛것은 불필요한 것으로 응당 사라져야 한다. 산골이나 어중간한 시골에서 도회지로 한번 들어가면 다시 돌아 나올 생각을 하지 않는다. 이미 옛것 같은 산골이나 시골은 대부분 사라지고 없다. 이대로 가면 얼마 남지 않은 깡촌도 기억에서 사라질 테고 순수를 상징하던 시골(촌) 사람도 없어질 날이 얼마 남지 않았다. 단지 존재한다면 깡촌과 촌놈으로 몇 자의 서술된 문장이 국어사전에서 더는 필요 없는 말로 남을 것이다. 오랫동안 우리가 살아왔던 환경은 편리 위주로 빠르게 재편되고 고유한 인습과 풍경들이 지워지고 있다. 몇 십 년이 아니고 몇 년 후면 토종 같은 시골과 그 안에서 알콩달콩 살아오던 사람들은 씨가 마를 거라 말하면 너무 앞서가는 것일까?

 그나마 다행이라면, 요즘 세태와 달리 변하지 않을 딱 한 사람을 꼽으라면 필자는 알고 있다. "소나무 껍질", "띠 뿌리", "기근"을 이야기해도 "가난"이 꼭 고통만은 아니었다고 말하는 사람이 있다. 우리 사회의 잃어버린 희망을 다시 찾아내야 한다는 사람이기에 그렇다. 세월이 많이 흘렀지만, 전형적인 산촌에 사는 수더분한 사람처럼, 지금도 그 심성은 여전할 것이다. 순정한 눈빛으로 삽 한 자루 들고 논두렁을 걸으면 천상 농사꾼 같을 그 모습을 기억한다. 언제나 따뜻한 마음으로 우리 곁을 함께 했던 이학영 시인이 그랬다. 이 세상의 불우를 탓하면서도 희망을 놓지 않는 온정한 마음이 담긴 시편을 살피고자 한다.

 꽃 핀다 꽃 핀다 하더니
 금목서
 꽃 핀다 꽃 핀다
 하더니

 금목서
 꽃 진다 꽃 진다
 하네

 지는 꽃이라도
 보랴 하고
 찾아갔더니

길 위엔 벌써 가을
금빛 햇살뿐
꽃 보러 오라던 이
자취도 없고

금목서
꽃 진 자리
천리향만 가득하네

-〈꽃 핀다 꽃 핀다 하더니〉 전문 (2010, 《사람의 깊이》 13호)

몸서리치도록 고달팠던 금목서의 시간을 잘도 견뎌냈다. 그만의 노고가 깊어진 가을의 서정을 맞기까지는 쉽지 않은 난관의 연속이었을 것이다. 때맞춰 살만큼 살아서일까 금목서가 쌀쌀한 밤의 찬 기운을 눈치 챈 듯하다. 며칠 전과 달리 오종종한 별무리를 뿌린 듯 향기를 퍼뜨리고 있다. 적당한 발치에서 봐야 매혹 품은 향기를 제대로 맡을 수 있는 금목서다. 외래종이면서도 토종 같은 유혹을 감췄지만, 눈에 띄는 드문 향 내음에 사람들이 다가가는 것을 볼 수 있다. 유별한 향기까지 품어 사람을 불러들이고 있는 저 작은 그 안에서 천리 코끝을 유혹하는 매혹을 보며 사람도 그와 같아야 한다는 부러움을 시샘해 본다. 세상을 살며 친근한 마음으로 온정한 눈빛을 나눈 순정 같은 세상을 꿈꾸는 금목서다. 간혹 그 중심에 있는 사람들의 면면을 상상해 본때가 있었다. 그러고 싶어 한 마음과 그렇게 할 수 없는 사람은 무엇 때문일까에 대하여 한동안 풀 수 없는 숙제처럼 사람의 심리 속 관계에 골몰한 적이 있었다.

필자의 눈에는 이학영 시인의 세계관이 그럴 것이라고 여겼다. 그런 마음을 잃지 않으려고 무던히 시를 쓰고 세상을 살폈을 것이다. 어떤 이유로도 변할 수 없는 세계의 가치를 담은 한 편의 시를 위한 고통의 세월은 길었다. 마음의 겹을 감싼 꺼풀을 한 겹 씩 벗겨내는 느낌으로 다가온 시 〈꽃 핀다 꽃 핀다 하더니〉는 필자에게 큰 감동으로 다가왔다. 아득히 잊고 살던 본성으로 회귀해 가는 마음을 잇댄 담벼락과 집들이 촘촘했던 시골이었다. 그 마을 안 깊숙이 이어진 고샅길을 한없이 걸어 들어간 마음들이 오롯하게 되살아났다. 이학영 시인의 시를 읽던 당시가 2010년이니 세월이 많이도 흘러버렸다. 사실 필자가 평론가의 길로 들어선 단초가 이학영 시인의 시 〈꽃 핀다 꽃 핀다 하더니〉를 읽고 다음 카페 『사람의 깊이』1)에 몇 자 평을 올린 것이 계기였다. 그 이후 한참의 세월이 더 지나 2016년 봄 평론에 등단을 하였으니 오랜 세월을 돌아온 느낌이다.

당시 필자가 썼던 글을 옮겨보았다 "인생의 생과 소멸의 중간지대에 초목이 있다. 우리는 생을 살아가면서 그 초목을 삶의 변두리쯤으로 놓아두다가 한갓지거나 생의 고통이 극에 달했을 때 비로소 초목이 우리에게 주는 깊은 의미를 알아낼 수 있다. 인간의 마음으로만 보았던 시절에 느끼지 못했던 숭고한 자연의 형상미에 대한 아름다움이 우리의 삶의 한 부분이란 것을 깨달았다. 화자는 "꽃 핀다 꽃 핀다 하더니"에서 금목서를 통한 세월의 부침 속에서 더 애틋해진 안타까움을 전하고 있다. 흔적 없이 사라진 꽃의 소멸 뒤에

---

1) 순천작가회의에서 발행한 기관지 『사람의 깊이』 표제를 다음 카페 (https://cafe.daum.net/sunchonpoem)에 붙여 운영하고 있다.

도 사라지지 않은 향기를 통해 인간의 삶이 비로소 환해질 수 있고 금목서의 천리를 감싼 향기처럼 살아야 함을 담담히 시인은 말하고 있다. 또한 그렇게 살아온 이학영 시인의 삶으로 발현한 시가 소중하게 가슴으로 다가오는 것이다."라고 글로 옮겨 놓았었다.

현재도 그런 마음의 감동에 변함이 없다. 결국 이 시가 말하고자 한 금목서의 개화와 낙화는 인간의 삶으로 대비되는 인생무상을 부침이라는 상징성으로 보여주기 때문이다. 화자는 누구나 생의 막다른 즈음에 맞닥뜨릴 때에서야 무상감을 깨닫게 된다. 그 막심한 끝은 상상할 수 없는 허무로 긴 삶의 시간을 돌아 나온 길처럼 아득히 멀어진 생의 마지막 진실을 알게 되지만, 너무 늦어 아무짝에도 쓸모가 없는 진리일 뿐이다. 그런 허무감은 우리가 살아가는 세상의 변화와도 맞물려 있어 속도의 피로를 견디는 것마저 시차와 맞물려 배가된 현상이라고 말을 해보자. 누구나 빠르게 변하는 세상의 흐름을 쫓아가려 하지만, 그렇지 못한 현실을 말해준다. 금목서의 피고 지는 동안이 한 계절도 못된 잠깐이지만, 자연스럽게 삶의 시간으로 환기되고 있다. 그 말에는 꽃의 시간만이 아니라 인간의 소중한 만남과 이별의 생래적인 전체를 아우르며 못다 한 사람의 도리를 돌아보게 한다. 꽃이나 사람이나 향기는 그 생의 시간만큼을 흔적으로 남긴다. 그 자취가 향기가 될 수도 있고, 그렇지 않은 경우도 있다. 그런 것을 생각한다면 삶의 시간은 매사에 가볍지 않은 것이다.

바위 아래 희끗 희끗 잔설이 남은 뒷들로 나가
진종일 매화나무 잔가지들을 쳐주고 내려오는데

그새 둥지에 들었던지 산비둘기 몇 마리
발소리에 놀라 후드득 날아갑니다
고추밭 한가운데 마른 고춧대 사이에
황토 빛 포장을 둘러쓰고 누워있던 경운기 위로
찢어진 비닐조각들도 까마귀 떼처럼
덩달아 풀풀 날아오릅니다
아무리 철이 이르기로서니
썩은 새끼줄이라도 두르고
어정거리는 사람 하나 없습니다
한 번도 와보지 않았던
유령들의 세상에나 온 것만 같습니다

산줄기가 한 눈에 바라보이는
작은 묏등에 쭈그려 앉아
건너 산을 바라보면서 중얼거려봅니다
거기 할아버지도 할머니도 아버지도 누워 있는데
도대체 알 바 없다는 듯 말이 없습니다
아무도 거들떠보지 않습니다
예전에 마늘밭이었던지
왕겨를 덮어주지 않았는데도
언 땅을 뚫고 파란 촉들이 돋아나고 있습니다.
돌아보지 않아도 봄은 오는데
겨루어 묻힌 씨앗들을 가꾸어 줄
아수운 사람의 불빛은 어느 고샅에도 없습니다
"인자 눈이 그만 오실란갑다. 달이 붉은 것이……"
금방 내려앉을 듯한 마을 한가운데 혼자 불을 켜는
여든 다섯 내 어머니 중얼거림에
후르륵 미역국을 떠 넣다가

치밀어 오르는 슬픔에 상을 물리고
마당 귀에 나서니
음력 이월 보름달이 앞산에 올라옵니다
미친년 배만 부른다더니
속절없이 붉기만한 달이 떠오릅니다

-〈산골 일기〉 전문, (2010, 《사람의 깊이》 13호)

　사방을 둘러봐도 온통 산으로 둘러싸인 풍경이 곧 고향인 듯하다. 유년의 마음을 아우르던 온기는 온 데 간데없고 인적이 끊긴 산천은 삭막함만 가득하다. 산밭을 둘러보며 인기척을 기대했지만, 적막한 풍경만 더 을씨년스러웠다. "바위 아래 희끗 희끗 잔설이 남은 뒷들로 나가/ 진종일 매화나무 잔가지들을 쳐주고 내려오는데/ 그새 둥지에 들었던지 산비둘기 몇 마리/ 발소리에 놀라 후드득 날아갑니다"라며 말 붙이는 덧말이 민망하다. 사는 것이 힘들어 하나 둘 떠나고 남은 산촌을 찾아들었지만, 겨울 한기보다 더한 삭막함이 온몸을 시리게 한다. 예전 같으면 저 산 밭길을 오르다 몇몇의 동네 반가운 얼굴들이 있었을 텐데 이제 그럴 가망은 사라져 버렸다. 긴 겨울의 고래 구들장을 데우려면 지천으로 널린 나뭇잎이라도 긁어 불을 지펴야 할 텐데 그마저도 녹록치 않은 현실이다. 남은 사람이라고는 허리 굽어 거동이 불편한 노인들만 남아 산촌을 지키느라 아예 거동마저 삼가고 있다. "아무리 철이 이르기로서니/ 썩은 새끼줄이라도 두르고/ 어정거리는 사람 하나 없"는 밭고랑의 고춧대며 녹슨 채 세워둔 경운기도 흉물스럽고 덮어놓은 비닐이 심란하게 바람을 타고 날아다니는 풍경이 더해져 마치 귀신 든 폐허 같다. 서글픈 마음이 더해져 그만 산 밭 가에 쭈그리고 앉아 먼 산을 멍하니 바라본다. 화자의 눈에 든 저 산자락에 대대로 모셔온 조상님의 봉분 뵙기마저 민망하다. 아무리 기다려봐도 사람 기척 대신 그 빈 틈을 메우려는 듯 바람에 날린 눈만 속절없이 내리고 있다. "예전에 마늘밭이었던지/ 왕겨를 덮어주지 않았는데도/ 언 땅을 뚫고 파란 촉들이 돋아나고 있습니다./ 돌아보지 않아도 봄은 오는데/ 겨루어 묻힌 씨앗들을 가꾸어 줄/ 아수운 사람의 불빛은 어느 고샅에도 없"다는 산촌의 쇠락에 암담하기만 하다. 아직도 그 안에서 힘든 생을 감당하며 묵묵히 터전을 지키고 있는 화자의 "여든 다섯 내 어머니 중얼거림에/ 후루룩 미역국을 떠 넣다가/ 치밀어 오르는 슬픔에 상을 물리고"만다. 가슴을 울리는 시의 근원은 추억의 상상 속 재현으로 그치는 것이 아니라 진정한 심금으로 발현한 온정밴 정감이란 것을 상기해 준다. 단순히 풍경의 묘사가 아닌 그 안에 내재된 오롯한 인정을 실재한 현상처럼 끌어내 공감으로 전언하는 데 있음을 말해준다. 그 많고 많은 세상에서 모두 외면하는 산촌의 핏줄이 되어 살아온 세월이 한탄스럽다. 그토록 긴 시간을 살며 그 생의 기운이 어디까지인가를 묻는 것 마저 민망해진 현실에서 우리가 어떻게 살아야 하는가를 담담히 분별하고 있다.

나는 지금 어디쯤 지나고 있는 것일까
먼 어느 별에서 수 억 광년을
반딧불처럼 하염없이 날아와
유프라테스 강 가 갈대숲 언저리거나
바이칼 호수 검은 물 가에 설풋 머물렀다가
수초에 얹혀
빙하에 얹혀
연어의 등지느러미에 얹혀

푸른 한 점 씨앗으로
드넓은 대양을 떠돌다가
눈 덮인 남녘땅 회문산 장군봉 아래
솔가지 연기 가득한 움막 속에
가마솥에 한 줌 하얀 쌀밥처럼 태어나
가난하지만 치마폭 다수었던
남녘의 서러운 세월을 견디면서
한 세월 결기부리며 지내왔더라만
여전히 시절은 까마귀 울음소리처럼 시끄럽고
애잔한 목숨들은 소리도 없이 스러지는구나
밤하늘에 별들이 하도 많아서
가을날 붉게 떨어져 천지를 덮는 낙엽같으니
한 때 아름답던 소중한 인연들은 다들 어디에 있는가
나는 또 오늘밤 어느 별 어느 세상으로 흘러가서 눈물 한방울 흘리며 다시 만나볼 수 있을까
언제라야 끝없는 그리움의 여정을 마칠 수 있을까
어디까지 또 날아가야 더는 연연하지 않고
생각도 기다림도 없는 영겁의 시간
시작도 끝도 없는 정적의 시간으로 스러져 사라질 수 있을까

-〈어디메쯤 나는〉 전문, (2022, 《사람의 깊이》 25호)

진공관을 비집고 나온 공명음은 파열되어 불안전한 파장을 유발한다. 본래의 청음 같던 진실은 사라지고 그저 소음처럼 반향 하는 메아리로 귀마저 멍해져 버렸다. 이제 믿을 것이라고는 온전한 생각을 할 수 있다는 것 말고는 없다. 물신주의에 빠져버린 세상을 벗어나려면 '나'의 진정한 근원은 어디에서부터 출발한 것인가를 다

시 학습해 보는 수밖에 없다. "나는 또 오늘밤 어느 별 어느 세상 으로 흘러가서 눈물 한 방울 흘리며 다시 만나볼 수 있을까/ 언제 라야 끝없는 그리움의 여정을 마칠 수 있을까/ 어디까지 또 날아가 야 더는 연연하지 않고/ 생각도 기다림도 없는 영겁의 시간/ 시작 도 끝도 없는 정적의 시간으로 스러져 사라질 수 있을까"를 묻고 있다. 그러나 그 질문에 명쾌하게 답해줄 이 세상에는 아무도 없다. 화자의 고향 순창 회문산의 태초 발원처럼 시작한 생은 그냥 우연 한 인연으로 태어났고 그것이 빌미가 되어 현재에 이른 것이다. 그 태생적 인연은 길고도 질겨서 수억 광년의 시간을 건너와 여기에 당도한 것이라면 모든 것이 달라진다. 그런 고행적인 파동 구간마 다 우여곡절을 겪으며 갖은 고통과 위기를 넘겨 여기까지 온 것의 이유가 있다. 그토록 소중한 기회를 얻어 태어난 화자가 "솔가지 연 기 가득한 움막 속에/ 가마솥에 한 줌 하얀 쌀밥처럼 태어나/ 가난 하지만 치마폭 다수었던/ 남녘의 서러운 세월을 견디면서/ 한 세월 결기부리며 지내왔더라만" 이 세상에서 할 수 있는 것이 아무 것도 없다는 것의 자괴감에 빠져든다. 한때지만, 오히려 치열하게 몸을 던져 세상과 맞섰던 과거보다 현실은 더 난감해진 상황으로 치닫고 말았다. 다시 태초의 현상으로 돌아가고 싶다는 마음이 부쩍 잦아 졌다.

순간도 멈추지 않도록
바람아 나를 흔들어다오
잔등에 올라선 노루처럼
멈춰서 뒤돌아보지 않도록

날아오는 시간의 화살에 쏘여

지옥 같은 추억의 늪으로
떨어져
고통의 가시지옥에서
심장이 할퀴어 나뒹굴지 않도록

바람아 뒤흔들어다오
순간도 제 정신으로
멀쩡하게 서있지 못하도록

　　　-〈바람아〉 전문, (2022, 《사람의 깊이》 25호)

　잘못되어 버린 세상에 눈 감고 살아가려면 온전한 정신으로는 버틸 수가 없다며 수단 같은 방편으로 정신적인 혼란 상태의 지속을 갈망한다. 잠깐이 아니라 더는 이 불공정이 판치고 있는 불합리한 세상에 대하여 사리를 분별하지 않도록 자학하려 한다. 자신 속에 존재하는 또 다른 자신(타자)에게 할 수 있는 것이라곤 없었다. 기껏해야 부당함을 탓하지 못한 자신에게 있다며 모든 것에 대한 타당한 대가를 치르겠다는 통렬한 반성이다. 지금까지 진실 되게 세상을 바로 보려 한 것에 대한 모든 행위들을 삭제해버리고 싶은 충동에 빠진 것이다. 아예 지금껏 해왔던 생각들을 더는 지속할 수 없도록 정신적인 혼란을 야기해 달라는 주문을 외고 있다. 스스로 신명을 받아 자신이 생각했던 모든 것을 지워버리고 정상적이지 못한 세상에 대하여도 전혀 불편해하지 않으면서 살게 해 달라는 신탁을 간절히 원하고 있다. 그만큼 화자가 바라본 세상은 모든 것이 비정상으로 왜곡 환원되어 버린 현실을 두고 신랄하게 비판하는 것이다. 그토록 염원하던 세상은 영원히 오지 않을지도 모른다. 그렇더라도 누군가는 또 그 희망을 노래하며 변화를 위해 노력할 것이다. 마치 유행가 가사처럼 한참의 세월이 지난 뒤에서야 진가를 발휘하듯 화자가 바랐던 세상이 왔다며 환호할 그날이 그리 멀지 않을지도 모른다.

> 가끔 졸다가
> 내려야 할 곳에 제대로 내리지 못하고
> 지나쳐버린 적이 있었다
> 온 몸에 땀이 돋고 후회로 막막했던 기억들
> 한번은 수습할 힘도 없어
> 산줄기를 들락거리며 달리는 열차 안에서
> 일을 마친 세탁기처럼
> 차창에 머리 대며 실려가고 있는데
> 문득 어두운 터널 끝으로
> 옥양목같은 하늘이 밀려 들어오고
> 그 아래 연분홍 치마를 널어놓은 듯
> 화사한 복숭아 밭이 이어지고 있었다
> 꿈인듯 실눈 뜨고 바라보다가
> 비로소 한순간 깨달았네
> 아무리 잘 못 들어선 길이라도
> 때론 환하고 아름다운 순간도 있다는 것을

-〈잘못 들어선 길에도〉 전문, (2015, 《사람의 깊이》 18호)

색 바랜 검정 코트를 입고 서울에서 늦게 도착하는 그맘때 어둠보다 환한 모습으로 순천작가회의 연말 모임이 있는 연향동의 '창 넓은 집'에서 보았던 이학영 형을 기억한다. 서울서 내려오느라 피로

한 안색이 좋지 않을 때도 있었지만, 한사코 웃음만은 넉넉했다. 절절하게 다가온 시처럼 삶도 너무 흡사했다. 인생살이란 게 일상의 연속으로 벌어진 일이기에 힘들고 잘못된 일들이 한두 번 만 있었겠는가? 그렇지만 어지간해선 내색하지 않고 참아내는 삶이었을 것이다. 시인은 어딘가를 가다가 그만 내려야 할 기차역을 "지나쳐버"린 일을 떠올리고 있다. 황망한 경우라서 당혹스러운 상황은 상상이 되고도 남는다. 그렇지만 현실을 담담히 받아들인다. 산골의 삶이 그렇듯이 서두르거나 가로질러 갈 수 없는 태생으로 물려받은 성정부터가 그래서일까? 모든 것이 불편하지만 그렇다고 그 삶을 저버릴 수 없듯이 현실로 그렇다는 것을 묵묵히 터득한 것이다. 그런 환경에서 사람의 도리란 것은 어떤 경우라도 꼭 지켜야 할 최후의 보루였다. 우리 사회가 내로남불처럼 불공정과 부도덕한 것에 둔감해진 사회의식도 화자에겐 몹시 불편했을 것이다. 잘못되어 가는 현실을 용인하듯 되어버린 사회 전반에 대한 고뇌가 깊어졌을 것이다. 과연 우리가 살아가는 현실에서 자유와 민주주의란 어떻게 구현되어야 마땅한가를 고뇌해야 했다. 그 누구도 부당함을 말하지 않는 현실에서 그 역할을 감당해야 한다는 사명감을 저버릴 수 없다. 세상이 강요한 대로 살지 않고 법으로 교묘하게 가려진 진실을 말뿐이 아니라 행동으로 당당하게 실행하고자 한다. 남들이 외면하는 그 길이 자신의 삶이 되어버렸다. 누구나 인생을 살며 절박한 경우를 한 두 번씩은 겪게 된다. 그런 상황을 대처하는 모습에서 그 사람의 됨됨이를 어느 정도 알 수 있다. 물론 기차를 이용하다 정거장 몇 군데 지나쳤다고 인생이 거덜 나는 것은 아니다. 그렇지만 황당한 실수에서 빠르게 평상심을 되찾는 것은 쉽지 않다. 포기의 대가로 터널을 빠져나오자마자 "옥양목같은 하늘"과 순창의 낯익은 "복숭아 밭"이 한눈에 쏙 들어온다. 고향의 어머니가 그토록 아껴 입으셨던 곱디고운 옥양목으로 지은 한복이 생각난 것이다. 화자는 잘못된 길을 들어 일정을 포기했지만 "옥양목" 빛깔의 하늘을 보며 어머니를 떠올렸고 먹먹했던 가슴이 이내 환해졌으니 오히려 얻은 것이 많다. 피로에 지친 순간을 지혜롭게 극복하는 마음으로 일순 놓친 기차를 깡그리 지워낸다. 설령 "잘못 들어선 길"로 들어섰다 해도 그렇지 않았다는 것을 깨우치게 된다. 모든 것에서 긍정은 화자의 올곧은 삶이 되었고 오늘도 어디에선가 고뇌에 찬 마음을 실천할 것이다. 그런 행동은 곧 세상의 모든 사람들이 그토록 희망하던 삶의 방향이어야 한다. 그런 세상을 온전히 누릴 수 있어야 한다며 고향의 어머니를 떠올리고 있다. 그토록 소망한 세상을 어머니는 누리지 못했음을 말하는 것으로 그렇게 된 근본적인 이유를 질문하고 있다.

며칠 전 윤구병 선생이 오셔서 이야기를 들었다
선생님 아버지는 아들 아홉을 두었는데
사람을 낳으면 서울로 보내라는 말을 따라
일병이부터 구병이까지 아들 아홉을 데리고
논 팔고 집 팔아 서울로 이사를 했는데
가는 날이 장날이라고 육이오가 터져
아들 셋은 국방군에 아들 셋은 인민군에 나가 죽고
혼비백산 다시 시골로 내려오셨다는데
전쟁 끝에는 꼭 따라붙는게 기근이라
온 산천 소나무 껍질, 띠 뿌리로 연명하는데
배만 남산처럼 불러오며 황달이 오더란다.
질긴 나무껍질 풀뿌리만 씹어 삼키니

마른 수제비처럼 엉킨 똥들이 뱃속에 가득하여
누렇게 똥독이 올라 식구들이 다 죽게 생겼드란다
살기 위해서 마른 솔가지로 똥구멍을 파낼 수밖에
"똥구멍이 찢어지게 가난하다" 란 말이
그제사 은유도 환유도 아닌 직설임을 알았드란다
가난이란 전쟁처럼 피똥 싸는 일임을 알았드란다.

-〈가난 이야기〉 전문, (2015, 《사람의 깊이》 18호)

몇 년 전에 상영된 〈최종병기 활〉이라는 영화가 떠오른다. 장가가는 날이 하필이면 청의 기병들이 들이닥쳐 신랑과 신부가 꼼짝없이 포로가 되어 잘 나가던 한 집안이 풍비박산이 났듯이, 서울로 이사를 오자마자 전쟁이 터져 "아들 셋은 국방군에 또 아들 셋은 인민군"으로 나가 죽었다는 기막힌 집안의 이야기다. 가슴 아픈 근 현대사를 관통하는 6.25 전쟁의 아픔은 오랜 시간이 흘러 죄다 치유된 것 같지만 당해 본 사람들한테는 치부가 되어 가슴으로 전해지고 있다. 6.25 전쟁도 그렇지만 당시 가난은 사느냐 죽느냐의 문제가 될 정도의 절박한 삶의 화두였다. 여기에서 흥미 있는 것은 시의 형식이다. 담담하면서도 지루하지 않게 읽어갈 수 있는 구체적 구술 방식을 보여준다. 살펴보면 "들었다"에서 시작해 "오더란다", "생겼드란다"의 의미 전달체계가 독특함을 알 수 있다. 후반부에서 윤구병 선생이 직접 구술하는 형태를 취하고 있다. 그렇기에 더 실감나게 읽고 느낄 수 있도록 한 배려다. 누구나 가난은 죄업처럼 느껴서 한시라도 빨리 벗어나려고 몸부림친다. 하지만 어린아이들 입장에서는 자기 의지가 전혀 반영될 수가 없다. 어쩔 수 없이 부모의 의지에 따를 수밖에 없어 서울로 이사를 왔을 것이다. 여기까지는 부모의 의지이다. 가장의 판단이 잘못되었다 해도 잘 되기를 위한 결과라서 누구를 원망할 수가 없다. 그러나 전쟁이 터지고부터 시작된 긴 고통이 한 가정을 덮치기 시작한다. 그 원인은 개인의 잘못이 아닌 국가적 환경에서 비롯되었지만, 고스란히 힘없는 국민에게 전가되고 만다. "똥구멍이 찢어지게 가난"한 사람들은 정도의 차이는 있겠지만 예나 지금이나 국가 권력의 변방에 존재하는 힘없는 백성의 몫이었음은 당연한 것이다. 그 가난의 고통은 너무도 커 어떠한 은유나 환유로도 대체할 수 없는 현실이었다. 그렇기에 전쟁과 피똥은 상관관계로 설정되어서는 더더욱 안 될 역사 속의 처절한 현실이었다. 해방 이후 극심한 정치 사회의 혼란과 더불어 사상 이데올로기로 번진 민족상잔의 아픔은 더 극심한 가난을 악화시키고 말았다.

천둥 번개 내리치는 태풍 같은 시절을 견디며
동구 밖 저 느티나무 하늘 받치고 서 있는 것은
지켜야 할 그 무엇이 있기 때문일 것이다
수많은 세월
폭포처럼 짓누르는 지구의 중력을 받치며
앉아버려, 주저 앉아버려
속삭이는 바람의 유혹을 견디며
저 느티나무, 수많은 세월
검은 가지 가지 손 내밀어
하늘 떠받들고 서있는 것은
찬바람 어둠 속에서도
반짝이며 꿈을 꾸는 별들이 있기 때문이리라
저 나무, 저렇게 당당하게 서기까지

얼마나 많은 유혹과 고통의 밤을
스러지지 않는 꿈으로 버텨왔으리

-〈저 느티나무〉 전문, (2015, 《사람의 깊이》 18호)

"앉아버려, 주저앉아버려" 누군가에게 바람이 말을 건다. 분명 사람에게 하는 말이다. 그런데 사람은 없고 커다란 나무만 있다. 이런 관심법으로 터득한 것은 시골에서 부모님이 한 것을 보았음이 틀림없다. 집 뒤의 수령이 꽤 된 느티나무에다 소원을 빌던 어머니의 모습을 나도 보았으니 가능한 일이라고 본다. 나무는 효험을 비는 말을 듣고 있을 뿐 어떤 내색도 없다. 오감으로 전해온 느티나무의 기운에서 나이테 속 강인한 의지를 읽어내고 전달하는 역할까지가 화자의 몫이다. 우리의 삶 속에서 관계된 모든 대상에 그 나름의 의미를 부여하려 든다. 우리가 하찮게 여기는 "저 느티나무"도 "당당히 서"고 싶은 직립의 꿈을 이루기 위해 산다고 생각한다. 하물며 인간은 신이 부여해준 직립의 본성을 잃지 않기 위해 얼마나 피나는 자기반성이 필요한가를 반문한다. '천둥', '번개', '중력', '유혹', '고통'에 대한 공포심을 극복할 수 있었던 것은 "찬바람 어둠 속에서도/ 반짝이며 꿈을 꾸는 별들이 있기 때문"이라며 그것을 이루기 위한 희망을 차마 외면할 수 없었다고 고백한다. 시인이 바라보고 있는 대상(세계)은 눈에 보이는 것만은 아니다. 이 땅의 어머니들이 그렇게 살아왔기에 우리들이 있었음을 말하고 있다. 그 정신을 이어받아 지금껏 살아온 서사를 살펴보면 마치 화자의 자서라고 해도 무방할 정도다. 사물 성으로 지시된 "저 느티나무"는 어디서나 볼 수 있는 흔한 느티나무가 아니다. 긴 세월을 꼿꼿하게 견뎌온 우리의 삶과 동일시한 것이다. 인간은 사회적인 동물이다. 그런데 묘하게 반사회적인 행동을 하고 산다. 개인의 이익을 극대화하려 하기 때문이다. 그럴 때 대속할 수 있는 특정한 사람이 필요하고 고통 속에 그들이 희생된다. 그 고통의 몫은 크고 깊다. 상처투성이인 "저 느티나무"를 바라보다 고통에 겨웠던 과거를 떠올린 것이다. 지금의 모습으로 건재할 수 있었던 것은 "하늘"을 떠받드는 지극함이 있어 가능한 것으로 보았다. 그러한 마음이 화자가 지향하는 따순 사회가 아닐까 생각해 보았다.

저변에서 체화한 문장의 범주
 - 조영심 시집 《그리움의 크기》 중심

 시집에 실린 시편들을 접하며 시의 순기능을 생각해 본다. 언어가 갖는 목적은 문자 이전의 소리인 말의 체계로 사람들 간 소통을 원활케 하는 데 있다. 이후 구체적인 의사 전달을 위한 문자의 필요가 제기되면서 현재의 언어 체계에 도달한 과정을 충분히 상상할 수 있다. 시가 갖는 의미도 현실적인 범주 안에서 찾아본다면 그 존재에 대한 목적이 명징해진다. 소수에 대한 소통보다 다수를 향한 의사 전달 목적에 무게를 실을 수밖에 없다. 굳이 그런 이야기를 꺼낸 이유는 사회를 구성하고 있는 다수에게 시詩에 대한 목적성을 충실히 수행해야 한다는 생각이 들었기 때문이다. 그렇다면 말의 신뢰와 의미가 갖는 범주의 시간을 포함하여 시가 가져야 할 언어의 깊이가 어느 지점까지 허용되어야 하는가 분명해진다. 시는 소수의 전유물이거나 소수만이 공감하고 소비해야 하는 것이 아니라는 것이다. 물론 다양한 사회 환경 속에서 정서적으로 함께 공감하기란 쉽지 않다. 그렇지만 내면에 존재하는 인간적인 심정 안에서 발현한 언어라 해서 특별하거나 난해해야 할 필요는 없다. 시어가 시인들만의 독점이거나 변별적 층위를 형성하는 사회 계층의 분리에 도구화되는 언어가 되어서는 안 될 것이기 때문이다. 특히 현실적으로 변화무쌍한 사회 환경에서 다양한 경험을 통해 발현되는 저변의 욕망과 분출하는 인식들의 전환을 가볍게 여겨서는 안 될 시대적 사명도 의식해야 한다.

 계절의 사계처럼 숨골 같은 길목을 지켜 생동의 전력을 다하는 삶 속에서 우러나온 한 편의 시가 존재하기까지의 과정을 살펴본다면, 시가 함의하고 있는 의미는 그 자체만으로도 상당한 것으로 평가받아야 한다. 그런 의미를 좀 더 이해하며 살펴보기 위해 조영심2) 시집을 만나 보았다. 여수라는 지역에서 삶의 뿌리를 내리고 생애 긴 세월을 살아온 이력처럼 시간 속에 잠복되어 있는 말(시)의 깊이가 만만치 않을 것이라는 선입견도 없지 않았다. 그렇지만, 그 우려가 현실이 되어버렸다. 여백을 문장화한 첫 장의 시편과 맞닥뜨렸기 때문이다.

 소리 없이 와도
 네 소리가 가장 크다

　　-〈그리움〉 전문

 일반적으로 '그리움'이란 말은 대상에 대한 애절한 마음을 표현할 때 사용한다. 그런 의미에서 〈그리움〉이란 시 속 정서로 내장된 울림이 짧은 문장으로 구조되어 있지만, 다의성을 내포한 여운은 깊을 수밖에 없다. 그렇기에 두 행으로 분리된 시구詩句는 한 문장으로 읽어내야 한다고 보았다. 두 행으로 분리했을 때 발생할 수 있는 심리적 간극마저 허용할 수 없다는 완곡함을 비장했기 때문이다.

---

2) 조영심 시인은 전라북도 전주에서 태어났고, 현재 여수정보과학고에서 영어 교사로 재직 중. 2007년, 《애지》 등단. 시집으로 《담을 헐다》, 《소리의 정원》, 《그리움의 크기》가 있다.

우선 누구에 대한 그리움인가에 궁금증이 앞섰지만, 그 속내가 갖는 진폭만으로는 많은 것을 알 수 없다. 시인은 내면의 은밀성에 대한 가치를 사람에 대한 향수에 두고 있음을 암시한다. 그렇더라도 단 두 행의 문장 말고는 시적 비의랄 수 있는 단초는 철저히 숨겨버렸다. 여하한 말이 없다 해도 간명한 문장으로 인간 본성에 대한 진정성을 표징한 것이라 볼 수 있다. "소리 없이 와도"라는 행간은 명징한 말로써 거기에는 어떠한 조건도 제시하고 있지 않다. 사전 약속도 없이 아무 때나 찾아올 수 있는 관계라면 상당한 세월을 통해 서로의 마음을 익히 알고 있다는 것을 의미한다. 여기에서 '소리'라는 의미에 주목할 수밖에 없다. '소리'는 의성어이면서 형상태 形象態이기 때문이다. 모든 관계를 긴밀하게 유지하는 데 있어 '소리', 즉 '말'이 필요한 현대인들에게 언어가 없었다면 불통의 후유증을 상상할 수 있다. 하지만, 어떠한 말도 필요가 없는 사이라면 시인만이 공감할 수 있는 특수 관계란 것을 말해준다. "네 소리가 가장 크다"라는 말처럼 그런 사람이라면 사랑 말고는 없다.

시 〈그리움의 크기〉에서 처럼 '그리움'은 너무나 인간적인 것이어서 말로 다 형언할 수 없다. 긴 생애가 '찰나'라는 시간으로 끝나감을 예감할 때에서야 '그리움'에도 '크기'가 있다는 것을 깨닫게 된다. '그리움'이라는 절대적인 가치도 동기화된 '대상'으로 비롯된다. 서로에 대하여 무관심하지 않기에 의식의 활동성으로 활성화된다. 그 긴 시간으로 내장된 직립의 시간마저 잊은 채 '그녀'는 휠체어에 몸을 의지해야 한다. 그것으로 만족하며 모든 것을 포기해야 하는 "방금 보았지만 돌아서면 다시 울컥/ 보고 싶어지는 온몸이 서늘해지는 그림"처럼 시적 화자를 통해 철저하게 주체에서 타자로 밀려나 버렸다. "다섯 줄 골똘한 단문/ 한 뼘씩 목마른 곡절로 행간을 넓혀가며/ 다섯 장 장문으로 커가는 중인지" 물리적인 시간은 고통 안으로 번진 그리움을 통증처럼 길어 올리고 있다. 시인의 삶의 정서 속 숭고한 '그리움'은 삶 속으로 들어와 있는 대상을 반영하면서 시적으로 변용된다. 그 지점은 안타까운 마음으로 긴 시간을 또 가슴 아프게 할 것이다.

    오시는가 하여 당신의 창가에 앉았습니다 진득하게 내리는 비는 어느 애통의 시간을 건너가더니 창밖에 내 존재를 밝히던 불빛마저 검게 적시고요

    제 노래를 잊은 참새들이 홀로 선 벚나무에 낮고 작은 그림자로 앉자 이 밤도 비로소 쉽게 젖어가는 중입니다

    늦게 당도한 여린 빗방울만 멈춤 없이 내 연애의 기억 속으로 흐르고 있어요 바람의 땅에, 빗살이 세워지는 거기에 입술로 당신의 이름을 그려봅니다

    -〈회화〉부분

〈회화〉속 시행은 비가 갖는 모티프를 심상적 이미지로 활용하여 시적 외연을 확장하고 있다. 비가 갖는 속성은 비정형적이면서 수시로 방향성과 강약의 변화를 보여주는 하강적 이미지를 갖고 있다. 저음으로 파고드는 빗소리를 통해 화자의 시적 심상을 압축해서 보여주기에 적합한 상관물이다. 첫 행 중 "오시는가 하여 당신의 창가에 앉았습니다"라며 물리적 거리를 최소화하는 노력도 보여준다. 그

'창가'는 현실 속 상상의 공간일 것이다. 여기에서 '당신'이 오시는 가 하여 '창가'에 앉아 창밖을 바라보는 화자의 초조한 심정을 의도 적으로 노출시킨다. 사실 올 수도 있겠지만, 오지 않을 수도 있는 상대방과 약속이 되어 있지 않은 불안정한 관계임을 암시하고 있다. 결국 기다림의 시간도 소용없어 일방적 그리움의 애절함만 깊어져 버렸다. 그렇지만, 이 시가 갖는 의미는 시제인 '회화'처럼 시적인 것으로의 감각적인 이미지를 심상 안으로 드로잉 하듯 문장으로 유 인해 낸 데에 있다. 은근한 정념을 여성적 감성으로 절제된 이미지 를 "빗살무늬 쇠북"과 "바스러져가는 나무"라는 상징성으로 형상화 하였기 때문이다. "당신은 덩그렁 빗살무늬 쇠북, 당신의 가슴팍을 두드리며 기대었던 나는, 제풀에 겨워 숨결이 풀리고 풀어져 바스 러져가는 나무입니다// 어찌 나무가 쇠를 견딜까요"라며 체념적인 상황에서 회의적 감상에 빠져드는 듯했다. 하지만 마지막 연의 "그 창살로 나를 치소서"라며 강한 반전을 매력으로 보여준다. 그것은 화자에게 닥칠 어떤 난관도 쉽게 포기할 수 없다는 실존에 대한 존 재 의지일 것이다. 그런 마음은 소소로운 일상을 가볍게만 볼 수 없다는 인식일 것이다. 풍경 속 낯익은 지명으로 풀어가는 시적 사 유는 여수 근경이어서 더 친근하다.

여자만 가는 길이라니
누가 처음 이 길을 걸었단 말인가
길은 걸어야 비로소 길이 되는데
얼마나 많은 세상의 여자들이
스치고 또 스치며 걷고 또 걸어서
여자의 길을 터놓았단 말인가
오로지 여자만 가는 길이라

야생의 험한 것들로부터 안온한 마당 안쪽
초속의 질주로부터 속도 줄인 바닷가 여백 쪽
마음에 붉은 주단을 깔듯 감싸듯 섬기듯
단호한 금지선까지 양쪽에 그려 놓은 길

*전남 여수시 소라면 여자만汝自灣

- 〈여자만 가는 길〉 부분

  시인의 가슴에 품은 온유한 시선 속 '여자만'의 풍경을 과거의 시간으로 환기한다. 여수반도의 한갓진 어촌을 답사하며 고조된 마음을 지리적 풍경과 더불어 잊힌 삶을 들여다본다. 시인은 어촌 풍경의 이면에 숨어있는 '여자'의 굴곡진 삶을 〈여자만 가는 길〉을 따라보며 상상한다. 인간의 억제된 욕망처럼 한국의 지명은 풍수와 지리적인 관점에서 접근하며 '여자만'이라는 지명도 그런 의식의 범주에서 명명되었을 것이다. 하지만, 시인은 지명이 갖는 의미를 여자(여성)의 관점에서 접근하고 있다. 최근 들어 여성에 대한 인식이 많이 나아지긴 했지만, 우리의 전통적 여성상은 힘들고 고단한 생애를 강요당해 왔다. 그런 열악한 환경에 굴하지 않고 모성이라는 강한 의지로 견뎌온 그 자체가 존재에 대한 강한 집념이자 주체성을 보여주는 의지라고 볼 수 있다. 그런 관점에서 시인은 호젓한 길이 되어버린 여자만汝自灣을 걸으며 "누가 처음 이 길을 걸었단 말인가"를 자문하며 그 길이 그냥 존재하는 길이 아님을 깨닫게 된다. 그 길은 곧 힘난한 삶을 포기하지 않고 당당히 맞서 살아온 이 땅의 어머니들이 걸어온 '여자의 길'이었기 때문이다. 우리의 어머니들이 살아온 절망 속 현실이 결코 무의미하지 않았다는 것을 보여주기라도 하듯 "야생의 힘한 것들로부터 안온한 마당 안쪽/ 초속의 질주로부터 속도 줄인 바닷가 여백 쪽/ 마음에 붉은 주단을 깔듯 감싸듯 섬기듯/ 단호한 금지선까지 양쪽에 그려 놓은 길"은 운명에 당당히 맞선 투혼으로 공감한다. 세상이 음양으로 조화를 이루듯이 세상살이도 남자와 여자가 공존한다. 그렇지만, 시대를 가리지 않고 부역처럼 강요당한 억압을 감당하며 살아야 하는 몫은 언제나 '여자'인 '어머니'들이었다. 힘난한 환경을 회피하지 않고 살아온 그 길을 묵묵히 받아들인 것이다. '여자만 가는 길'은 어느 한순간도 해찰할 수 없는 여자들의 절박했던 삶이란 것을 말하고 있다. 그것은 진력을 다한 표정에서 체현되는 긍정을 동경하는 진실한 언어란 것을 말해준다.

    방죽안댁 청상 우리 외할머니
    동네 초상이 나자 꽃상여 꽁무니에 대고
    누구라도 들을세라 가만가만
    입말로 그렇게 달싹거렸던 것인데

    어린 자식 넷 놓고 가버린 지아비
    징용 가 돌아오지 못한 큰아들까지
    굴곡마다 낀 생의 녹슨 액운을
    징 소리 하나 없는 푸닥거리로
    독경 외듯 불러내는 액땜인 것인데

    -〈드라이브 스루〉 부분

만만치 않은 세상살이가 '코로나-19'로 더 복잡해졌다. 특정한 곳에서만 사용된 '드라이브 스루'라는 방법이 '코로나-19' 바이러스 감염을 확인하는 검사 방법의 편리한 수단으로 도입되면서 우리에게 낯익은 일상어가 되어버렸다. 그런 방법을 조영심 시인은 오래 전부터 활용하고 있었다. 시인은 도로를 달리다 '영구(상여)'차를 만나면 차의 속도를 줄이면서 "나의 액운도 다~아 가져 가주시오~"라며 망자에게 주문했다. 그런 방법은 오랜 풍습으로 시골에서 상여를 따라가며 망자와의 이별에 대한 슬픔을 함께했다. 그러면서 생에 대한 질곡의 전환과 구복을 염원하는 마음을 얹어 보낸다. 현대인의 의식에서 지워졌을 법한 관습은 외할머니의 전언으로 답습된다. 외할머니가 살아온 가족사에서 기인한 "어린 자식 넷 놓고 가버린 지아비/ 징용 가 돌아오지 못한 큰아들까지" 연이어 덮친 고난의 시간을 극복하기 위해 지푸라기라도 잡고 싶은 심정은 절박한 것이었다. '방죽안댁 청상'이란 고통을 평생 감당하면서도 시인에게는 언제나 다정다감한 '외할머니'로 기억된 삶도 그래서 가능했을지 모른다. 시인은 지금껏 해온 방식을 바꾸기로 마음먹는다. 외할머니 방식대로 해온 주문을 "부디 모든 것 탈탈 털고 편히 가시오~"라며, 망자에 대한 이승의 고단함을 한껏 위로하기로 한 것이다. 하지만, 마음속 구복적인 주문은 당연히 읊조릴 것이다. 할머니로터 유전된 언어의 생명력은 끝없이 변용되어 긍정적인 의식으로 누군가에게 전언될 것이다.

조영심 시인은 풍경으로 다가오는 일상을 독특한 언어 감각으로 수수하여 시적 사유를 확장해 간다. 시인의 '발을 묶었다는 '타드랑'때문에 시선도 경계를 넘어버렸다. 여행하다 보면 낯선 사람들이

다루는 악기의 이색적인 '소리'를 지나치지 못한다. 그것은 모처럼 얻게 된 자유라는 시간을 풍성하게 해주는 여행의 또 다른 즐거움이다. 그런 여정 속 시인도 매혹적인 풍경에 마음이 동했을 것이다. 우선 〈타드랑, 발을 묶어〉 속 '타드랑'이 무엇인가 궁금해졌지만, 만족할 만한 자료가 없어 타악기의 한 형태라고 유추해 볼 수밖에 없다. 시인은 악기를 연주하고 있는 한 남자를 보았다. 그 남자의 손을 통해 악기가 내는 소리에 빠져들고 있는 데 순간 다가온 '한 남자'가 돈을 착취해 가는 모습을 보게 된다. 그림자와 오버랩 되어 나타나는 "모자에 떨어지는 동전과 동전의 틈새로, 넘나리 바닷가에 걸쳐두고 온 하늘 한 자락이 찢겨져 여독처럼 쌓이는데/ ~~중략~~/ 무엇이 저들을 묶고 있는가 한 평 남짓한 악기 좌판, 판을 접고 펴는 일밖에 다른 재주가 없었을 낡은 옷소매로 하나 둘 초저녁별이 뜨고"라며 이내 자리를 떴겠지만, '타드랑'이라는 악기가 내는 파찰음은 오래도록 시인을 불편하게 한다. 어찌하랴. 그것도 현실 속 삶의 '소리'란 것을 깨닫게 된다. 각성한 자아보다 더한 생존의 한 자락을 놓칠 수 없어 '소리'라는 매개체에 '묶'여 있는 사회의 불편한 단면을 보여준다. 그 연주자처럼 현대인의 일상도 크게 다르지 않다는 우울한 심상이 "타드랑 리듬이 내 발걸음마다 타드랑, 저녁 어스름 기어들고 오늘도 갈 길은 멀고도 멀어 타드랑 타드랑" 악기가 내는 소리에 마음이 우울하다. "타드랑 타드랑"이란 의성어처럼 집요하게 따라붙은 고된 하루를 마감하고 집으로 귀환하는 데 피로만 한껏 얹어오고 말았다. 살다 보면 애틋한 일들이 다반사다. 그것을 인생살이라고 하지만, 다들 꼭 그런 것만은 아니다. 그런 곡절 많은 일상을 자신의 슬픔으로 받아들이길 꺼려 할 뿐이다. 다 그렇게 사는 것이라며 위로로 합리화한다. 밤하늘에 뜬 달이 천체를 반으로 정확하게 나누었다는 〈동짓달 초여드레〉의 시 속 정경은 그런 면에서 같다.

> 동지 지나 섣달 그믐께쯤엔
> 꺾였던 빛 태어나듯 흐렸던 물 되 맑아지듯
> 동지 초여드레 몸 풀던 국맛을 떠올릴 수 있을까
> 당신도 당신으로 다시 돌아올 수 있을까
>
> 이제는 웃음마저 실실 흘리는 당신을
> 동짓달 긴 달그림자에 매어 두고
> 느리게, 꾹꾹 쓸어내리는 밤
>
> -〈동짓달 초여드레〉 부분

사람은 출생을 인연으로 해 혈연관계가 형성된다. 이후 생로병사라는 과정을 거쳐 이별이라는 수순을 피해 갈 수 없다. 흔히 그것을 노화라거나 노쇠함으로 말하지만, 지켜보는 주위 사람들이 더 고통스러운 것이다. 그분이 피붙이라면 고통은 배가된다. 화자의 어머니는 치매의 고통을 전혀 의식하지 못한다. 그것을 슬퍼하고 고통스러워하는 사람은 자식일 것이다. 그 관계 사이에 존재한 관념 같은 사랑은 매우 타산적이어서 실질적인 도움이 될 수 없다. 할 수 있는 것이라고는 생일상에 좋아하던 국 한 사발 챙겨드린 것 말고는 없다. 함께 그 모습을 지켜보며 신산辛酸한 마음을 웃음으로 환기하려는 슬픈 열망이 컸지만, "한 점 구름 빈 가지에 내려앉아/ 두 손 맞잡고 눈 맞추는 모녀가 살가워"진 순간마저 애처로운 것이다. 당신의 생일날을 기점으로 세월 저편의 적막처럼 밀려오는 추억이 아련함만 더 하고 있다. 밤이 길어 가만히 있어도 몸이 추워질 '동짓달 초여드레'를 통해 생과 사의 경계가 허물어지는 것을 본다. 당신의 "생일날엔 시루 구멍을 잘 메꾸어 주어야"한다는 "물되 맑아지듯"한 고운 모습을 볼 수 없을 것이라는 불안감이 커지고 있다. 화자는 실어증 환자처럼 "이제는 웃음마저 실실 흘리는 당신"을 안타까움만 더한다. 우리가 살아가는 현재의 다양한 환경들이 시적 대상 속 사물이거나 문학적인 인식으로 자연스럽게 혼재되어 나타난다. 그것은 시인의 삶을 의식한 것이 아니라 공존하는 대상을 주변이 아닌 중심으로 바라보기 때문이다.

 잊히거나 지나간 시간을 기억해 낸 것도 사랑에서 기인한다. 1948년 10월 19일 '여순항쟁'의 촉발 지점인 여수 신월리가 '넘너리'로도 불린 듯하다. 제14 연대 주둔지였던 '넘너리'의 역사성이 담긴 〈넘너리 연가〉를 통해 화자는 '여순항쟁'의 참화 속에서 억울한 죽음을 맞은 사람들의 못다 한 말들을 발굴해 낸다. 그 시대를 살다 처참하게 죽음으로 매몰되어 버린 한 맺힌 말들이 아직도 바람이 불 때마다 풀썩거릴 것 같은 곳이 '넘너리3)'다. 과거라는 시간 속에서 "느닷없이 소용돌이에 싸잡힌 생떼 같은 목숨들"의 억울한 생애를 애도하며 "그 어떤 구실도 너를 입막음할 수 없"었을 것이라며 숙연한 마음을 전한다. 교감을 통한 인식의 확장은 삶에 대한 관심과 깊은 사유의 결과다. 따라서 시적 화두는 '사람'에 있고 그 사람들이 실제 이행하려던 '말'을 경청하는 데 있다. 사람 찾는 곳에서 세월을 지키며 말 한마디 못 한 나무에도 사람의 시간을 덧칠해 의미를 부여한다.

---

3) 국군 제14 연대가 주둔했던 여수 신월리新月里 넘너리(1948.10.19.)

〈망해사 팽나무〉는 사찰에 심어진 팽나무가 상징한 세월의 유구함에서 비롯된다. 팽나무가 먼저 망해사 터에 자리 잡았다는 것이 아니라 진묵 대사가 후에 심었다는 기록이 있다. 당연하게 사찰이 들어선 이후 팽나무가 심어졌을 것이다. 오랜 고찰인 망해사는 만경강이 끝나는 김제시 진봉면 심포리에 있다. 그래서였을까? 화자는 망해사와 팽나무를 상관성으로 인식하면서 〈망해사 팽나무〉라는 시제를 올렸다. 인간의 욕망으로 들어선 망해사보다 먼저 터전을 잡아 생명의 뿌리를 내렸을 팽나무에 연연하는 것은 표면적인 풍경만을 진술한 시가 아니기에 그렇다. 시의 이면에 감춰진 시행 속 팽나무와 망해사와의 친연성보다 상관성을 먼저 생각하고 있다. 시인은 서해 노을 지는 바다를 지켜보았던 것은 망해사가 아니라 수백 년의 세월 동안 키를 높여 성장해 온 팽나무일 것으로 확신한다. 망해사의 사찰은 부처님을 모시기 위한 목적에 충실했을 것이고 그에 상관없는 팽나무는 "천년을 흐르던 강, 물길이 가로막히자 빈 강가엔 메마른 어제의 시간이 흐르고 더듬더듬 저녁이 찾아오면, 우두커니 허물어져 가는 강 쪽으로 몸을 비틀어 귀를 모았을 것이"라며 만경강과 서해 망망한 바다를 생업으로 살아가는 주변적인 삶의 고통을 표면화하고 있다. 종교라는 욕망이 인간의 삶과 무관하다는 것을 알아버린 팽나무가 지난 세월 풍상의 시간을 기록하고 있다. 결국 '사라지지 않는 존재'의 삶을 확인하기 위해서는 사람들 마음 안으로 들어가 보는 것이다.

    와락, 고삐에 끌려 당신에게 다가갑니다
    어룽진 무늬만으로는 당신을 만날 수 없습니다
    첩첩 접힌 내심의 두께로는 당신을 알 길이 없습니다

하여, 당신의 눈가에 번지는 웃음에 두 점을 찍고
허물어진 절반의 왼 입술을 꼭짓점 삼아 외심을 더듬어 봅니다
밖으로 난 둥근 생각의 연장선으로 당신의 처음을 그려 봅니다

　　-〈얼굴무늬 수막새〉 부분

 긴 세월을 하늘과 맞댄 호흡만큼 깊어진 '당신' 같아 더 눈빛 그윽해지는 시 〈얼굴무늬 수막새〉에 대한 미련이 짙다. '수막새'에 새긴 '얼굴'과 그 표정에 숨겨진 '소리'가 희망한 세상은 어떤 모습이었을까를 생각한다. 대체적으로 조영심 시인의 시는 단전을 끌어 모아 묵상하며 호흡을 다독여야 읽히는 시다. 본래 수막새는 돌출 면에 용도에 따라 다양한 문양을 새겨 넣었다. 귀면상이나 해맑게 웃는 얼굴이거나 연꽃 등 다양한 모양의 수막새가 만들어진 것을 알 수 있다. 시인의 눈길을 사로잡은 '얼굴무늬 수막새'는 한국적인 전통가옥에서 기와지붕을 완성하는 데 사용한 기능성 기와의 한 종류이다. 수막새를 시적 대상으로 천착한 사유가 그 공방을 터전 삼아 살다 간 사람의 내력까지 세세한 목록으로 호출되었다. 현재에서 과거라는 시간으로 치환해 가며 '시적인 것의 아우라'를 확장하여 시의 주체로 부연해 준다. 가마터에서 물레를 돌려 '수막새'를 만들어 적당히 마른 표면에 그려 넣었을 장인의 손길과 달리 머릿속은 "한 계절을 들락거릴 겉보리 한 말/ 이산 저산 풀뿌리로 넘어온 보릿고개"를 걱정하며 먹고사는 문제에 골몰했을 것이다. 매번 살만한 세상을 염원하며 수막새에 얼굴을 새겼지만, 형상 속 주체가 될 수 없었던 불쌍한 장인을 떠올린다. "바람결로 번지는 당신의 미소"가 세상을 변화시킨 표상임을 말해준다. 시인은 펜 끝으로 복원한 수

막새의 표정에서 못다 전한 말들을 "밖으로 난 둥근 생각의 연장선으로 당신의 처음을 그려"내고 있다.

 지금껏 조영심 시인의 시들을 열독 하면서 서두에서 밝혔듯이 일상에서 천착한 삶을 숙성한 사유로 체현해 내는 것에 주목했다. 그렇기에 다양한 시적 대상 속의 정경들이 각기 다르지만, 내면을 관통하고 있는 삶의 지표로 일관된 유기성을 함의한다. 형상화된 시적 언어들이 표면적인 현실만을 말하지 않고 언어 행위보다 더 깊은 내면에 있다는 것도 말해준다. 언어가 무엇을 지시하는가 보다 그것이 갖는 '말'에 대한 관심이다. 조영심의 시는 대상에 대한 감각에서 접점을 형성하지만, 감성을 바탕으로 한 말의 힘인 '소리'의 근원을 상기시켜 준다. 표면 속에 감춰진 이면을 들여다보려는 시인의 눈빛을 상상해 볼 때 그 눈빛은 우리가 살아온 삶의 이력까지를 포함하고 있다. 그것은 시대의 중심에서 소외된 사람들의 표정으로 인간 존엄을 갈망하는 속말은 가슴에 묻었기 때문이다. 시인은 보고 듣고 찾아가며 어디에도 기록되지 않는 삶을 살다 간 사람들의 '말'을 찾아내는 노력을 보여준다. 평이한 언어를 정제된 시어로 재생하듯 저변(민중)의 사라져 버린 언어들을 재현하려는 것은 그 사람들의 삶을 복원하는 진중한 작업이다. 그 작업은 일상처럼 맞닥뜨리는 것이어서 마침표는 없다.

시대의 저항과 성찰의 시편
- 김해자 시집 《집에 가자》 중심

나이 지긋해진 시인으로부터 프러포즈 같은 시집 한 권을 선물 받았다면 그것은 인생으로 봐도 행운이다. 더욱이 시심 깊기로 둘째가라면 서러울 김해자 시인으로부터 《집에 가자》(삶창 2015.7)을 받고도 까마득히 몰랐으니 그 기쁨이 늦어진 것은 핑계 같지만, 집사람이 시집을 받아 한쪽에 놓아두었기 때문이고 여하튼 내 불찰이 맞다. 봉투를 열어보니 나이 지긋해져 갑자기 들고 나온 시집이 "집에 가자"라니, 문득 당나라로 길 가다 깨달음에 달한 원효가 일체유심조一切唯心造라며 내뱉은 화두처럼 느껴졌다 해도 과한 말은 아닐 것이다. 그 나이에 어디 얼굴 들이밀 집을 온전하게 가진 사람들이 이 세상에 몇이나 될까 궁금해졌다. 하지만 그런 의문은 잠시 후 사라졌다. 시인의 오래전 집은 추억 속에서 온전하다는 것을 알았으니까. 그런 시인의 건강한 주체적 삶은 현실을 뛰어넘고자 하는 강한 실존적 의미로 다가왔다.

　가끔 찾아와 물들이는 말이 있다
　두레박 만난 우물처럼 빙그레 퍼져나가는 말
　전생만큼이나 아득한 옛날 푸른 이파리 위에
　붉은 돌 찧어 뿌리고 토끼풀꽃 몇 송이 얹어
　머시마가 공손히 차려준 손바닥만한 돌 밥상 앞에서

이뻐, 맛있어, 좋아,
안 먹고도 냠냠 먹던 소꿉장난처럼
덜 자란 풀꽃 붉게 물들이던 말
덩달아 사금파리도 반짝 빛나게 하던
니가 좋으면 나도 좋아,
말한 게 다인 말
세상에서 가장 깨끗한 말
나만 얻어먹고 되돌려주지 못한
니가 좋으면 나도 좋아,
붉은 돌에 오소록 새겨진

  -〈니가 좋으면〉 전문

　누구나 그런 추억 하나 없어선 안 될 소중한 우리들의 꿈같은 희망이다. 〈니가 좋아〉란 말은 어느 정도 성장한 이후에 할 수 있는 말 같지만 의외로 가장 순수한 시절에 아무 생각 없이 할 수 있는 세상에서 가장 아름다운 몸말이다. 오래전부터 아름다운 말대로 살기를 원하였지만, 시인은 아직껏 험난한 세상 복판에 있음을 은연중 내비치고 있다. 그런 삶을 희망한 이유는 단 하나 "머시마가 공손히 차려준 손바닥만한 돌 밥상 앞에서／ 이뻐, 맛있어, 좋아"하며 묻던 유년기 추억을 현실 속에서 이루고 싶은 소망이 된다. 그래서 "물들이는 말", "퍼져가는 말"은 다른 사람을 위한 말이 아닌 "니"와 "나"로 세상에서 단 두 사람만 통용할 수 있는 특별한 언어로 구축된다. 이어 "물들이는 말"이나 "퍼져가는 말" 자체가 갖는 의미 전달은 충분하지만 모호한 감성에 갇힌다. 하지만 "물들이는 말"과 "퍼져나가는 말"의 뒤에 생략된 "있다"의 서술어 앞에서 주관적인 강력한 개별적 의미는 그런 것마저 상쇄하고 만다. 말이란 것은 귀로 듣는 것 이상으로 마음으로도 충분히 감전될 수 있다고 보았고, 사람에게 말이 물들여질 수 있다는 애매함마저 희석해 버린다. 이어 그 말을 시인은 "세상에서 가장 깨끗한 말"이라고 확신한다. 말을 빌어 상대방을 구속하는 조건을 제시하지 않는 일 방향으로 조건 없이 거저 덤으로 주고 마는 말이기 때문이다. 그러면서 그 의미가 전달받은 특정한 사람에게만 아름다움으로 들릴 수 있는 것은 말을 전하는 화자가 아닌 청자의 입장으로 배려가 이뤄진다. "니가 좋으면"에 필수적으로 따르는 현대의 조건부 약속 이행을 요구하는 조건은 그 어디에도 찾아볼 수 없다. 그렇기에 세상에서 가장 아름답고 순수한 말임은 분명하다. 그런 시적 인식을 작금의 거친 세월 속에서 온전하게 간직할 수 있었던 것도 놀랍지만, 그것마저 유년기 순수 서정의 추억을 피폐한 세상에 던지는 것도 놀랍다. 그러면서도 자신의 과거가 만만치 않았음을 연상해 주는 시 〈가죽가방〉에서 치부 같은 시간을 고백하고 있다.

자궁을 들어냈다, 말하는
여자 웃음에서 만져지는 비릿한 핏덩어리
슬픔은 이렇듯 형이하학적이다.

나이 먹을수록 여자 복부는 부풀어갔다
봉분처럼 동그랗게 솟아오른 허리 아래, 여자는
뭐든 쑤셔 넣기에 안성맞춤인 가방을 숨기고 다녔다
먹다 남긴 음식도 욱여넣고 빨래 던져놓듯 아무렇게나
내뱉은 욕설과 발길질 지고 싶지 않았던 짐조차
꾹꾹 눌러 담은 여자 가방은 속을 채우자

옆으로 뒤로 삐져나오기 시작했다

  -〈가죽 가방〉 부분

 시는 체험으로 인식한 사실을 말한다. 새삼스럽지만 그렇게 단정하고 싶다. 시인의 과거는 분명히 이 시 어딘가에 진실임을 밝힐 증거의 이력을 갖고 있을 거라 생각하기 때문이다. 과거의 일부였을 시간 속 미싱 시다로 밤을 새우며 만들어냈던 가죽으로 만든 가방, 그렇기에 〈가죽 가방〉이라는 시어는 만만치 않은 삶의 의미로 다가온다. 가죽은 우선 동물의 껍데기를 이용하여 만든 부산물이다. 그 이후가 지금까지 궁금했다. 동물의 껍질과 고깃덩이가 분리될 때 흔히 말하는 영혼이 있다면 어디 쪽에 남아 있을까. 동물의 몸통에서 껍데기가 죽음을 통해 분리된 인간에 의해 만들어진 가공물이기에 그렇다. 비록 죽어버린 동물 사체의 일부지만, 그 가죽에 깃든 혼은 어느 쪽엔가 남아 우리에게 어찌하든 영향을 미친다고 생각한 것이다. 시인은 그런 의미까지 이미 예측하고 있다. 치부일 수 있는 여자의 몸을 말하면서 영혼 같은 "자궁을 들어냈다,"며 고백하기를 주저하지 않는다. 이미 그럴 연륜을 넘어선 시인에게는 "자궁"이라는 터부를 발설하여 되돌아오는 수치심보다 더 중요한 의미를 인식하고 있다. 그것은 여자임을 더 이상 지켜갈 수 없는 가임의 수단일 자궁을 들어낸 뒤 한 사람의 여자로서가 아닌 자신을 바라보며 그동안 편협했던 관점으로부터 일순 자유로워진다. 여자로서 자긍심이던 자궁을 허허롭게 "텅 빈 가방이 되었다"며 체념 같지만, 진정한 여성성을 회복한 것이다. 그러면서 "숨기 좋은 질 좋은 가방 속에서 종유석 같은/ 암덩이가 자랐다 칸칸이 달린 지퍼를 열기라도 하면/ 꽁꽁 담아둔 선사시대 비릿한 시간들까지 새어 나오는/ 가중 가방 속엔 태어나면서부터 환대받지 못한 탄생의/ 울음소리와 다리 벌리고 하늘을 향해 치켜든 채/ 여자라는 동물만이 짓는 낙태라는 죄,/ 속에서 집어삼킨 슬픔이 숨어서/ 암각화를 완성해갔다"며 자신을 그렇게 만든 사회의 힘 뒤에 숨어있는 남성 위주의 폭력성에 대한 책임을 묻고 있다는 것을 피력하지 않는다. 그 이유는 뒤에서 충분한 이해로 다가온다. 그 텅 빈 가방은 쓸모없어 버려진 가방이 아닌 상실된 자아를 회복해 가는 간절한 의지였다. 그러면서 〈웅녀의 시간〉에서 여성인 정체성에 대한 회의와 해답을 찾기 위한 노력을 멈추지 않는다.

  거꾸로 시간을 돌리기 위해 누천년
  진물 흐르는 상처에 마늘 찧어 바르고 쑥뜸을 뜨며
  지금은 지하 깊숙이 구덩이를 파야 할 시간
  군왕의 입이 삼켜버린 여자를 뱉어내오 느릿느릿
  대지 밑으로 걸어가 네 발로 엎드려야 하는 때
  동굴 밖에선 때로 흥성한 웃음소리,
  수곰처럼 천연덕스럽던 옛 오라버니들
  털 간질이며 잔등을 올라타는데
  흔들리는 옛 그림자일 뿐,
  털을 깎인 누이들이 알몸으로 쇠창살 넘나드는
  붉은 일몰, 지금은
  어둠 속에 더 머물러야 할 시간

    -〈웅녀의 시간〉 부분

옛날 옛적의 이야기 같은 환웅과 웅녀의 탄생 설화를 끌어들여 시적 흥미를 유발하고 있는 시다. 다 알겠지만, 마늘은 웅녀에게는 신이 내린 신물神物로 이루어진 절대적 매개물이다. 그 신물의 선택으로 태어난 웅녀는 다름 아닌 신령한 신의 딸이기에 그렇다. 시 앞 연에서 웅녀를 변신 이후 태생으로 부여받은 수동적 자세가 아닌 도발적이고 야성적인 여성성으로 시적 의미가 변주된다. 하지만 이후 변신이 가져오는 부작용을 금방 읽어내고 만다. 어쩔 수 없이 자신의 수동적 본성을 철저히 숨기며 살아가지만, 그것이 만만치 않음을 알아챈다. 일탈한 직립보행에서 오는 쾌락적 감각마저 태생적 인내에 한계를 느낀다. 신과의 약속대로 라면 그저 주어진 환경에 수긍하면서 네발로 어슬렁거리듯 수동적 삶을 살아야 맞다. 문제는 직립보행의 편리성으로 빚어진 문제가 웅녀의 자존심에 상처가 된다. 그것은 인간의 이기심이 만든 자본주의와 상업주의의 폐해 속에 웅녀로서의 변신적 삶에 대한 자기반성과 각성을 요구한다. 마늘을 먹고 웅녀 즉 여자가 된 것을 깊게 후회하게 된다. 여자로서 세상과 부대끼며 살아간다는 것이 결코 쉽지 않았기 때문이다. 오히려 그것은 여성으로 살아가면서 본래적 모습을 가린 가면을 벗어던지고 싶다는 강한 욕망으로 표출된다. 또한, 물질 만능주의와 외모 지상주의 속에서 벗어나지 못한 채 본성에 충실한 삶을 살지 못한 자성의 인식을 하고 있다. "털을 깎인 누이들이 알몸으로 쇠창살 넘나드는/ 붉은 일몰, 지금은/ 어둠 속에 더 머물러야 할 시간"임을 고백하고 있다. 그것은 여성으로서의 웅녀의 본능일 수 있는 대지모신大地母神적 본성으로 회귀를 열망하고 있음을 알 수 있다. 그런 시인의 고민은 〈종이거울〉에서 다시 한번 자기 인식의 기회를 갖고자 한다. "까맣게 비춰지는 종이거울/ 바라보고 또 바라보며 나를 벗긴다/ 내가 아닌 것이 떨어져 나가고/ 바로 너인 것이 내가 될 때까지"라며 끝없이 자신에 대한 물음을 던지고 있다. 그 화답은 멀리 있지 않았다.

　거기, 밖이 무너지고
　여기, 안으로 삼켜져
　눈 감는 음절들
　거기까지 너였다,
　여기까지 나였다,
　경계가 차츰 무뎌지고 무너지다
　문득 모든 말들이 끊긴다
　하지 못한 말,
　이미 한 말,
　들이키고서야 합쳐지는 입과 입
　여기서부터 검은 숲,
　침묵이 범람한다
　말하면서 동시에 사랑할 수 없다
　나조차 잊어버려야 나로 돌아갈 수 있다
　너조차 잊어버려야 너에게 들어갈 수 있다

　　　-〈합일〉 전문

　세상은 여러 구성과 구조로 이루어진 것은 분명하다. 다양한 만큼 불분명한 말은 끊임없는 논쟁을 유발하지만, 태초 하나에서 나누어졌다는 전제라면 언젠가는 하나로 이루어져야만 하는 것도 당연하다. 남녀가 남남이란 개별성을 극복하며 하나가 되기 위한 노력을 아끼지 않는다. 남녀의 두 개의 마음이 하나로 합쳐지듯 합일을 이루어낸다. 그런데 시인은 "합일"을 보편적 정서와는 다르게 인식하고 있다. 그것은 수행자의 긴 고행 끝에 이루어낼 정신의 영역을 넘보는 것처럼 난해성마저 더해진다. 이는 주자朱子의 성리학性理學을 수행하는 방법인 거경궁리居敬窮理가 일반인으로서는 쉽게 이해 불가하거니와 시적 인식은 물론 궁극이 어디인가 난감하다. 시인은 합일에 대한 상당한 지론을 구축한 듯하다. 언젠가는 만남 이후 완전하게 합쳐지는 합일을 꿈꾸는 것이라면 합일의 의미에 다가감은 그래서 어색하지 않을 것이다. "거기, 밖이 무너지고/ 여기, 안으로 삼켜져"라는 시구처럼 피동적으로 무언가 내밀한 변화의 조짐을 예시하고 있다. 이것은 외형적 구조의 변화 조짐이 아닌 내면에서 일어나는 심리현상을 말하고 있다. 스스로 자신에 대한 인식을 향한 고통의 크기마저 담담히 받아들이며 또 다른 자신과 소통을 요구하고 있다. 그것은 사랑이라는 지극함을 지향한다. 시의 주제는 그러한 의문이나 의아함에 대해 분명하게 답하고 있다. "합일"이라는 명료함은 의미를 확장시켜 시의 주제에 함축된 의미를 강하게 담보해 주고 있지만, 의미의 난해와 애매함으로 거기에는 미치지 못하고 있다. 다행스럽지만 시인은 "나조차 잊어버려야 나로 돌아갈 수 있다/ 너조차 잊어버려야 너에게 들어갈 수 있다"며 재차 환기해 주고 있어 시적 맥락을 어느 정도 지지해주고 있다. 어찌 되었든 시인은 〈합일〉을 통해 참된 나를 본래 모습으로 되돌리며 나와 너로 나누어져 있는 사회를 하나로 이해하는 화해까지를 요구하고 있다. 김해자 시인의 시속에는 자연에 대한 풍경에 감화나 서정성이 흔치 않다. 그렇지만 물질의 풍요를 이루어낸 제국주의와 산업사회의 촉발에 일등 공신인 배의 닻에 대한 인식은 자연과 화해롭게 공존하지 못한 위해성이 어떻게 사람에게까지 미치고 있는지를 고민하게 한다.

　　쇠사슬을 풀어라
　　우당탕 굉음 질러대며 불꽃 튕기며
　　지금은 진창에 도끼날 꽂을 때
　　노도와 같은 질주를 멈추고
　　바닥에 닿아야 할 때
　　바람과 햇빛에 말라붙은 흙과 벌건 논
　　지난 잔해 토해내며
　　갯벌 속으로 처박히는 칼날이여
　　조류에 휩쓸리지 않기 위해
　　참으로 요지부동하기 위해
　　얼마나 흙 칠갑을 해야 하는가
　　한 바닥에 골똘히 나를 부려
　　어둠속 기나긴 배밀이를 견딘 다음에야
　　밝고 지나가버린 밑창을 들여다보게 되리라
　　우리가 건너온 아픈 바다의 심중을

　　　　-〈닻〉 전문

사실 여성인 시인이 배의 닻을 제재로 선택할 여지는 거의 없다. 그래서 우선 눈길이 당겼다. 내가 광양제철소 원료부두에 근무하고 있고 그 용도를 누구보다 잘 알기에 그렇다. 닻을 "우당탕 굉음 질러대며 불꽃 튕기며/ 지금은 진창에 도끼날 꽂을 때"라며 남성성을 상징하는 근육질이 호기심으로 다가왔다. 예나 지금이나 "닻"은 중량감으로 견고하거나 쉽게 파손되지 않는 힘과 더불어 강인한 남성성을 상징한다. 또한, 사용하지 않을 때는 갑판 위로 끌어올려져 배의 항로 중에 균형을 유지하는 데 활용되고 안전 항해를 담보하는 신물처럼 선수와 선미에 장착된다. 그런 일반적 닻의 이미지와 또 다른 모습으로 "노도와 같은 질주를 멈추고/ 바닥에 닿아야 할 때" 부터는 여성성으로 순종의 의미와 시적 인식을 요구한다. 요즘 세태와는 사뭇 다르지만, 누군가에게 온전한 붙박이로서 사랑을 통해 안정을 갈망한다. 이 시가 재미있는 것은 시속에서 행위자와 행위를 지시하는 자가 동일하다는 데 있다. 인간이 가진 이면의 모습을 자신의 의지에 대한 행위로 구체화하려 한 것이다. 시인은 지금껏 부유浮遊된 삶을 살아온 것을 안타까워하지 않는다. 그것은 "바람과 햇빛에 말라붙은 흙과 벌건 논"을 통해 진술하고 있다. 시인은 닻을 통해 산전수전 겪어 온 험난한 생을 살아왔다는 것이다. 지금도 그 여정에 있고 과거 속 고통스러운 일들을 그래서 잊지 않고 있다. 그렇지만 미래에 대한 명확한 답은 없다. 앞으로도 시인의 내면화된 세계와 현실과는 부딪칠 수밖에 없는 상징 그 이상이기에 그렇다. 그것은 인간의 염원일 인간다운 삶의 권리를 끊임없이 포기하도록 강요하는 현실에 있다는 것이다. 신자본주의로 파생된 유목민적 현실을 극복하려는 강한 자기 의지를 사회의 부조리에 일갈하는 담화 시다. 자신을 볼모로 잡고 있는 시대에 대한 고통을 희망의 꿈으로 변화시키려는 강한 저항성을 보여준다.

   만국의 백수여 당당하라, 그대 손은 백 개,
   탄식하며 부끄러워하는 흰 손이 아니라
   손 벌리는 곳마다 달려가 그의 손이 되어 주었다
   하늘 우러러 땅에 엎드려 생명을 키웠다
   새벽이슬 덮고 지는 달을 노래하고 톱니바퀴 바깥에서
   톱니바퀴 관찰했다 그대는 밤새 홀로 깨어

인류의 새로운 지도를 그리고 아픈 자를 위해
환전 할 수 없는 눈물을 흘렸다

-〈 일하지 않는 자여 맛있게 먹어라〉 부분

역설적 표현은 더 강한 환기력을 야기한다. 요즘 세상에 "일하지 않는 자여 먹지도 마라"는 구호성 문장으로 시를 썼다면 말이다. 어느 때부턴가 우리 주위에 배곯은 사람들이 아예 없거나 흔치 않을 거라 생각해 버린다. 그러면서 내 배가 부르니 남의 배도 부를 것이라 한다. 그것은 사회 윤리성마저 둔감해져 사회체제의 우위에서 결정된 일방적 결론을 공유해 버린다. '일하지 않는 자'란 의미는 일할 수 있는 데도 일을 하지 않는다는 귀책사유가 당사자에게 있기 때문이다. 하지만 시인은 그런 부조리한 사회의 부당함을 고발한다. 지나간 70년대 말 어느 선각자라는 분은 근검과 노동의 가치를 일깨워주기 위해 경기도 모처에서 연수원을 운영하며 노동의 참된 가치를 심어준다는 의미로 그 구호를 내걸었다. 그 참된 가치는 지당한 말씀이다. 하지만 시인은 노동의 열악한 현장에서 체험한 사실에 항의하고 있다. 노동의 가치가 왜곡되고 이익의 공정한 분배 기능이 상실된 현실에서는 노동의 잉여가 가져다줄 풍요도 보장받지 못한다는 것을 알았다. 즉 "프롤레타리아조차 되어본 적 없는 만국의 백수,"들을 호명하며 노동을 하고 싶어도 할 수 없는 현실의 고통을 역설한다. 베이컨의 유물론적 사고이래 산업 사회가 진화해 오면서 인간성의 상실감은 더 말할 필요조차 없다. 그것은 직접 노동 현장에서 체험으로 얻어낸 안타까운 결론이다. 동시에 신자유주의의 경쟁으로 악화 만연된 사회의 구조적 문제는 시인이 말한 궐기 이외의 방법이 없다는 것이 문제다. "만인에게 기본 소득을 보장하라,/ 아이나 늙은이나 부자가 가난뱅이나 목숨 줄은 하나"라며 천부인권을 부여받은 인간 존엄에 대한 권리 회복을 요구한다. 또한, 강력한 시적 언어 행동으로 변화를 촉구하는 사회를 향한 통첩인 것이다. 대상은 사회의 일원인 시인에게도 포함된다는 것을 수긍해야만 한다.

 하지만 시인은 더 이상 부당한 사회에 저항하지 않도록 해달라는 담의를 시 〈회전 식탁〉에서 희망한다. 시 속의 서정적 담론인 사람답게 살고 싶다는 소망에 숙연하다. "아이들에게 지구의를 나눠 준 적 있지/ 지구라도 되는 듯 좋아하던 딸아이 탄성 때문에/ 진작 사 주지 돌리고 놀게, 원성이 오래 남아/ 지구의 함께 돌리다보면 하느님이 된 것 같았지/ 푸른 바닷물이 출러덩, 물고기들도 펄떡/ 튀어나오는 것 같았지/ 빙빙 돌리면 둥글게 넘치는 잔칫상 같았지/ 지구의를 돌려라 중국집 회전 식탁처럼/ 지구의를 돌려라 팔 짧은 아이도 음식이 닿게/ 지구가 도는 까닭은/ 누구도 굶지 않는 회전 밥상이 되기 위해서다/ 아이들아, 지구의를 돌려라 새 지구를/ 저기, 푸른 식탁이 돌고 있다"며 아이들에게 좋은 환경을 물려주고 싶어 한다. 그러기 위해 시인을 비롯한 어른의 입장에서 참회와 반성을 주저하지 않는다. 또한, 시인이 꿈꾸는 세상은 푸른 식탁이 온기처럼 도는 저녁이고 연기가 모락거리는 삶이 있는 아름다운 서정을 소망한다. 그런 순간마저도 긴장을 놓지 않고 "진작 사 주지 돌리고 놀게"라며 미안한 마음은 여전하다.

 스페인 군인들 총구를 피해 500여 년 전 시에라네바다 산정 높이 올라

가 문명
과 담을 쌓고 사는 인디오 아루아코족은 조롱박 같은 포포로 하나씩 들고 다
니는데, 구멍에 조개껍질 넣고 코카 잎 씹은 타액 발라 막대기로 문지르는데,
말할 때나 걸을 때나 하늘을 우러러볼 때나 쉼 없이 문질러 생각을 기록하는
데, 문자 없는 그들에게 포포로는 마음의 집이자 영혼의 기록이라는데, 평생
한 권 뿐인 포포로가 두꺼워져갈수록 지혜의 나이테도 깊어간다는데

강은 어머니 실핏줄이오 나무는 팔다리라 생각하는 책 어머니 다칠세라 살금살
금 걸어 다니는 책 물의 파동 읽으며 조용조용 거북 껍데기 두드려 천지간에
감사드리는 책 약초를 캐거나 일용할 양식 구할 때 대지와 풀 나무에게 허락을
구하는 책 필요한 것만 가져가며 반드시 보답해야 한다는 책 만년설 녹아내리
고 강과 호수가 말라가는 대지 병든 어머니 바라보듯 눈물 흘리는 책갈피 펼치
면 황금빛 생각들이 쏟아질 것 같은 동그란 책 조심조심 집필중인 걸어 다니는
책

　　　-〈영혼의 집〉 전문

자연 그리고 태초 같은 고요에 맞닿은 경전 같은 참회의 시를 본다. 윤동주의 서시 하늘을 우러러보며 부끄러움 없는 사람은 과연 이 세상에 몇이나 될까. 무수한 별빛처럼 빛나는 사람들의 욕망을 잠재울 수 있는 것은 무엇일까. 그것은 시인의 자아로 내면화된 치열한 참회를 우선 꼽을 수 있다. 우리는 자신을 둘러싸고 있는 부조리에 대하여 부당함을 호소할 때 철저히 자신은 배제한다. 그런 사회 일습에 유연해진 분별력은 또 다른 오류를 범하는 경우가 허다하다. 그렇지만 시인은 겸허히 자신을 되돌아보며 스스로 변화의 주체가 되고자 한다. 자연의 일부로 되돌아갈 자연에 순응하는 삶은 곧 자연을 경외하는 외경 관이다. 그런 사상에 바탕한 시와 일치하는 수행자 적 삶은 고행이 따를 수밖에 없다. 그렇지만 희망봉을 돌아올 〈푸른 식탁〉 속의 세상은 분명히 도래할 것이다. 그것은 "네모난 책들에 둘러싸여 세상에 무엇을 보태었는가/ 수많은 책 속에 갇힌 이 밤, 난 무엇을 기록하려는가"라며 스스로 자성과 질책을 놓지 않는 김해자 시인의 치열한 삶의 진정성이 들어 있기에 확신한다. 많은 시간이 흘러서도 생각은 여전할 것이다.

소소한 것들로 흘러든 시간 붙들기
- 김미승 시집 《익어가는 시간이 환하다》 중심

　가벼운 스침을 조우라 하던가. 시인과는 눈인사에 몇 마디 말을 더한 적은 있었다고 해야 무방하겠다. 그것마저도 스침 이상으로 나를 생각해 주었다면 늦었지만 참으로 미안한 마음뿐이다. 수없이 사람을 만나는 나 자신 깊이 반성해야 할 일이다. 그렇게 편하게 살아온 기억을 되짚어보니 부끄럽다. 낯설게 생각했던 간극을 훌쩍 뛰어넘을 수 있게 해 준 김미승 시인의 두 번째 시집 《익어 가는 시간이 환하다》가 내게로 건네진 것이다. 그동안 몰라라 했던 시인의 속살까지 송두리째 담아 올린 시집으로 여지없이 한 대 얻어 맞은 느낌이다

꽃그늘 아래
꽃과 잎의 거리만큼 상사하며
초로의 아낙이 씩씩대며 지나가고
삐딱구두 아가씨 먼 데 눈 맞추며 가고
단발머리 여학생이 숨차게 달리는

　　　-〈그 익어가는 시간이 환하다〉부분

"손자를 둘러업은 노파 한 분"을 바라보면서 시인은 먼 훗날 자신

의 모습을 상상하고 있는 것인지 모른다. 만개한 벚꽃 아래서 어쩔 수 없이 굽은 등에 아이를 둘러업어야만 했을 할머니의 고단함을 소화해 내는 시간은 아름답지만 은근 고통스러운 일이다. 그 시간도 알고 보면 잠시 모든 일들이 봄꽃에 핀 시간에 매여 잊었던 일이다. 절묘하게 맞아떨어진 시간에 눈앞에서 펼쳐진 풍경처럼 "꽃그늘 아래/ 꽃과 잎의 거리만큼 상사하며/ 초로의 아낙이 씩씩대며 지나가고/ 삐딱구두 아가씨 먼 데 눈 맞추며 가고/ 단발머리 여학생이 숨차게 달"려가는 것을 보며 할머니는 자신의 지나온 꽃 시절을 떠올리고 있음직하다. 봄기운에 정신 줄을 놓았던 망중한은 칭얼대는 아이를 통해 여지없이 깨어지고 만다. 현실은 잠시라도 곁눈질을 못 하도록 다그치는 것이다. 그렇지만 늙어간다는 것을 시인은 마냥 아쉬워하지 않고 "꽃잎들 하르르 하르르 쏟아진다." 며 아직도 자신은 꽃 같은 시절에 머물러 있다는 항변이다. 쏟아지듯 꽃비가 내리는 절정을 맞이하듯 꽃도 환장하게 좋은 그 시간을 오래 머물지 못하고 탈탈 향기를 털어내고 있다. 사람처럼 누구나 늙어가는 것이어서 화사하거나 환한 것과는 대비되어 어둡고 칙칙한 것이거나 서글픈 것으로 치부된다. 그렇지만 늙어가는 시간은 환한 것이라고 굳이 강변하면서 '익어가는' 것이라고 말하는 화자의 마음을 가늠할 수 있을 것 같다.

시 〈당신의 뒤〉를 보듯 늙어간다는 것은 "재활용하기에는 너무 쇠한" 것처럼 어쩔 수 없는 세월 앞에서 "숯 검뎅이 눈썹, 저 등등한 콧날 너머로" 바라보았던 자존심마저도 아무 쓸모없고 하찮은 것이었음을 인정하고 만다. 화자도 어언 반백의 세월 앞에서 늙어간다는 것이 어떤 모습인가를 예감하고 있다는 방증이다. 〈화해는 정말

화-해〉의 "뜨거운 국물 퍼 먹다/ 입천장이 홀랑 벗겨졌다/ 처음 있는 일도 아니지만"에서처럼 익숙하지 않은 것 같지만, 간혹 있었던 일에 또 당한 것이다. 맛있는 음식을 먹는 시간은 행복한 일이지만 "뜨거운 국물을 퍼먹다."가 데인 것처럼 난감한 경우도 있다. 그런 것처럼 의외의 시적 발상을 통해 전해오는 화자의 생각이 색다른 사유로 건너올 때 입천장을 덴 것처럼 아픔 이상의 즐거움도 있는 법이다. 시는 그야말로 문자의 조합이고 글 쓰는 취향에 맞는 배열임을 누구도 부정할 수 없다. 시를 읽어가면서 눈으로 들어오는 것은 언어적 수사에 불과하기 때문이다. 그즈음에서 더 이상 내 가슴을 열지 못하고 기억에서 사라져 간 시도 부지기수다. 그렇지만 희미하게 사라지다가도 어느 순간 기억을 비집고 되살아나는 시도 있다. "익어가는 시간이 환하다"란 말로 다가온 김미승의 시집 속 시편들이 그랬다면 시인에 대한 결례가 될지 모르겠지만, 시를 읽어가다 시인은 무슨 일을 하며 시를 쓸까. 모르는 삶이 사뭇 궁금해지기 시작해졌다. 경험적 현실에서 추수한 시편을 보며 삶은 누구나 자신의 몫만큼 가져가는 것임을 알게 된다. 자신의 몫을 살아가면서 남의 몫까지도 아우르고 사는 사람도 있기 때문이다. 필자는 김미승 시인을 잘 알지 못하기 때문에 시를 통해 사는 방식을 가늠해 볼 수밖에 없다.

여자를 찾아냈다
오랫동안 실종되었던 그녀,
천 년의 형벌을 받고 바위에 눌린 괴물처럼
장롱 밑바닥에 깔려
무너진 수평을 버티고 있었다
사진 속의 그녀는

어느 날
열사의 바람이 불어 닥치고
그녀의 세상은 푸석푸석 말라 갔다
모래바람이 그녀의 입을 틀어막고
음부를 틀어막았다
젖꼭지에 모래가 흘러내렸다
그녀는 서서히 풍화되기 시작했다

자궁을 적출한 그 여자
모래 시간 속에서
모래 아이를 낳고
……건재했다

  -〈모래여자〉 전문

 이 시 속에서 꼼짝없이 갇혀 살아온 이 세상에 있음직한 또는 존재할 수 없는 사람과 만나게 된다. 장롱 밑에서 수평을 이루기 위해 없는 듯이 고임이 되어 있는 존재감마저 상실된 화자! 그 어떤 곳의 중심이나 주체가 될 수 없었음을 고백하고 있다. 그녀도 처음부터 그렇지 않았을 것이다. 최소한 실종되기 전 까지는 말이다. 풋풋했을 꿈을 가진 여자로서 시작은 충만했고 화려했을 것이다. 어느 때부턴가 불어 닥친 사막의 모래바람 같은 고통이 시작되었고 어쩔 수 없이 여자이기를 포기해야만 했다고 말한다. 본성을 버려야 살 수 있는 사람도 될 수 없어 모든 것을 포기해야만 하는 현실은 극도의 공포였을 것이다. 그 순간을 벗어나기 위해 절박할 수밖에 없는 고립무원의 사막 안에서 스스로 죽어 가거나 살아남기를 선택해야 할 처지에 놓였던 것이다. "그녀는 서서히 풍화되기 시작했다"라며 고백하고 있다. 그 시점에서 자신을 다 내려놓아 보내고서야 "......건재했다"라고 살기 위하여 정체성을 상실한 순간을 기억하며 그런 과거의 긴 시간을 참회하듯 진술하고 있다. 헷갈리는 아이러니다. "여자를 찾아냈다/ 오랫동안 실종되었던 그녀,/ 천 년의 형벌을 받고 바위에 눌린 괴물처럼/ 장롱 밑바닥에 깔려/ 무너진 수평을 버티고 있었다/ 사진 속의 그녀는" 이 세상에 존재했지만, 아예 존재감조차 없었기에 실종되었어도 누구 하나 그 사람을 기억하지도 않았다. 사라진 '그녀'는 우리의 누나이고 어머니이고 할머니였지만, 우리 사회는 전혀 불편해하지도 않았고 그럴 생각조차 아예 하지 않았다. 타고난 여성성을 버려야만 가능한 남성 우위의 사회 구조 속에서 억눌림 당한 상처를 스스로 치유해내는 화자는 어찌 보면 여자로 되돌아가 우리 앞에 당당히 서고 싶었던 것이다.

거기에서 끝나지 않고 더 많은 것들을 끝없이 내려놓아야 하는 〈빅 피쉬〉에서 "머리 따로 마음 따로/ 간 쓸개 빼놓고 살아온 지 오래"라며 현실과 부대끼며 사는 것이 무엇인지 삶의 방식에 대하여 고뇌하고 있다. 그렇게 살아온 지난 시간을 견뎌야 하는 자신이 몹시 힘들었음을 말하고 있다. 그러면서도 팍팍한 일상이지만 자기 중심이 아닌 주변을 아우르며 바라보는 화자는 소소한 일상의 재미난 풍경을 놓치지 않는다. 주변을 살피며 바라볼 수 있는 것은 나이만 들어 그리되는 것이 아님을 안다. 삶의 신산함을 온몸으로 겪은 뒤라야 가능한 것이다. 그런 후에야 세상을 보는 관점이 달라 보이는 것이다. 화자가 살아가고자 하는 삶의 방식은 믿음과 사랑이 결코 별개가 아니어야 한다는 것을 말하고 싶은 거다. 질량은 생의 부피일 수도 있다. 부피는 삶의 무게여서 한 사람에게 집중되어서는 안 된다. 그 어떠한 사랑도 홀로 가능한 것이 아님을 은연중 암시하고 있다. 사랑은 그래서 완벽한 삶의 중심이 된다.

　십 수 년 한자리에서 과일 노점을 하는
　노부부, 또 자울 거리시네
　자정 근처 한 여름 밤
　슬하에 층층 수박, 참외 쌓아 놓고
　당최 손님 맞을 염사 없으시네
　지아비는 지어미 쪽으로 자울자울
　지어미는 지아비 쪽으로 자울자울

　　　-〈기울어진 잠〉 부분

풍경들이 우리 곁을 새롭게 다가온다. 그러나 "십수 년 한자리에서 과일 노점을 하는/ 노부부, 또 자울 거리시네"라며 행인처럼 이런 모습을 보며 아무 일 없다는 듯 스쳐가는 것 또한 일상이다. 그렇지만, 화자는 그 순간을 시적으로 환기하여 노곤함을 아름다운 삶의 모습으로 전환하는 데 성공한다. 시선의 각기 다른 접점을 만나보면서 어디까지 생각이 미치고 있는가를 가늠해 볼 수 있다. 그냥 지나쳐도 무방한 장면을 결코 놓치는 법이 없다. 한낮의 피로에 겨워 졸고 있는 "자울자울" 대는 노부부를 통해 세상사는 것이 만만한 것이 아님을 말하면서도 그런 세상을 살아가는 데는 혼자가 아닌 "지아비는 지어미 쪽으로 자울자울/ 지어미는 지아비 쪽으로 자울자울" 대며 서로에게 의지하며 살 수 있어 가능한 것임을 말하고 싶은 거다. '자울자울'이란 말 참 아름답게 가슴을 맴돌고 있다. 그러면서도 아름다운 시선은 상황에 따라 또 다른 곳까지 미치고 있다.

〈어떤 충고〉의 "갓 발라 놓은 시멘트 길 위를// 어린 발자국 두 개가 지나갔다."에서 시인이 지향하고 있는 환한 마음을 엿볼 수 있다. "삐뚤빼뚤 문장이 환하다."라고 한 것도 모자라 좋아라 탄성을 지르고 있다. 시멘트로 갓 발라 놓은 바닥을 짓궂은 아이가 지나가며 남긴 발자국만으로 저토록 환해질 수 있다니. 우리 사회에 보편화된 시멘트 문화의 삭막함을 전하고 있다. 그러나 그 어린아이의 잠깐의 일탈로 잠시나마 마음으로 여유로 환기해 준다. 은근히 우리 사회의 아름다운 일탈을 부추기는 듯한 화자의 마음을 훔쳐볼 수 있다. 생각은 단순히 예쁜 아이의 발자국에 머무르지 않고 또 다른 곳까지 넘어서고 있다. 이런 속내는 술기운 탓에 여지없이 노출되고 만다. 평소에는 체념하듯 담담히 살아가는 데 익숙해져 있지만 〈취하다〉에서는 하지 말아야 할 금도를 단숨에 넘어서 버린 것이다. "문을 열었으니,// 죽기 아니면 까무러치기로// 한번 붙어볼까, 요 만만한 세상"을 불편한 것들을 꼬나보듯 곧장 뒤엎을 기세다. 비록 여자이기를 포기하며 살았던 자신이지만 부조리한 것과는 절대로 화해할 수 없다는 것이다. 자신을 옥죄어 왔던 것에 대하여 엄중한 경고를 자근자근 밟으며 걷어 낼 준비가 되어 있는 것이다.

　모든 씨앗의 등을 두드려
　트림을 시키는 봄은
　오목가슴에 얹힌 겨울을 털어 내는 게 아니라
　변종 바이러스를 유포한 셈이다

사방천지 켁켁 터지는
꽃들의 기침소리

그때
내 몸을 빠져나간 것도
동그랗고 세모지고 네모난
나였다, 너였을지도

우리는 서로에게 감염되었다

하여,
너 또 등 돌리고 간다 해도
더는 뼈아픈 그리움일랑 없겠다
사래 들린 미련일랑 없겠다

　　　-〈등으로 오는 사람〉 전문

　화자도 천상 여자였고 이별을 이미 경험한 적이 있음을 말하고 있다. 〈너는 모딜리아니 풍으로, 나는 달리 풍으로〉에서 "네가 떠나던 날도/ 아주 잠깐,/ 주파수가 어긋났을 뿐이라는 군"이라며 혼잣말처럼 서운함을 내비친다. 그렇게 떠나보냈지만 완전한 극복에 이르지 못했음을 알 수 있다. 생각은 거기에 멈추지 않고 "암전속으로 사라진/ 몇 개의 기억들이 파들거리다/ 드라마는 다시 극劇적이다/ 그때 은밀하고 날렵하게 지나가는 자막 한 줄"처럼 방송 상태가 안 좋았다는 것과 같은 게 사랑임을 알았다.

그러면서도 하필 시인은 〈등으로 다가오는 사람〉을 상상하며 "그 때/ 내 몸을 빠져나간 것도/ 동그랗고 세모지고 네모난/ 나였다, 너였을지도// 우리는 서로에게 감염되었다"라고 말하며 이미 몸과 마음이 하나란 것을 알고 있다. 그렇기에 굳이 '등'을 뒤로하고 떠나간다 해도 마음이 꼭 아픈 것은 아니다. 물론 사랑하는 사람은 마주 보며 서로에게 다가가는 것이어야 맞다. 시인에게는 오매불망 마주 보며 바라볼 수 있는 사랑의 실체가 되어 나타나 주기를 기다린다. "더는 뼈 아픈 그리움일랑 없겠다."며 물러설 수 없는 의지를 강하게 내비치고 있다. 이미 서로를 사랑으로 감염시킨 상태이기에 되돌릴 수조차 없다. 우리는 홀로라는 매트릭스에 갇혀 살아가고 있다. 그것을 허물 수 있는 것은 오직 자신뿐이다. 지금이라도 시간의 가치가 헛되지 않고 누군가에게 닿아 환한 사랑으로 익어 가면 좋겠다는 소망이다. 그런 눈빛이 마음으로 진하게 배여 나온 속말이다.

삶의 심연에서 채화된 시적 형상들
 - 성미영 시집 《북에 새기다》 중심

 사람들은 자신이 살아온 환경의 영향을 받는다. 그래서인가? 여수에 살고 있는 성미영 시집 《북에 새기다》를 펼치면 갯가에 가지 않아도 바다 냄새가 풍겨왔다. 시집에 실린 시편들을 보면 여기저기 바다가 밀물처럼 들었다. 썰물처럼 빠져나간 흔적이 역력했다. 바다와 잇댄 곳에 사는 사람들만이 가질 수 있는 삶의 모습과 살아가는 방식에서 체화된 문장이 형상을 구조하고 있다. 그 생각들마다 유정하게 다가오는 순정이라서 심연을 파고들어 처연하게 다가왔다. 매번 들고나는 조금 사리가 바다의 물때를 알려 어부의 출어를 가늠케 하듯 성미영 시인은 시적 세계를 통해 삶의 내력으로 유입된 서사를 실재한 형상으로 재현한다.

  죽어서도 진한 향기로 남는다는 건
  얼마나 잘 살아낸 생인가

  바위에 몸을 기대고 벌집 같은 집을 지어
  흘러가는 구름 한 조각 들여놓고
  밀려드는 물결 한 자락 새겨넣고
  겹겹이 껴입은 누더기로 풍파를 견뎌낸 생
  바다는 삶의 든든한 바위였다

- 〈어리굴젓〉 부분

  시집의 첫 시는 바닷가 갯바위에 다닥다닥 붙은 굴을 채취해서 담은 젓갈에 관한 시 〈어리굴젓〉이다. 다양한 방법으로 지역마다 어리굴젓을 숙성시켜 독특한 그 지역의 별미가 된다. 작은 굴의 종패種貝들이 바닷가의 바위에 달라붙어 생이라는 시간을 살아가는 것처럼 바다를 부여잡고 명운을 걸 듯 살아가는 사람들도 있다. 고단한 바닷일에도 절명의 순간이 오면 모든 것을 내려놓아야 하는 삶을 살아간다. 그렇게 "죽어서도 진한 향기로 남는다는 건/ 얼마나 잘 살아낸 생인가"라며 생명을 다한 뒤에도 아름다운 향기를 품은 '어리굴젓'처럼 우리의 모습도 저러해야 한다는 뜻이 담겨 있다. 그 '어린 굴'이 감당한 생의 순간순간은 간만의 조차에 순응하는 것이었다. 한순간이라도 더 큰 바다를 탐해 몸을 던진다면 처참한 지경을 맞을 것은 뻔하다. 더도 말고 딱 그만큼인 생을 선택한 작은 알맹이의 '굴'이 거친 바다에서 살아남기 위해 틈만 나면 언제 빠져나갈지 모를 바다를 몸 안에 가두는 것이었다. 그렇게 인고의 시간을 견디다 보면 속이 차올라 충실해진 때가 간혹은 있어 왔다. 그렇게 바다는 넉넉하진 않아도 그 사람들을 먹여 살리곤 했다.

  날지 못한 꿈들 돌산 앞바다로 몰려 와
  모래 개펄 움막 속에 웅크리고 있다

  해무에 갇힌 바닷길처럼
  절뚝거리는 막막함들 모여 있다
  살만한 세상 만날 수 있다는 믿음으로

파랑새가 변해 조개가 되고
조개가 변해 파랑새가 된다는 말 믿기로 한다

새의 부리 같기도 하고
갈매기 날개로 닮은
하루 두 번 새가 되는 자줏빛 꿈
날개를 접고 살아간다
껍질 톡톡 깨트리며 푸드덕 날아오르는
깃털 가진 꿈

-〈새조개〉 전문

 시적 비유가 상상력으로 번지면서 '새조개'를 다시 생각해 본다. 조갯살이 마치 새가 날개를 오므리고 있는 형상처럼 보여 그렇게 이름 붙였을 것이다. 화자는 그런 '새조개'가 실제로 새였던 과거를 알고 있는 듯 "날지 못한 꿈들 돌산 앞바다로 몰려 와/ 모래 개펄 움막 속에 웅크리고 있다"라며 현재를 말해준다. 날지 못한 좌절된 꿈을 안고 살아가는 '새조개'다. 뻘 속에 갇혀 있는 그 새조개가 품은 세월은 언젠가는 날 수 있는 "살만한 세상 만날 수 있다는 믿음"이 실현될 것이라는 희망을 잃지 않은 데 있다. 그 희망은 구전된 바닷가의 신화처럼 "파랑새가 변해 조개가 되고/ 조개가 변해 파랑새가 된다는 말"에 따른 것이다. 아직도 신화는 진화되는 중이라 '새'도 아니고 그렇다고 '조개'도 아닌 몸으로 뻘 속에서 생존을 이어간다. 그 뻘 말고는 의지할 곳 없는 사람들과 어떤 때는 먼 바다까지 나갔다 들며 날지 못한 꿈 대신 망망한 바다를 가슴에 담아 오곤 했다.

나를 키워 세상의 바다로 내보낸 당신을 바라봐요

　　끝없이 부서져 누구인지 분간할 수 없을 때
　　더없이 작아져 하나인지 무수인지
　　무수한 하나인지 헤아릴 수 없을 때
　　여인의 둔부 같은 억조창생,
　　신이 깃든 영역에 이를 수 있을까요
　　단단한 부드러움이 될 수 있을까요
　　푹풍마저 껴안은 고요의 숲이 될 수 있을까요

　　쓸모없는 존재라 무시당하던 때도 있었지요
　　뻘에 대해 정말 뻘인 사람들, 한때는 그곳에 콘크리트를 붓고
　　당신의 자궁을 틀어막는 뻘짓을 하기도 했지요

　　조석간만 몸뚱이에 새긴 사랑의 증거로
　　갯지렁이가 태어나고 조개를 키우고 낙지를 살리고
　　나를 살려온 당신이지요
　　굽이굽이 뻘기미를 찾아
　　당신의 살내음 깊이 들이마셔요

　　　-〈뻘기미〉 전문

뻘곳이를 통해 바닷가 사람들은 농사를 짓듯이 뻘밭을 일군다, 그곳이 먹고사는 것을 해결해 줄 수 있는 생의 밑천이다. 바닷물이 빠져나간 뒤 드러나는 뻘기미(뻘 둔덕)는 인간의 힘으로 만들 수 있는 것이 아닌데 훼손하기는 쉽다. 한 때 "쓸모없는 존재라 무시당하던 때도 있었지요/ 뻘에 대해 정말 뻘인 사람들, 한때는 그곳에 콘

크리트를 붓고/ 당신의 자궁을 틀어막는 뻘짓을 하기도 했지요"라며 그런 때를 회상한다. 아무것도 모른 사람들이 끝없이 펼쳐진 바다가 내린 뻘밭을 그저 하찮은 것으로 여겨 벌어진 일이다. 바다를 막아 그곳을 메우다 안 되니까 사람들은 무모하게 콘트리트를 쏟아붓는 상식 밖의 행동을 서슴지 않았다. 세월이 한참 흘러서야 그 뻘밭이 얼마큼 소중한 것인가를 깨닫지만, 너무 늦어 복원이 어렵게 된 곳도 더러 있다. 그렇지만, 다행인 것은 "조석간만의 몸뚱이에 새긴 사랑의 증거로/ 갯지렁이가 태어나고 조개를 키우고 낙지를 살리고/ 나를 살려온 당신"의 마음은 어머니의 사랑처럼 무한하다. 바다의 밀물에 스스럼없이 자리를 내주고는 묵묵히 수평선 아래 궁륭 같은 시간을 다독이는 뻘은 "나를 키워 세상의 바다로 내보낸 당신"처럼 모성애가 충만한 곳이다. 그 생명을 품어가는 근원을 헤아리기가 쉽지 않으나 인연이 된 바다는 언제나 그들 곁에 있었다. 그로 인해 사람들이 생명붙이처럼 달라붙어 한세상의 흥망과 억겁을 건널 내세의 복락을 염원하며 흥국사 대웅전은 여수 바다를 바라보고 있다.

    깊은 산속에 중생을 구원하는 배가 있다는
    흥국사 대웅전으로 향한다

    극락교, 거북의 등에 오른 두 마리 용이
    사바세계로 인도하고 있다

    해초와 꽃게 넘실대는 세상 바닷속 반야용선에 오른다
    거센 바람에 외려 목어 풍경 소리 멈추고 바람 소리 가득하다

악을 제압한다는 삼존불 바른손
선과 악을 구별하는 기준을 무엇일까
애초에 존재하기는 하는 것일까
대선을 앞두고 세상은 49:51의 바람으로 팽팽하다

골짜기는 서로 다른 바람으로 휘몰아치는데
우리의 바람은 어디쯤에 서성이고 있는지
돌 하나 주워 위에 올려본다

  －〈반야용선般若龍船〉 전문

 봄이면 진달래꽃으로 발길을 모으는 영취산 초입에 흥국사가 있다. 고려조 국가 융성을 축원하는 사찰의 성격이 강해 '흥국사'란 이름이 붙여진 듯하다. 그만큼 변방인 해안가에 잦은 왜구의 출몰 지였던 곳에 흥국사를 세워 민생 안정과 호국의 의지를 견고히 다지는데 활용했을 것이다. 임진왜란 때는 승려들의 군사 훈련장소로 활용했다 하니 흥국사의 창건 목적이 후대에도 적중한 것이다. 그런 유서 깊은 곳을 찾은 화자의 시선은 풍경보다 뜨거운 불심으로 축성된 대웅전을 향하면서 "극락교, 거북의 등에 오른 두 마리 용이/ 사바세계로 인도하고 있다"며 사는 것이 고통임을 말해준다. 그 삶의 순간을 잠시나마 잊기 위해 피안의 세계를 상상하며 잡다한 속세의 일들을 훌훌 내려놓았다. 화자는 욕망의 현상들에게서 벗어나기 위해 "드디어 "해초와 꽃게 넘실대는 세상 바닷속 반야용선에 오른다/ 거센 바람에 외려 목어 풍경 소리 멈추고 바람 소리 가득하다"라며 그 과정(삶)이 만만찮은 현실처럼 도전이란 것을 말해준다. 우리 사회에 범람하는 사회악적인 사건들을 보면서 부처가 말하고 있는 선과 악의 분별이 있기는 한 것인가를 물으며 "대선을 앞두고 세상은 49:51의 바람으로 팽팽"한 정치 현실과 과거 흥국사가 대중의 성불과 호국을 기원하는 것에서 어떤 것이 우선인가를 놓고 고민했던 것처럼 모호성에서 별반 다를 것이 없다. 작은 힘이나마 보태고자 하는 화자의 간절한 바람은 정의가 바로 서는 세상일 것이다.

 시 〈동서, 남북〉에서 "두 동강이 났다// 정표처럼 간직하던 참빗// 순간의 실수였다"며 봉합을 시도하지만, 되돌릴 수 없다는 분별적 발상이 신선하다. 의미를 부여하려 한 의도보다 실체적 형상에서 냉정한 분별로 환기한 때문이다. 어쩌다 보니 완벽하게 갈라서버린 '참빗'의 형태처럼 동서와 남북 천지 사방이 분단과 외면을 초래해 돌이킬 수 없는 모양새가 된 우리의 현실을 보는 듯하다. 그런 단절을 극복하기 위해서는 "더 아프고 뜨겁게// 자신을 녹여내는 일"이라며 감당해야 할 희생부터 선행되어야 한다. 그렇게 해도 될까 말까 하는 문제는 차후에 살펴볼 일이다.
 자연과 공존해야 할 사람들에 의해 지구 환경이 무참히 파괴되었고 삶의 방식마저 변화를 거듭하여 이 세계의 주체가 되는 듯했다. 지구적인 환경의 파괴가 부른 재앙은 견고한 지금까지의 삶을 일순간 와해시켜버린 세기말적인 재앙을 경험하게 된다. 그런 이후 본래의 일상으로 회복은 매우 어려운 문제가 되었다. 시 〈바이러스의 변辯〉에서 '코로나19' 바이러스가 불러온 인류에 대한 재앙의 근원이 어디에 있는가를 생각한다. 본래 이 세상에 존재하지 않던 '코로나19' 바이러스가 불러온 죽음에 대한 살상적인 공포가 지구를 공황상태로 몰아갔다. 시초는 그들이 맘 놓고 살 수 없는 환경을 만든 사람이 문제였다는 것이다. "우리는 갈 곳을 잃은 박쥐와 천상갑을 따라/ 온도 습도가 적당한 곳으로 옮겨 왔을 뿐", "숲을 사막으로 만드는 일도/ 지구의 온도를 높이는 일도/ 천천히, 조심조심/ 자연도 스스로 회복할 수 있는 시간이 필요해"라며 사람 위주의 생각을 멈출 것을 상기시킨다. 우리가 살아가는 생태계의 파괴로 인해 발생한 재앙에서 벗어나기 위해 지구 환경에 대한 보존을 주문한다. 자연뿐만이 아니라 사람들을 아무렇지 않게 죽음으로 내몰았던 시절이 있었다.

 참으로 안타까운 과거 역사(1948년 10월 19일, 여순사건)의 참담함을 온몸으로 견뎌온 한 많은 세월을 말하고 있다. 그렇게 죽은 사람은 땅에 묻혀버렸고 살아남은 유족은 아직도 고통에 힘들어한다. 그런 참혹한 과거의 시간을 성미영 시인은 아픈 역사의 이름으로 다시 상기하고 있다.

〈중모리〉
 그때여 짙푸른 풀들 빛을 잃고 스산하게 깊어가는 사십팔년 가을
 근자에 들어 피비린내 풍기는 허공에 까마구 떼 까악거리며 날아댕개 쌌고
 여그저그서 터지는 총소리 새로 진한 핏빛 맨드래미 바람에 흔들리는디
 경찰이던 스물세 살 외삼촌, 봉기군과 대치하다 목숨을 잃었것다
 어찌 헐거나 엊그제 약혼인 이쁜 그녀를 어쩔거나
 철도원이던 스물다섯 형님, 퇴근길에 진압군에게 총살을 당했것다
 어쩔거나 어찌 헐거나 울 어매를 어쩔거나 신혼의 색시를 어쩔거나
 시멘트 공장 댕기는 사촌형, 누가 쏜 지도 모르는 총에 비명횡사했것다

어쩔거나 어찌 헐거나 어린 자식들과 마누래를 어쩔거나
징용으로 끌려가 병으로 죽은 남편 총알, 남편맨키 의지허던 큰아들 총알
피붙이 남동생 총알, 비명에 간 젊은 조카 총알
네 발의 총알 가슴에 박혀 쓰러진 울 어매
어쩔거나 어찌 헐거나
어린 나는 또 어쩔거나

- 〈통한가痛恨歌〉 부분

소리 매김새가 흥을 돋우는 듯하다. 가만히 들어 보니 새김 따라 풀려나오는 가락이 암만 해도 좋자고 하는 소리가 아니다. 가만가만 시작하는 소리에 풍문처럼 떠돌던 이야기들이 슬슬 풀려나오면서 생목숨 한 순간에 "죽었거늘 시신을 찾지 못헌 영혼들이 떠돌이 맨치 맴도는 곳이라는디/ 왜 죽었는지 알지 못허는 어처구니없고 억울한 영혼들/ 이승도 저승도 아닌 거그를 떠돈다는디/ 그 얼척없는 사연, 원통한 한을 들여다볼라치면" 가슴 깊숙한 설움 가득 묻어온 1948년 '여순 10·19 사건'이 들쳐지는 데 "그때여 짙푸른 풀들 빛을 잃고 스산하게 깊어가는 사십팔년 가슬/ 근자에 들어 피비린내 풍기는 허공에 까마구 떼 까악거리며 날아댕개 쌌고/ 여그저그서 터지는 총소리 새로 진한 핏빛 맨드래미 바람에 흔들리는디"라며 잠시 이을 말을 끊었다. 추스린 마음으로 다시 들려주는 사건은 '맨드래미재'에서 벌어진 '잉구부 전투'로 그곳에서 희생된 원혼을 호명한다. 죽은 사연도 기구하여 "경찰이던 스물세 살 외삼촌, 봉기군과 대치하다 목숨을 잃었"고, "철도원이던 스물다섯 형님, 퇴근길에 진압군에게 총살을 당"한 것이다. 거기에 그치지 않고 "시멘

트 공장 댕기는 사촌형, 누가 쏜 지도 모르는 총에 비명횡사"한 횡액이 연이어 집안을 쑥대밭으로 만들고 말았다. 아무 잘못도 없는 집안사람들이 당한 그날의 흉사는 그놈의 못된 세상에서 벌어진 사달이었다. "징용으로 끌려가 병으로 죽은 남편 총알, 남편맨키 의지허던 큰아들 총알/ 피붙이 남동생 총알, 비명에 간 젊은 조카 총알/ 네 발의 총알 가슴에 박혀 쓰러진 울 어매"를 어찌해야 한단 말인가 라며 자책과 한탄의 세월을 하소연할 곳도 없었다. 한 가족을 지탱해 줄 사람들이 다 죽고 홀로 남아 험난한 세상에서 어떻게 살아가야 하는가? 그 힘든 세월을 고스란히 떠안아야 했던 갓 '시집 온 색시'에게 형언할 수 없는 고통이었다. 그 불행한 아이들의 기구한 운명 같은 재앙은 말도 안 되는 데서 시작되었다.

그런 시대에서 살아남기 위해서는 말을 삼가야 하는 것이 자신을 지키는 유일한 무기란 것을 알았다. 말 잘하고 똑똑한 것도 죽음의 이유가 되었다.

   그랑께, 거 뭣이냐 울 집 냥반이 구장을 하고 있었는디
   빨갱인가 하는 군인들이 와가꼬 구장 반장들 나오라고 해서 나간게
   지소 무기고를 지키라고 하드랑마, 그라고 난 게
  갱찰들이 무기고 지킨 사람들을 수소문하고 댕겼지라
   울 집 냥반은 무서와가꼬 도망을 가부렀는디 그 냥반 내노라고 함시로
우리 집에 불을 질르고, 나를 불러다가 온갖 매질, 고문을 다 했지라
   밤에 논에서 뚜드려맞고 있는디 글씨, 옆 사람이 맞아가꼬 죽어불드랑게

   ----- 중략 -----

집식구 고상헌다고 집안 당숙이 피신한 울 집 냥반을 찾어왔는디
이번 참엔 또 보도연맹인가 뭔가 가입하라고 해가꼬,
빨갱이들을 감시하라고 시켰다는디
어찌된 판인지 난리가 나자마자 잽혀가등마는
쩌그 저 애기섬에 수장됐다고 그랍디다

-〈침묵의 끝〉 부분

"환장하것그마 나는 시상에서 사람이 절로 무섭당게, 숨이 꼴딱 넘어가게 무서와"라며 아무리 세상이 좋아졌다 해도 믿기지 않는다는 할머니의 불안은 여전했다. 여기에서 성미영 시인이 말하고자 하는 '침묵의 끝'은 '여순 10·19 사건'이 발생하고 난 뒤 6·25 전쟁이 터지자 여수 지역의 '보도 연맹원'들을 애기 섬에 수장시킨 사건에 대한 시적 진술이다. 그곳에 수장된 사람의 유가족이 말을 이어가다 "낼모레면 죽을 몸이구마는, 말해도 될랑가 싶어 무섭구만이라"라며 아직도 세상이 무섭다며 공포심을 떨치지 못한다. 근방에서 듬직한 데다 잘나서 젊은 나이에 동네 구장까지 맡은 하늘같은 지아비(남편)가 진압군에 잡혀간 세월을 회상하고 있다. "열 여섯에 시집을 와가꼬, 새끼들은 우로 넷이나 되제, 그 냥반은 안 오제/ 스물일곱에 마당에 덕석을 피고, 소금 가마니에 무릎 꿇고 혼자서 유복자를 낳"다는 말투에 한이 사무쳤다. 할머니의 삶은 '여순 10·19 사건'이 발발한 뒤 그야말로 기구한 생이 되어 버렸다. 지아비가 잘나서 동네 구장을 한 것이 이토록 큰 화근이 될 줄은 몰랐다. 그런 일을 당하고 터득한 것은 남 앞에서 알아도 모른 척 아예 '침묵'하며 사는 법을 터득했다. 물론 자식들도 그런 연유로 아예 학교란 곳을 보내지 않았다는 항변이지만, 그 말이 슬프고 안타깝다. 죽음

을 바라보는 증언자의 연배에도 세상에 대한 불안은 여전해 "느그 아부지맹키 구장도 하지 마라" 신신당부하며 "무조건 죽어지내라 알아도 암것도 모른디끼 살어라"란 말을 되풀이하며 살았다. 피해 유가족에게 1948년 '여순 10·19 사건'은 아직도 진행 중이란 것을 알 수 있다. 자식들한테 안 가르친 이유도 서럽고 억울하단 말 한 마디 못한 채 억눌렀던 가슴 속 세월도 한스럽다. 혼잣말처럼 되뇌는 그 말 "자슥들한티 안 갤찼다는 원망도 많이 들었지라"라며 그 놈의 잘못된 세상 때문 자식들까지 멍에를 씌워 대물림하고 말았다.

세월이 많이 흘렀다 하지만, 살아온 시간을 쉽게 말할 수 없다는 시 〈향일암〉을 보자. "소원은 늘 깎아지른 절벽에서/ 일어나는 것"이라며 간절한 소원을 희망해 본다. 많은 것을 잃고 난 뒤에서야 간절해지는 법이다. 화자가 기도 도량 '향일암'을 오르면서 가쁜 숨만큼 "막다른 생의 골목이 이곳에서 열리기도/ 바람 같은 유목의 영혼들이/ 이곳에 머물기도 하였"을 것이라는 상념이 깊어졌다. 마저 돌계단을 오르며 숨이 기진해져 갈 때 "끄달리던 생의 번뇌들이 / 고요를 찾기도 하는 곳"을 향한 걸음은 업보처럼 짓누른 고뇌라서 무겁기만 하다. 각각의 사람들이 가슴에 품고 향일암을 오른 이유는 "천길 낭떠러지 바위산 날망/ 끝 모를 파랑의 바다"의 절애 앞에서 마음이 간절해졌다.

시 〈옛터를 돌아보다〉처럼 그런 마음들이 여수 곳곳에 산재해 있다. 화자의 무의식 속에서 부채負債처럼 데자뷔 된 역사의 한 부분들이 여수라는 지명 속에서 당시의 시간을 증언하고 있다. 이순신 장군이 임진왜란 중 "종고산 꼭대기 군을 지휘하던 북장대北將臺터/

봉화를 올리던 보효대 터 먼바다 응시하며/ 굴강처럼 감싸 안은 내 례포 포구"를 둘러보며 잊혀진 역사의 현장에서 그 삼엄한 시간을 상기하고 있다. 망망한 바다가 안개에 덮여 세상이 혼곤해 질 때에도 나라를 위한 일념으로 먼 바다를 응시했을 그 초조한 눈빛들을 기억하려 했다.

〈충민사忠愍祠 풍소風騷〉 "지키고자 하는 의지, 살아 있는 것만 가진 것은 아니어서/ 땅의 정기 말이 되어 적이 오는 길목 막았다는 마래산馬來山/ 중턱에 공公이 자주 마시던 석천수石泉水 한 모금 모시듯 마"셔 본다는 시인의 마음은 우국충절의 표상인 이순신 장군을 마음으로 불러들이고 있다. 아직도 충무공의 그 뜻을 깊이 기려 충민사에 배향되고 있는 현실 속에서 불편한 일도 간혹 있었던 듯하다. 마음으로 모셔야 할 충무공의 충절을 기리면서 종교적인 신념이란 것이 무슨 이유가 되겠는가? 성미영 시인이 바라보는 지점은 과거를 통해 현재의 우리를 살펴보려 하는 것임을 알 수 있다. 그런 과거가 있어 현재가 존재한다는 마음일 것이다.

여수 곳곳에 이순신 장군이 남긴 흔적들이 있다는 것을 이번 시집 《북에 새기다》를 통해 알게 되었다. 그중 하나인 〈쇠철마을 이야기〉에서는 마을 어르신이 가리킨 '쇠똥마을'을 찾아가 살펴본다. 깨밭이 온통 '쇠똥'처럼 검붉었다는 그곳에서 이순신 장군이 화살촉을 만들기 위해 "당산에서 캐온 쇠돌이 화살촉 창검 낫이 되었던 곳, 무쇠처럼 투박한 삶이 야로장의 쇠망치 소리가 되고 무지갯빛 불꽃으로 일렁이던 곳, 마을 이름 외에 표지판 하나 없이 잊히고 있는 쇠철마을 전설을 듣는다"며 착잡한 감회와 벅차오는 심정을 토로하고 있다. 여수의 땅들은 죄다 역사와 바다를 품고 있다. 그 땅에서 나라의 안위를 잠시라도 잊은 적 없었듯이 그 시대를 살다 간 사람들의 마음들이 지금에 이르러서도 바다 냄새처럼 곳곳에서 스며들어 있다. 그 마음들이 지명을 살리는 얼과 혼이 되어 여수땅을 일궈낸 것이다.

 여수를 둘러싼 섬들과 해안선을 들고 나며 이룬 지명을 통해 변모해 가는 현재를 말해주는 시 〈터에 물들다〉에서 잊혀질 수 있는 곳곳의 변천사를 말하고 있다. "터의 이름을 들여다보는 것은 그 생을 들여다보는 것이다// 터의 내력을 더듬는 일은 그 나고 자람을 그려보고/ 먼 훗날로 이어지는 어느 지점에 지금을 얹어보는 일"이라고 말한다. 그 뜻을 좇아 살펴보면 "달닫기미에서 월전月田이 태어나고", "자갈기미는 작금昨今"이 되었고, "동굴 많은 소미산 대미산 앞 굴전前이라 불리던 굴전마을"은 "굴을 양식하는 굴전田"이 되었다. 여기에 "도솔암이 있던 고을 도시랑골"에 복숭아가 많아 "복숭아 열매 도실桃實"로 불렸다는 현재적인 모습까지를 반영하면서 변모한 지명을 시적으로 살을 붙였다. 화자는 이외에도 "무슬목, 조금나리, 용구래미, 두문개, 불무섬, 방죽포, 피내, 쇠내, 보리마당, 둔전마을, 검머리" 등의 여수 주변의 아름다운 지명들이 눈에 밟힌 듯 이어간다. 성미영 시인의 시구詩句로 다시 태어난 지명들이 정겹게 다가왔다. 그 안에 터를 다져 누대를 살아온 토박이들이 여수 땅을 지키는 토박이를 낳았다.

 눈에 든 풍경이 조금 바다의 물때를 맞추느라 잘박 잘박 마음을 적셔오는 시 〈두문포에 들어〉는 문장 속에서 오래전 사람들이 모여들어 바다로 나간 길을 열면서 뱃머리를 내밀던 포구가 되었다. 그윽하게 바라본 시선마다 시의 문장으로 형상을 이룬 성미영 시인의 시들은 풍경적인 이미지에 사실적인 사유를 더해 진경으로 재현된다. 바닷물이 끝없이 드나드는 포구처럼 상상에 그치지 않고 기억에서 잊힌 시간들을 현상하여 실감을 통한 해안선을 닮은 인정人情을 살려낸다. 그런 시공간을 극복하는 전언적인 전달력은 시적 세계가 충동으로 발화한 것이 아니라 지속적인 사유의 채근을 통해 현현한 것임을 말해준다. 시간의 지층 안에서 화석을 채취하듯 곳곳으로 발품을 팔아 쓴 시편들로 상당한 시적 감응을 파동하여 유발한 친근감은 여수에 대한 연민이다. "누구나 가는 뻔한 길에서/ 한쪽으로 살짝 비켜 닿을 수 있는 곳/ 물살을 거르던 그물망들/ 젖은 몸 말리며 뒤척이고 있다"는 두문포는 여수 돌산에 위치한 작은 포구다. 포구에서 살아온 삶의 내력들을 회상하며 "석 달 열흘의 깊이로 가라앉고 싶을 때", "없는 듯 사라지고 싶을 때"의 고단했던 시간들이 주마등처럼 이어지는 데 잠시나마 세상살이를 잊고 "갈매기들 별 위에 잠드는 두문포"에는 바닷길을 훤히 꿰뚫고 있는 사람들이 살고 있다.

성미영 시의 주조는 바다와 관계된 사유가 문학 안으로 수렴하여 시적인 외연을 통해 확장한 것이다. 그런 시작의 근원은 성장기에 체험한 기억이 내면화되면서 발화한 것임을 알 수 있다. 시 〈다시 그곳에서-묘당도 충무사〉의 '묘당도'는 간척사업으로 인해 고금도와 하나가 되면서 명칭만 섬으로 남아있다. '묘당도 충무사'는 임진왜란을 승리로 이끈 충무공 이순신과 깊은 관계가 있다. 명나라의 원군으로 온 '진린'의 해군이 묘당도에다 조명연합군을 편성하여 주둔하게 된다. 정유재란 때 이순신 장군이 노량해전에서 전사하자유해를 이곳 묘당도의 월송대에 임시 안장을 했다가 이후 아산으로 옮겨가게 된다. 그런 연유로 들어선 '충무사'에서 어릴 적 풀을 뽑거나 쓰레기를 주었던 일을 상기한다. 나이 들어 충무공 이순신의 충정에 찬 마음을 알게 된 것이다. "안개뿐인 바다를 더듬으며 적의 인후를 겨누는 길목, 고금도 덕동 포구, 적들이 들어오기도 빠져나가기도 힘든 곳, 갯뻘 같은 신념으로 기어이 노량의 바다를 갈라 왜를 수장시킨 마지막 수영지"를 생각하며 참담한 전쟁을 함께한 시대의 영웅들을 떠올린다.

그 속내를 시 〈늪을 엿보다〉를 통해 훔쳐봐야만 하는 우리는 또 다른 타자 속 화자다. 깊은 사유가 불러온 심연 속 "푸른 이끼 덮인 수억 년 수령水齡의 얼굴,/ 지상에서 하늘까지 담긴 깊은 침묵/ 시원을 알 수 없는 음성/ 멍하니 서서 한없이 초라한 나를 듣는다"는 시구가 무상한 시간을 붙들어 마음을 흔들고 있다.

지금껏 들리지 않았으나 없던 소리들이 귀에 닿았고 들리기 시작했다. 〈고명鼓銘-북에 새기다〉에서 깨달음이란 무엇인가를 생각하게 한다. "비워야 비로소 울림이 온다/ 비울수록 넓고 깊게 퍼져나간다"며 소리에도 제대로 된 소리가 있다며 이어 "귀에 순해야 마음에도 거스름이 없다/ 마음의 소리 귀에 이르고 다시 마음에 이를 때까지/ 두드리고 두드린다"라며 말한다. 그 소리를 낸다는 것은 자신을 단련하여 얻어낸 득음보다 더 깊은 사유의 완성으로 지금껏의 일상을 초월한 혜안적인 통찰이다. 소리뿐만이 아니라 세상이 그 안으로 소통한 것이니 일체와 같아 숨을 들이마시고 내쉬는 생명으로 공동하여 일여가 된다. 그 소리는 천지간의 모든 세상과 교감하기 위한 내면속 성한 마음이 먼저란 것을 말해준다. 앞서 말한 것처럼 성미영 시인의 시 전반을 관통하는 사유의 근원은 지역성에 바탕한 세계라고 보았다. 앞으로도 그러한 경향은 고밀도의 시적 진전으로 변화될 것이다.

풍경소리처럼 순한 울림
- 김황흠 시집 《숫눈》 중심

 표정을 보면 먼저 미안하다는 생각이 앞선다. 시인을 보면 순박한 눈과 질경이처럼 질긴 삶의 끈기를 느낄 수 있으니 말이다. 온몸으로 세상과 부대끼며 불편한 마음을 비워내다 보니 마음이 더 맑아진 것인지 모르겠다. 그런 생각이 퍼뜩 드는 것은 왜일까? 언제나 순수한 눈으로 먼저 다가와 마음을 사로잡기 때문일 것이다. 항상 자신보다 남을 올려 부르는 김황흠 시인이다. 시인을 알게 된 시점이 언제였는지 기억에는 없다. 나의 주변에 오래전부터 맴돌고 있었기 때문이다. 그래서 낯설지 않은 시인을 만나면 말간 웃음까지 덤으로 건네줘 반갑고 고마울 뿐이다. 거기에다 영혼으로 길어 올린 시편을 죄다 첫 시집에 엮어 놓았으니 그 기쁨 또한 즐거운 것 아닌가?

 썰렁한 오일장 후미진 자리
 질펀하게 늘어놓은 잡다한 물건 중에서
 만 원 주고 산 풍경風磬

 집 뒤 처마에 매달아 두었더니
 바람 따라
 이 생각 저 생각으로 흔들리던 것이
 날 차가울수록

은은하고 맑은 화음으로 빚고 있다

나도
몸 안에 공이 하나 매달아 두어
부단히 치다 보면
저리 온전한 소리를 낼 수 있을까

이윽고, 동짓날 새벽
함박눈보다 달콤 조용한 소리로 깨어
눈꽃을 헤는 풍경風景이고 싶다

　　-〈풍경〉 전문

　　혼잡한 장터에서 눈에 든 '풍경'이다. 그 소리를 마음으로 듣고 싶어 손에 들었으니 이미 세상 바깥인 선경에 들어선 것이다. 사람의 목소리가 아름답다 해도 산사의 처마에서 바람으로 번져온 풍경소리보다 맑은 소리를 낼 수는 없다. 하지만 화자의 간절한 간구로 울려 나온 소리는 사람의 귀로 들을 수 있는 소리가 아니란 것이다. 농부의 고단한 몸을 누인 겨울밤은 길지만 피로를 해소하기에는 너무 짧다. 혹여 피로에 지친 사람들을 깨우지 않고 싶은 마음은 "이윽고, 동짓날 새벽/ 함박눈보다 달콤 조용한 소리로 깨여/ 눈꽃을 헤는 풍경이고 싶다"는 마음처럼 그 삶에 들고 싶어 꿈을 꾸듯 살아간다. 그런 화자의 마음이 자연 속으로 돌아간 농촌의 저녁 풍경으로 옮겨가고 있음을 알 수 있다. 그런 풍경은 상상하지 않아도 쉽게 공감할 수 있다. "늦게까지 하우스 수박 순을 따던 동네 아주머니들/ 몸빼 차림으로 힘차게 돌리는 페달 소리"는 고요한 산사의 처마에서 울려 퍼지는 풍경소리가 아닌 땀내 물씬 나는 우리네 농촌 이웃의 고단한 모습이다. 자전거의 페달을 밟으며 희망을 만들어가는 농부의 가슴에서 울려 나오는 풍경소리는 힘든 노역에 지친 몸으로만 들을 수 있는 울림이기에 귀에 익숙하다. 고단한 사람의 소리는 고단한 사람의 가슴을 파고들어 낮의 노동으로 지친 마음을 어루만져주기 때문이다.

논 두둑을 쌓기 위해
맨손으로 바쁘게 삽질을 하는 동안
집게손가락에
허락도 없이 덩실한 집 한 채 지어졌다

툭툭 건드렸더니
발갛게 달아오르다
눈물주머니처럼 터져 주르르 흐른다

삽시간에 온몸으로 퍼진 쓰라림이
쉽게 멈추지 않는다

그것 참
아무리 불법건축물이어도
함부로 철거할 일이 아니었다

평생을 바쳐 손수 지은 집 한 칸이
농사 빚 부풀어

한 겨울에 빨간딱지로 거리에 내쫓긴

한국이 아재는 지금 어디로 갔을까

　　-〈물집1〉전문

　화자는 직접 농사를 짓는 농부다. 세상에서 가장 겸허한 자세로 흙을 만지며 그 안에서 행복을 일궈가는 사람이 이 땅의 농부다. 그렇게 자신을 거친 노동에 내몰아 마음을 더 낮추고 사는데 혹독한 세상에서 또 한 번 모질게 패대기 질을 당하는 사람이 농부다. 열심히 살아보겠다며 땅에 심은 채소며 수박들이 한순간에 잘못되면 가차 없이 폐기되고, 그 땅에다 마저 쏟은 자존심마저 앗아가려는 이기심은 빨간 딱지를 붙이고 마는 냉정한 세상이다. 삽질하다 생긴 손가락에 난 물집을 터뜨리다 오랫동안 잊고 지낸 '한국이 아재'를 문득 떠올린다. 그 아재는 삶의 터전에 붙은 빨간딱지를 떼지 못한 채 몇 년 전 아예 마을을 떠나고 말았다. 화자는 몸도 성치 않은데 가슴 아픈 일을 당한 이웃을 생각하며 살아가는 가슴이 따뜻한 사람이다. 나무는 살아온 질곡만큼 어둠으로 나이테를 그려 넣는다. 사람은 살며 겪은 고통을 고스란히 마음에다 새긴다.

　화자는 어찌 보면 거들먹거리는 사람에게 세상사는 법을 말해주고 싶은 것인지 모른다. 여기에 그치지 않고 우리 곁에서 떠났거나 잊힌 이웃들을 가슴에 담고 있다. 그런 일은 우연히 산길을 걷다 뚜껑 없는 등잔을 주워오면서 시작된다. 집안에 뒹굴던 몸통과 짝을 맞춰보니 제짝처럼 딱 맞다. 결국 주워 온 등잔 뚜껑을 버리지 못하고 깨끗하게 닦아 자신의 방에 놓고는 오랜 시간 단절된 관계들을 호롱불처럼 환하게 복원하고 있다. 하찮은 호롱불을 매개로 훈훈하고 따뜻한 가족이란 관계를 다시 한번 생각하게 하는 시다. 바라보는 눈이 따뜻한 마음이어서 추구하는 삶이 그렇기에 그를 바라보는 마음이 애틋하지만, 전혀 슬프지 않다. 다만 산기슭으로 저무는 해거름의 여운이 오래도록 가시지 않아 마음이 쓰일 뿐이다. 그 붉은 해거름도 결국은 가슴속으로 스며들어 깊은 어둠이 된다.

가는 길은 늘 지친 걸음이었다
쟁기날에 뽑힌 그루터기들
흙덩이가 고슬고슬 마르며 회색빛을 띤다
엉겨 붙은 흙이 허물어져 먼지로 흩날린다
사막에서 불어오는 먼지들이 뿌옇게 끼는 하늘
구름이 빠른 행보를 보이며 흐르는 서쪽은
하루가 일을 다한 희열로 붉다
열정의 한순간은 어두워지는 품에서
여독을 풀어놓는다
풀린 몸으로 잠이 밀려온다
버석거리는 시누대에 어룽거리는 달빛이
날카로운 이파리 끝에서 서늘한 그리움으로 빛났다

-〈길을 묻는 밤에〉부분

위 시 전반부의 '하루', '사람', '빈손'은 고단한 농부의 하루다. 그렇게 살아온 일들이 만족스럽지는 않지만 잠시 노곤한 심신을 달래는 위안이 되고 있다. 그렇지만 되돌아보면 지금껏 살아온 시간은 꼭 행복한 것보다 고단함이 컸던 것이다. "가는 길은 늘 지친 걸음이었다/ 쟁기날에 뽑힌 그루터기들/ 흙덩이가 고슬고슬 마르며 회색빛을 띤다"며 농부가 보낸 하루의 일상이 쉽게 끝나지 않고 뒤따라 실행해야 할 일들을 암시한다. 저 땅에다 기약 없는 무언가를 심어야 하는 궁리가 신통찮기 때문이다. 그래서 보낸 하루를 되돌아보면 마음이 편치 않다. 고단한 하루의 환한 낮이 어둠으로 돌아가며 이내 곤한 잠에 빠져든다. "버석거리는 시누대에 어룽거리는 달빛이/ 날카로운 이파리 끝에서 서늘한 그리움으로 빛났다"라며 마지막 행에서 편안한 밤이 아닌 서늘한 그리움이라며 불편한 여운을 남기고 있다. 그렇다면 시인이 말한 마음은 어떤 것일까? 언제부터 시인에게는 그리움이 따뜻하지 않고 서늘하게 느껴진 것일까? 자꾸 마음이 쓰였다.

그런 궁금증은 〈매화나무를 지나다 부침〉이란 시에서 알 수 있었다. "겨울이 길게만 느껴진다/ 오목가슴은 좀처럼 펴지지 않고/ 칼바람"이 몰아친다며 원망하고 있다. 봄은 농부에게 절호의 기회다. 봄이 빨리 와야만 지난해에 못다 이룬 희망을 다시 가질 수 있기 때문이다. 잔뜩 웅크린 시인에게 봄을 기다리는 그리움이 클수록 얼어붙은 논이며 그루터기의 결빙이 그만큼 더 서늘하게 느껴졌을 것이다. 그런 절망적인 여건이지만 시인은 쉽게 물러서지 않는다. 긴 겨울을 보내며 봄을 낚아챌 수 있는 찰나의 기미를 놓치지 않고 알아내는 오랜 경험이 있기 때문이다. 겨울 산밭의 매화 가지에 앉아 떠드는 멧새들 발가락으로 이미 봄이 와 있음을 알게 된다. 그것은 기다림을 포기하지 않았기에 가능한 것이다. 시인은 터널 같은 어둠에서도 도저道底한 깨달음에 이르듯 한 줄기 희망을 불러오는 것을 주저하지 않는다. "어느새 물러선 겨울/ 완연한 기운에 나무들은 꽃봉오리"가 만개할 때면 꽃향기에 취한 벌들이 날아드는 것을 볼 것이다. 시인은 그때서야 '서늘한 그리움'을 저린 발치께에 내려놓고 안도할 것이다.

  방 안에서 몸을 옹그리고 앉아
  편지를 쓴다

  발신은 난데 수신은 정체불명
  아무에게나 대량으로 살포하는 스팸처럼
  누구에게나 열심히 살았던 시간들
  장렬하게 염천 통에 산화해 간 땀방울에게 쓴다

  수거되지 못한 꽃잎들에게도
  피치 못해 떠나간 물과 구름과 바람에게도
  한 장의 사진을 찍어 주지 못한 나무들에게도
  모진 말처럼 후다닥 떠나간 거짓말에게도
  써야 할 것이 많다

  텅 빈 공간을 휘젓고 지나간 이파리
  떨어져 나뒹구는 사이
  발소리를 내지 않고 사라진 당신

    -〈방금 다녀간 이는 누구입니까〉 전문

방 안 홀로 들어 무언가에 몰두하고 있는 모습을 상상해 본다. 매일처럼 다가와 함께한 시간을 안타까워한다. 자아 속 타자로 내면에 존재한 대상을 불러내 잔잔한 반성의 시간을 보내고 있다. 누구나 모양은 다르지만, 하루를 마감할 때마다 명상을 통해 지난 일들을 떠올리며 순간순간을 돌아볼 것이다. 지나간 시간을 되짚어보며 일상을 복기하고 자신뿐만이 아닌 사람들과 주어진 하루에 최선을 다해 살았음을 위안한다. 그러나 화자는 그런 평범한 일상으로는 자신을 용서할 수 없고 위로받을 수 없어 괴로워한다. 그런 마음은 길가에 버려진 꽃과 물과 구름 그리고 "한 장의 사진을 찍어 주지 못한 나무들에게도/ 모진 말처럼 후다닥 떠나간 거짓말"이라고 변명 같은 말로 순간을 모면한다. 그로 인해 길가에 떨어진 나무 이파리를 보며 잘못된 일상에 대해 참회를 하고 있다. 그토록 행하고자 한 배려와 포용을 뛰어넘는 온정적인 삶의 시편은 이미 시적 완성도를 넘어 모두 깊게 새겨야 할 수행의 지침서인 것이다. 그래서 매사의 인연처럼 다가온 대상은 결코 무시되거나 몰가치한 대상으로 사라지는 법이 없다. 〈황금문장〉의 "너와 내가 바라보아도 넘치지 않은 거리와 크기로/ 바람과 비에 합창하던 경건한 나날/ 서로를 비비며 땅에 경배하는 낱알 하나하나"를 보며 인간의 정성을 다한 결과로 자연에서 소출한 모든 것들도 알고 보면 절대적 가치가 부여된 생명체란 것이다. 한 알의 낱알로도 흙과 사람이 공존해야 할 이유가 충분히 있다는 것이다. 서로를 지탱해 주는 작지만 거대한 존재들이기 때문이다. 생명으로 다른 생명을 따숩게 보듬어가는 농부의 손과 흙의 관계에서 절대적으로 필요한 '물'은 나라(국가)도 책임질 수 없다는 이 땅의 민초들에게 목숨 줄이었다.

    그가 사는 곳은 낮은 곳
    물속에서도 꿈을 꿀 수 있는가
    바윗돌 부리를 적시고, 모래톱을 적시던 흰 손으로
    물새들 똥구멍도 닦아 주는 사람

어느 때는 폭포수가 되어 벼락을 치듯 땅을 때리기도 하고
불어난 물집으로 천둥소리를 내기도 하는 사람
노여움으로 가슴을 후비던 사람
다 흘러 보낸 뒤로 폐허가 된 땅을
싸늘한 빗방울로 씻어 주는 사람
오랜 시간 돌부리를 어루만져 작은 모래알을 만드는 사람
그런 사람이 사는 나라

-〈물의 나라〉부분

  김황흠 시인의 시를 거듭 살펴보면서 시적인 반경을 맴도는 인식의 사유가 자꾸만 크게 다가왔다. 우리는 어찌 보면 시인이 그려가는 〈물의 나라〉에 살기에는 너무 부족한 사람들인지 모른다. "그가 사는 곳은 낮은 곳/ 물속에서도 꿈을 꿀 수 있는가"라며 물은 무한한 변화를 추구하되 어떠한 경우라도 순리를 거스르지 않는다. 그렇다고 물은 마주 서는 형상을 파괴하지 않고 가만히 어루만지며 그저 스칠 뿐이다. 거기에는 어떠한 강요도 개입하지 않을뿐더러 되돌아와 잘못을 시비 걸지도 않는다. 물의 나라를 통해 김황흠 시인은 물처럼 닮은 사람들이 옹기종기 모여 사는 나라를 꿈꾸고 있다. 그 욕망은 탐욕이 아닌 주체적인 자아를 이루며 살아갈 수 없는 세상을 보며 안타까워진 것이다. 이제라도 상처 받은 사람들의 세상이 아닌 서로에게 어떠한 상처도 되지 않는 "오랜 시간 돌부리를 어루만져 작은 모래알을 만드는 사람/ 그런 사람이 사는 나라"를 꿈꾸고 있다. 사람과 사람들이 만나 일체를 이뤄 부드러운 물처럼 개운해지는 사회라면 한 번쯤 호기롭게 살아볼 만한 것이 아닌가 묻고 있다. 물은 스스로 낮아져 지금도 어딘가를 향하고 있다.

그 정처는 마음과 마음을 이어주는 따뜻한 온기처럼 구들장을 달궈 오래가는 온정일 터이다. 그런 삶을 추구하는 김황흠 시인의 시적 세계를 탐색하며 환하게 웃는 해거름, 한갓지게 걸어 들어가는 시인의 뒷모습을 떠올려 본다. 그 길을 따라가면 순하게 웃는 저녁이 오롯하게 반길 것이다. 고단한 삶을 탓하지 않고 그저 조금씩 나아지려니 하며 살아가는 사람들의 이야기가 애써 만나고자 한 시의 본래 모습이기 때문이다.

현재화된 시간 속 이면
- 정선희의 시 세계

 우리가 다가가서 만질 수 있는 것들과 아예 형체도 없는 기억에만 존재하는 통념도 시인의 상상력으로 새롭게 형상화된다. '샹들리에', '자개농', '장대', '알 수 없는 K', '황도 통조림'은 시적인 함의를 내포한 메타포다. 이렇게 다가온 물상에서 감각화된 접면을 놓지 않고 사유라는 영역으로 전환해 가며 그 안에서 변주를 거듭해 시의 형상을 드러낸다. 정선희 시인이 평소 바라보는 지점이 어디인가를 말해주는 시상 속의 세계를 통해 삶이라는 일상으로 마주하는 반도시적인 감성을 주조로 시를 이루고 있다. 알게 모르게 일상으로 환기되는 삶의 시간들을 천착하면서 시라는 문장으로 부조하는 작업으로 헤아려가기 때문이다. 어차피 시가 그렇고 삶이 그런 거라서 처음부터 낯선 것 투성이다. 알지 못한 과거와 현재, 미래를 오래전 그래왔던 것처럼 시를 통해 말을 걸고 안면을 트게 된다. 마치 벌어진 껍질 안 빨갛게 익은 석류 알을 처음 보았지만, 맛을 보지 않더라도 감으로 알아차린다. 정선희 시인의 시 다섯 편을 보면서 그런 생각이 들었다. 시의 세계가 바라본 지점을 통해 시에 담고 있는 의미가 조금씩 다른 차이로 존재하지만, 상통하는 보편적인 세계 안에서 이해된다. 우리가 사는 세상의 다양한 생각들이 또 다른 사람에게는 대단한 가치로 욕망을 이루고 있다는 것을 보며 과연 그것이 옳기만 한 것인가를 의문하게 한다. 시인은 도시라는

구실 아래 가공된 아름다움의 이면에 도사린 과거적 경험을 떠올린
다. 그 안의 현재로 작동된 기제는 새로운 시도와 결합한 욕망으로
예전에는 그렇지 않았다는 향수에서 비롯된다.

가끔 들르는 커피집에는
아주 커다란 나무뿌리 샹들리에가 있다
순교자처럼 매달려 벌을 받는 것 같다

뿌리가 저 정도면 몸통은 얼마나 큰 그늘을 앉았을까

무엇이든 오래되면 영물이 된다고
조상들은 큰 나무 아래를 지날 때 돌 세 개를 얹곤 했다
세 번 절하고, 세 번 침을 뱉었다
우리 엄니도, 서방도 일찍 데려가더니만
이젠 안 돼요 더 이상 아니 되오

저것 좀 내려주세요. 나는 참지 못하고 비명을 질렀다. 안 돼요. 그는 내
말을 단칼에 잘랐다. 저걸 올리느라 얼마나 돈이 많이 들었는데요. 구하
기도 힘들어요.

그는 하나만 알고 둘은 알지 못한다
왜 창가 식물들이 죽어가고 빈자리는 늘어만 가는지
땅속에 모셔두고 술 석 잔 올려도 모자랄 판인데
천장에 매달아 놓고 장사가 잘되기를 바란다

고개 들어보면 모든 것을 체념한 듯 눈 감은 나무뿌리

뿌리가 뒤틀리는 시간에 속한 집
커피 맛은 언제나 쓰다

　　-〈천장天葬〉 전문

　우리가 추구하는 형상 미에 영리 목적을 위해 가공되는 아름다움이 과연 합리적인 미의 추구인가를 되묻고 있다. 어떤 기회가 되어 한 번씩 들르게 된 커피집이 있다. 그 집 천장에 매달린 거대한 나무뿌리를 인공적으로 변형해 천장의 샹들리에로 설치하여 나름 실내 분위기를 꾸민다고 한 곳이다. 우선 상상이 되는 크기를 가늠해 볼 때 거목의 뿌리란 것을 알 수 있다. 그런데 문제는 화자의 눈에 비친 그 모양이 마치 "순교자처럼 매달려 벌을 받는 것 같다"는 데 있다. 결국 커피집 주인의 의도와는 전혀 다른 부정적인 의미로 인상 지워지고 있다. "뿌리가 저 정도면 몸통은 얼마나 큰 그늘을 앓았을까"라며 뒤집힌 뿌리의 형상을 바라보며 화자는 이어서 뿌리가 품었음직한 생전의 생명력에 대한 상상을 한다. 지금까지 연륜 깊은 '거목'을 볼 때 '영물'이라는 두려움뿐만이 아니라 경외의 대상으로 인식하고 있는 관습을 믿고 있는 화자다. 우리가 살아온 전통적인 인습으로 볼 때 동네 앞 고목은 애니미즘인 신앙의 대상이었다. 그곳을 지날 때면 "무엇이든 오래되면 영물이 된다고/ 조상들은 큰 나무 아래를 지날 때 돌 세 개를 얹곤 했다/ 세 번 절하고, 세 번 침을 뱉었다/ 우리 엄니도, 서방도 일찍 데려가더니만/ 이젠 안 돼요 더 이상 아니 되오"라며 집안의 재앙이 마치 그로 인해 발생된 것이라고 믿어 간절한 기원(세 번 절하고)을 간구하고, 혹시 모를 부정적인 것에 대한 경계의 마음으로 세 번 침을 뱉었을 것이다.

그런 '영물'의 거대한 뿌리를 볼 때마다 비명을 지르듯 커피집주인에게 뿌리 형태의 상들리에를 제발 내려놓으면 좋겠다고 말했지만, 주인은 그것의 가치를 오로지 비용이라는 화폐가치로 환산할 뿐이다. 비록 살아가는 삶의 가치가 다를지라도 자연의 순리를 거스르는 행위는 결코 해선 안 된다는 금기 같은 생각을 지금도 고수하고 있는 화자의 의식을 엿볼 수 있다. 생기 왕성한 식물의 뿌리가 천장을 향해 있을 때 뿌리가 내뿜는 기운이 부정적일 거라는 생각에는 변함없는 화자다. 자연을 거스르는 행동 그 자체가 못내 불편한 것으로 현대를 살아가는 대부분의 사람들도 어찌 보면 화자의 보편적인 생각과 같을 것이라고 믿고 싶어 한다.

  그가 한쪽 벽면을 미로로 만들었다

  햇빛을 되받아 반짝이는 조개 껍질은
  곧 밤하늘에 심어놓은 조약돌로 바뀐다

  지나갈 때마다 몸을 웅크리게 된다
  손이라도 스쳐 우주가 흩어져버릴까 봐

  엄마의 이사는 언제나 자개농이 전부였다
  집에서 제일 값나가는 혼수품 이전에
  당신이 꿈꾸던 우주였을지도 모른다

  가끔 학이 날아오르기도 한다
  테두리 넘어 날아갈까 소나무 가지가 부러질까
  조바심으로 엄마가 더듬어보는 손이 움켜쥔 것은 무엇이었을까

억지로 붙잡아 놓은 우주
별 사이로 언제 날아갈지 모르는 학의 날갯짓
아무리 강력한 아교라 할지라도 잡아둘 수 없다

자개농에서 엄마가 머무는 시간이 늘어간다
늘어난 주름을 열면 젊은 날을 녹여 아교로 쓰는 엄마

하루도 마음 편할 날이 없는
엄마의 밤하늘에서 별 한 조각이 떨어진다
금이 간 집안의 무늬를 다시 맞출 때면

우주를 떠돌던 자식들이 대문을 밀고 들어온다
어머니 가슴 한켠에 그가 만들어놓은 미로
한 획 수평선을 긋고 반짝임을 채워 놓았다

　　-〈손바닥 미로〉 전문

　사람들은 살면서 남들이 알지 못한 소중한 것을 가슴에 간직하며 산다. 결혼을 한 후 해를 거듭할수록 고독해질 수밖에 없던 어머니의 세월을 견디게 해 준 것은 무엇이었을까? 모든 삶에서 우선시한 남편이었고 시간이 흘러 태어난 아이들에게 사랑을 쏟으며 살았을 어머니의 생애를 알기 때문이다. 그런 때 어머니에게 위로가 된 일들이 많았겠지만, 방 안을 지켜준 소장품 중에서 '자개농'에 대한 애착이 강했던 것을 알았다. 요즘은 '자개농'에 대한 인식이 많이 희석되었지만, 예전에는 부를 상징한 시절이 있었다. 그래서 시집갈 때 필수품으로 소망했던 것이고 아무리 어려운 살림이지만, 자개가 촘촘히 박힌 자개농 세트를 장만해 보낸 것이다. 과거 세월도 아득하지만, 아직도 마음속에 어머니에 대한 추억을 간직하고 있는 화자의 애틋함이 지극하다. 그러기에 한 사람의 생애와 맞닿아 있는 시간을 고스란히 간직한 자개농은 어머니의 마음이기도 하다. 그 안에 녹아든 어머니의 시간은 행복과 고통이 교차할 때마다 좌절보다 인내심으로 승화해 가는 심정을 아로새기는 '미로' 같은 공간인 셈이다. '자개농'으로 대별한 풍경의 심연 속에서 무한한 인고의 사유가 깃들어 있어 그 세계는 어머니만이 알고 있는 우주의 세계다. 조개껍질 속에는 수많은 바다의 시간이 새겨져 있듯 생의 이야기가 손금처럼 결을 이루고 있다. 그런 조개껍질로 장식한 자개농이기에 매사 조심해 만지거나 원형 그대로 유지하기 위해 각별하게 정성을 쏟았을 것이다. 마치 "지나갈 때마다 몸을 웅크리게 된다/ 손이라도 스쳐 우주가 흩어져버릴까 봐" 그만큼 애지중지하며 어머니가 사랑을 쏟았던 자개 문양에서 "가끔 학이 날아오르기도 한다/ 테두리 넘어 날아갈까 소나무 가지가 부러질까/ 조바심으로 엄마가 더듬어 보는 손이 움켜쥔 것은 무엇이었을까"라며 어머니가 꿈꾸었을 상상을 가늠해 본다. 시간이 세월처럼 켜켜이 쌓여 아름다운 문양을 형성하듯 장인의 숨결로 붙여진 자개가 접착력이 약해져 떨어진 일이 발생하곤 했을 것이다. 자개농 안의 이미지처럼 생애라는 온갖 형상에서 화자는 어머니가 살아온 세월을 읽어낸다. "억지로 붙잡아 놓은 우주/ 별 사이로 언제 날아갈지 모르는 학의 날갯짓/ 아무리 강력한 아교라 할지라도 잡아둘 수 없다"며 어머니도 학처럼 언젠가 무한 창공을 날고 싶어 했을 것이다. 자개농에 잘 붙어있던 자개 문양이 잘못된 때에는 불길하거나 나쁜 징후라고 여겨 참회하듯 본래 모양처럼 손보는 것을 서두르셨다. 그 행위는 마음속 기원의 대상으로 자리 잡은 신앙체의 한 모습으로 존재하며 간절한 기원은 결국 당신의 안위가 아닌 가족 구성원에 대한 평안이었을 것이다.

   아파트 공터 옆에 긴 장대가 누워있다
   저 장대, 나와 안면이 있다
   마당 한가운데 서서 하늘 높이를 조절하던 장대
   마당의 균형을 잡으면 하늘 한쪽이 기울어지는
   그런 장대의 자세는 우리 집 감나무에게서 배운 것
   내 마음이 옆집 석류나무 쪽으로 기운 것을 알아서
   그 애 볼 볼록하게 홍시로 채우고 싶었던 날들을 다 보아서
   그때마다 엄마는
   구름을 타고 앉은 내 머리채를 잡아당기곤 했지만
   장대가 치켜올린 하늘엔 멍이 든 엄마도 없고
   밤도깨비 같은 아버지도 손이 다섯 개는 필요한 동생도 없고
   그렇대도 인제 허공도 쉴 때가 되었지
   뒷방 늙은이 같은 버려진 장대 끝에 앉아 본다
   비스듬한 추억을 누가
   허공 가득 풀어 놓았을까

     -〈안면이 있다〉 전문

도시에 살며 우연한 기회에 낯익은 과거의 시간을 발견한다. 전혀 그럴만한 장소가 아닌데 "아파트 공터 옆에 긴 장대가 누워"있는 모양을 보며 잊고 지낸 유년기 추억이 생각난 것이다. 아련한 추억 속 세월이 너무 많이 흘러 요즘처럼 도시화된 주거환경에서는 옛날 같은 풍경을 만나기도 쉽지 않다. 시골 어디를 가든 마당 이쪽과 저쪽에 빨랫줄을 매달아 놓고 가족들의 옷을 널어놓던 풍경이 집집

마다 일상이던 때가 있었다. 힘에 부친 빨랫줄을 일으켜 세우며 마당 한가운데를 비스듬히 받치고 있던 바지랑대를 기억하는 화자다. 그 장대(바지랑대)에 걸친 추억의 타래를 따라가 보면 "마당 한가운데 서서 하늘 높이를 조절하던 장대// 마당의 균형을 잡으면 하늘 한쪽이 기울어지는// 그런 장대의 자세는 우리 집 감나무에게서 배운 것// 내 마음이 옆집 석류나무 쪽으로 기운 것을 알아서// 그 애 볼 볼록하게 홍시로 채우고 싶었던 날들을 다 보아서"라고 하얗게 빛바랜 추억을 불러온다. 간혹 그 장대 끝과 맞닿아 있는 하늘로 날아오르고 싶은 욕망을 품게 하던 시절을 기억한다. 추억을 소환해 준 '장대'에는 가족사의 아픈 추억이 깃들어 있어 "구름을 타고 앉은 내 머리채를 잡아당기곤 했지만// 장대가 치켜올린 하늘엔 멍이 든 엄마도 없고// 밤도깨비 같은 아버지도 손이 다섯 개는 필요한 동생도 없고// 그렇대도 이제 허공도 쉴 때가 되었지"라며 말을 하지만, 슬퍼서 더 안타까운 심정이 배어있다. 간혹 어떤 연유일지 모르지만, 집안에 긴장감이 맴돌았고 그로 인해 가슴에 슬픔 같은 멍이 깊숙이 밴 어머니의 삶을 기억한다. 그것은 '밤도깨비'처럼 아버지가 좋지 않은 일로 자주 집을 비웠다는 데서 연유하고 소홀해진 살림살이 때문 '손이 다섯 개는 필요한 동생'을 비롯해 가족 모두가 고된 삶을 부지하느라 고통을 감수해야 했음을 말해준다. 아파트 앞 공터에 부려놓은 '장대'를 보며 팽팽하기만 했던 추억의 허공을 풀어버린 모습에서 시간의 긴장은 어디로 흘러가버린 것일까? 처연하리만치 아름답기만 했던 추억의 한 토막을 채우고 있는 잊힌 풍경을 통해 그 누구도 기억해 줄 수 없는 자신만의 시간을 간직한 채 덩그러니 놓인 '장대'가 갖는 의미와 가족을 다시 생각해본다. 집안의 살림살이를 낱낱이 알려주기라도 하듯 빨랫줄에 가득

널린 삶의 무게를 힘겹게 부지하던 '장대', 이제는 쉽게 볼 수 없는 풍경이 되어버린 세상이다. 의외이거나 의아스러운 일들을 예측하기가 쉽지 않은 요즘이다.

택배가 왔다
영어로 된 포장지에 싸여
먼 곳에서 온 선물이거니

뜯고 나서 동물 사료인 것을 알았다
눈을 홀기고 있는 갈색의
CAT이란 단어가 발톱을 세운다
누구일까 잘못 보낸 것 아닐까
수신인은 분명 내 이름

알 수 없는 K가 내게
고양이를 데려온 사람을 내쫓은 적이 있다
눈살을 찌푸린 적도, 길냥이에게 밥 주는 사람에게
밤 산책에 고양이를 마주치면 소스라치곤 했다

고양이를 홀대한 그동안을 묻는 걸까
다시 돌려보낼 수도
그렇다고 버릴 수도 없는 고양이 한 마리의 불안

멀리서 나를 지켜보고 있을지도 모를
좁은 골목길이 아득해진다

고양이 울음소리가

알 수 없는 K가
나를 사방에서 옥죄어오고 있다

-〈알 수 없는 K〉 전문

익명의 시대를 살아가며 아는 사이인 이웃끼리도 몰랐던 사람들처럼 자꾸 교류의 벽을 높여가는 현대인의 모습을 보여주는 시 '알 수 없는 K'다. 철저히 감춰진 신상이 우리가 흔히 호칭으로 사용하는 '아무개'가 아닌 외래어 'K'로 지시되고 있다. 그것도 영어로 된 포장지를 사용해 상당한 '선물'인 줄 알았는데 의외로 섬뜩한 의도를 담고 있다. 도통 황당하기 그지없는 소포도 그렇지만, 뜯고 보니 '동물사료'라니 집안에 사육한 동물이 없었으니 이것은 황당한 것을 넘어서 두려운 일이 된다. 의사 표현일지 모른 포장지 그림자마저 "눈을 흘기고 있는 갈색의/ CAT이란 단어가 발톱을 세운" 모습이 그런 마음을 더 강하게 일게 한다. 화자는 누군가가 동물사료를 보낸 진의도 궁금하거니와 익명의 'K'에 대한 정체가 갖는 속내가 아리송할 뿐이다. 불쑥 배달된 소포와 '알 수 없는 K'로 인해 안온하기만 했던 일상이 불안해지며 혼란스러워지고 있다. 지금껏 열심히 살아온 것에 대한 확신이 흔들리면서 '익명'이라는 불안한 도시의 이면을 확인하는 계기가 된 것이다. 자꾸만 파고드는 불길함과 그 원인이 된 빌미는 어디서부터였을까? 곰곰이 생각해 보니 "고양이를 데려온 사람을 내쫓은 적이 있다/ 눈살을 찌푸린 적도, 길냥이에게 밥 주는 사람에게/ 밤 산책에 고양이를 마주치면 소스라치곤 했다// 고양이를 홀대한 그동안을 묻는 걸까// 다시 돌려보낼 수도/ 그렇다고 버릴 수도 없는 고양이 한 마리의 불안"한 눈빛처럼 가족이 살고 있는 집안까지 밀고 들어온 것이다.

가끔씩 드라마의 줄거리보다 소품이 눈에 들어온다. 대행사란 드라마에서 대기업 회장 딸과 그는 어릴 적부터 아는 사이. 소녀에게 바나나우유 빨대를 꽂아주곤 했다. 소녀는 자라서 그가 대표로 있는 회사로 출근했다. 아직 감정 조절을 제대로 못 하는 그녀에게 그는 말없이 바나나 우유를 건네 주었다. 빨대도 꽂아드릴까요?

그녀는 흘러내린 브래지어 끈을 올리듯 자신의 감정을 추스렸다

내게도 바나나우유에 비길 만한 추억의 간식이 있다. 아플 때마다 입 안에 넣어주던 황도 통조림. 달콤하고도 부드러운 혓바닥의 맛. 캔 뚜껑을 따면 물속에 보름달이 떠 있었다. 소원을 빌었다. 가끔 아프게 해주세요. 부드럽고도 환한 달밤이면 아프고 싶었다. 이마를 짚어주던 넓고 두툼한 손바닥. 아버지는 보름달이 든 밤하늘을 방 한켠에 내려놓았다.

　-〈가끔 아프게 해주세요〉 전문

아련한 추억을 연상시킨 드라마의 한 장면이다. 그 드라마 속 관계로 설정된 "대행사란 드라마에서 대기업 회장 딸과 그는 어릴 적부터 아는 사이. 소녀에게 바나나우유 빨대를 꽂아주곤 했"던 추억이 있다. '소녀'가 성장해 그 대기업에 취직한 뒤 재밌는 일이 발생한다. 그날도 어릴 적 '소녀'에게 해주었던 것처럼 회장님이 '바나나우유'를 건네준다. 그러면서 예전 그랬던 것처럼 회장님이 빨대도 꽂아줄까요? 라며 묻는다. 많은 세월이 흘렀지만, 성장한 여성이 된 '소녀'를 아직도 어릴 때처럼 생각하며 그렇게 했을 것이다. 달라진

진 것은 자기도 모르게 반 존대어가 튀어나온 것 말고는 없다. 당황한 "그녀는 흘러내린 브래지어 끈을 올리듯 자신의 감정을 추스렸다"며 이러지도 저러지도 못한 모호한 순간을 맞은 것이다. 그 드라마를 보면서 화자는 유사한 추억을 끄집어낸다. "아플 때마다 입 안에 넣어주던 황도 통조림. 달콤하고도 부드러운 혓바닥의 맛."을 기억하는 어릴 적 달콤한 때를 상상한다. 그 추억 속 아버지는 딸의 몸이 아플 때면 으레 '황도 통조림'을 챙겨 먹였고 "캔 뚜껑을 따면 물속에 보름달이 떠 있"던 것처럼 황홀하리만치 좋았던 추억을 간직하고 있다. 그렇게 다정다감한 아버지와 '황도 통조림'의 상관성은 필연 같은 추억 속에서 세월이 흘렀어도 연속성으로 존재한다. 그와 유사한 일들이 마침 보고 있는 TV 드라마에서 재현되면서 자신이 겪은 상황과 비슷한 경우가 종종 발생한다. 그런 모습을 통해 잊었던 일들을 상기하고 그 안에서 잠시나마 즐거웠던 한때를 떠올린다. '가끔 아프게 해주세요'라는 구호성 문장 속에 내재된 함의는 아름다운 기억을 환기시켜 주는 계기가 된다는 것으로 우리가 살아가는 데 있어 작지만, 삶의 의미에서 반복되는 지속 가능한 것들이 무엇으로 유지되는가를 보여주는 시다.

시간의 경과로 환경도 변화되고 사람들의 인식도 바뀌게 된다. 그렇지만, 변하지 않는 것과 변모하는 것의 차이는 분명 존재한다. 그중 오래도록 변함없는 것의 본질 속에 깃든 아름다운 기억은 우리가 간직해야 할 소중한 것들이란 것을 말해준다. 정선희 시인이 보여주고 있는 시에서 그러한 의미를 발견할 수 있다는 것과 시의 언명을 통해 결핍해 가는 현대인들에게 소중한 것이 무엇인가를 묻고 있다.

제3부
이유 있는 발화

절실한 자기애를 실현한 궁리
– 박수림 시집 《네 전부가 내 사랑이다》중심

　사람이나 사물이나 이력을 알려면 과거로 눈을 돌리게 된다. 더욱이 최근작으로 다가오는 세 번째 시집에 대한 이해를 쉽게 하기 위해 어쩔 수 없다. 박수림 시인의 첫 번째 시집《꽃잎 하나 터질 모양이다》와 두 번째 시집《당신을 바라보는 거리》에서의 느낌보다 인식의 차이라고 봐야 할 것이다. 첫 시집 속 〈다보도〉의 "아무도 머물러 주지 않는 밤/ 등대 불빛에 꿈틀대는/ 불임의 여자 너를 안는 건 비릿한 바다/ 흔들릴 수 없는 맺음이여."에서는 사람에 대한 애착과 욕망을 놓지 못한다. 또한, 〈고드름〉에서는 "오류가 잦아 금세 잊고 잊혀져가는/ 뜨거운 가슴을 상실한 메모리의 일부/ 내 삶은 날마다 수척해져 가고/ 뿌리 없는 그 자리에 나는/ 날마다 새로운 음모를 꾸민다."며 사람에 대한 집착으로 이어진다. 첫 시집에서는 사람에 대한 강한 집착이 사랑으로 나타난다면, 두 번째 시집에서는 자신의 살아온 세월만큼 순탄치 않은 삶이 주조를 이룬다. 여성으로서 고유한 성性을 지켜가기 위한 오기가 강한 자존감으로 나타난다. 그러한 것들 모두가 알고 보면 세 번째 시집까지 건너오기 위한 징검다리였음을 알 수 있다. 그러나 그 징검다리를 하나하나 건널 때마다 시인이기에 앞서 인간으로서 많은 고통이 있었음을 알게 해 준다. 어차피 우리의 삶에서 쓸모없는 시간은 절대 없다.

헛살아온 것처럼 느껴진 세월마저 자신의 진정한 삶의 부분으로 본다면 박수림 시인의 세 번째 시집은 충분한 이유를 갖고 있다. 그래서일까. 삶이 무릇 깊어지면 많은 것이 필요치 않다는 것을 깨닫게 된다. 박수림 시인의 시가 요즘 그렇다. 그토록 자신을 짓누르던 등짐을 하나둘씩 내려놓기를 작정한 듯하다. 내려놓아야 가볍고 헐거워져야 신명 나는 법이다. 최근의 시를 들여다보면 많은 의미가 숨어있음을 알게 된다. 그런 모습은 시간의 굴레에서 벗어나려는 성숙한 고뇌가 있었기에 가능한 일이다. 삶의 억압이 된 일이기에 쉽게 해결되는 고통은 아니다. 어차피 스스로에게 닥친 굴레였기에 모든 것이 시인의 몫이다. 물론 그러한 과정은 처절한 자기반성과 후회가 따른 고통을 요구한다. 그쯤 되면 단물이 다 빠져 맛을 알 수 없는 풍선껌이라고 보면 틀림없다. 하지만 그렇지 않다. 씹으면 끝없이 단물이 혀를 자극한다. 박수림 시인의 시는 삼켜도 단물이 입안에서 맴도는 유년의 마술 같은 풍선껌 같다. 부풀어져 풍선이 되는 시를 입안에다 넣고 팽팽하도록 바람을 불어넣기를 수없이 반복한다. 작은 입보다 몇 배는 부풀어지는 풍선껌이지만, 결국은 견디지 못하고 터지고야 마는 풍선일 수밖에 없다. 터져야만 비로소 보이기 시작하는 세상이다. 세상을 향해 톡톡 터지는 소리가 시다. 최상위 문학이라는 시는 어쩌면 인식된 세계를 내면화한 그리움으로 오래도록 기억하게 하는 주술적 행위일 수 있다. 그래서 박수림 시인의 시는 전통적 시의 속성을 자연스럽게 이어오고 있다. 서정성이 강한 시를 통해 김소월의 진달래에서처럼 떠나는 정인情人에게 기다림의 비원悲怨을 퍼붓거나 결코 외면하지 않는다. 자신에게 다가왔던 것들을 오롯하게 다 놓아주되 그리움과 기다림이 온존溫存한다. 기다림의 미학은 매번 단절되지 않으면서 감상에

치우치지도 않는다. 그것은 시의 본원인 서정에 소홀하지 않았기 때문이다. 그래서 박수림의 시에는 증오나 원망이 스며들 여지가 없다.

　복숭아 뼈 싹 틔울 것인지 간 밤 발 목 휘청이더니 힘줄 한 가닥 물 오르며 도
　톰히 몽울이 졌다 자목련 봉긋한 가슴 며칠 새 부풀어 오르더라니 봄 오는 길
　목이란 이렇듯 부풀어 오르지 않으면 맞이할 수 없는 것임을 발목에 핀 연분홍
　꽃잎이 길 가 한 켠 나무 벤취에 걸터 앉는다 가느다란 빗줄기가 마른 가지에
　물을 주듯 천천히 메말랐던 가슴을 적신다 촉촉히 젖어드는,

　　-〈꽃발찌〉 부문

　시인의 눈은 삶이고 생을 관통하는 시간의 전부다. 그래서 그 누구보다 보이는 것을 허투루 흘려보내지 않는다. 자연의 변화를 감지해 내는 감각은 여성이기에 앞서 산통을 아프게 겪어낸 모성으로 가능하다. 혹독한 겨울을 견뎌낸 복숭아 가지의 비트는 소리까지 산모의 고통스런 기억으로 환유한다. 몽울을 잉태한 가지마저 나무만의 것이 아닌 바로 자신의 것으로 인식하기에 그렇다. "찰랑찰랑 발목에 핀 꽃발찌 걸음이 어색하다"는 말이 그래서 전혀 어색하지가 않다. 자신이 걸어온 역경의 긴 터널도 그랬듯 작금의 어색한 봄이 그렇다고 본 것이다. 몽울진 가지에서 핀 꽃발찌도 시간이 흘러가면서 자연스럽게 익숙해질 거라는 예측을 의미하기 때문이다.

그것은 단순한 체험에 근거한 것이 아니다. 그래서 부분적인 취사가 아닌 전부가 사랑이라고 긍정한다. 매사에 긍정적인 인식은 당연한 봄을 불러올 수밖에 없다. "봄 오는 길목이란 이렇듯 부풀어 오르지 않으면 맞이할 수 없는 것"이었다고 속내를 내비친다. 봄은 사람처럼 누굴 꺼려하지도 않고 혼자 덜렁 오지 않는다. 온 산을 불 질러오듯 번져오기 때문이다. 봄을 피워내기 위한 대상은 자연에 한정한 것 같지만 그렇지도 않다. 자연스럽게 인간의 온 생으로 삽시간에 전화轉化하고 만다. 그런 예는 〈열꽃〉을 통해 좀 더 사실적으로 보여준다. "꽃 샘 추위에도 지지 않던/ 갱년기 열꽃/ 살얼음 가득한 냉면 한사발로/ 단번에 떨어뜨렸다/ 열꽃 진 자리에/ 봄 동 겉절이가 붉게 물들어 있다/ 꽃샘바람 지나가는 자리에도/ 봄 꽃 피겠다"며 세월을 고백하고 만다. 꽃샘추위는 봄을 예비하고 있는 복숭아의 마른 가지를 고통스럽게 뒤흔들어 생사의 기로까지 몰고 갔다. 그런 벼랑 끝 상황에서도 죽음을 생각하지 않았고 오로지 생을 전제로 극복해 낸 세월이다. 어찌 보면 겨울 끝은 삭막한 갱년기 여성의 모습과 같다. 척박한 겨울처럼 건조한 심상을 다독여주는 마지막 혼신일 열꽃은 그래서 쉽게 아무 때나 피워내선 안 될 절박함이 있다. 절절한 시적 상징은 매번 모양을 달리 하지만 변주의 궁극은 전일적 사랑으로 수렴된다. 그렇기에 상처처럼 피어나는 '몽울'과 '열꽃'은 사랑과 닮은꼴이다. 박수림 시인은 메마른 사회에서 인간성의 상실을 일상적으로 목도한다. 그러나 매번 그것을 우리가 사는 사회의 전부라고 말하지 않는다. 오히려 꽃샘바람 같은 폭력성이 혼재된 사회지만, 아직도 살만한 사회관계로 인식한다. 살만한 세상 속으로 저녁은 노을을 지우며 우리에게 다가온다. 어차피 노을에 물들어가는 인생도 불타는 태양의 한 귀퉁이와 전혀 다를 바 없다는 인식에서다.

사랑했던 날보다
이별했던 기억이 더 큰 것이다
기억해서 기쁜 날 보다
잊혀져서 슬픈 날이 더 많아
석양 모퉁이가 아리도록 붉은 것이다
그렇게 잊어가는 것이다
마지막 그 기억을 위하여
노을처럼 붉게 사는 것이다

-〈노을은 붉다〉부분

집요한 것이 어둠이다. 어둠은 시시때때로 환한 낮을 탐한다. 그렇다고 호락호락 불덩이 같은 태양이 어둠에 먹혀들지도 않는다. 그래서인가 문장이 예사롭지가 않다. 행과 행이 천 길이다. 시인의 나이가 벌써 그렇게 되었나 싶어 손가락으로 헤아려본다. 너무 무심했다. 그럴 나이가 되었다는 것을 굳이 나이 탓으로 확인할 필요가 없다. "집으로 가는 길도/ 기억에서 지워져가는 나이가 있다/ 찾아가지 못하는 이유를 가득담은/ 풀어진 동공이 노을 일 때가 있다/ 골목 하나를 떠올리지 못하여/ 낯선 길로 접어 들 때/ 북새처럼 흩어지는 삶의 귀퉁이들/ 이미 길의 끄트머리에서 내려놓은 슬픔이다/ 덤덤하게 삭히는 빛의 줄기/ 할 말을 끊고 멈추게 하는 쓸쓸함이"라며 단언한다. 그런 시행을 접하며 자유로울 사람은 없다. 사람은 세월에 묻혀 나이를 먹는다. 박수림 시인이 불뚝불뚝 지나온 세월이 지천명에 이르렀음을 알 수 있다. 지천명이라면 평범한 사람이 아닌 하늘과 교접하는 반신半神이다. 그런 시인의 집은 어디일까. 단순히 집을 가리키는 것은 아닐 것이다. 많은 세월 동안 드나들던 집을 잊었을 리 만무하다. 그것은 그동안의 삶이 녹록치 않았다는 것을 암시한다. 하루하루가 북새처럼 흩어지던 삶이 떨어져 나가기 직전 귀퉁이를 부여잡은 심정을 표출하고 있다. 긴 여정 속 행복의 결여는 무엇이었을까. "사는 건 말이다/ 개인날의 기억보다/ 궂은날의 기억이 더 큰 것이다/ 사랑했던 날보다/ 이별했던 기억이 더 큰 것이다/ 기억해서 기쁜 날 보다/ 잊혀져서 슬픈 날이 더 많"았다며 비원을 담은 듯하지만, 끝내는 비원마저 거두며 담담히 노을 앞에 서 있다. 기어이 노을처럼 붉어지는 시인이다. 노을은 하루만의 노을이 아니다. 자신도 저렇듯 긴 세월을 붉게 물들이며 지금껏 저물어왔다는 것이다. 어쩔 수 없이 못내 어둠으로 사라지는 노을도 대자연속에서 하나가 되듯 어차피 사람과 부대끼며 일어날 수밖에 없는 거친 소리도 궁극은 화음을 이루기에 같다는 것이다.

    낯선 것들과 만나 톱니바퀴를 이룬다는 것
    간격을 벗어나 이탈하고 싶어질 때
    철로의 길 위에서 회음을 이루는
    첫 기차를 생각한다

        -〈첫 기차가 지나간다〉 부분

시인은 사물을 통해 시 쓰기를 마다치 않는다. 다양한 사람과 부대끼는 기차도 그 범주에서 벗어날 수 없다. 그것은 기차의 속성을 꿰뚫고 있기 때문이다. 기차는 모양이 같은 객차를 필요에 의해 다수 연결하여 운행한다. 그래서 기차는 우리가 사는 사회 구성원에서 한 개체일 수밖에 없는 시인을 닮았다. 서로가 다른 바퀴를 달고 각각의 레일을 굴러가는 것처럼 시인의 삶도 그렇기 때문이다. 그런 여정에서 당연히 사회라는 거대한 메커니즘 속에서 매 순간마다 다른 소리가 날 것은 뻔하다. 그렇지만 함께 달려가지 않으면 안 된다는 것을 안다. 오히려 서로의 등을 밀어주고 보듬으며 달려가야만 한다는 것에서 스스로 절실해져 다가간다. "삐걱이는 뼈마디 맞추는 소리/ 뚝뚝 부딪"치는 소리는 소름 끼치는 소리다. 하지만 그것마저 듣고 싶은 그리움에 몽매해한다. 긴 인생을 통해 이제는 그마저도 자신의 것임을 알아간다. 한때 일상처럼 달라붙었던 쓸쓸함, 외로움, 눈물 같은 희로애락의 범주에서 벗어나지 못한 한 때가 있었음을 이제는 담담히 말할 수 있게 된다. 자신을 구속하고 있던 사람들의 관계 안에서 쉽게 떨쳐버릴 수 없어 옭매였던 시절이 그랬다. 그러나 갇힌 사고의 틀에서 사물을 바라보며 자신에 대한 사랑에 도달할 수 없음을 깨닫는다. 다가갈 수 없는 절실함에 자신을 감싸고 있는 껍데기를 깨기 시작했다. 그토록 당도하고 싶었던 정점은 자기에 대한 진정한 사랑임을 알았다. "낯선 것들"과 "간격을 벗어나고 싶어질 때"의 고통스런 시간들을 극복하여 "내 몸의 화음"을 들을 수 있게 된다. 내면에서 울려 나오는 자신의 소리를 들으려 하지 않았던 좌절 속 긴 시간에 대한 안타까움마저 긍정으로 수긍해 간다. 그런 시간을 묵묵히 견뎌온 것도 진실한 자신의 모습을 드러내는 과정이었음을 알았기 때문이다. 진솔한 마음은 〈휘파람〉에서도 자연스럽게 드러낸다. "휘파람 나즉히 불며/ 허허벌판을 걸어 오는데요/ 달이 자꾸만 무리지어 따라 오는데요/ 부끄러움이 얼굴을 붉히고/ 두 손이 꼬물거리며 어찌 할 줄을 모르는데요/ 날마다 걷던 이 길조차도 오늘은 왠지 낯설기만 하구요/ 휘파람 나즉히 나 혼자 간직하고 싶은데요/ 먼 훗날 한 소절씩 기억하고 싶은데요/ 저 달이 자꾸만 기웃거려요/ 소슬한 바람에 풀 잎 부딪치는 소리보다/ 더 고운 그대 휘파람소리/ 꼭 그리울 날 있겠지만요/ 오늘 가슴 끝까지 설레이는 건 아마도 사랑일"거라고 참았던 그리움마저 못내 사랑이었음을 고백하기에 이른다. 홀로 부는 휘파람소리와 자신의 내면에서 끊임없이 누군가에게 다가가려는 소리와 불협하지 않고 화음을 이뤄내는 것조차도 여간 조심스럽다. 그것은 시인이 몸담아온 시적 세계가 곧 현실이고 운명처럼 주어진 절대 고독도 자기애의 성장을 위한 시간이기에 그렇다.

늦은 오후
어스름한 어둠이 깔릴 때
왼종일 발품을 팔던 태양의
파란만장한 마지막 유언이
저렇듯
지금 난 붉어지기 위하여
온 몸을 태우는 중이다

-〈여정〉 부분

"혼자 사는 것"의 의미를 다시 생각해 본다. 그런 이후로 이명처럼 귓전을 맴도는 그 말이 평범한 시행을 겨눈 것은 절대 아니다. 〈여정〉이란 시를 읽어가며 사람은 스스로 고독해져 가는 연습을 통해 절대 고독에서 벗어날 수 있음을 깨닫게 된다. 고독은 고립에 다름 아니겠지만, 또 다른 내적 자유를 향한 의미 공간을 획득함으로써 그렇지 않다는 것을 보여준다. 스스로 "혼자 사는 것"이 부끄럽거나 결코 남루하지 않다는 것이다. 사람과 사람들의 틈에서 함께하지 못하고 틈의 바깥으로 밀려 나온 듯 가난마저 그렇다. 가난과 글쓰기는 동의어라고 해도 어색하지가 않다. 그렇다고 스스로 자의식에 빠져 사회에서 도피나 은둔으로 살아갈 수만은 없다. 그렇기에 자기 회복의 수단을 찾기 위해 긴장을 놓지 않고 사뭇 의연함을 보여주려 한다. 그것은 미 정형의 상처를 앓아본 사람만이 알아챌 수 있는 홀로 도진 사랑이었다. 시인은 그것을 결코 사랑이라고 말하지도 않지만, 구애와 구도의 자세로 사람들에게 다가간다. 누구라도 혼자 어둠 앞에 놓이면 고독이 되고 마음속에서 상처가 도진다. 그 상처를 치유 불가처럼 "늦은 오후/ 어스름한 어둠이 깔릴 때/ 왼종일 발품을 팔던 태양의/ 파란만장한 마지막 유언이/ 저렇듯" 삶의 벼랑으로 내몰았지만 쓰러지지 않는 오기로 버텨내 일몰 속 어둠에 쉽게 묻히지도 않는다. 오히려 사회적 편견이나 우려를 일거에 불식하고 만다. 그것은 상처를 치유해 가는 시인만의 독특한 창작 행위이기 때문이다. 그래서 오히려 "지금 난 붉어지기 위하여/ 온몸을 태우는 중이다"라며 고통에 연연하지 않는다. 그래서일까. 시 어디를 봐도 상처에서 도진 멍울 같은 사랑의 문장은 없다. 그런 연유인지 모르나 삶의 고통을 통과한 언어는 아름답다. 그렇기에 모든 면에서 당당하다. 붉어지거나 온몸을 태우는 행위야말로 소멸이 아닌 변증법적 사랑의 직유다. 그렇기에 시인의 삶 속 풍경은 말랑말랑하지만, 속으로는 더 단단해지고 있다. 시인의 삶이 "가난하게 사는 것/ 글 쓰며 사는 것/ 가끔/ 술 한 잔으로 가슴 적시며 사는 것"이라며 정신이 흐트러지는 듯 보이지만, 어느새 〈시와 나〉에서처럼 "그럴수록/ 더 들이대며/ 우리는 지금도 맞짱을 뜨"겠단 각오를 다진다. 당찬 여성성을 가진 천상 시인임에 분명하다. 신호 대기

중 나무에서 떨어진 감이 땅에 부딪히며 내는 둔탁한 소리는 비명에 가깝다. 비명으로 들리는 단말마를 생동감으로 되받아치는 저 거침없는 도발을 외면할 수 없다.

일터로 향하는 내 발 아래에서
기쁘게 썩어 가는 주검 바라보며
푸른 신호등 건너지 못하고
떫은 삶 우려내듯 살아보자고
퉁명하게 뱉어내는 소리

-〈퉁명한 소리〉 부분

 사물이 시인의 눈에 들어오면 심미안을 거쳐 내적 세계를 획득하게 된다. 그런 모습은 사물만이 아니고 소리까지도 해당된다. 감나무에서 감이 떨어지며 내는 소리는 어찌 보면 죽음에 이른 절망의 소리임이 분명하다. 그런데 시인은 죽음에 이른 소리를 어느새 "해질녘에 뱉어내는 내 삶의 거침없"는 문장으로 변주하는 시적 상상력을 발휘한다. 낙과에 불과한 감이라는 개체를 통해 자신과 동일하게 인식한다. 그것은 "횡단보도 앞/ 감나무 아래에 서 있으면/ 단단하지 못해 더 이상 견딜 수 없는 감이/ 보도블록에 내동댕이쳐 이지러져 있다/ 물러 터져도 견디며 살아보겠다"며 몸부림쳤던 과거의 자신을 보는 듯하다. 감나무에 매달린 많은 개체 속에서 떨어지는 감은 단순한 감이 아니라는 것이다. 순간 횡단보도를 건너며 직감한 것이다. 죽음이나 절망에서 벗어나기 위한 치열한 몸부림이 곧 살아가는 것의 의미라고 확신하게 된다. 그래서 박수림의 시적 언어는 단순한 서정이나 미적 심상의 나열에 그치지 않는다. 삶에 대한 내적 세계를 구축하는 수단으로 삼고 있음을 볼 수 있다. 이어서 그러한 긍정 에너지를 사회라는 구조에 환원시키고 있음을 알 수 있다. 동시에 심리적 구속에서 오는 탈 경계를 지향하는 존재의 사랑으로 받아들이기를 주저하지 않는다. 그러므로 삶에 대한 자각이나 인식은 시적 언어를 통해 더 견고해짐을 알 수 있다. 그것은 사물이 전해오는 시적 세계와 대립하기보다는 다소곳한 수긍으로 다가간 연유다. 이후 긍정적인 인식으로 자신에게 지속적 긴장을 유발하고 보다 전향적인 자세로 나아가려 한다. 그런 모습들은 매번 다른 모습으로 변주된다. 〈고사枯死〉에서도 일반적 의미로 다가올 수밖에 없는 죽음을 연상케 하지만 그런 것만은 아니다. 시인은 어느 순간부터 자신을 옥죄던 외부의 시선에도 전혀 불편하지 않다는 것을 알게 된다. "민둥민둥 허물 벗으며/ 엉망진창의 늪으로 드러누워/ 너, 무지하게 꼬이고 있었다// 팔색조 같은 세월보다 더 못난이가 되어/ 아토피 온몸에 달고/ 긁적긁적 부비며 다시 살기로 했다"는 것이다. 죽음을 간파한 삶은 이미 초월의 경지에 도달했음을 알 수 있다. 오히려 느긋한 마음으로 기약 없는 기다림일지라도 여유를 부린다면 오버일까. 그것은 절망적인 삶을 건너온 긴 시간 속 과거의 든든한 징검다리를 건너왔기 때문이다.

건드리고 싶은데
지금의 너도 그리워질 것 같아
나를 감추느라
멀리서 바라보고 있어

네 스스로 드러낼 때까지
나 여기 있을 께

오래 걸리지 않았으면 좋겠어
앙상하고 휑한 모습의 너라도 괜찮아

　　-〈겨울 산〉 부분

　시는 매번 명징한 의미로 존재하는 것은 아니다. 또한, 한 편의 시가 매번 철학적이거나 심오한 사유여야 하는 것도 아니다. 시의 세계 속에는 구조화된 사유가 미완성으로 끝이 나도 시의 본질을 현저히 떨어트리지는 않는다. 더욱이 시의 구조 속에서 사람과 사람의 관계들은 당연한 것이지만, 사람과 사물, 보이지 않는 사상思想과 보이는 사상事象에서도 시인은 내적 자유의 미로를 만들어내 자신만의 세계를 구축해 간다. 그러한 세계에서 〈겨울 산〉은 좀 더 색다른 이미지를 보여주고 있다. 사람과 또 다른 사람이 대상화되어 시적 세계를 이루는 게 일반적이다. 다만 대상화된 사람은 보이지 않고 허상虛像 같은 심상心想속 사람만을 문장으로 드러내는 것도 따져본다면 적절치 않다. 그래서 상징적인 '겨울 산'은 화자가 지금껏 살아왔던 삶의 이력 같은 것으로 보아도 무방하다. 자신을 방기 하듯 떠나버릴 수는 없다는 것을 인지한 것이다. "네 곁에 다가가는 날/ 손꼽아 기다릴게"라며 무한의 시간을 암시하는 뫼비우스의 띠를 상상했을 것이다. 물론 모호성을 부인하는 것은 아니다. 시적 사유思惟속에서는 그 모호성을 상징에 견주어 새롭게 인식할 수 있기 때문이다. 시속에 은폐된 압축과 전위는 화자가 살아가며 추구하는 사람 간의 사랑으로 이해하는 데 충분하다. 그런 시적 대상이 무릇 사람이 아니어도 자연스럽다. 〈섬〉에서 밥상 위에 놓인 흔히 "해우"라고 하는 김 조각을 보며 시적 발상을 이루고 있다. 물상에 가까운 김 한 조각에서도 그리움을 찾아내는 시인은 타고난 시적 감성을 갖고 있다. 단단히 말라서 더는 심해 속 기억을 회복할 수 없는 김 조각일 뿐이다. 그런 김 한 조각으로 그리움마저 잦아져 버린 섬을 찾아냈기 때문이다. 사실 그 섬은 "마른 그리움"으로 인식된 시인의 자아임이 분명하다. 그 자아가 궁극으로 지향하는 곳은 사랑이 충일한 "둥근 밥상"으로 가슴속에 오래도록 자리 잡던 해원解寃인지도 모른다.

  콩 한 말 팥 두어 되 머리에 이고
  매서운 겨울바람 등에 진 채
  이 십리 길 허허벌판길 걸어가실 때
  우리 어머니 발에 신겨진 하얀 고무신

  ---중략---

  돌아갈 수 없는 길을 한탄하시던
  눈 위로 가느다란 그림자 휘청이며
  털신 신고 마실 가시는 어머니
  얼었던 발가락 관절로 굽어
  서로 안쓰러운지 포개 앉았다

    -〈흰 고무신〉 부분

요즘은 흔치 않은 추억일 것이다. 흰 고무신의 추억을 안고 사는 세대라면 우선 먹는 것이 귀한 배고픈 시절을 살았음을 짐작케 한다. 가난도 죄라는 말이 있듯 자신의 생래적 남루를 스스럼없이 고백하기까지 많은 망설임이 있었을 것이다. "주변머리가 없으"셨다는 어머니처럼 어쩌면 화자도 그랬는지 모른다. 하지만 그것도 시적 표현에 불과함을 알 수 있다. "겨울날 동상을 앓으셔야만 했던 고단함/ 부어오른 발등만큼/ 서러운 마음 감각 없는 발걸음에/ 쏟아내던 눈물 한양동이는 되었을거라"는 말로 속내를 드러냈다. 누구나 성장기 부모에 대한 추억은 남다르다. 그렇지만, 화자의 추억의 사연이 더 가슴 아프게 다가오는 것은 왜 그럴까. 한 시절 고통으로 끝나지 않고 끝내 어머니에게 지병이 된 까닭이다. 어머니의 "얼었던 발가락 관절로 굽어/ 서로 안쓰러운지 포개 안"겼다는 안타까운 마음을 표출한다. 그런 어머니와 흰 고무신의 상관성은 그래서 매우 회화적繪畫的으로 읽히지만, 지워버리고 싶은 과거가 분명하다. 그래도 너무 걱정할 것은 없다. 화자는 불우했던 시절을 불편해하거나 외면하지 않고 담담한 회상에 잠겨 든다. 묵상하듯 어머니를 회상하며 오히려 어머니와 달리 현실 앞에서 강한 삶의 주체가 되어 있는 자신을 발견한다. 그렇다면 〈흰 고무신〉은 어머니에 대한 그리움의 공감을 불러오는 시적 매개체로 충분히 성공한 것이다. 〈어머니의 틀니〉에서 "꿈길처럼 생시처럼 걸어가는 발자국은/ 꺾어질듯 휘청거려요/ 눈 깜짝 할 새 뒤돌아볼 건덕지도 없어서인지/ 씹어도 아무 맛이 없는 세월"을 대신 잘근잘근 씹어드리며 포개진 발로 평생을 힘들게 살았을 어머니가 "그나마 웃음 채울 텃밭으로 마실" 갈 거라며 고통을 희화해 슬픔을 진정시킨다. 박수림 시인의 시는 항상 조용하면서 조신하다. 그렇지만 숨어있는 과거의 지을 수 없는 그리움을 〈월경〉에서처럼 "혹독한 내 겨울은 얼마나 남았는가/ 해걸이를 하는 나목들/ 소담스런 첫눈을 보지 못한 까닭으로/ 눈꽃 한 송이 피워내지 않는/ 무배란의 계절// 이 겨울의 늪에/

에메랄드빛 쩌렁한 하늘을 향하여/ 붉은 꽃잎"을 기어이 피워내겠다는 강한 의지를 보여준다. 의지가 지향하는 내면에서 뜨겁게 꿈틀대고 있는 지극한 사랑이란 것을 더 이상 부인할 수 없다. 그런 사랑은 어느 곳에나 투사되고 있음을 알 수 있다.

  질근질근 밟을수록 넓어져가는
  길목 어디에서나
  봄 햇살에 불어나는
  나뭇잎들의 푸른 그늘
  어쩌면 그대가 나눠주는 사랑인줄
  넉넉히 압니다

      -〈봄 햇살에 길을 묻다〉 부분

앓다만 사춘기
숨겨놓은
마음하나 내려놓기가
이렇게 화끈거리는 일 인줄 몰랐다
지독한 신열로 끓어오르며
닫았던 가슴 열어주는 못된 주기
한여름 달빛 품은 자목련처럼
낯선 계절을 맞이한다는 것

      -〈갱년기〉 부분

박수림 시인은 〈봄 햇살에서 길을 묻다〉에서처럼 직설적인 사랑을 이야기하고 있지만, 그마저도 은근하게 사물을 손가락 끝으로 가리키며 말을 대신한다. 〈갱년기〉에서는 자목련을 가리키며 말을 하지만 사실은 "한여름 달빛 품은" 사랑이었다며 스스럼이 없다. 박수림의 사랑의 시학은 한 사람에게만 올인한 사랑으로 멈추지 않는다. 그에게도 스스로 넘어서는 안 될 경계 안에서 스스로 갇혀 지내던 시기가 있었다. 그때가 자학의 시간 속 고통이었다면 작금의 시속에는 어디에도 그런 모습을 찾아볼 수 없다. 사랑이라는 경계를 스스로 지워버리고 내면의 자유를 통해 자신이 지금껏 알 수 없던 사랑의 힘을 새롭게 인식하였음을 알 수 있다. 요즘 들어 부쩍 환해진 시인의 삶은 그래서 너무나 당연한 것이다. 금번 시집 속 시의 세계는 각각의 시가 의미하는 그리움이 천의 얼굴로 다가와 하나의 사랑으로 수렴된다. 그런 수렴이 정지하는 지점은 작아져 사라져 버리는 소실점이 아니라 더 많은 곳으로 확산되는 지향점이란 것이다. 그런데 지향점의 바탕은 견고하거나 완벽해야만 되는 것은 결코 아니다. 언어의 층위를 넘나드는 '허당'이라는 비유어는 시인에게 적절한지 의문스럽다. 그러나 찬찬히 들여다보니 부럽다.

 진지하게 살아가는 일은
 아무나 할 수 있는 게 아님을 안다 확실히
 바로 보고 바로 알고 바로 그려야만 하는 세상
 그 길을 똑바로 바라보지 않고서는 제 색깔을 입히지 못하는 것
 잔뿌리에 걸려 넘어져서도
 돌멩이에 부딪혀 엎어지면서도
 그 까닭을 모르고 아무 일 없는 양
 생채기 하나 옹골지게 안은 채
 일어서 버릇한 삶
 격한 말 한마디에도 헤집는 자존심 긁힘에도

세상 다 살아버린 듯
웃으면서 털어버리고 잊어버리는 습관
나는 허당이다
만인이 알아주는 허당그래도 좋다

　　-〈완전한건 없다〉 부분

그래서 언어의 층위를 가리지 않는 시 세계가 당연히 긍정 지향적이어야 함을 잘 안다. 그렇다면 사랑을 잊지 않고 살아온 화자에게 '허당'이란 부적절한 비유인가? 절대 그렇지 않다는 것이다. "나는 허당이다"라고 선언할 수 있다는 것은 반대로 나는 완벽하다로 뒤집을 수 있다. 억지라 해도 어찌하랴. 내가 아는 박수림 시인은 미안하게도 '허당'과 가깝다. 하지만 '허당'이란 시어가 결코 만만찮은 중의성重義性을 함의하고 있다. 어차피 인생살이를 모든 사람처럼 완벽하게 살아내려 하지만, 완벽이란 이 세상에 없다. 완벽과 동떨어진 허당이란 말은 어찌 보면 완벽하지 못한 빈 곳을 메워준다는 가정을 해보면 대립어가 아닌 유사어임을 간과한 것이다. 우린 누군가에 의해 내가 메우지 못한 공간을 메워줘야만 살아가는 세상이다. 허당 같은 삶과 시 속에 슬픔 같은 감상이 틈입할 겨를은 한 치도 없다. 그래서 박수림 시인에게는 모든 대상이 이별이고 다시 만남을 기약하는 기다림으로 치환된다. 그런 이후에도 끊임없이 변화하여 사랑이라는 강을 만들어간다. 그래서 〈네 전부가 내 사랑이다〉에서 "너를 거치지 않고서는 난/ 한발자국도 걸어 나갈 수 없다/ 너를 들여다보지 않으면 난/ 아무것도 읽어나갈 수 없다/ 너에게 이르는 길 안 뒤로 난/ 낯선 길은 바라보지 않았다/ 너로 하여금 난/ 앓아야 살 수 있는 사랑을 얻었다/ 그건 두려움이다/ 설렘이다 아픔이다/ 그리움이다 그러므로/ 네 전부가 내 사랑이다"라고 조곤조곤 다가와 무릎을 맞대며 시의 민낯을 보여준다. 어차피 삶은 강처럼 이어진다. 시인이 꿈꾸는 강은 시와 사랑이 흘러드는 삶일 것이다. 우린 그런 소망을 절대로 외면해서도 안 되고 그저 지켜보면 된다. 우리들의 삶 속에 누군가가 또 허당 같은 삶을 살아줘야만 하는데, 우리 곁으로 그런 사람은 다시는 오지 않을 것이다. 우리가 사는 시대에 마지막 허당일지도 모를 박수림 시인을 사랑으로 지켜줘야 할 이유가 충분히 있다. 그래야만 목적한 바에 당도할 수 있을 것이다.

시적인 영역과 상상력의 의미 담론
 - 이민숙 작품론

 나라가 시끄러운 것은 잘되기 위한 진통일 것이다. 모든 것이 잘 되어가려는 예후라고 본다. 시작은 죄다 소란스럽지만, 나중에는 진정되어 조용해지곤 했다. 사람이나 동물이나 탄생의 순간도 그렇고 그렇게 해서 여기까지 온 것이다. 그런 과정을 지켜보며 느낀 것은 서로가 다름이라는 것을 인정하지 않는 불통 탓이다. 사회가 추구하는 공동선이 무엇이어야 하는가에 대하여 혼란스러울 때도 있고 도무지 가늠하기 어려운 현실에서 그래도 간혹 시가 있고 글을 쓸 수 있는 환경이 있어 다행이구나 싶을 때가 많다. 용케도 하고 싶은 말을 해야만 하는 시인들은 잠시도 쉴 새 없이 고뇌의 마음을 표출하곤 한다. 문학은 극단이 아닌 모서리진 경계이거나 허망하게 버려진 세상의 모든 것들을 포함하여 특별하게 영역을 나누지 않으니 인간적인 사유와 본성에 가까운 마음이라고 볼 수 있다. 시도 우리가 사는 세상의 한 부분에서 왔으니 또 다른 세상을 인정하며 마음으로 받아들여야 할 때가 있다. 이민숙 시인은 그야말로 시가 인생이고 목표이고 희망이다. 그만큼 시에 대한 열정이 남다르다는 것을 몸으로 말해주는 시인이다. 산과 들을 찾아 돌고 섬과 섬을 찾아 답사하며 사람과 사람을 만나 혜안으로 시적 사물을 탐색하고 상상력을 시로 포착하여 실체화하곤 했다.

파도가 적시는 건
모래의 귓바퀴다
파도가 철썩이는 건 조개껍데기의 혀다
내 발가락에 키스했던 입술이 그립다 하다

파도가 밀고 밀며 그렸던 그림은 구름 한 조각
포르르 부서지는 내 어린 날의 눈물 한 방울

목포에서 만난 사람들이 한결같이 들어가 살고 싶어 했던 무인도
잃어버린 야생이 사슴뿔을 세워서 노래로 홀리는 섬

 -〈파도가 적셔줄 웨딩드레스가 없다〉 부분,《사람의 깊이》 27호, 2023

 웨딩드레스는 아무 때나 입는 옷이 아니다. 남녀가 만나 성공한 사랑으로 결혼을 약속한 때에 입을 수 있는 옷이다. 화자는 섬을 둘러싸고 끝없이 밀려오는 파도의 형상을 보며 그들이 닿고자 한 순정한 마음을 따라 걷는다. 거침없이 밀려왔다 되돌아가는 파도의 하얀 포말들, 그들이 어루만지고 간 모래알갱이들과 그 어딘가에 그토록 전하고 싶었던 말들을 새겨들었던 순간을 놓치지 않았다. 그래서 화자는 해변의 수많은 사연들을 품은 존재들에 다가가지만, 단지 "파도가 적시는 건/ 모래의 귓바퀴다/ 파도가 철썩이는 건 조개껍데기의 혀다/ 내 발가락에 키스했던 입술이 그립다 하다"라며 감성적 감각으로 전유해 간다. 그 어떤 극단도 존재하지 않는 달콤한 밀어 같은 바다와 섬이 영원히 존재하는 이유를 깨달아간다. 그것은 풍경의 부분으로 존재하는 것이 아니라 전부를 알기 위해 본래의 순정한 마음으로 되돌아가는 것이다. 잠시의 소란이 영원을

새긴 시간들을 되돌릴 수 없듯이 "야생, 오늘 길을 잃고 나도 그대를 잃어버린다/ 모래밭을 아무리 걸어도 남길 수 없는 발자국, 원자原子의 길"에서 만난 실재한 존재들을 생각한다. 그 각각의 고유성으로 형성된 저 무한한 것들 속에 간직한 순진무구한 사랑을 생각한다. 그들이 최초로 누군가를 사랑하며 견뎌왔을 인고의 이타적인 본능을 생각한다. "모래의 원자는 짜다/ 포유류의 사랑이 천 년 동안 짜디짠 소금인 것처럼, 심지어!"라며 화자가 말하고자 한 것은 무엇이었을까? 본래의 모습으로 돌아가자는 발심일 것이다. 가끔은 홀로 떠 있는 섬에 찾아들어 자연 그대로인 섬처럼 닮고 싶은 때가 있다. 섬만의 독특한 냄새는 무엇으로부터 연유할까?

비릿한 문어발 냄새의 꿈, 첫사랑 아니라도 첫사랑이다
저릿한 몸서리의 햇살, 마지막 사랑 아니라도 마지막 사랑이다
삶의 빛은 윤슬 파도가 아니라도 파도치며 하화도를 애태웠다
열정 그대, 하화도꿈의 파도 속으로 나를 훔쳐 달아난다
나도 달아난다 그대를 훔쳐

두 도둑의 꾼 꿈은 크레타*도 못 말릴 자유의 날개,

파도는 자유를 질투하며 하화도를 후려쳤다
자유는 밤새 보름달을 패대기쳤다
갈기갈기 파도 속에서 찢겨 울부짖던 보름달
눈물만큼씩 말라갔다
그 세월동안 그믐의 빛은 서러웠다
하화도꿈
어둠이다 그러나 달은 썩지 않는다

통발 속에서 몸서리치던 문어의 춤처럼 세속적이다 달빛!

―〈하화도꿈〉 부분, 《사람의 깊이》 27호

바다에서 홀로 그 자리를 지키며 사철 그대로인 청정한 섬 하화도는 천지가 꽃밭이다. 아름다운 풍광을 꽃으로 더해주는 하화도는 여수 백야 선착장에서 통통대는 여객선으로 오십여 분이 소요되는 바닷길에 있다. 먼 것 같지만, 그리 먼 것도 아니어서 여행하기 딱 좋은 거리다. 이민숙 시인의 하화도 사랑은 유별하다. 하화도에 관한 시편들이 상당하기 때문이다. 한 번씩은 힘든 가슴을 출렁이는 파도에 맡기며 찾아가 가뭇없는 대화를 나누고 싶은 섬이기 때문이다. 그 하화도를 번번이 찾아갔지만, 깊은 약조에 이르지 못한 것을 알 수 있다. 언제나 '첫사랑'이란 절대적인 구속에서 벗어날 수 없는 것처럼 아쉬움이 남는 법이다. 그 마음이란 것의 시작은 항상 첫 만남처럼 설렘으로 다가왔다. 생각해 보니 첫사랑도 마지막 사랑도 아닌 것처럼 언제나 진행형으로 그 안에서 또 다른 사랑의 매력에 빠져든다. "하화도 꿈/ 어둠이다 그러나 달은 썩지 않는다/ 통발 속에서 몸서리치던 문어의 춤처럼 세속적이다 달빛!"이라는데 어둠 속 바다를 비추며 고아하게 떠 있는 하화도만의 달을 볼 수 있다. 그것은 어떠한 역경에서도 흐트러짐 없이 존재할 수 있게 해준 사랑처럼 섬의 이야기이면서 화자가 품어갈 삶의 화두였다. 그런 것을 삶의 일로 연연하지 않겠단 마음일 것이다.

난 열쇠가 없네 아니 있지만 잠그지 않는다네 욕망이라는 열쇠
저 푸르른 하늘의 무한 품이 나를 키웠네 슬픈 붉은 순간 영원으로
그대가 가슴을 잠그고 내게 열쇠를 주었더라도 난 열 수 없거나 열지

않았을 것이네
　난 열쇠가 필요 없네

　　　-〈장미〉부분,《사람의 깊이》25호

　장미는 피기 전부터 아름다웠다. 장미처럼 사람도 아름다운 외모를 가졌다면 어쩔 수 없는 일을 겪게 된다. 그럴 때 타자에 의해 각인된 욕망이라는 사슬을 운명이라 여길지도 모른다. 그 욕망을 굳이 차단해야 할 이유는 없다. 시시때때로 부딪치며 살아가겠다는 각오가 과하여 발현한 현상일 수도 있기 때문이다. 그렇기에 그 무엇도 거부할 이유가 없고 누군가 다가오고 싶어 한다거나 마음을 훔쳐본다면 있는 그대로를 맡기겠단 심사다. 그런데 문제는 누군가에 의해 자신을 옥죄기 위해 만들어 놓은 '열쇠'가 있다는 것이다. 그 열쇠를 사용할 타자의 욕망은 자신과 무관하다. 만약에 열쇠로 은밀한 곳을 열고 누군가가 들어온다면 '장미'의 가시를 디밀어 찌르지 않겠다는 약속마저 해주었는데, 스스로 가시에 찔리고 마는 것은 어쩔 수 없는 당신의 운명이다. 장미(화자)는 진정으로 이루고자 한 사랑의 유토피아를 완전하게 갖추고 있다. 그 유토피아는 오직 당신을 위해 존재하므로 "열어줄 필요 없는 그곳에 그대 오시든지 말든지"라며 속내를 밝히는 것을 말미로 미뤄두었다. 생의 절정을 향기까지 품어 핀 장미꽃은 이미 기약된 아름다움의 실현인 것이다. 그 진정한 발현은 당신을 향하고 있음이려니 그래서 나에게 다가오는 것에 열쇠 따윈 필요 없다는 자유투를 날리고 있다.

　　고마리 일곱 마리를 불에 구어서 고구마를 함께 구워서 먹는다 설움이 고소하게 웃는다

구절초 아홉 마리를 삶아서 배를 넣고 삶아서 먹는다 불면이 겨우 잠
드는 새벽이다
　　마스크를 태워서 투구꽃을 함께 태워 먹는다 21세기 속을 차릴랑말랑
토사곽란이 멈추지 않는다

　　시 한편을 흩날리며 허수아비 세 마리를 쫓는다 새들은 날개 깃털을 잉
크에 찍어주며 시인을 연민한다
　　나 잡아 봐라 나 먹어 봐라 사랑이 달아난다 언제나 짝사랑인 파도를
연탄불에 구울 수 없다면 가을은 꽝이다

　　　－〈고마리〉 부분, 《사람의 깊이》 25호

　감히 이 세계의 생동하는 것들을 구워 먹겠단 생각을 한 화자다. 그것은 기존의 용인된 방법으로는 마음속의 불덩이처럼 치솟는 기운을 억제할 수 없다는 것에서 궁구한 발상이다. 금관가야의 '구지가'에서 "거북아 거북아／ 머리를 내어라／ 내어놓지 않으면／ 구워서 먹으리"에서처럼 단단한 결의를 행동으로 행하겠단 강제 의지의 표상이다. 조금은 모호한 부분이 없지 않지만, 나름 시적 상상력과 형상화가 맥락을 이끌고 있다. 먼저 '고마리'는 봄 물가에 자리 잡고 일찍이 때를 기다렸다 오종종한 꽃을 은은하게 피워낸다. 그 고마리 꽃 일곱을 꺾어다 구워 고구마와 같이 먹고 나니 설움이 가신다는 것으로 봐서 상상적인 사유를 문학으로 비유했음을 알 수 있다. '구절초'는 색다르게 배와 같이 삶아 먹는 데 그 효과로 화자를 힘들게 한 심정적 불면을 부분적으로 해소시켜 준다. 그렇지만, 안락한 숙면에 들지 못한 화자는 새벽에 눈을 뜨고 만다. 하다 하다 이제 "마스크를 태워서 투구꽃을 함께 태워 먹는다 21세기가 속을 차

릴랑말랑 토사곽란이 멈추지 않는다"라는 가혹한 세계성을 상징적으로 보여준다. 어쩔 수 없이 마스크를 써야 살아남을 수 있는 코로나 바이러스에 대한 공포와 꽃말이 '나를 건드리지 마세요'라는 투구꽃의 속말처럼 온전한 자유인으로 살아가고 싶은 욕망의 또 다른 표현임을 알 수 있다. 그렇다고 해서 화자가 이루고자 한 욕망을 다 성취한 것이 아니다. "시 한편을 흩날리며 허수아비 세 마리를 쫓는다 새들은 날개 깃털을 잉크에 찍어주며 시인을 연민한다"에서 완전한 시적 형상을 이룬다는 것은 마치 요원한 사랑을 쫓는 것과 다르지 않다. 보일락말락한 사람 마음속에서 꿈틀거린 사랑은 도무지 기미를 종잡을 수가 없어 괴롭다. "나 잡아 봐라 나 먹어 봐라 사랑이 달아난다 언제나 짝사랑인 파도를 연탄불에 구울 수 없다면 가을은 꽝이다"라며 그것마저 훌훌 벗어던져야 할 때가 왔는지 모른다. 아무리 구워버린다고 겁박을 해도 꿈쩍하지 않는 것을 보면 이 세상에서 단 한 사람인 사랑임을 알 수 있다. 마음을 간직한 대상은 당연히 사람으로 표상된 세계이니 깊은 속내를 알 길이 없다. 그 사람의 몸짓을 향한 시선을 몽골 초원이라고 해서 달라질 수 없다.

길을 찾아 헤매기엔
몽골 천지 너무 넓어라

샤먼도 만날 텐데 원주민도 만날 텐데,
그들의 신은 미로를 헤매는 것도 아랑곳하지 않았다

오지는 오체로구나
징검징검 개울이나 건너보았던, 안내판 아스팔트나 질주할 줄 아는 우

리에겐,

깊다는 건 거칠다는 것
오지의 길은 험하고 영롱한 사랑 너머
불꽃 피울 때 망각해버린 용기만이 필 수 점쾌!

−〈차탕족을 찾아서−몽골 시편〉 부분, 《사람의 깊이》 24호

 차탕족은 홉수골에서 한참 벗어난 외진 곳에서 순록을 키우며 사는 몽골의 여러 부족 중 하나다. 그 사람들을 만나기 위해 "끝없이 가야 하듯이/ 당도할 곳이야 들은 것 뿐 꿈결이었는지 까마득"한 그곳을 찾아 나서느라 바쁘다. 사람이 다닌 길이 따로 없는 몽골의 하늘 아래는 말과 양 떼가 길을 만들고 그 뒤를 따라 사람이 이동한다. 존재와 부재가 실재한 초원에서는 언제든지 본래의 모습으로 되돌아갈 채비를 하고 있다. "쌓여버린 눈에 길은 눈부시게 지워졌으므로" 말과 양 떼, 그리고 순록이 하늘의 별과 달을 보며 초원에서 불어오는 바람의 냄새를 찾아 궁리한 생명의 길이다. 순록이 찾아낸 길을 따라 사람은 덤으로 살아간다. 그들이 곧 생의 보장이기 때문이다. 먹어야 살 수 있는 것들을 얻는 것에는 거저란 것이 없어 몽골 초원에서는 부단히 걸어야만 취할 수 있다. 순록과 차탕족의 일생은 살기 위해 멈추지 않고 끊임없이 이동을 해야 한다. 그것도 여의치 않으면 신과 소통하는 샤먼을 찾아가야 한다. 샤먼만이 볼 수 있는 신의 길은 인간의 눈에는 보이지 않는다. 태곳적 비밀을 고스란히 보존하고 있는 몽골은 신비한 초원의 풍경들을 끝없이 펼쳐 보인다. 그들이 보고 듣고 말하는 모든 것은 태초의 소리로 재현된다. 초원의 해와 달과 별 그리고 이름 모를 풀꽃들이 바

람에 흔들릴 때마다 천리 먼 길의 순록과 말과 양 떼를 불러들인다. 그들이 있는 곳은 언제나 오지였다. 시간이 무한이 흘러서도 밤하늘의 별처럼 은은한 가슴을 툭툭 터트리며 다가오는 사람들은 묵묵히 초원을 건너온 바람을 기다리고 있을 것이다.

눈 덮인 오란터거, 영하 40도 숲속,
뭔가를 먹어야 했다 먼먼 이방인끼리
텐트를 치고 불을 지폈다
꽁꽁 언 손으로 장작을 모아서 모아서
마음을 눈빛을 서로에게 닥칠 수도 있는 위험을
끌어안아서 불을 지폈다
불은 불이며 불이 아니며 불이 아닌 것이 아니다
잉걸불을 보면 맘을 놓았다 뜨거움으로 차오르는 기적
너무도 찬 설원의 숲 아래 더 깊은 하늘강 속에서 내려온
뜨거운 솥 걸터 놓여있다
오란터거 사랑하라 춤춰라 기도하라 인류의 보루

─〈장작불─몽골시편4〉 부분, 《사람의 깊이》 24호

그 바람이 전한 대로 찾아간 몸과 마음은 몽골 초원의 오란터거('오란터거'는 몽골 산꼭대기의 분화구)에 있다. 낯선 초원에서 텐트를 치고 하룻밤을 보내는 몽골의 밤이기에 마음이 들떠 있을 테지만, 이국의 풍경을 즐기는 것보다 먼저 안전한 밤을 준비해야 한다. 함께한 일행과 불을 피우기 위해 장작을 준비하고 어느 정도 여유를 찾아갈 즈음 이방인의 마음은 '나'가 아닌 '우리'라는 온기를 느끼게 된다. 혹독한 추위를 견디기 위해 몽골 초원에서 "꽁꽁 언 손으로

장작을 모아서 모아서// 마음을 눈빛을 서로에게 닥칠 수도 있는 위험을// 끌어안아서 불을지"펴야 한다. 오롯한 마음을 나눈 것보다 우선인 생존의 문제란 것을 깨달았다. 장작에 붙은 불덩이를 보며 가슴 한 편으로 분출하고 있는 분화구를 본다. 그 안에서 치솟는 불은 단순한 불덩이가 아니라 인간이 살아갈 초원에서 생명을 지키는 수단이다. 자칫하면 영하 40도의 밤을 견딜 수 없어 영원할 것 같은 초원을 등질 수 있다. "오늘 할 일 하나, 식어버린 순정, 장작에 불을 붙이는 일"이라며 혼신을 다하고 있다. 가슴속에서 요동치는 불덩이가 분출할 기회를 엿보고 있다.

> 그것, 가장 큰 설레임 생명은, 얼마나 실낱같은 씨앗의 꼼지락인가
> 세상사 실實한 것들은 실絲 잣는 엄마의 무릎에서 배시시 깨어난다
> 내 사랑 천둥 칠 때, 허공은 순간의 번개로 제 허위를 쩍 갈라버렸다
> 그 소리와 빛, 심연도 요동치게하는 실낱의 황홀이다
>
> 찰나라는 실낱, 삶이라는 낱낱, 배고픈 낟가리가 가을 들판에 누워있다
>
> －〈실낱같은〉 부분, 《사람의 깊이》 22호

화자가 찾아간 곳은 마음속 고향 같은 여수 푸른 바다를 품고 있는 하화도이다. "왕부추꽃에 일렁이는/ 청띠제비나비의 투명 날갯짓, 사이 잉걸불처럼,/ 깊은 열락이 실낱의 재료"란 것을 놓치지 않으려는 몸부림이 삶이다. 짧은 생애를 잘 버티려고 치열함을 부끄럽지 않게 숨기고 살 뿐이다. 그 소중한 맹아의 시작은 작은 알갱이인 씨앗으로 빌미 된 것이다. 그것의 꿈들이 커져 자꾸만 자리를 넓혀간다. 세상의 일이란 것이 광폭으로 변화하여 도무지 종잡을

수 없는 지경으로 치닫고 있다. 그런 것도 가만 들여다보면 한 가닥의 '실낱'으로 기인한 것이다. 그 실낱들을 본래의 모습으로 치환하여 순수했던 본성으로 돌아가려 한 것이다. 그 이상형의 하화도는 여수에서 멀지 않다. "하화도 밭넘 너머엔 별빛 윤슬이 노을의 어깨를 두른 그대 팔꿈치를" 붙잡으며 "하화도 구절초 막걸리 타령은 얼마나 영영 사라질 줄 모르는가, 등대가 실낱같이 반짝이는 것처럼"이라며 심연 속의 상상을 더하여 실재한 하화도를 재현하고 있다. 결국 섬이란 태초의 모습을 간직한 인간의 본성과 동일한 것으로 그 훼손된 심성을 회복해 가는 것이 화자가 말하고자 한 '실낱'의 진면임을 알 수 있다. 그 섬은 언제나 드나들 수 있는 것도 아니다. 물길을 수시로 지워버리는 바다의 표정을 세심하게 살펴야 한다.

하화도의 새벽은 충직한 머슴
컴컴하게 행궈버리는 새벽파래
도시 쓰레기장에서 히피족들 웃었다는 소문!
새벽 하화도, 새벽 구절초
흰 서러운 애간장을 꽃 피우고 있다
슬쩍 들려오는 햇살의 말발굽 소리
구절초 아홉 마디 꽃잎으로
바람바람 흔들린다

그대여 새벽사랑!
열이레 달의 머리카락에 붙어 흩날리는
절정의 문고리,
열까 말까 비밀일랑가 노랠랑가

어둑어둑 희끗희끗 새벽옹달샘처럼
차디차게 뼛속까지 감미로운,0
범부채 주홍 열일곱 새벽하화도!

        -〈하화도행 5〉부분, 《사람의 깊이》 20호

 쉽게 사람을 받아들이지 않는 섬 하화도, 찾아가는 마음이 그토록 간절하다면 바다도 어쩔 수 없다. 순정도 그렇고 사랑도 그렇다. 첫눈에 들었다면 그 순간부터 가슴앓이는 달고 살아야 한다. 그게 사랑이든 삶의 방식이든 모든 것은 그렇게 된 화자가 자초한 것이니 그것도 인생살이의 부분이다. 일찍 뜨는 배편을 알고 있기에 몸이 바빴을 것이다. 첫사랑 순정에 가슴이 달아올랐던 것처럼 주체할 수 없는 조바심이 눈에도 잡히는 데 그런 속셈을 익히 알고 있는 하화도 선착장 근처 할머니의 손이 바빠졌다. 곧 당도한다는 기별보다 앞서 "새벽뱃고동, 새벽안개 사이로 나그네 쳐들어와/ 도시의 추문을 흩뿌리지만" 한두 번 겪은 것도 아니어서 어지간한 것에 마음 쓸 일도 아니다. 저 흐리고 혼탁한 마음들의 이방인에게 철판에서 노릇노릇 잘 부쳐진 '부추전'에 하화도 막걸리를 담아 환하게 내밀면 그만이다. 사랑도 그런 것, 마음에다 눈 맞추다 보면 서로 오붓해져 가까워진다. 하화도에 발을 딛는 순간부터 새로이 시작하는 "그대여 새벽사랑!/ 열이레 달의 머리카락에 묻어 흩날리는/ 절정의 문고리"를 여닫는 것은 그대의 눈썹 안으로 흘린 눈물 같은 사랑이다. 촉촉이 젖은 사랑도 애타기는 마찬가지인 것처럼 '열이레 달' 속에도 본디 보름달 같은 사랑이 가득했으니 더 무엇을 말해야 할까? 그 사랑을 안고 표류해야 할 지점은 우리의 삶 속이어야 하고 우리가 살아가는 이 땅이다.

 지금까지 이민숙의 시를 통해 현재 시점부터 과거를 거슬러 가며 살펴보는 기회를 가졌다. 결국은 시와 삶은 밀접하다는 것과 살아온 내력을 고스란히 말해준다는 것에서 몰입해 온 시의 세계를 이해할 수 있었다. "우리 이제 삼삼오오/ 신산한 공원 그 공원의 빈 의자거나/ 한쪽 빈 바윗돌에서 만나자/ 막걸리 몇 개 차고 와/ 달 뜨는 것 바라보고 지옥 슬픔 얘기나 하자/ 쐬주 한잔 하며/ 봉긋 솟는 목련의 숭오리들 같은 것도/ 파헤쳐지는 강 같은/ 죽어가는 노동자의 뼈 같은/ 그 뼛까루처럼 날아오는 황사 같은/ 구제역 돼지 같은/ 그러면서 우리 사이 밀고 당기고/ 거품 내던 시간, 주워 휜 도화지에 담아보자"(〈어느 시인의 제안〉, 『사람의 깊이』 15집, 2012년)라는 시를 통해 이민숙 시가 지향하고 있는 지점을 되돌아보며 그 문학성에 가까이 다가가고자 했다. 우리가 앓고 있는 사회 문제에 대한 비평과 그에 대한 대안으로 우리가 해야 할 행동을 실천하자는 담론이다. 그 당시의 마음이란 것도 시간이 많이 흘렀기에 변할 수밖에 없다.

 우리의 삶에 영향을 끼치고 있는 정치와 사회가 더 열악해져 있다는 것이고 그것에 앞서 변화되어야 할 전망들도 호의적이지 않다. 아직도 이민숙 시인이 추구하고 희망한 시간은 오지 않았음을 알 수 있다. 가슴 허허롭게 만나 그 가슴속 응어리를 풀고 어깨를 보듬고 환하게 웃을 그 날을 기약해 보지만, 쉽게 올 기미는 없다. 말귀를 닫은 세상 사람들을 향해 이제는 더 정교해진 AI가 시인을 대신하여 글을 쓸 것이다. 그들은 슬픔과 고통 그리고 사랑도 알지 못한다. 다만, 고도한 데이터가 그들을 배후에서 조종할 뿐이다. 그들은 감성적인 시인보다 더 거친 입으로 그들만의 말(제품)을 거침없이 쏟아낼 준비를 이미 끝냈다. 그들은 우리의 현실과 미래에 '절망'은 아예 없는 것이라며 상품화된 '희망'을 쇠뇌하려 할 것이다. 그럴 때 우리가 그토록 지키고자 했던 문학적인 가치들은 어떻게 될 것인가를 생각해 보았다. 그런 면에서 삶의 의미를 진정으로 전언하고자 한 이민숙 시가 소중한 이유는 더 명확해졌다.

사랑, 가슴 아프도록 그리운 말들
- 오미옥 《내일이면 산벚꽃 환해지겠다》,
  서수경 《어떤 통섭通涉 이야기》 시집 중심

  우리가 살아가는 세상(일상)은 사람과 관계된 복잡한 사회의 전형이다. 사람으로 비롯되어 체득한 경험과 내적 심성이 의식을 변화 진전시키기도 한다. 또한 어떤 대상은 존재감조차 없이 잊히고 마는 경우도 발생한다. 그렇지만, 시인의 눈빛을 통해 마음으로 들어온 대상은 특정한 기억으로 오랫동안 잠재되면서 내면에서 재인식되는 과정을 거친다. 그것의 다른 말은 사물이란 형상도 따지고 본다면 실재한 것이기에 충분한 존재 이유로 이해된다는 것이다. 시의 세계 속에서 지시된 사물이란 말은 사실적 형상과 다른 별개를 추론한 것으로 이해된다는 개연성까지 포함한다. 주변의 현상 속에서 보여 주는 사물이 곧 형상으로 이해되는 경우와 그렇지 못한 상황도 있다. 예를 들어 시적 대상으로 바라본 나무와 그 나무가 갖는 고유한 물성을 동일하게 인식한다는 것의 한계가 있다는 것이다. 시각에 의해 전달된 모양을 구체적으로 표현하는 데 있어 완전한 재현은 매우 어렵기 때문이다. 사물을 언어로 전달할 때 존재와 유사 존재로 또는 실재하지 않는 상상 속 이미지를 구체화해야 하는 것도 부담이다. 그것의 또 다른 말은 사실적인 관찰 속에서 이미 알고 있던 사물에 대한 형상과 혼동할 수도 있다. 그래서 간혹 우리는 시적으로 상징화된 사물과 실재적인 사물을 동일하게 인식하는 경우와 그렇지 않은 것까지 염두에 둬야 한다. 그런 시적 표현에 대하여 거론하는 것은 시어가 갖는 상징성에 대한 이해에서 또 다른 가능성을 충분히 예상할 수 있다는 것의 다의적인 의미언으로 이해되어야 한다. 그런 것과 상관될 수 있는 지난해와 해를 넘긴 연초에 발간된 시집 중 서수경의《어떤 통섭通涉 이야기》와 오미옥의 《내일이면 산벚꽃 환해지겠다》에서 그런 언어적 간극을 느낄 수 있다. 두 시인의 감각적 차이로 보여준 심미적 언어 상황마저 변별성으로 본다면 즐거운 일이다. 그것도 해 바뀌고 1월이니 이미 그 시집에 실린 시들도 전년도가 끝나기 전에 완성된 시공간을 함께 한다는 것에서 인식의 차이는 크지 않다. 일상이란 풍경에서 시적 대상으로 유입된 사물들이 현상과 표상으로 수없이 교차되면서 세계를 아울러갈 때 심미적 충동의 변화도 덤으로 공감할 수 있기 때문이다. 두 시인의 문학 속에 내재된 사물이 언어로 존재하지 않는다면 형상 그 자체가 재현(표상)될 수 없기 때문이다. 그것에 대한 또 다른 환기는 변화이고 삶 속에서 참다운 나를 발견해 가는 과정이란 것을 말한다.

　잊어버린 기억 속 사람과 마음

　먼저 오미옥 시인의 《내일이면 산벚꽃 환해지겠다》부터 살펴보려 한다. 오랜 고투의 시간으로 이룬 시 세계 안에 현실과 과거를 아우르며 자연의 변화 질서에 순응하는 인식으로 다가간다는 것에서 출발한다.

　얼마만큼 순해져야
　네 소리에 가까이 갈 수 있나

산벚꽃 피는 소리를 듣지 못했느냐고
산벚꽃 지는 소리마저 못 들었느냐고
내 안의 생이 자꾸 물어 온다

내가 감당해야 할 절망을
앞서 걷는 당신은 알기나 한 건지
서러운 봄날,

그러니 어쩌랴
산벚꽃 피는 자리에서 실컷 꽃구경이나 하자고
마음 환해져서 내려오는 길

누군가 버리고 간 깨진 흙피리
주워 보니 새 울음소리가 난다
새의 울음을 줍는다

　　-〈소리를 줍다〉 전문

　모든 사물은 고유한 형상을 갖고 있다. 그 형상의 완벽한 성질을 구체적으로 표현한다면 '내일이면 산벚꽃 환해지겠다'의 시집 제목처럼 꽃의 개화로 보여주는 변화를 전언적 형태로 이해하려는 것은 좋은 예이다. 그런 상상 속 희망이 담긴 일상을 생명의 운동성으로 바라본다면 더 많은 이야기로 풀어낼 수 있다. 결국 삶의 일부나 전체성을 담고 있는 시의 세계는 존재(생명)에서 비롯한 결과이기 때문이다. 먼저 생명의 본질에서 식물과 동물은 근본적 차이가 있다, 사물 그 자체가 운동성(이동성)을 갖고 있는가와 그렇지 못한가의 차이는 확연하게 다르다. 먼저 동물성에 기반한 생명체의 예를 들어

보면 스스로 발성 기관의 발달로 기인한 소리 성량과 운동성을 갖고 있다. 이와 반대로 식물이나 이외 광물질은 자력에 의한 발성과 최소한의 이동성도 실행할 수 없다. 다만, 외부의 충격에 의해 마찰음을 가질 수 있고 가해진 물리력의 크기만큼 이동성을 갖게 된다. 이와 반대로 동물을 비롯한 인간은 스스로 감정의 상태를 자유롭게 발성하여 외부에 전달할 수 있다. 그런 면에서 인간은 어떠한 대상과 비교될 수 없다. 따라서 동물이나 인간이 외부로 드러내는 소리를 통해 최소한의 관심만 가진다면 현재의 상태를 짐작할 수 있다. 다양한 '소리'는 동물을 비롯한 인간만이 가질 수 있는 것으로 독특한 구개 구조 때문에 가능하다. 근원적인 본성을 상회하는 시적 호기심으로 오미옥 시인은 고유한 물성으로 빚어낸 상태를 주목하고 있다. 화자는 꽃으로 빚어진 풍경 속에서 '소리'를 '줍'는다는 언어 변용으로 활용을 극대화한다. 결국 자연 속 성장을 거듭하며 산에서 자생한 산벚꽃나무를 보면서 호기심이 발동한 것이다. 아무도 찾아주지 않았을 깊은 산속에서 저 홀로 혹독한 겨울을 이기고 온갖 생의 궁리를 다해 가지마다 벙글기 시작한 산벚꽃이다. 그냥 홀로 피고 지는 것이 아닐 것이라는 생각에 이른 것이다. 지금껏 세상 잡다한 어떠한 '소리'보다 오묘한 궁리가 담긴 생명의 소리를 환하게 핀 산벚꽃을 통해 들은 것이다. 그 '산벚꽃'이 품고 있는 자연 속 비밀을 들을 수 있는 귀가 열렸다. 그러면서 "얼마만큼 순해져야 / 네 소리에 가까이 갈 수 있나"라며 마음을 채근한다. 아무리 그렇더라도 자연은 모든 것을 다 보여주지 않는다. 자연만이 간직한 순응적인 생태 비밀을 알아내기란 쉽지 않다. 궁하면 통한다고 산벚꽃이 개화 과정을 의도하며 숨긴 것이 아니란 것을 깨닫게 된다. 이미 풍경을 통해 산벚꽃 피고 지는 순리를 다 보여주었다는 것이고 그것의 전언이 표정의 변화로 인식해야 될 '소리'란 것을 알았다. 산을 내려오다 아직도 낭자한 꽃 봄 피는 것을 다 봐버린 흠피리다. 그 안에서 울려 나온 소리란 것도 꽃의 생멸을 보여주는 자연의 순리였다. 이제 산벚꽃이 전하는 소리를 들었으니 잡다한 세상 소리를 탐하지 않을 것이다. 사람 사는 것 역시 지금껏 몰랐던 새로운 세상을 내 안으로 들이는 것이기에 자연의 이치를 깨달아가는 것과 같다. 그동안 식물과 동물을, 소리발성 여부로 구분하고 여태껏 그렇게 여겨왔던 자신이 부끄러워진 것이다. 산벚꽃을 보며 인간도 자연의 한 부분으로 잠시 존재하는 것으로 본다면 크게 다를 것이 없다.

한사코 따라나선 길
발걸음마저 뜨겁게 불타올랐다

붉은 숲에 들어
문득 먹먹해지는 마음
사는 일이 이토록 간절한 공양인 것을

돌아보면
누군가 나를 부를 것 같은
무아지경의 숲에 들어
슬프도록 고운 마가목 열매를 생각했다

한 생을
저렇듯 붉게 살다 갈 수 있는 마음
오래오래 들여다보았다

─〈붉은 숲〉 전문

　그냥 아무 이유도 없이 가슴이 헛헛해질 때가 있다. 그럴 때 치기처럼 올라오는 생각들이 사람 마음을 들쑤신다. 다름 아닌 어디론가 훌쩍 떠나고 싶은 유목적 충동을 어찌하겠는가? 누군가의 앞선 길을 따라가 보자는 심사다. 가도 가도 끝없는 물음의 길에서 묘한 기운이 내 몸으로 들어왔다. 숲을 따라 찰나 같은 동요가 일더니 "문득 먹먹해지는 마음"속 고요가 안개처럼 잦아들었다. 무언가에 쫓기듯 살아온 자신을 되돌아보게 된 시간은 오래 걸리지 않았다. 그 숲에서 아무렇지 않게 홀로 붉어가는 '마가목' 열매를 본 것이다. 마가목처럼 제 안의 모든 것을 불사르며 성장해 가는 모습을 보며 자신은 그런 적이 있었던가를 생각한다. 제각각 가진 열정을 다해 살아가는 것이 곧 삶이고 마가목처럼 온 숲을 곱게 물들이는 것도 생이란 것을 알았다. 저 홀로 붉어질 수 있는 마가목의 시간을 거슬러 가보면 그냥 쉽게 이뤄진 것이 아니었다. 혹독한 여름의 가뭄과 거친 태풍을 잘 견디고 얻은 소중한 결과물이었던 것이다. 그 안에서 삶의 진리를 터득해 가는 열린 마음이 곧 긍정이고 참된 자아에 대한 인식인 것이다. 제 몸 안에 든 모든 것이 자연에서 왔으니 욕망을 훌훌 내려놓는 것도 참된 자아의 성찰이다.

　〈너를 생각하는 날들〉에서 '딸'의 모습을 보며 지나온 시간에 대한 회상에 젖어든다. 그 시작은 엄마와 딸로 세상에서 만난 하늘이 내린 인연에서 출발한다. 어느 한순간도 마음 놓지 못했던 연약하기만 한 아이(딸)가 잘 자라 서른이 되었다. 엄마의 눈에는 어린아이 같은 "내가 이 세상에서 만난 탯줄의 언어/ 뜨거운/ 눈물겨운/

시원始原의// 이 넓은 우주에서 만난/ 너라는 문장"이라며 성장한 딸의 모습에서 화자가 소망하던 이상형理想形을 보게 된다. 각각의 형상으로 존재한 자음과 모음처럼 엄마가 바라본 딸은 불안과 불완전한 존재였다. 항상 혼자 있는 것을 두려워하며 반음半音같던 아이가 마치 자음과 모음이 결합해 완전한 '문장'으로 의미를 담아내듯 눈앞의 딸이 눈부시게 성장한 것이다. 서른 살의 딸을 통해 아슴한 기억 속 과거와 현재로 이어진 소중한 날들을 떠올리며 감동 같은 사랑을 전하고 있다.

〈천둥소리 하나쯤〉에서도 가슴 속 말하기를 멈추지 않는다. 먹고사는 것이 다들 바쁘다고 하지만, 화자도 그런 부류처럼 너무도 바빠 살아왔음을 고백한다. 그처럼 먹고사는 것이 바빠서란 이유라면 무엇이든 다 이해되는 핑계로는 그만 딱이었다. 그렇게 회피하듯 살아오다 보니 나이 지긋해지면서 눈에 밟힌 누군가 자꾸 떠올랐고 그때를 생각하니 마음이 아파왔다. 그래서인지 뒤늦은 후회처럼 밀려오는 안타까움에 이제라도 마음속에 천둥소리 하나쯤 반성하며 살고 싶다는 작심이다. 앞만 보고 살다 보니 "산벚꽃 무너져 내리고 / 빈 하늘 위로 철새들이 날아가는 석양 무렵/ 사랑했던 한 사람이 떠나갔다"며 그리운 사람을 오랫동안 잊고 살았다는 아픔이 안타까움으로 밀려왔다. 다시는 만날 수 없는 죽음 저 너머로 떠나가 버린 사람에 대한 간절함은 마음만 가능하다. 지나고 보면 세상사가 다 그리운 것들로 이뤄졌다는 것을 깨닫게 된다. 그리움만 남기고 간 사람은 불러도 대답이 없다. 다시는 정겨운 말을 나눌 수 없다는 것이 안타까운 것이고 그래서 슬픈 것이다.

사람의 몸과 마음이 풀리듯 얼었던 땅 위로 햇살이 스며들었다. 그 기운을 받아 씨앗 속에 숨겨둔 싹을 내밀었을 테고 마른 가지들도 눈을 틔워 이파리를 푸르게 펼쳐 보일 때 마주친 시선을 들뜨게 해 가슴을 충동한 것이다. 저 푸른 기운 속에 있던 생명을 보며 화자는 〈내가 너의 씨앗일 수 있다면〉으로 '나'와 '너'로 대비되는 관계성에 천착하고 있다. 지천명이 넘었다는 화자의 발설을 통한 자기 고백은 완성된 의미보다 부족함이 크다. 저 여린 풀잎들을 보면 눈물이 난다는 연민은 여리고 솔직한 마음을 고스란히 드러낸다. 그날은 『바람의 사원』4)이란 시집의 저자인 김경윤 시인을 만나러 가는 날이라 했다. 김경윤 시인은 해남에 살면서 인연됨을 깊이 있게 다루면서 불교적 성찰을 시적 세계로 확장해 간다. 그런 연유인지 그날따라 "풀씨처럼 내 안을 날아다니는 봄날의 소요"가 평소와 달리 예사롭다. 이런저런 생각을 하며 고정희5) 시인이 살던 생가까지 내친김에 찾아가 그분의 삶과 문학적인 세계를 생각하며 만감에 젖어든 것이다. 그분의 손때가 묻었을 서가를 둘러보며 어떻게 살아야 하는가에 대한 질문을 자신에게 물었다. 숲의 나무가 작은 씨앗 속 푸르름의 발현으로 성장하듯 투혼적인 삶을 살다 간 고정희 시인이 변화시키고자 했던 세상을 가슴으로 품어본 것이다.

〈동백꽃 피는 어머니〉는 '여순 10·19 6)'의 역사적 진실 속에서 잊혀진 채 치유되지 못한 아픔을 담고 있다. 참고로 오미옥 시인은 '여순 10·19 연구소'에서 당시의 참혹한 국가 폭력의 실상을 알리기

---

4) 김경윤 시인의 두 번째 시집
5) 해남의 고정희 시인, 지리산 등반 중 43세에 안타깝게 타계함.
6) 1948년 10월 19일 여수 제14연대 군 일부가 제주 파병에 반대하며 봉기한 '여순 사건'을 말함.

위한 연구 활동에 전념하고 있다. 그 기억은 많은 사람에게 잊힌 채 국가에 의해 자행된 피해 유가족의 기억에만 머물 것을 강요해 왔다. 이 시는 살아남은 피해자의 육성을 녹취한 자료에 근거한 사실이다. "남편도, 아들도 잃은 어머니"는 그날 이후 잠을 이룰 수 없는 고통에 시달렸다. 그 고통의 시작은 어머니가 "경찰서에 불려가 생동백나무 몽둥이로 맞고 돌아온 밤"의 충격으로 생긴 트라우마다. 어머니마저 고생만 하시다 생명줄을 놓아버려 홀로 세상에 남은 박복한 '딸'이다. 당시 네 살짜리인 그녀는 아버지를 기억도 못하는 데 수시로 경찰관한테 고초를 당해야 했다. 어디 하나 하소연 할 곳도 없는 참담한 고통의 끝은 지독하기만 했다. 그나마 다행이라면 육성으로나마 가슴속에 맺힌 말을 할 수 있어 좋다면서도 주변을 흘깃흘깃 둘러보는 것을 보면 여전히 마음이 불안한 것을 알 수 있다. 곱게 핀 동백꽃을 보기가 겁난다며 고개 돌리는 모습이 눈 밟히는 요즘이다.

그렇게 꽃 같은 사람들이 하나둘씩 사라질 때에도 우리는 아픈 그들을 잊고 지냈다. 그럴 때마다 〈숨죽여 부르던 이름들〉에서처럼 아름다운 사람들의 "순정한 목숨이 하나, 둘 사라졌다/ 오늘 자고 나면 아랫녘 친구가 없어지고/ 또 하루를 자고 나면 웃던 친구가 없어"졌다며 가슴 아픈 현실을 전한다. 그들의 삶이 그러했듯 불안에 떠는 마음처럼 모퉁이에 겨우 의지해 간신히 살아남았지만, 사람들 눈에 띄기도 전 "얼레지, 노루귀, 바람꽃, 개망초, 물봉선, 구절초, 쑥부쟁이/ 그 순한 꽃들이 환하게 피어 바람에 흔들렸"고 이내 사라지고 말았다며 짧게 끝나버린 꽃들의 시간을 안타까워한다. 그렇게 사라져 간 '여순 10·19' 피해 원혼들의 한 맺힌 절규를 화자는 속속들이 가슴에 새기고 있다. 고된 세상 잘못 만나 허망하게 스러져간 피해 원혼들이 우리의 곁을 맴돌고 있다. 다시 불러도 돌아올 수 없는 영혼이지만, 꽃처럼 하나씩 소중한 이름으로 그들을 불러줘야 한다.

〈나는 장돌뱅이 13살 순이였다〉에서 아름다운 꽃들은 지독하게 짓눌려도 끈질기게 살아 다시 피어났다. 그토록 징헌 세상이 뭐가 좋다고 속창아리도 없는 듯 죽어도 쳐 죽여도 끈질기게 살아남아 봄이면 피어나 사람 속을 긁어놓았다. 13살 장돌뱅이 순이도 그렇게 살아남은 독한 꽃이었다. 아버지는 이유도 없이 끌려가 죽임 당하고 애 들어선 어머니 충격에 사산아 낳아 정신이 나가버린 뒤 '13살 순이'의 혹독한 삶이 드세게 시작되었다. 그 땅을 뜨지 못하고 모질게 버티며 살아온 시간을 함께 되새기며 오미옥 시인은 당신의 아픈 가슴을 어루만진다. 지독한 팔자를 타고난 듯 생애 전부를 국가 폭력에 짓눌려 지금껏 모진 세상을 살아온 것이다. '여순 10·19'의 상처는 지독한 생애의 비수가 되어 온몸을 상처투성이로 만들어놓아 성한 데가 없다. 넋두리 같은 당신(13살 순이)의 말을 미욱한 마음으로나마 대신하여 오미옥 시인은 '당신은 아무 잘못한 것이 없었어요'라고 말해준다. "그 때 내 나이 열세 살/ 아버지의 죽음도, 손수 묻은 동생의 죽음도 슬퍼할 시간이 없었어/ 통통 부은 어머니와 마룻장 속에 숨어사는 오라버니"를 위해 장돌뱅이의 고단한 삶과 그날의 참혹함을 세상에 조심스럽게 꺼내놓고 있다.

오미옥 시인의 삶의 지점에서 분출된 문학 전반을 짧은 지면을 통해 말한다는 것 자체가 어려운 일이다. 세상을 바라보는 다양한 삶의 서사가 시적인 것으로 발현한 것으로 본다면 그만큼 마음 씀씀이가 깊다는 것이다. 매사에 따뜻한 언행으로 드러내는 것보다 드러내지 않고 다독이며 살아왔기 때문이다. 시집 전편에서 고백하듯 한 독백적 발화도 문학과 더불어 사회의식으로 수렴한 표현의 한 방법이다. 삶으로 집중된 심중을 시적인 언어로 수사화 하지 않고 자기만의 변별적 문장으로 무난하게 드러낼 수 있는 것도 그동안 쌓아온 문학적인 내공이다. 그런 기회를 맞아 보편적인 이해와 공감에서 오미옥 시인의 문학적인 세계를 확인해 볼 수 있다. 시의 주조를 관통하고 있는 따뜻한 마음이 어디에서 현재에 이르고 있는가를 잘 말해주는 시 〈오래전의 봄〉으로 들어가 보자. "엿을 사 먹을 빈 병도, 놋쇠 그릇도 없는데 마루 위에 놓인 할머니의 흰 도자기를 엿과 바꿔준다는 엿장수 말에 꽂아놓은 고운 진달래를 내팽개치고 엿가락 스무 개와 바꿔 동네 아이들과 속이 데리도록 엿을 먹으며 꿈같은 하루의 봄을 지냈다"라고 오래전 과거를 회상한다.

여기서 주목할 점은 '봄'과 '고운 진달래' 그리고 세월의 연륜을 고스란히 품고 있는 '흰 도자기'와 '할머니'로 이분하지 않고 '엿 스무 개'로 당시를 소중 것으로 다시 환기 집약해 낸다. 여기서 아이러니하게도 가장 오랜 삶의 시간을 관통하고 있는 것은 어김없이 반복되는 봄으로 세월과 관계없이 다시 순정한 여린 마음으로 되돌려 놓는다. 그럴 때마다 고운 진달래와 흰 도자기와 연관된 할머니 고운 마음이 실타래처럼 이어진다. 그 아이들과 단내 물씬 품은 봄은 가슴속 삶의 지표로 새롭게 피어난다. 소중한 것의 가치를 다시 한 번 생각하며 오미옥 시인이 문학적인 삶을 살기 위해 무엇을 지켜가는 가를 가늠해 보았다. 가장 소중한 것은 순정한 빛깔을 머금은 아름다운 마음이란 것을 시로 보여주고 있다.

온유한 눈으로 바라본 마음

서수경 시인의 시집 《어떤 통섭通涉 이야기》은 지금껏 바라본 세상이 어떤 상관성으로 문학적 재현을 보여주는가에 주목했다. 계절의 변화 주기를 모를 리 없지만, 어느 순간 빠르거나 늦거나 아니면 '불쑥' 와버린 때가 있다. 우리는 그런 일을 경험하며 '경이'롭다 말한다. 그 과정을 좀 더 세세히 들여다보면 아무렇지 않게 이뤄진 것이 아니다. 예측이 불가능한 기후 변화에도 자연이 갖는 본성을 잃지 않으려 한 치열한 순리 작용에 따른 것임을 알 수 있다. 마찬가지로 전혀 알지 못한 시인의 시집과 맞닥뜨릴 때도 그런 일과 흡사했다. 서수경 시인도 그렇게 다가왔지만, 알고 보면 오랜 그만의 시적 고뇌를 극복하여 이룬 상관물의 일부인 것이다. 그로 시작된 궁금증은 단순하지 않은 삶의 관계가 응축되어 있어 쉽지 않다는 것을 감안해야 한다. 시인이 가진 본질일 수 있는 지향점도 그렇거니와 반경을 아우르는 사유 현상이 어떻게 형성되었는가에 대한 것까지 이해해야 한다. 첫 만남의 순정한 마음을 '처음'이라 하듯 그렇게 시작하는 수밖에 없다. 하나씩 알아가고자 하는 시적 이해가 필요한 것임이 절실해졌다. 아차 싶었지만, 속말처럼 은근하게 앵겨붙어 눈물범벅이가 되어도 꼭 슬픈 것만은 아니어서 다행이다 싶을 즈음 짠한 가슴을 다독이는 데 '개뿔' 같다며 면박을 후려쳤다.

"봉산댁, 오늘은 날씨가 따숩것소 춥것소?"
해, 달, 별, 바람도 난간에 걸터앉았다 가는

꼭대기집 퍽퍽한 고구마 같은 살림
남편이란 인간은 한 날 숟가락을 꽉 깨물더니만
창시가 고장이 났는가 먼저 가버렸다며
골판지 같은 주름 꼬깃꼬깃하다
복사꽃 같은 마흔일곱 한창일 때
덩그라니 남아 무르팍 아프게 일만 했다

"바람이나 피워 보제 그랬소"
안 그래도 어떤 놈이 서방인 척 찝쩍대길래
동네 복판에서 싸대기를 날렸더니
다른 남정네들도 한쪽 볼을 움켜쥐었을 거라며
강단 있는 봉산댁의 헛헛한 웃음

생때 같은 여섯 남매 키울 생각에
모진 세월 밤낮 가리지 않고
죽기 살기로 일만 했다는 우리 봉산댁
소설보다 더 소설 같은 쓴맛 나는 인생사

남편 따라온 길, 눈 오는 날은 잘 산다더니
머릿결에 하얀 눈만 내리고 홀로 남겨진 사랑

개뿔!

　　-〈개뿔〉 전문

　신파조 대사를 읊는 듯한 봉산댁의 기구한 한 생을 듣고 있노라면 꼭 그리 슬퍼할 일만은 아니라 생각했다. 〈개뿔〉이란 시에서 봉산댁의 알싸한 불면 같은 넋두리가 마음을 후벼왔다. "봉산댁, 오늘은 날씨가 따숩것소 춥것소?"라며 물었을 정도로 열악한 산꼭대기 집에서 하루하루를 연명했던 것이다. 그야말로 "해, 달, 별, 바람도 난간에 걸터앉았다 가는/ 꼭대기집 퍽퍽한 고구마 같은 살림"살이란 뻔하기 때문이다. 그렇게 된 기구한 사연도 참 허망하다. 그야말로 횡액처럼 닥친 남편의 죽음이었다. 어디다 뭐라 하소연도 못할 사나운 팔자 탓이니 했다. 남편이 남긴 유산은 먹여 살릴 여섯 남매였다. 그때 봉산댁 나이가 마흔일곱이었으니 자식들 쑥쑥 크는 재미에 하루하루가 즐거웠을 때였다. 하루아침 박복한 처지가 되어버린 봉산댁이었다. 그래도 단단히 정신 차려 어미 노릇하겠다며 생업에 나섰지만, 장터란 곳이 호락호락한 곳이 아니었다. 별의별 남자들이 혼자인 것을 알고 홀몸인 봉산댁을 힘들게 했다. 그렇게 지독한 세월을 이겨내 다 장성시키고 이제 농반 진담 반을 섞어 살아온 고생담을 남의 이야기하듯 풀어낸다. 그 한마디 한마디가 곡절 깊은 사연이어서 듣는 가슴을 아프게 한다. 그 사이사이 헛말처럼 인생 별것 아니더라 며 웃음 섞은 말투를 내뱉지만, 쉽게 들리지 않는다. 놓치듯 바람이나 한번 피워 보제 그랬냐는 말에 마치 흥겨운 장단에 추임새를 넣듯 가볍게 받아넘기는 봉산댁이다. 어찌 성한 여자 몸으로 그럴 맘이 없었겠냐고 말하신다. 제 배로 낳은 아들 여섯이 뭐라고 도저히 사람으로서 그럴 수 없었다며 독해지지 못한 것이다. 그놈의 하늘이 내린 인연이 무언지 눈 밟혀 그렇게 안 했을 뿐이다. 어머니의 사랑 깊은 마음을 자식들이 모를 리 없다. 그리했으니 지금의 봉산댁의 사연이 서수경 시인의 시집 복판에 올라온 것이고, 사람 사는 것이 참으로 어려운 것이라며 사람답게 사는 법을 조곤조곤 들려줄 수 있는 것 아닌가? 젊어 시집오던 날 "남편 따라온 길, 눈 오는 날은 잘 산다"는 세상 말 그대로를 믿었던 때가 있었다. 그렇게 홀로 남아 고생이 뻔한 처지인 "머릿결에 하얀 눈만 내리고 홀로 남겨진 사랑"이란 것도 그 당시 팔자려니 해야 했다. 다 사람 듣기 좋으라고 지어낸 허무맹랑한 말에 더 이상 속을 일이 없다는 듯 불쑥 내뱉는 '개뿔'이 귀를 때린다. '개뿔'은 봉산댁이 온몸으로 부딪치며 얻은 생에 대한 절대적 단언斷言이자 냉소인 것이다.

먹고사는 것의 절박함을 경험한 사람만이 그런 처지에 처한 사람들에게 눈길이 가는 법이다. 시 〈노동의 한 끼〉란 의미가 그랬다. '노동'이란 말과 '한 끼'란 의미가 절박함과 치열한 현장성과 결합되어 사회 현상으로 환기된 것이다.

제복 입은 노동자들이 오그라든 가슴으로 문을 연다
게가 수북이 쌓여 눈 동그랗게 뜨고 사방을 주시한다
게껍질처럼 단단하게 무장한 사람들

게거품 물고 집게발 세워가며 세상 속에 각을 세우며
속 찬 게맛처럼 사는 사람들
등딱지처럼 밥 한 숟가락 꾹꾹 눌러 게눈감추듯 해치운다

국동어항단지 허름한 음식점 단돈 팔천 원의 행복
구수하고 맛깔 나는 삶을 위해
두 눈 똑바로 뜨고는 볼 수 없는 세상
게슴츠레한 눈으로 삶의 바닥을 훑어내는,

〈노동의 한 끼〉 전문

　여기서 화자가 말하고자 한 근원에는 건강한 노동과 그로 인해 환산된 물가지수를 연동하고 있다. 게장 백반으로 허기를 때우려고 노동자가 주머니 속 화폐를 저울질했을 현실을 진지하게 바라본 것이다. 길가 난전에 놓인 함지박 속 꿈틀대는 '게'를 보다 마침 우르르 쏟아져 나온 공단의 노동자들과 마주쳤다. 화자가 바라본 현상에서 본질은 다르지만, 누군가에게 팔려 간다는 것과 화폐 가치만큼 교환된다는 것을 놓치지 않았다. 행인의 거친 손길에 게거품을 물고 집게발을 쳐든 '게'를 보며 생존의 치열함을 생각한다. 마침 긴 시간의 노동을 마치고 정문을 빠져나온 노동자들을 보았다. 그들이 팔천 원짜리 게장 백반으로 허기진 배를 채우려는 것을 보며 물질적인 풍요가 넘친 현실에서 반비례한 노동의 고달픔을 생각했다. 그래도 우리 사회의 양적 팽창이 가능케 한 경제성장의 기여에는 허기진 그들의 희생이 있었다. 매일은 아니지만, 그들은 때때로 최소한의 비용이 드는 밥집을 찾아 배고픔을 달랠 것이다. 그들의 주머니는 그만큼 작아지겠지만, 어쩔 수 없는 현실은 그들이 바꿀 수 있는 것이 아니다. 그 힘은 본질보다 차원이 다른 자본의 논리가 정치성과 결합한 거대한 카르텔에 뒷배가 있다는 것은 그들도 알고 있다.

　〈본의 아니게, 라는 말〉의 시에서 화자는 지금껏 살아온 방식을 생각해 보았다. 남을 인정하지 않는 현대 사회의 경쟁 논리는 '나'란 존재가 모든 것에서 우선시한다는 것에서 출발한다. 모든 행위에서 주체도 실행 결과도 자신이 원하는 대로여야 한다. 그것도 부족했는지 아예 '나' 말고 '너'라는 상대는 없거나 인정해선 안 된다는 나쁜 아집이었음을 깨닫게 된다. "몇 해째 걸음마 중이냐고/ 힘없는 다리 곧추세우고/ 강해져라 닦달"한 자신을 발견한다. 그것은 오직 화자만의 기준이고 그래야만 하는 원칙이었던 것인데 사실 그것을 실행해야 하는 대상은 타자인 '당신'인 것이다. 아무리 노력해도 노화로 무너진 신체 균형은 쉽게 회복되는 것이 아니다. 오히려 더 악화될 수 있는 것으로 지금껏 무리한 강요만 해왔다는 것을 비로소 느낀 것이다. 타자의 존재를 인정하지 않고서는 어떤 것도 고려될 수 없다. 나를 위한 삶이 우선이겠지만, 먹고사는 것 말고 남들보다 뒤처지지 않겠다는 욕망도 단단히 한몫을 하고 있었다. 늦은 반성이 생각의 변화를 초래한 의지의 실천이란 것을 충분히 알았다.

〈오두머니〉란 시를 보자. '오두머니'란 말뜻은 순간 닥친 상황에 당황하여 분별력을 잃은 상태를 이른다. 그런 상황에 처한 화자를 상상해 본다. 그것도 알고 보면 남이란 존재보다 자신에 우선한 판단에 따르다 발생한 상황에서였다. "황태처럼 마른 아이/ 어색해진 공간을 지우기 위해", 몇 학년이냐고 물었고 그 아이 "양 손가락 검지를 치켜"들었고 그런 상형 표현을 일반적으로 해석하여 1학년 1반이라고 인식한다. 흔하게 있을 수 있지만, 그렇지 않을 수도 있는 하나의 사례일 것이다. 그렇지만, 둘 사이 인식의 차이는 소통불가다. 특히 아이는 당당히 아니라며 11살을 의미한다고 재차 강조한다. 순간의 오판으로 좋았을 분위기가 여지없이 어색해져 버렸다. 이 시에서도 주관적인 생각이 사회성으로 확장될 때 발생할 수 있는 오류나 불통의 한 예일 수 있다. 대화나 문자나 일방적인 생각의 파장이 어디까지 영향을 끼치는가를 생각하게 한다.

  잘 우려낸 치자물에 순백한 천을 담궈
  조물조물 주무른다

  손아귀에 움켜쥐고 쥐어짠다
  실로 질끈질끈 묶어 숨도 못 쉬게 한다

  날 좋은 날 오글오글해진 천을 인정사정없이
  탈탈 털어 햇살에 펴 말리기를 대여섯 번,
  환골탈태이다

  성숙한 삶도 이와 같을까
  나의 색 위에 덧칠되고 채색되어
  꽃물 곱게 물들이고 싶다

      -〈치자꽃에 물들다〉부분

  염색통 안에서 아름답게 물들어가는 하얀 천을 본다면 누구라도 한 때나마 자신도 그렇게 곱게 물들여지고 싶어질 것이다. 한 번이라도 그렇게 생의 화려한 순간을 맞았으면 하는 꿈을 꾸며 산다. 화자도 치자 열매에서 우려낸 물에 담가 스며드는 하얀 천을 보며 환상에 빠져들었을 것이다. 그런 황홀경에 도취된 것은 화자만이 아니다. 현실감을 혼돈한 듯 "허락 없이 찾아 들어온/ 벌 나비 손짓 발짓도 좋아" 주변을 맴돌고 있다. 물감이 밴 염색 천 주위를 벌 나비들이 맴도니 분위기에 동화된 마음이 현실을 잠시 잊은 듯하다.

혼몽 속에서 빠져나오고 싶지 않다는 듯 "고슬고슬 탈색되고 고집스런 색감"에 더할 나위 없는 한 때를 만끽하고 있다. 그것이 우리가 이루고 싶은 삶의 모습인 것처럼 "성숙한 삶도 이와 같을까/ 나의 색 위에 덧칠되고 채색되어/ 꽃물 곱게 물들이고 싶다"며 소망을 염원한다. 그 바람은 화자가 가질 수 있는 문학적 상상이 아닌 현실이어야 한다. 그것은 오랜 준비와 기다림을 수반한 고통의 크기로 비례할 것이다. 천상의 색감을 우려낸 치자도 하루아침에 익어간 것이 아니듯 하얀 천도 오랜 누군가의 고통 스런 손길로 한 올 한 올 직조한 고된 노동의 결실이었다.

일상에서 느낀 무언가에 그럴만한 이유가 있다고 믿는다. 둥근 것은 아름다운 것이라고 말할 수도 아니면 그와 반대인 둥글기에 적합하지 않은 경우도 있다. 그저 보이는 둥근 것을 죄다 아름다운 것으로 이해한다면 세상은 온통 둥글어야 옳다. 그러나 서수경 시인은 〈맨홀 뚜껑〉이란 시에서 색다른 생각을 드러낸다. 왜 맨홀 뚜껑은 삼각형이 아니고 원형인가 의아했다. 그 궁금증은 충분히 그럴만한 의도가 있다고 믿었다. 엘리베이터 안에서 쓰레기 더미를 양손으로 안 되어 가슴까지 안고 가는 여자를 만났다. 그냥 있지 못한 오지랖이 발동해 도와주겠다 하는데 신경질적인 반응으로 되받아친 것이다. 순간 "도움을 준대도 받을 마음의 준비가 없는/ 그녀의 입 모양이 삼각형 맨홀뚜껑으로 보인다"며 그제야 "나 또한 누군가를 무시하며/ 날 선 언어로 입 벌리고 있을까/ 둥그란 맨홀뚜껑처럼/ 각 잡지 안아도 품위 있어 보이는" 삶에 대한 자신의 모습을 돌아본다. 그냥 지나칠 만한 일에서 스스로 반성하는 전환적인 사유에 눈길이 가는 이유다. 서수경 시인은 더불어 잘 살아가는 둥글둥글한 세상을 아름다운 것으로 생각하고 있는 듯했다.

'둥굴다'는 의미언은 형상만을 의미한 것이 아니다. 아버지도 나은 내일을 위한 고통을 감내해 왔다는 것을 〈고진 마을 어부 아버지〉에서 말해준다. 종종 힘들다는 말을 비치셨는데 요즘 집에 들어오실 때는 부쩍 등이 더 둥글어 보였다. 여수시 화양면 바닷가의 '어진 마을'에서 고기잡이 나서기 좋은 물때를 기다렸다. 바다에 나선 아버지에게 "파도의 관절이 으드득 부서지는 그때가 다가올 즈음// 고돌산 선소 앞바다의/ 심장 소리는 고요를 깨우고 파닥인다/ 불빛에 끌려,/ 떼거리로 몰려와 치솟는 멸치들의 반짝임"이 꿈처럼 요동 쳤지만, 아차 하는 순간을 놓쳐 만선의 희망이 멀어지곤 했다. 간혹 허당처럼 끝없이 헛물만 켜는 것이 미안했던지 망연한 눈빛으로 중얼거리며 바다의 물때만 탓하셨다. 그런 횟수가 반복되면서 힘에 부친 아버지는 모든 것을 놓아버린 듯 당신 탓이라고 되뇌셨다. 그것도 아쉽기만 한 추억 너머의 아련함뿐으로 이제는 그마저 힘들어 하시는 아버지다. 마음이 이토록 아픈 것은 고단한 아버지의 삶이 멈추지 않고 현재까지 이어지고 있다는 것과 고통이 점점 더 가팔라진다는 것에 있다. 당신의 노쇠한 모습을 보며 허망한 세월을 거둘 수 없어 안타까운 것이다.

서수경 시인이 문학에서 보여주는 시의 경향은 전체적으로 삶의 모습의 환기인 것이다. 그런 경향은 지역이나 시공간에 한정하지 않은 사회성에서 천착한 실상을 생애라는 서사로 전유한다. 그 실상은 가슴 아픈 이야기 거나 그와 반대로 많은 사람들의 무의식에 맞닿아 공감할 수 있는 담론적 언표다. 감전의 감동과 울림으로 다가온 말들이 오랫동안 심연 속을 응시하듯 주체가 되어 문장이란 형상 속에서 더 많은 알레고리적인 상상력을 증폭한다. 우리가 사는 세상에서 감각의 주체를 깊은 사유로 포착해 낸 저음부의 진솔한 이야기를 담고 있다. 그것의 인식은 살만하단 긍정을 효과적으로 유인하는 단초인 것이다. 〈콩깍지〉에서 "이제 와 보니 그만한 나무도 없어야// 늘, 그늘이 되어줄 사람"을 가리키며 우리가 살아가는 데 있어 소중한 것에는 진정한 '사랑'이란 것을 확인해 준다. 더 아련하게 가슴 울리며 〈사라진 골목길의 소리〉는 꿈속에서나 들을 수 있는 환청이다. ""이 가시내야 밥 묵게 언능 안 들어오냐"" 란 그 소리는 누구도 흉내 낼 수 없는 어머니의 속 깊은 사랑이다. 잔잔한 울림을 전해주는 서수경 시인의 시편에는 못다 한 말들이 많다. 자식 잊지 못해 맘 놓지 못한 당신은 우리 모두의 속 깊은 어머니의 마음이다. 그 〈엄마라는 이름〉을 떠올리며 엄마의 자리를 놓지 못하고 "어쩌다 파삭하고 밟힌 나뭇잎의 관절이/ 어긋난 삶을 이어오며 '짐'이라 여기는/ 엄니의 외마디 신음소리 같"아 안타깝다. 노쇠해져 버린 당신 앞에 놓인 세월을 밀쳐낼 수 없기에 마음은 더 아프다. 우리에게 오랫동안 여운 깊은 미련이 될 따뜻한 마음이 곧 시인의 모습이라면 시가 가져야 할 근본에 충실한 것 아닌가? 그래서 순한 마음을 담은 시들은 먼 훗날 그리운 추억처럼 아련해져 다시 읽고 싶어진다.

못다 쓴 희망의 파동
 - 김기홍 시집 《슬픈 희망》 중심

 김기홍 시인은 외눈박이처럼 한쪽만이 생을 쫓다 우리 곁을 영원히 떠나갔다. 물론 지나온 시간을 되짚어본다면 철근 노동자 말고 몇 가지 직업을 더 가진 적은 있다. 그만큼 공것보다는 진력을 다해 일한 만큼의 진실한 대가로 살았다는 방증이다. 그렇지만, 노동을 통해 많은 것을 이루고자 했으나 운명을 가름하는 삶의 질곡에서 끝내 빠져나오지 못하고 말았다. 그것은 주체적인 삶을 살지 못해서가 아니라 살 수 없게 한 사회 환경에서 찾을 수밖에 없다. 노동을 통해 삶의 주체가 되고자 했으나 무력한 시로 맞서기엔 무리였다. 그런 증거로 거친 세상에 의해 발려져 버린 시편에는 노동 현장과 연관된 고민들이 담겨 있다.

 〈서시〉에서 시인은 "산 하나 쌓으니 산 하나 무너진다."며 절망을 말하다가 "무너질 것도 없고 막을 것도 없다.// 강 하나 막으니 강 하나 흘러간다."며 긍정의 사태로 다시 반전시키고 만다. 그래서 김기홍의 시는 슬픔을 잉태하고 있지만. 마냥 슬픈 것만은 아니다. 그것은 노동의 가치가 건강한 시로 재 환원되기 때문이다. 상식적인 이야기 같지만, 모든 시인의 시가 그런 것은 아니다. 김기홍 시인과 이야기를 하다 보면 자연스럽게 노동 현장의 숨겨진 뻔뻔한 이면裏面의 이야기를 들을 수 있었다. 간혹 시를 말하면서 젖은 종이에 불을 애써 지피려는 듯 열정을 보이곤 했지만, 그가 붙이려던 불심은 더 이상 크게 타오르지 못했다. 그것마저 이제는 과거에만 가능한 추억이 되었다. 뒤늦게라도 세상(젖은 종이)을 향해 불을 지피고자 했던 것들이 무엇인가를 두 번째 시집 《슬픈 희망》에서 알아보고자 한다. 시집에서 '희망'과 유사한 '꿈'이라거나 '봄날' 같은 시어가 많이 노출된다. 그런 것을 볼 때 시인이 구현하려던 세상은 대단한 것이 아님을 알 수 있다. 그저 소박한 세 끼를 걱정하지 않는 삶 정도를 바랐을 뿐이다. 최소한의 것들이 해소되지 않는 궁색한 삶은 시인을 난감하게 했다.

〈집 보기〉에서 "놈팽이 된 지 석 달/ 빛이 닿는 창가에 꿈바라기로 서성"인다는 참담함은 우울한 마음을 그대로 표출한다. 다행인 것은 유머 있는 천성 때문에 우울한 마음을 절대 타인에게 전염시키지 않는다. 그 예로 통화 중 ""집 봅니까?"// "집안에 있어서/ 집을 볼 수 없.""다며 궁색함을 해학으로 급반전해 버리기 때문이다. 그런 경황에도 '꿈'은 절대 놓고 싶지 않다며 〈삽질〉을 통해 강한 의지를 피력한다. 노가다를 한다고 객지를 떠돌다 고향집을 찾았다. 오래간만에 찾아든 고향집은 잡초만 무성했다. "무엇을 더 주저하랴/ 썩은 세상보다 잡초 무성한 이 마음/ 바로 지금/ 새로운 삽 한 자루 구해 와/ 기어이 땅을 파 엎네./ 무성한 잡념을 파 엎어/ 다시 꿈을 심"겠다는 간절함으로 '희망'을 삽질한 것이다. 그래서 두 번째 시집 제목이 《슬픈 희망》인지 모른다. 어려운 환경에서 갈구하는 희망은 쉽게 이뤄지지 않는다. 어차피 자본주의에 물든 사회 현실은 경쟁이라는 결과물로 시장 경제를 통해 거래되는 탐욕의 역사이기 때문이다. 그럴 때마다 몸의 교환 가치는 상품 경제와 대립할 수밖에 없다. 일감이 없는 날은 어디를 더 찾아 "가 볼래야 더 가 볼 곳도 없어/ 닳아진 수첩 전화번호만 두들기다/ 속까지 들여다보이는 연초록 나뭇잎"이 무성한 〈봄날〉 "검게 탄 가슴 속"은 노동시장에서 일찌감치 밀려나고 말았다. "봄은 가는데/ 말없이 무거운 짐수레 끌고/ 산 동네를 헤매고 돌아온 아내"는 남편의 부족한 경제 수입을 힘들게 채워야 했다. 삶의 고통은 몸의 피로를 초과해도 곤궁한 삶은 해소될 기미가 없다. 동면 같은 〈휴면기〉는 "근 일 년 가차이 백수였"었다며 더 참혹한 내일을 예고하는 시어로 행간을 미뤘다. 시인에게 일상은 시의 대상이고 시적 세계이고 상상력을 통해 그나마 현실과 다른 형상화를 이룰 수 있는 문학의 원형질이 되었다. 하지만, "단 하루 현찰뛰기라도 있으면/ 발모가지를 분지를까/ 시 한 편 못쓰는 손모가지를 분질러/ 휴업급여를 받을까/ 한국은행 금고라도 털어/ 교도소에나 갈까"를 궁리하는 초시간적 일상은 시인의 궁핍한 정신을 피폐시킨 유혹의 대상이다. 그래도 다행스러운 것은 "더욱 몸을 낮추면/ 더 큰 세상 그릴 수 있으리라/ 오늘은 소갈머리 없게 희망을 부른다."며 삶의 지향하는 궁극을 훼손하지 않는다.

김기홍[7] 시인은 노동의 하루 품삯과 화폐가치가 정상적으로 거래되는 세상을 '꿈'꾸었다. 그렇지만 시에 대한 호감만큼 노동에 대한 여건은 그렇게 우호적이지 못했던 것 같다. 그에 삶은 결코 풍요와는 먼 나라 이야기인 듯 보인다. 시인의 터전인 노동 현장은 항상

---

[7] 김기홍 시인 약력. 전남 순천(1957년~2019년). 1984년 《실천문학》 5권에 〈흔들리지 말기〉 외 4편 발표 작품 활동 시작. 1986년 〈농민 문학상〉 수상. 시집으로 《공친 날》, 《슬픈 희망》이 있음. 철근 노동자로 일하면서 《일과 시》 《사계 문학》 동인. 한국작가회의, 순천작가회의 회원.

갑의 위치에 군림하는 강자였다. 그렇지만, 그런 곳을 쉽게 떠나지 못한 애증은 몸을 파국까지 이르게 한다. 몸 상한 것마저 알지 못하다 뒤늦게 서야 육체노동자인 자신의 소중함을 깨닫게 된다. 몸 그 자체가 곧 세상살이의 유일한 수단이기 때문이다.

> 몸을 팔아먹고 사는 놈들이야
> 질긴 것 거친 것 막걸리 한 사발 잘 섞어
> 창시에 걸린 것 없어 퐁퐁 싸질러 대는
> 통심이라도 있어야 제 값 받는데
> 도끼나물 천리채는 고사하고
> 물김치 과일도 다스리지 못하는구나.
>
> ─〈병원을 나서며〉 부분

 혹시 모를 일이다, 김기홍 시인은 노동을 종교적인 신념의 대상으로 숭배했는지. 평생 진력을 다해 숭배한 노동의 가치로 생을 유지하는 절대적인 신앙으로 자리매김한 것인지 말이다. 자신이 망가지면서까지 노동에 대한 숭배를 위해 몸의 회복을 그토록 간구했다. 헌신적으로 회복한 몸을 봉헌하고 난 뒤 "물소리 한결 맑고 산뜻하다./ 전에 가 본 적 없는데 눈 익은 거기"가 "하나 또 하나 빠져나 갈수록 가까워지"는 그림자는 죽음처럼 어른거린다. 시인에게 유일한 노동이 종교라고 볼 때 종교적인 대상은 이윤을 추구하는 행위가 되어서는 안 된다. 오로지 최소한의 생활 안정과 정신적 몰입을 통해 얻어내려 한 것은 마음의 평안뿐이다. 그래서 사는 것이 단순했다. 한 대상만을 위한 숭배이기에 시에는 참된 노동 정신으로 충만하다. 몸이 고단하거나 아플 때도 아귀 속 같은 노동에서 벗어나려는 궁리나 해찰을 하지 않는다. 속죄하듯 오히려 자신에 대한 반성과 참회를 반복한다. 〈꿈을 찾아서〉는 마음을 정갈히 하는 기도문 형식의 구복을 소원하는 형태시다. "어찌합니까. 그 동안 많이 쳐 박혔으니/ 이제 일어서야 할 일만 남은 것을/ 마음 비워 하늘 바라보면/ 더 이상 후회할 일도 없는 것을"이라며 몸에 붙은 앙상한 정신마저 발라내고 있다. 가벼워질수록 더 정갈해지는 신앙심처럼 시인의 기도는 또 이어질 것이다. 통속과는 먼 신앙심으로 무장한 시인은 자신을 외면하는 노동 현장을 향해 더 강한 집착을 보인다. 노동의 명당자리는 오래 일하며 대가를 제때에 안전하게 잘 받을 수 있는 공사 현장일 것이다. 이윤을 추구하는 욕망이 난무하는 속물들과 부딪치는 일상에서 노동을 지향하는 바른 정신만이 최선의 가치라고 믿어 의심치 않는다. 갑질하는 그들을 위해 어떤 자기 희생을 감당하는 손해도 마다하지 않는다.

일자리를 찾아갔었네.
아파트가 들어설 것이라는 부산 당리 돌산
여인들이 드르누워 낮 꿈을 꾸는
두 개의 바위틈에서
맑은 물이 소리도 맑게 솟아 흐르네.

공사보다 먼저 들어와
바다를 보고 앉은 포장마차
어느 공사장에서 부딪쳤더라
어깨를 잡아 흔드는 여인 봐라.
삭은 이빨 다 들어내 일을 못했다는데
그럼 어쩌까 씹도 못하겠네

애드럽다네.

계곡 물소리보다 낮게 말했네.
그짓도 못한 지 오래 돼 녹물이 흐릅니다.

골짜기 닫히고
가슴 만한 통을 등에 진 여인들이
물봉선 꽃과 함께 바다로 흘러가네.

　　　-〈떠돌다〉 전문

 저럴수록 철근 노동자의 삶을 포기할 수 없다는 오기도 발동했을 것이다. 몸으로 벌어먹고 사는 시인은 고통스런 몸을 가슴으로 삭히며 한 땀 한 땀 철근을 엮듯 고단한 시를 썼을 것이다. 시인의 가슴에도 본래는 푸른 희망 같은 싹의 기미가 자라고 있었다. 〈나를 본다〉의 "볏다발 하나 맥끼 풀렸다.// 풀린 벼들 바람에 흩날린다.// 새가 쪼아먹고 닭이 후비고 개가 뭉개고 놀았다.// 발에 밟힌 나락은 물에 젖어 야윈 햇살에도 파란 싹이 돋았다."를 보면 생명의 순환 사계를 체험한 농촌을 배경으로 한다. 김기홍 시인은 인정머리 깊은 순천의 두메산골에서 태어났고, 어쩔 수 없이 고향을 떠났음을 암시한다. 여기에서는 그래도 시인의 순수한 자연애적인 정서가 긍정으로 발현하고 있다. '나를 본다'라는 상징적인 시 한 편은 결국 그 시대와 자신의 실체를 전지적인 관점에서 대변하고 있다. '맥끼'는 볏단을 묶는 끈을 가리킨다. 보통 따로 끈을 사용하지 않고 벼 두어 포기를 옭아매 끄나풀처럼 '맥끼'를 만들어 볏단을 묶어 냈다. "볏다발 하나 맥끼 풀렸다."는 것은 단순하게 '볏다발'이 풀렸다는 의미가 아니다. 그것의 실상은 피폐해진 농촌에서 더는 뿌리 내린 삶을 살 수 없었음을 암시한다. 그래서인지 시詩에서 수확하는 사람의 실체는 보이지 않는다. 60년대 이농 환경을 잘 표현해 준 시라고 볼 때 시인도 어쩔 수 없이 산업 사회로 변화되면서 일방적으로 징용당한 당사자였음을 증언하는 시다. 그렇게 떠나왔지만, '파란 싹'을 뿌리내리기에는 녹록하지 않은 이후의 삶을 예감케 한다. 농촌은 계절의 변화에 맞춰 파종과 수확의 구조가 단순하지만, 도시에서는 농촌과 달리 일상으로 노동이 필요했고 일감에 대한 긴장을 한시도 놓을 수 없다.

김기홍 시인의 시 세계는 하루아침에 이뤄진 것이 아니다. 〈조약돌〉이 그렇다. "수십 리 흘렀지/ 거칠게/ 부드럽게/ 얻어터지며/ 푸른 강/ 붉은 강/ 밤낮 없이/ 깊은 바닥을 굴렀지/ 노을로 울었지// 이름 모를 강가/ 이제사 뙤약볕에 쉬는/ 이름 없는 이 몸/ 되새김하는 일소 눈망울 닮았다고/ 멋대로 차지 마라./ 부드럽고 작은 이 놈// 허! 그것 봐/ 수십 개 화살이 되어/ 어둠 속 달려가 박히는/ 부서져 가루가 되어도 제 몫이 있는 이 몸"이 곧 시인이다. 풍화작용으로 마모된 '조약돌'에 견주어 자신의 소중함을 말하고 있다. 사실 자연 속 존재물도 각각의 형상에 따라 아름다움을 갖추고 있다. 그것이 곧 존재의 이유라고 볼 때 소중히 다뤄져야 된다는 것이다. '조약돌'이라는 물상에 대한 언어가 함유하는 의미는 필요 없는 존재가 아닌 존엄에 대한 인식 전환을 사회에 촉구 환기시키고 있다. 결국 자연물처럼 김기홍 시인도 당연히 인간적 존엄을 갖고 태어났다는 천부 인권의 문제를 제기한다. 이런 각성과 저항의 기회는 몇 번을 더 찾아온다. 하지만, 소심한 시인은 노동의 환경 변화를 위한 투쟁적 의지를 행동으로 보여주지 못했다. 도리어 자신의 소임은 "이제사 뙤약볕에 쉬는/ 이름 없는 이 몸/ 되새김하는 일소 눈망울 닮았다"며 부당한 노동 현장을 묵묵히 수긍한다. 따지고 보면 시인이 사회에 요구한 것은 생존에 필요한 최소한의 것이었다. 〈겨울나기〉처럼 "나무는 돌아올 날의 시련에/ 더 강하게 버티기 위해/ 일찍 태어난 잎들을 스스럼없이 떨구고/ 썩힙니다"라며 스스로 인내하면 좋은 날이 올 것이라는 작은 희망에 "오늘도 살 떨리는 추위에 감사하며" 인내한다. 최소한 욕망마저 실현이 어려운 노동 환경에서 스스로 자신을 내몰고 있는 노동은 오래 버틸 수 없는 시간을 이미 알았는지 모른다. 노동을 축으로 발화한 시적 사유가 속물로 유입되지 않고 시의 근경에서 오래 머물고 있는 까닭이다. 그것은 참된 가치를 진정한 노동 정신의 대가에서 찾으려는 자기 검열에 충실했기 때문이다. 쌍방이 아닌 한쪽만의 검열은 무의미하다.

 나머지는 사회의 몫으로 돌릴 수밖에 없다. 허술한 검열로 인한 사기성이 농후한 〈수작〉은 좋은 의미도 있지만, 나쁜 의도가 들어있음을 간파할 수 있다. "저제나 이제나 믿는다./ 노동자가 짊어지고 가는/ 배웠다는 놈들이 망쳐 놓은 세상/ 벙어리 봉들은 다시 믿는다./ 이러다가/ 이러다가 끝내/ 짐 진자가 바뀌고 말 것"까지를 시인은 알고 있다. 다만 그러지 않을 것이라고 믿고 싶을 뿐이다. 그 이유는 간단하다. 어디에도 발붙여 비빌만한 언덕이 없기 때문이다. 그것을 알고 뭉개는 갑질 행태를 빤히 눈뜨고 당하는 것은 시간문제다. 그 한결같은 부패의 온상은 몸으로 먹고사는 노동을 착취하는 사회 체계에 있다. "믿고 싶다./ 비 퍼붓고 새마을 봉사만 하고 오는 날도/ 식권을 반납해라/ 오늘은 내가 손해"인데도 부당한 착취에 맞서거나 대안을 제시하는 비판 의식은 속에서만 일었지 막상 그것을 표출할 수가 없었다. 의식의 변화 과정도 필수 코스를 거쳐야 한다면 우선은 강한 자의식의 확립이 필요한 것이다. 그래서 〈돌담〉은 부조리한 사회를 향한 저항의지를 부분적으로 갖추고 있다.

> 발길에 걸리는 모난 돌멩이라고
> 마음대로 차지 마라.
> 그대는 담을 쌓아 보았는가
> 큰 돌 기운 곳 작은 돌이
> 둥근 것 모난 돌이
> 낮은 곳 두꺼운 돌이
> 받치고 틈 메워
> 균형 잡는 세상
> 뒹구는 돌이라고 마음대로 굴리지 마라.
> 돌담을 쌓다 보면 알게 되리니.
> 저마다 누군가에게
> 소중하지 않는 이 하나도 없음을
>
> ―〈돌담〉 전문

시인의 노동에 대한 의식의 변화를 알 수 있는 시다. 성숙한 내면에서 발화된 "발길에 걸리는 모난 돌멩이라고/ 마음대로 차지 마라."라며 시인은 사회를 향해 강한 경고를 날리고 있다. 당면한 현실은 욕망이 난무하는 현대 사회의 한 단상이며 보이지 않는 신분 차별의 노동 현장을 말해준다. "모난 돌멩이"라는 비유를 통해 하찮은 것과 쓸모없음으로 버려지는 사회 구조의 난맥을 훈계하고 있다. 우리가 살아가는 사회 구성원에 대한 다양성을 인정하지 않는 불평등을 말하고 싶었을 것이다. 비록 자신은 노동 현장에서 일하는 민초에 불과하지만, 산업 성장의 한 축을 담당하고 있다는 항변의 시다. "저마다 누군가에게/ 소중하지 않는 이 하나도 없"을 수 있느냐는 말로 자신을 이 세상에서 꼭 필요한 사람이란 것을 말한다. 노동 난이도에 따른 공정한 분배가 아닌 사람에 대한 차별이 은밀하게 이뤄지고 있음을 말한다. 자신의 육체를 교환 가치로 살아가는데 세끼를 메우는 것도 힘들지만, 보이지 않게 가해지는 사회적 차별이 더 힘든 것이다. 건전한 노동은 대등한 가치로 교환되어야 된다는 신념은 변함이 없지만, 공정하게 이행되지 않은 것이 현실이다. 그 노동 현실에 대한 고발을 누에고치처럼 시로 뽑아냈다. 그것은 치열하게 〈살아남기〉 위한 명운을 걸어야 한다. "일 구하기가 사십대 노총각 이십대 처녀 붙들기보다 힘들"다는 노동 현장의 경쟁은 더 극심하여 기발한 아부성 형용사만이 난무한다. 마지막 남은 자존심마저 몸뚱어리로 메우다 그마저 못 견디고 떠나는 사람들로 긴 시행을 메우고 있다. 〈등불〉도 그런 유형의 반복이지만 인내라는 심리적 저항선을 질주해 버렸다. "정육점 칼을 빼어/ 불룩한 오야지 뱃대기를 팍!/ 쑤셔 불어야 돈이 쏟아질랑가"라며 극한 자조가 과격하게 맴돌기를 반복하는데 윤리선倫理線이 위태하다. 그런데도 사회의 변화는 요원하다. 어차피 죽음마저 약한 자의 몫이기 때문이다. 〈삼월의 죽음〉에서 망인亡人으로 명부冥府에 올린 "변성원이가 죽었다요. 형님!"하는데 "언 이불을 밀치며/ 무단 결근 했다고 들어먹은 욕이/ 성원 형님 등뼈에 달라붙은 배를 채"우지 못한 채 살다 기어이 심신은 죽음을 예견하고 있었다. 죽은 자를 지켜보는 사람들을 더 서럽게 하는 것은 살아생전 현장에서 "몰아치던 반장"이 코빼기도 보이지 않는다는 데 있다. 그만큼 돈의 교환 가치에 충실하고 노동자의 권익에는 인정머리도 엿볼 수 없는 삭막한 세태를 고발하는 시다. 〈노을〉을 보며 가슴 얕은 사람은 금방 눈시울이 붉어진다. 그래서 더 깊어지는 노을빛처럼 서정은 가슴골 같은 산자락을 파고든다.

해가 가고
해는 또 그대 배경의 산이 삼켜 버리고
늘 그대 가슴이던 산은
빈 몸을 흔들며 피를 쏟는다.

별 빛이 무거워
뼈마디를 찌르나

---중략---

별 빛도 무거운 어깨에
찬바람만 꽂혀라.
산이 되면 벌겋게 녹아
한 세상 곧추 세울 짜투리 철근들
고물상으로 실려 가는 저 땅바닥
저 어둠 속
누군가 폐목들 모아
이글이글 불기둥을 세우고
우리 아비 억만이
철근을 올린다.

-〈노을〉 부분

　시를 읽어야만 알 수 있는 화자의 심사 깊은 세상에 대한 소회를 함께 공감할 수 있다. 행간을 내려오며 절절한 감상으로 전해오는 당시의 처절한 마음을 이해할 수 있기 때문이다. 세상을 가장 아름답게 바라보는 순간은 아무래도 떠오르는 아침 해와 저무는 노을 앞에서다. 전자는 희망을 받아 하루를 소망할 수 있고, 후자는 하루의 삶에 대한 경건한 반성의 시간을 가질 수 있기 때문이다. 그런 일들이 사람들의 보편적 모습이다. 하지만 안타깝게 김기홍 시인의 '노을' 속에는 희망이나 반성의 여유를 찾아볼 수 없다. 심야 노동에 내몰린 "별 빛이 무거워/ 뼈마디를 찌르나/ 목숨을 팔아도 갖지 못할/ 칼바람 신명난 육십 평 고층 아파트 난간/ 떨고 있는 늙은 아비"의 노동은 사라진 노을 뒤에도 "누군가 폐목들 모아/ 이글이글 불기둥을 세우고" 낮처럼 불 밝혀 밀린 일을 마저 해야만 끝이 난다. 되레 부정적인 시선을 촉발하여 슬프거나 분노하거나 자책의 피로를 농간하고 있다. 시인이 바라는 '희망'은 무망한 것이 되어 버렸다. 상기된 본성이 노동 현장과 충돌하면서 상처가 깊어졌고 이내 회복하기 힘든 지경에 이른 것이다. 초기의 서정성이 강한 시적 바탕이 서서히 노동 현실에 노출되면서 각성의 단계를 거치게 된다. 이후 인식은 비판의식으로 단련되며 사회를 고발하는 변화 유형으로 변주된다. 이내 심리적 마지노선을 설정하고 대오를 가다듬는 시적 세계를 구축하기에 이른다.

　〈소모품〉은 그에 상응한 시편으로 분류될 수 있다. 생사고락을 함께한 노동자의 죽음을 보며 "쉰 여덟!/ 푸른 산천 함께 숨쉬며/

갈아엎던 땅을 나서/ 갈쿠리 잡고 철근쟁이로 변신한 지도 삽십 년/ 울진원자력 영광원자력 다리공사/ 토목공사 아파트 운동장/ 어디 거치지 않은 곳 없는/ 철근 역사 교과서"라는 노동자가 '소모품'처럼 이 세상을 떠났다. 죽음에 이른 사인은 재해를 입은 노동자에게 적절한 치료가 이행되지 않았다는 데 있다. "셋방을 못 면한 채/ 굽어진 허리엔 쇠가 박히고/ 밥벌이하러 나간 마누라 보기 안타까워/ 한 달을 쉬지 못하고 나온 일터"를 전전하다 죽음에 이른 노동자를 보며 분노한다. 죽음으로도 세상을 변화시킬 수 없는 노동자는 단지 소모품이었음을 깨닫는다. 절망뿐인 사회에서 〈슬픈 희망〉은 아직도 가능한 것인가를 묻고 있다. 시인이 살아생전 "슬프다는 것은/ 사랑한다는 것이다.// ---중략---// 슬프다는 것은 희망이 있다는 것이다.// ---중략---// 희망이 있다는 것은/ 사랑한다는 것이다"라는 고백을 뼈저리게 공감해야 한다. 시 하단에 첨언한 (부산시 범넷골로타리, 교통부 새벽 노동시장에서 쓰다!)라는 문장만이 비명碑銘처럼 진실을 전한다. 김기홍 시인은 자신의 삶에 충실했으며 사회의 부조리한 구조를 지지해 주는 희생목이었다. 〈달래야! 달래야!_일터로 가자!〉라는 시는 전체가 산문으로 구성되어 있다.

들이 열리어 온다. 이 골목 저 골목 들려오는 잠 깨인 발자국소리가 들리느냐. 베어 먹힌 자유처럼 좁은 들녘 저 하우스 안엔 우리들이 지나온 시절의 빈혈의 농부와 가슴 썩는 어머니, 공장으로 떠나갔던 너의 한숨도 섞여 있다. 지나친 세월의 들녘처럼 저곳엔 또 도시에서 밀려난 공장이 서고 술집도 따라서면 흙을 잃은 사람들이 돈의 노예가 되어 즐겁지 못한 일을 시작하겠지. 몇몇 처녀는 순정을 팔기도 하고 황홀한 불빛을 따라 자존심이 높아지면 홍등가의 꽃으로 몸을 던지며 무척이나 돈을 사랑해 버리고 마침내 농사꾼 아비의 기억마저 잊어버리겠지.

―〈달래야! 달래야!_일터로 가자!〉 부분

'달래'는 불특정 다수를 대상으로 지칭하며 고통처럼 가슴에 담았던 자신의 소회를 담은 시다. 시인이 꼭 세상을 향해 말하고 싶은 시대의 증언록임을 알 수 있다. 그렇다고 죽은 자의 꽃상여를 따르며 먹여 줄 상여 가락처럼 애절한 과거 시제만은 아니다. 현재와 미래를 위한 '희망'은 필히 우리에게 도래할 것이기 때문이다. 김기홍 시에는 현실 이면에 쓸쓸한 전설傳說이 담겨있다. 시인이 그동안 보고 듣고 가슴에 간직한 말들을 이제라도 충실히 전달해 주는 역할을 우리는 담당해야 한다. 세속의 혼돈과 파국 같은 그것들이 결국은 우리 사회가 더 이상 용인할 수 없는 변화의 책무라는 것까지다. '달래'는 우리 사회 구성원이자 나 자신이다. 물질 추구가 빚은 이기적인 결과는 오래가지 못한다며, 구성원이 갖춰야 할 근본과 도리를 인간의 존엄에 대한 윤리의식과 결부하고 있다. '한숨'으로 기어이 환멸까지는 아니더라도 "천년을 지탱하지 못"할 삶에 대한 묵시록임을 알 수 있다. 눈물겨운 시인의 유전자는 어디에서 비롯되었을까? 눈물 없는 노동자의 유전자는 불가능한 것인가를 생각해 보았다. 〈눈을 어둡게 하는 것〉에 대한 처방은 스스로의 자각에서 비롯된다. "도리깨질하는 아버지/ 밤이면 돋보기로 신문을 훑어 내리며// "학생들이 공부는 안 허고 무슨 데모만 그렇게 해싼다냐/ 인자 눈이 침침해 신문도 못보겠다"라고 하는 말에 시인은 "아부지, 눈을 어둡게 하는 것은 세월이 아니라/ 보시던 그 신문이어라우./ 즐겨보시는 그 테레비여라우."라며 우리가 사는 세상이 얼마나 잘못된 것인가를 말해준다. 아버지가 살아온 세상과 아들인 시인이 살아가는 세상이 딴판이란 것을 말해준다. 전자는 자연 속에 어우러져 살아가는 삶이고 후자는 속물화된 현실을 가리킨다. 고향에 찾아왔지만, 마냥 눌러 있을 수 없어 또 노동판을 찾아 나서야 한다. 〈달래야! 달래야!-일터로 가자2〉며 조곤조곤 들려주는 것들이 죄다 한恨서린 생의 가락이다 "허리를 펴자. 달래야. 긴 머릿단 매끼 풀려 파도치는 바람을 타고 바다는 피곤한 가로수와 건물을 침묵의 손길로 눕히며 평안의 검은 이불을 덮는구나. 돌아가자. 이 어둠에 손을 씻고 질척이며 발을 묻던 작업장의 흙이 얼어 바삭거리는 발자국을 따라 백 리 밖 도시의 변두리 산동네 셋방 몸을 부리러 가자."며 나섰던 시인의 영혼은 '산동네 셋방'을 찾아 헤매고 있는지 모른다. 지금껏 살펴본 바와 같이 김기홍 시인의 시는 노동 현장에서 얻어진 진실을 말하고 있다. 안타깝게도 앞서 말한 것처럼 노동 현장의 불공정과 일방적 희생으로 살아온 시간이 길었다는 데 문제가 있다. 뒤늦게라도 사회 문제에 대한 각성의 시편들을 볼 수 있어 그나마 다행스럽다. 그렇더라도 '슬픈 희망'처럼 '희망'은 더 이상 슬픔이어서는 안 된다. 그 자체가 모순으로 부적절하듯. 희망이 닿고자 하는 궁극이 기쁨이나 행복을 전제로 한다면 '희망'은 당연히 '기쁜 희망'이어야 맞는 말이다. 욕망의 또 다른 모습은 희망일 것이다. 부당한 억압에 저항하는 〈잡부 최씨 이야기〉처럼 "잡부 반장 나타나 놀고도 돈 받느냐고 소리치자/ 꿈쩍도 않고 눌러앉아 눈을 부라리다/ 개눈엔 똥만 보인다등마/ 크나 적으나 회사옷만 걸쳤다, 허먼/ 똘마니만 보이능가/ 여태 쌔빠지게 허다가/ 목하 휴식 중이여, 휴식 중!"이라고 큰 소리로 되받아칠 줄도 알아야 한다. 꽉 막힌 출구는 병아리가 껍질을 깨고 나오듯 스스로 열고 나와야 한다. 〈개꽃〉 피는 것도 천불이 나서 "어느새 참꽃 지고/ 잠 마저 달아난 새벽/ 환장병에 떠도는 김삿갓이나 조질까/ 뻥 뚫린 가슴 소주를 붓는/ 이 개좆 같은 세상/ 씨오쟁이나 만지는/ 개꽃 같은 년" 이라며 육자배기처럼 내뱉었을 말과 정신이 생생하던 때를 회상하며 김기홍 시인에 대한 그리움을 대신하고자 한다. 김기홍 시인은 이 세상에서 총총한 눈빛으로 우리와 만날 수 없는 저 세상에 존재하고 있다.

시의 중심 속 지극한 사유
– 고영서 시집 《연어가 돌아오는 계절》 중심

 꽃이 피고 지듯 인간의 삶 속에서도 언어라는 형식을 통해 말이 피고 진다. 그 과정은 기쁘거나 슬프거나 회한 같은 감정을 수반한다. 문학이라는 자장 안에 간직된 삶의 지층들도 사물로 대변되는 자연현상과 다르지 않다. 자연현상 속에 다양하게 존재하는 사물들은 종종 현실에서 만날 수 있는 익숙한 이미지로 전환된다. 특히 감각으로 전이된 사물적 형상을 내면의 시간으로 초대하여 언어적 표면을 구체화하는 것이 시적 발현이다. 언어의 임의성 대신 사실에 근거하여 외연을 확장해 가는 고영서[8] 시인의 최근 발간된 세 번째 시집 《연어가 돌아오는 계절》에서 세월은 의식을 변화시키고 그 결과를 새로운 형태로 재현해 낸다. 어김없이 다가온 일상의 시간은 시인에게 시 쓰기를 강박했을 것이고 현실과 상관없는 일들마저 '언어'라는 관심 축을 발아시켜 문장에 대한 전조前兆를 욕망하게 했을 것이다. 지나온 시간들이 헛되지 않은 삶의 일상이었다면 당연하다. 세상을 바라보는 마음으로 꽃을 보듯 한다면야 백번이고 시를 강요받아도 좋다. 고영서 시인의 시적 토대가 된 삶의 근경은 인간적인 욕망의 절제와 진정眞情한 언어의 의미를 심화하려

---

[8] 고영서 시인. 전남 장성 출생. 서울 예대 극작과 졸업. 2004년《광주 매일》신춘문예 시 〈달빛 밟기〉 당선. 시집 《기린 울음자》, 《우는 화살》, 《연어가 돌아오는 계절》이 있음.

는 데 있다. 이번 시집은 시의 정체성을 확연하게 드러내면서 견고해진 화법을 정치성으로 현재화하는 노력을 보여준다. 그것은 고영서 시인만이 갖는 알레고리이면서 향후에도 그 화법은 개인적인 시력을 성장시키는데 유효하다는 판단이었을 것이다. 시인은 문장 속에서 허용된 언어적 가치를 다양하게 분화하여 시적 본령인 인간의 삶에 다가 가려한다.

됴화, 하고 부르면
좋아진다

물큰한 살냄새를 풍기며 애인이
저만치서 다가오는 것만 같고
염문 같고
뜬구름 같은

해서는 안될 사랑이 있다더냐

　　　-〈됴화桃花〉 부분

　입안 깊숙한 곳에서 발음된 마음을 읽어내려는 '됴화'도 그 한 예로 보면 될 것이다. 복숭아꽃인 도화桃花를 따라 발성하다 보면 듣는 사람도 당연히 기분이 좋아진다. 유사 동음어도 구음口音에서 생성되는 소리 형태이니 자꾸 듣다 보면 의미까지 분별이 된다. '도화桃花'를 '됴화'라고 한다 해서 이상할 것도 없다. 유사 동음어가 갖는 아포리아적 언술은 모호성을 분별하려는 것이 아니다. 소리로 발현된 언어의 경계가 표상하는 세계를 확연하게 변별하려는 것이 아니라는 의미이다. 시인은 복숭아꽃을 상상하며 복숭아를 맛있게 먹고 있는 팔순 노파를 본다. 복숭아의 단맛처럼 흘러가버린 '노파'의 세월을 상상해 본다. 만남과 이별이 교차하는 '됴화' 속에서 도화桃花를 건너온 시간이 더해져 "공무도하公無渡河/ 공경도하公竟渡河// 부르면 또 금방이라도/ 서러워지는 이름"으로 번져간다. 만남으로 시작된 사랑이 더는 진전되지 못한 채 이별을 채비하고 있다. 인간의 삶도 복숭아꽃이 피고 지듯 별반 다를 바 없다. '도화'나 '됴화'의 절정적 이미지가 '도하渡河'에 이르러 안타까운 이별의 심리적 저항선이 된다. 시인은 일상에서 사용하는 유의미한 언어들이 갖는 한계와 유한성을 시적으로 활용하려 한다.

〈목백일홍, 그 꽃잎을〉의 첫 연 "얼마를 견뎌야/ 저 타오름의 경지에 닿나"라며 무연한 불특정 타자들에게 묻고 있다. 특히 시의 관심 대상은 다수를 향한 타자이면서 귀를 기울여줄 수 있는 청자까지를 의식한다. 목백일홍의 붉게 피고 지는 형상을 보며 단순히 심미적 관점에서 멈추지 않는다. '타오름의 경지'는 그냥 얻어진 것이 아니다. 그 안에는 욕망으로 집착한 아름다운 상상과 이별의 고통이 혼재되어 있다. "아득해라, 한 움큼의 꽃잎을 쓸어/ 가슴에 한 사람을 들여앉히는 일은" 쉬운 일이 아닌 많은 우여곡절이 있었음을 시사한다. 마치 한 생애 질곡을 헤아릴 수 없듯 삶의 본질과 자연 속 사물의 변화도 다르지 않다. 고영서 시인의 시적 사유는 특별한 것이 아니라 아주 평범한 것의 천착에서 탐색된다. 우리가 살아가는 일상의 풍경에서 자연스럽게 체득한 삶의 진정을 담아 공감할 수 있는 지평을 넓혀가려는 것이다. 일반성을 통해 평범한 인식을 삶과 밀접한 근원적 사유로 통찰하고자 한다. 그것은 현대시의 근간인 '일상'이라는 현실과 실재한 사물을 통해 현대인의 인식 범주를 부단하게 포용하려는 데 있다. 그것은 경험이나 체험 공간의 현실 속에서 획득한 시적 접면을 활용한 고영서 시인만의 변별성을 담보해 준다.

 시 〈밤꽃〉도 그런 부면에서 동일하게 볼 수 있다. 차령고개 '정안' 근처를 지나며 "훅 끼쳐 오는 비린내"가 진동한 걸 보면 시기적으로 '밤꽃'이 개화한 5월경이었을 것이다. "피우지 않았다면/ 존재조차/ 증명할 수 없는 것들/ 지천인 세상"에서 더 내려간다면 "오뉴월 땡뺕에/ 정사를 치렀는가// 삼천리 방방곡곡/ 번지는 파문"이 풍경져 농염하다. '밤꽃'은 남성의 '팔루스phallus'에 대한 상징성을 암묵적으로 함의하고 있다. 차령고개를 아무런 생각 없이 지나칠 뻔했는데 우연찮게 자연의 변화에서 비롯된 원초적 욕망을 연상하다 다행스럽게 '밤꽃'을 통해 잊고 지낸 계절의 변화를 확인하게 된다. '밤꽃'으로 전이된 독특한 방향芳香으로 인해 인간의 실존에 대한 사유가 이어진다.

 자연현상으로 변화하는 하루 중 가장 강렬한 인상으로 다가오는 것은 아무래도 일출과 일몰의 풍경일 것이다. 그 지점의 신비와 오묘함은 생동과 소멸로만 말할 수 없는 신비적인 사유를 촉발한다. 시인이 서 있는 곳은 전남 영광군 염산면의 '염산 바다'를 붉게 물들인 일몰 앞이다. '일몰'의 숨이 가빠질수록 하루가 더 애절한 〈염산 바다, 일몰日沒〉은 "조증과 울증 사이/ 물결이 아득히 사라졌다 드는 무렵/ 경운기 한 대가 탈탈거리며 지나간다"는 그 길을 보며 엄정한 생의 순간으로 데자뷔 된다. 마침 빠져나간 밀물이 되밀려오며 고달픈 하루를 마감하듯 "가라, 서둘러 오는 것들은/ 서둘러 떠나갔으니"라며 이내 담담해진다. 이어 "이미 드러낸 검은 음부를/ 다 보지 않았느냐"라며 금지선을 넘은 성적 엑스터시를 발설해 서로에게 입은 치명적 상처만 안고 갈 뿐이라는 삶의 보편적 담론을 표면화한다. 일몰 이후의 시간은 어둠뿐인 침묵이 전부다. 그렇게 본다면, 자연현상으로 반복되는 죽음으로 상징되는 세계(일몰)는 시의 맥락 속 은유인 것이다. 그 어둠 속에서 생을 마감하는 하루가 인간의 무의식 속에 존재한 욕망으로 부활하는 것은 자연의 생동적 순리다. '일몰'을 통해 재현된 영원성은 "그 끝에 붉은 햇덩이 하나 품고/ 누가, 투신한다"며 생명의 유한성으로 마감하지만, 열정의 잔상은 쉽게 사라질 수 없다. 여기에서 '투신'은 다시 삶에 대한 강렬한 욕망으로 재활된다. 다시 시작되는 내일은 오늘 사라진 '일몰'로부터 비롯한다는 것을 익히 알고 있다. 일몰은 시인의 끈질긴 시적 욕망처럼 도사린 내면 속 기미幾微를 끝없이 충동한다. '염산 바다, 일몰'의 수런대는 파도소리는 소멸할 수 없는 생명을 잉태하는 시간으로 예비된다. 고영서 시인은 부여된 대상의 진정함을 인간의 욕망으로 치환하려 하지 않는다. 다만, 진실을 말해야 한다는 현실 앞에서 긴장을 풀 수가 없다.

큰물이 져서
큰물이 져서

기르던 소만 떠내려간 게 아니다
손때 묻은 세간살이
텃밭 푸성귀
파이고, 찢기고,

무너지고, 등등,

잠긴 집의 온기가 돌아오기까지

-〈서시천 코스모스〉부분

이 상황은 2020년 여름 섬진강의 범람으로 발생된 구례 수해 현장에 대한 기록이다. 사실적 묘사를 통한 진실을 담담히 서술하고 있다. 구례 시가지까지 침수된 수해는 섬진강댐의 일시 방류로 인한 인재라고 말하고 있지만, 아직도 딱히 판결이 난 것도 아니다. 정황상 그렇게 추정할 뿐이고 그 피해는 고스란히 수해지역민의 고통으로 남아있다. 문제는 수해를 당한 섬진강변의 구례와 남원 지역민들의 악화된 환경이 문제다. 아직도 재난 피해 복구가 이뤄지지 않았다는 절박한 곡성哭聲이 높다. 피해 주민들의 불만을 외면하듯 "넋 놓고 하소연하려도/ 마스크부터 씌우고 보는/ 세상 아닌가"라며 어느 것 하나 마음 편할 곳이 없다. 계절의 변화는 엄정하여 섬진강물이 역류해 휩쓸어버린 '서시천'에도 가을을 알리는 코스모스가 핀 것이다. 서시천 제방길을 걷는 '산동아짐'의 "어디서 이런 존 냄새가 난다냐"라며 지르는 환성을 보며 그나마 다행이다. 시인도 서시천을 걸으며 지난 아픈 기억을 떠올렸을 것이다. 시인이 보듬어야 할 의식의 저변은 처처에서 소외된 사람들을 보듬어주는 시대의 양심이어야 한다. '80년 광주'는 무의식 속에서 끝없이 자아를 의식으로 몰입하게 하는 요인이 된다.

실제로 그날의 기록이 광주 지검 공안부 검시 조서로 상세하게 남아있는 〈두부처럼 잘리워진 너의 이름은〉에서 "어제는 생일/ 오늘은 기일// "왼쪽 가슴에/ 날카로운 것으로 찌른 상처와/ 골반부 및 대퇴부에 여러 발의 총탄이 관통하였다"// 온몸이 짓이겨져/ 산산이 부서진 이름// 손옥례// 1961년 5월 21일 출생/ 1980년 5월 22일 사망"으로 기록되어 있다. 시간의 모호성이 사실적 서사로 확인되는 과정에서 무의식에 엄존하고 있는 생생한 기억을 상기시킨다. 시인의 시에서 '80년 광주'라는 시대 공간은 내면의 깊숙한 층위에 침적된 기억들로 소멸될 수 없는 참혹한 과거로 구축되어 있다. 80년 신군부에 대항한 '광주항쟁'이 역사의 진실인 이상 장황한 언술은 되레 불편하다.

'차명숙'은 5·18 민주화운동 당시 가두방송을 했던 생존 인물이고, 그 사람은 우리의 이웃과 다르지 않다. 〈차명숙〉에서 "광주 시민 여러분, 지금 시내로/ 계엄군이 쳐들어오고 있습니다./ 사랑하는 우리 형제자매들이/ 계엄군의 총칼에 죽어가고 있습니다./ 시민 여러분 우리를 기억해 주세요"라고 외쳤던 대가로 신군부에 의해 자행된 혹독한 고통의 세월을 살아야 했다. 그 시간을 감당하면서 위로가 되지 못한 현실의 고뇌도 시인이 마저 실행해야만 한다. 현실 속 '광주'는 아직도 우리 사회 곳곳에서 '나'가 아닌 '너'이거나 철저히 외면당하는 국외자 같은 '타자'로 존재한다는 것을 말해준다. 그들이 21세기의 대한민국 안에서 국외자처럼 존재한다는 것은 모두에게 불행한 일이다.

505보안부대 옛터

성한 유리 하나 없는 창
무너져 내린 지붕
여덟 개의 지하 방을
간신히 빠져나온

건물 밖

경작 금지 경고문에도
자라는 저 연둣빛
상추 마늘 가지 오이
쑥갓 토마토……

비를 맞고 있다
온몸으로 막고 있다

　　-〈불법 체류자들〉 전문

'보안부대'는 과거 군사정권이 판치던 시절엔 위압의 메타포다. 군 생활을 해본 사람이라면 누구나 께름칙한 느낌을 갖고 보는 곳이다. 왠지 그 이름은 친근함보다 기피하거나 회피해야 할 대상이다. 물론 모든 사람에게 해당되는 것은 아니다. 하지만, '보안保安'이란 사전적 의미가 '비밀을 은밀하게 보호하고 유지'한다는 의미처럼 '보안 부대'란 곳도 군軍의 특성상 필요에 의해 조직된 기관이다. 지금도 그렇지만, 80년 '광주민주화항쟁'이 촉발되던 전후에도 '505 보안부대'는 광주 지역을 관할하는 조직이었을 것이다. 그 조직이 '80년 광주민주화항쟁' 이후 "5·18을 불순한 폭동으로 왜곡 조작하기 위해 민주화 운동 인사들을 연행하여 구금한 곳으로 무자비한 고문과 폭행이 감행되었다9)"고 한다. 그 참혹한 장소가 현재는 '5·18 사적 26호'로 지적되어 관리되고 있다 하니 격세지감이다. 그 '보안부대' 안에서 "성한 유리 하나 없는 창/ 무너져 내린 지붕/ 여덟 개의 지하 방을/ 간신히 빠져나온"다는 것은 공포와 감시로 불가능하다. 그곳에서 "경작 금지 경고문에도/ 자라는 저 연둣빛/ 상추 마늘 가지 오이/ 쑥갓 토마토……"가 불안한 자유를 만끽하고 있다. 마치 80년 광주 시민들이 강제된 억압에 저항하듯 '연둣빛' 푸성귀들이 "비를 맞고 있다/ 온몸으로 막고 있다"며 연약한 것들은 언제나 시대의 피해자일 수밖에 없다는 것을 암시한다. 그런 환경에서도 굴하지 않은 생에 대한 강한 의지에 비해 일방적으로 강압된 불온한 딱지는 가혹했다. 가장 먼저 보호받아야 할 그들은 '불법 체류자'란 낙인이 전부다. 통증은 깊숙이 전이되어 마음속 상처가 되었다. 동요 속 '하모니카'는 반성하지 않는 사람들의 마음을 반성하게 할 수 있는 오브제일 수 있다.

 추억으로만 남은 유품을 통해 80년 광주 5월까지 생존해 있었던 사람을 확인시켜주고 있다. 〈하모니카 소리 들리는, 오월이었네〉의 "그가 떠난 창가에는/ 손때 묻은 하모니카만이 덩그렇게/ 남아 있었다고 한다", "묘지번호 2-38 박용준,", 연락처와 가족도 없이 태어난 곳마저 모른다. 아는 것은 "영신원과 무등육아원에서 자라" 이후 '들불야학'에서 사회 운동에 헌신했다는 것이 전부다. 억울하게 죽음을 당한 스물다섯 살 청년을 가슴으로 불러내고 있다. 그때나 지금이나 무등산의 겨울은 아무 일 없었다는 듯 첫눈이 내릴 것이

---

9) 〈불법 체류자들〉에 인용된 각주 인용

다.

〈무등서설無等瑞雪〉의 '무등無等'은 '누구에게도 차별하지 않아 똑같다'는 만민이 어우러져 아름다운 대동 세상을 이루겠다는 소망이 깃들어 있다. 그런 사상을 품은 무등산無等山은 광주 사람들에게 풍경으로만 파고드는 산이 아니라 깊숙한 세월을 품어 안은 어머니의 산으로 인식한다. 시에서 "너는 첫차로 가고/ 나는 막차로 오는/ 광천동 터미널 대합실 구석구석/ 바람이 한바탕 휘몰아쳤다// 제 그림자를 늘이며/ 조금씩 조금씩/ 내려앉던 산이/ 어느 저녁에는/ 명멸明滅하는 도시를/ 보듬었으리// 억새의 군무도 늦게 단풍도/ 시나브로 사라져/ 연두도 초록도// 이윽해지는 시간// 높아야만 명산이겠냐// 입석이, 서석이/ 구름 위에 드시는 듯// 정처도 없는 우리,// 첫눈이 오면/ 첫눈이 오면" 꼭 소망한 것이 있다. 지금껏 이루지 못한 자유와 민주를 기반으로 한 대동세상의 염원은 광주 사람만은 아닐 것이다. 그것은 이 땅(지구)의 사람들에게 절실한 생존의 문제이면서 존엄하게 살아갈 권리이기 때문이다. 서정 깊어지는 겨울 초입의 서설은 시적 풍경의 반전처럼 도래할 미래의 시간을 간구하고 있다. 그 풍경은 아름다운 서정을 위한 이미지가 아닌 심원 깊숙이 자리 잡고 있는 세계의 변화를 갈망한다. 어차피 누군가는 떠나고 다시 찾아올 수밖에 없는 '광주' 관문인 '광천동 터미널' 대합실의 썰렁함도 따뜻한 마음으로 감싸 안아준 무등산無等山이 있어 외롭지만은 않을 것이다.

고영서 시인의 시는 시적 완성을 쫓지 않는다. 가장 따뜻한 마음으로 가다 서다를 반복하며 세상이 던진 풍경을 깊은 사유로 내면화하고 공감적 표면으로 형상화하는 작업을 이어왔다. 평범한 사건들이 생것처럼 포장되지 않은 채 문장이 되어 진실한 시대의 기록물이 된다. 〈김윤덕 옹〉도 '사할린'을 여행 중 구술한 내용을 옮겨 적은 시다. 앞서 말한 '보안부대'처럼 '사할린'도 과거 역사의 아픈 상처를 안고 있다. "만나자마자 밥 타령이시다/ 밥 먹고 가라신다"며 한 핏줄이라는 반김이 습관처럼 우리네와 같다. '김윤덕 옹'의 사연은 "내가 여기 안 올 긴데 일본 놈들이 마을마다 강제징용을 나왔지 그래 아부이 대신 안 왔능교 1943년 겨울인기라 부산서 출발해 일주일 넘어 도착했는데 날이 밝아 보니 지난 밤의 풍경은 간데없고 설경이 고마 딱 기가 찬 기라"라며 "내 고향은 경북 경산 하양면 남하리"인데 그때 나이가 열여덟 살이라 했다. 가슴 아픈 시대의 참상 앞에 먹먹해지는 시간이다.

〈연어가 돌아오는 계절〉은 모든 연어에게 주어지는 것은 아니다. "태평양으로 갔다가 산란을 위해 하천으로 돌아오는/ 연어를 만났다/ 아이누인의 말로 '자작나무의 섬' 사할린,/ 울퉁불퉁한 자작나무 숲길을 한나절 지나서 본/ 해 질 녘의 물비늘들// 비행기로 세 시간이면 닿는 거리가 어떤 이에게는 50년,/ 또 어떤 이에게는 평생 가닿지 못하는 태 자리였다/ 거센 물살을 헤치고 차오르다가 스스로 내동댕이쳐지고/ 바위에 부딪혀 죽고// 돌아가는 곳이 떠나가는 곳/ 창공에서 내려다보면 섬 전체가 한 마리 거대한 물고기,/ 지느러미가 아프도록 물살을 거슬러 가고 있었다"는 회귀 본능에 대한 좌절을 말하고 있다. 사할린 땅에 강제 이주된 '아이누인'도 사할린 동포와 같은 처지의 사람들이다. 모천으로 다시 돌아갈 수 없는 연어처럼 아이누인들은 고향을 마음속으로만 상상해야 한다. '사할린'의 동포들도 과거에는 우리 형제와 같은 피붙이였다. '사할린'!
그 동토의 땅은 우리의 역사 속 아물 수 없는 통증 도진 환부로 남
아있다. 과거라는 시간에 갇힌 사람들은 오고 싶어도 찾아올 수 없
고, 찾아가고 싶어도 갈 수 없다. 고국에서 잊힌 사람들이 그 땅에
서 우리를 바라보고 있다는 것을 기억한다. 고영서 시인은 앞으로
도 가슴 아픈 시대의 진실을 기록해갈 것이다. 그 대상은 오늘을
사는 우리의 이야기일 수도 있다.

　도시적 일상에 맞춰 살아간다는 것은 쉬운 일이 아니다. 몸이든
정신적인 노동이던 대가를 지불해야 한다. 〈손톱이 꽃잎 모양으로
휜다〉는 노동 현장의 고달픔을 토로하며 스스로를 위로한다. 언제
나 현실은 먹고사는 문제와 부닥친다. 그것을 회피했을 때 감당해
야 할 피해가 크기에 쉽게 그렇지도 못한다. "파스를/ 잘게 잘라 손
가락에 붙이고/ 업무는 시작된다"는 것을 보면 주로 '손가락'을 많
이 사용하는 업무임을 알 수 있다. 반복적인 동작은 피로 가중과
박피로 인해 심하면 "꽃봉오리 같은 하루가/ 손에서 피어"나고 만
다. 도시에서 지속 가능한 삶의 조건은 그런 고통을 일상으로 감수
해야 한다. 몸의 한계를 회피하지 않듯이 고영서 시인의 시적 서정
은 현상(대상)을 우회하지 않고 사실성에 근거한 탐닉과 집요함에 있
다.

　지금껏 살펴본 고영서 시인의 시가 골몰하는 지점은 사람 즉 인간
의 삶과 밀접하게 연관되어 있다. 그것은 시의 표면으로 등장한 시
적 발현들이 역사적 사실에 기인하고 있다는 전제일 것이다. 그런
관점에서 바라보는 과거를 미래에 도래할 의미까지 예측하면서 감

각적인 연대를 소홀히 하지 않는다. 시로 다가오는 고뇌의 순간을 놓지 않은 고영서 시인이다. 시의 구조는 단단한 삶의 서사성을 현실로 인식한 통찰에 의한 형상화이다. 어차피 발화된 시의 문장들이 지시하고 있는 세계는 현전 하는 시 의식으로 변주하는 부단한 작업이기 때문이다. 시적 대상을 비추는 거울이 현대를 살아가는 사람들의 의식 세계란 것을 시로 말해 준다.

그리움, 그 안 오롯한 삶의 시간들
 - 곽인숙 시집 《나를 기다리고 있었을까요》 중심

 고단한 하루를 마치고 휴식보다 시를 먼저 생각하며 사는 사람은 누구일까 궁금하던 차에. 마침 김수영 산문을 읽으며 일부 의문을 해소할 수 있었다. 시인은 일반적인 사람과 다를 것이라는 생각이 틀렸던 것이다. 치열한 시대를 살다 간 김수영 시인도 생활을 위해 닭 키우기를 게을리 하지 않았다. 물론 김수영 시인은 아내가 하는 일을 도운 것이라고 말한다. 막상 생업을 위해 하는 일인데 아내 일이 곧 김수영 시인의 일이기에 말과는 달랐을 것이다. 이 말을 하는 것은 문학적인 삶이 특별하지 않다는 것을 몸소 실천한 분이 었기 때문이다. 시인으로 사는 것은 남들보다 해야 할 일을 한 가지 더 갖고 있는 것이다. 그런 삶의 시간은 남들 보기 좋아 시인이지 막상 감당해야 할 정신적 고통은 형언할 수 없다. 누구에게나 찾아오는 하루의 시간과 그 시간의 반복 속에서 단조로움보다 복잡하게 얽힌 사회 현상과 부딪치며 일어나는 일 속에서 시적인 소리에 귀 기울여야 하는 긴장된 삶을 사는 것이다. 아무리 운수 좋은 날이라 해도 시가 그저 하늘에서 뚝 떨어지는 것이 아니다. 그들만의 정신적인 사유 망을 높여 세계를 바라본다 해도 쉽게 다가오지 않는 시다. 눈앞에 빤히 펼쳐진 풍경을 하얀 여백에 그려가는 것이라면 좋겠다는 마음이 들 때가 많다. 무형상의 상상력에서 실재한 것의 원형처럼 재현하는 작업으로 한 편의 시가 완성된다. 우리가 사는 이 세상은 시적인 것으로 충만한 사회가 아니며 그렇게 낭만스럽게 생각할 정도로 여유롭고 만만한 곳이 아니다. 그 힘난한 일상보다 더 고통스런 것이 시 쓰기로 가히 그것을 경험한 사람만이 이해할 수 있는 고뇌의 연속이다. 하루 노동의 가치가 일당이라면 시란 문장은 세상 어디에도 존재하지 않는 정신적인 작업으로 가치를 환산할 수도 없다. 아무리 창작을 위한 오랜 시간을 보냈어도 아무것도 수확하지 못한 시간은 잘도 흘러간다. 한 권의 시집 속 시편들은 그토록 힘든 고통의 결과로 얻어진 소중한 문장들의 집합인 것이다. 그렇기에 시인의 마음이 또 다른 세상과 부딪치며 난감한 세계를 긍정의 사유로 환기한 시집을 만난다는 것은 매번 행복한 일이다. 일반적인 삶의 방식을 초월해야만 가능한 곽인숙 시인의 첫 시집《나를 기다리고 있었을까요》도 다양한 시간의 서사를 안고 있다. 그래서 매번 시인의 또 다른 이면을 보는 것 같아 가슴이 후끈한 것이다. 우리가 활용하는 문자체계가 자음과 모음으로 이뤄졌듯이 곽인숙 시인의 풍부한 삶과 문학적인 사유가 결합을 통해 시적 세계를 아우르고 있다는 것은 자명하다. 시적 상상력도 우리 사회가 인식하는 전반적인 현상들이라고 볼 때 시인의 통찰 깊은 혜안으로 새롭게 시적 형상을 구축한 표상으로 우리에게 다가온다. 시적 공감의 세계가 김수영 시인의 현실에 대한 긍정과 다를 바 없다고 볼 때 곽인숙 시인의 삶도 많은 시적 사유로 내면화된 은근한 서정이라고 보았다. 한낮의 긴 시간이 온통 시라면 밤은 얼마나 행복한 것인가?

    밤을 향해 시간은 스며듭니다
    어둠을 파고드는 전구로 인해 밤은 너무 더디게 와서 별빛이 그리울 때

가 있습니다
　컴컴한 배경에는 함부로 발설할 수 없는 신비가 숨어 있습니다
　낮을 이룬 것들이 고요 속으로 침잠하고 잔여의 시간을 나에게 넘깁니다
　돌아보니 얼룩뿐입니다
　그믐으로 건너뛰는 초하루에도 밤은 오래된 자세를 바꾸지 않습니다
　마음의 묵정밭에 목어 소리 들려오고
　모서리부터 어둠이 무너지더니 아침이 찾아왔습니다

　　－〈오래된 밤의 자세〉 전문

 그러나 그렇지 않은 것이 현실이다. 완전하지 않은 낮의 긴 시간이 저녁으로 스며들며 낮의 상황들을 잊지 못하게 옥죄고 있다. 밤은 모든 것의 시각을 차단하는 단절 효과가 있다. 어둠이라는 일몰을 통해 그토록 환하던 세상을 약속이나 한 듯 어느 순간 사위를 분별할 수 없게 한다. 아무것도 보이지 않은 것의 '밤'은 과연 천국일까? 그 천국 속에 사는 사람들은 언뜻 생각하면 참 좋을 것 같다. 하지만, 꼭 그런 것만은 아니다. 결국 낮의 시간에도 존재했던 사람들이 다시 그 공간에 갇혀 꼼짝할 수 없는 구금 상태와 같다. 세상은 어둠과 환함으로 이분되어 있고 그 안에서 인간은 어쩔 수 없이 그에 맞춰 살아가는 순행을 기꺼이 따라야 한다. "밤을 향해 시간은 스며듭니다"라고 말하는 데 스며든 것이 아니고 그렇게 길들여진 것이다. 아무리 습관이 되었다 해도 그 밤이 더디게 와 또 다른 하늘의 별빛이 그립다 한다. 인간은 누군가의 빛(관심)을 받아야 살아가는 심성을 타고났음을 말해준다. 홀로 살 수 없는 존재가 인간이라면 하다못해 밤하늘에 별이거나 달이거나 그도 저도 아니

라면 동구 밖 큰 느티나무라도 있어야 안심되는 의타심을 가졌다. 화자가 살아온 환한 낮의 시간도 결국은 긴 어둠을 맞이하기 위한 기다림이다. 그렇다면 가슴속 그리움의 실체가 무엇인가 궁금해진다. 그 시작은 "낮을 이룬 것들이 고요 속으로 침잠하고 잔여의 시간을 나에게 넘깁니다// 돌아보니 얼룩뿐"으로 비로소 보이기 시작한 낮의 불완전한 행동에서 기인한 모호한 생각이 부끄럽고 부족했다는 자기반성으로 다가온다. 밤을 통해 환해지는 불면의 사념들로 잠을 이루지 못한 것의 원인을 생각해 보니 불안한 '고요'에 기인한다. 그것의 연속을 이루는 사물성에서 '얼룩'처럼 묻어있는 불편한 마음이란 것을 알았다. 의식의 퇴행으로 인식한 얼룩이 사라져 버린 그믐밤은 불안한 마음의 크기를 숨길 수 있는 위안이 된다. 그 달도 아침으로 전환되면서 마음속 그리움(얼룩)을 다시 볼 수 있게 되었다. 가슴속 내면을 다독인 변주를 통해 드러난 얼룩들은 또 다른 형상으로 변모해갈 것이다. 시작은 다 좋았고 예쁘기만 했다. 그래서 사랑을 듬뿍 받을 수 있었다.

까끌까끌한 솜털로 덮인
복숭아 속살에는
달달한 절기가 들어있어요

연분홍 복사꽃 피듯
상실의 흔적이라고는 찾아볼 수 없는
풋풋한 시절이었지요

옹이 같던 시간은
퇴행의 징후를 예견했는지

통통하게 부풀어 올랐죠

내 발의 복숭아뼈는
속절없이 나이만 먹어
시큰거리고 삐걱거려요

흩어지는 인생의 방향을 틀어쥐고
조금만 더 참아야 한다고
서로를 토닥거려줬죠

단단하게 질주하던 시간은
이제 뭉클뭉클하고
도굴만 당한 어머니의 향기가
시린 뼛속까지 사무쳐요

　　-〈복숭아의 시절〉 전문

　화자는 뽀얀 아이를 닮은 잘 익은 복숭아의 사물성에 훅 빠져있다. 실물을 보며 그와 연상된 감성의 호흡을 일치시켜 자연적인 사유로 치환한다. "까끌까끌한 솜털로 덮인/ 복숭아 속살에는/ 달달한 절기가 들어있어요"라며 '복숭아'가 건너온 시간적인 공간을 절기로 환기하여 의미를 던져본다. 복숭아가 단순히 꽃 피고 지며 열매 맺어 긴 여름이 오기 전 단맛을 품어 익어가는 것의 계절적인 변화를 말하려는 것이 아니다. 복숭아의 잘 익은 모양태를 봐선 어디에도 고통의 흔적은 없고 부끄럼 타는 아이가 뽀얀 목덜미의 솜털을 세운 것처럼 예쁘기만 하다. 눈에 비친 복숭아는 어머니의 사랑으로 이룬 아이의 표상인 것이다. 초롱초롱한 눈빛에다 엄마의 사랑을 담아 따뜻한 세상을 보면서 누구도 품을 수 없는 착한 인성을 갖춘 것과 같다. 자신을 돌이켜보면서 "연분홍 복사꽃 피듯/ 상실의 흔적이라고는 찾아볼 수 없는/ 풋풋한 시절이었지요"라며 아름다운 한 때를 회상한다. 그러나 아름다운 모습에 가린 복숭아의 옹이 박힌 퇴행의 시간을 보며 문득 자신의 복숭아뼈가 요즘 부쩍 통증이 심해진 것을 생각한다. 아름다운 것의 또 다른 이면 속 가려진 시간의 퇴행을 보며 인간과 자연에 부여된 시, 공간의 시효가 동일하게 작용한다는 것을 알았다. 긴 삶의 시간 견고하게 지탱해 준 발에서 자꾸만 삐꺽거린 듯한 소리도 이미 오래전 몸의 과한 남용에서 온 채무가 아니겠는가? 지금껏 용케 어머니로부터 물려받은 몸으로 험난한 세상을 잘 견뎌온 것이 그나마 다행이다 싶다. 이제라도 "흩어지는 인생의 방향을 틀어줘고/ 조금만 더 참아야 한다고/ 서로를 토닥거려줬죠"라며 우리가 살아가는 각박한 사회에서 그래도 아름다운 생각들을 놓지 않고 살아가는 의지의 원천이 무엇인가를 생각하게 한다. 눈 마중한 별이 가슴 안에서 떠올라 질 줄을 모른다. 가끔 하늘에 뜬 달이 지구의 중력에 끌려 유성우로 무한 낙하를 하곤 한다. 마치 기차가 기적소리보다 먼저 달려가는 불빛을 앞세운 것처럼 말이다.

북적이는 인적 대신
별만 뜨고 지는 능내역 대합실

푸른 남해에서 남양주를

오가는 기차에 몸을 실으면
눈부시게 살아내는 힘이
기적소리로 울려 퍼졌다

기차 떠난 추억의 숨구멍마다
말 걸어주던 이웃의 다정한 눈빛

끊겨버린 생의 밧줄 같은
전설의 철길을 다시 이어
그리운 사람들의 안부를 묻고 싶다

 -〈기적소리〉 전문

 오랜 기간 철길 위로 기차가 수십 년을 오가며 울린 기적소리를 듣고 살았다면 불편한 것보다 체념에 찬 정한이 더 깊다. 요즘 도시와 도시를 연결하는 초고속열차 시대를 맞으면서 일부 철길과 역사가 사라진 곳이 더러 있다. 남양주에 있는 능내역도 마찬가지다. 1956년 6월에 개통되어 2008년 12월에 폐역이 된 뒤 역사驛舍로의 기능을 수행할 수 없게 된다. 그런 사실을 잘 알고 있는 화자는 간혹 옛 고향집이 생각난 듯 그곳을 찾았을 것이다. 마음이 허전하거나 도시의 삭막한 거리가 답답해질 때면 서울 근교에서 강변과 어우러진 남양주의 '능내역'만 한 곳이 없다. 어느 날부터 기적소리가 끊긴 뒤 고요하기만 한 그곳이지만 한 때는 많은 사람들로 북적댔던 곳이다. 그곳도 편리를 추구한 세월의 변화를 맞아 직선화된 철길이 새로 뚫리면서 뒤안으로 물러앉고 말았다. 오랜 소란을 훌훌 털어버리듯 그저 한갓진 관광객들로 잠시나마 적막을 털어내는데 멈춰버린 기차 시간표는 어긋난 시간을 맞추느라 홀로 부산스럽다. 간혹, 가슴 깊은 내막을 간직한 옛 추억을 못 잊거나 그럴만한 사연이 있어 서성이는 사람도 그 시절 요금표를 확인하고 주머니를 만지작거린다. 꿈을 이루기 위해 '푸른 남해'를 떠날 때의 순정한 마음처럼 능내역을 찾아가면 "기차 떠난 추억의 숨구멍마다/ 말 걸어주던 이웃의 다정한 눈빛"들이 새록새록 떠올랐다. 저 플랫폼 어딘가에서 무르익었을 사랑도 그렇거니와 그때의 추억이 아련하기만 한데 그리운 그 사람은 올 기미가 없다. 가슴을 흔들어놓았던 세월은 사람마저 끌어안았는지 당시의 모습에서 한 발짝도 나아갈 수 없다. 다들 뿔뿔이 흩어져 어딘가에서 지난날의 꿈을 한 아름씩 안고 서로의 안부를 생각할 것이다. 그토록 정겨웠던 모든 것이 "끊겨버린 생의 밧줄 같은/ 전설의 철길을 다시 이어/ 그리운 사람들의 안부를 묻고 싶다"며, 예전 기적을 울리며 능내역을 드나들던 색 바래 허름한 기차를 상상한다. 너무나 많은 추억이 깃들어 있는 그곳으로 다시 기차가 들어오길 고대하고 있다. 그 기약은 무망한 것이지만, 그 꿈은 화자의 삶을 현재까지 이어준 희망과 위안의 길이었음을 어찌 잊겠는가?

어차피 산다는 것의 다른 의미는 세상을 두루 살피는 것과 흡사하다. 살핀다는 것의 도시적인 감각이 아닌 자연 속 깊이 은둔한 종교적인 심처를 찾아가 삶과 불일치한 마음이나마 덜고 싶은 것이다. 〈불광정사〉란 시를 읽다 보면 내비를 켜고 안내받은 대로 찾아가 경내를 거닐고 싶다. 화자의 발길 닿는 곳이 부처의 말씀이고 멈춘 곳이 복잡한 속세의 허물들을 털어내는 수행처가 된다. 한참을 속된 생각과 경건한 마음을 구분하며 세상 것의 헛된 정념을 내려놓고자 한다. 화자는 참회하는 심정으로 경내를 돌며 마음을 다스린 듯하다. 마침 찾아간 곳은 양평군 서종면에 있는 불광정사다. 당연히 불교적인 정취가 산과 어우러져 신앙 깊은 "간절함으로 손 모으면/ 내 마음속 떠도는/ 번뇌를 잠재울 수 있을까"라며 공손히 합장한다. 불교적인 상상력과 산문 안의 불광정사 경내 답사는 불가분의 긍정과 사유의 확장을 통한 비움의 화답으로 되돌아온다. 지리적인 풍광에서 예사롭지 않다는 지리적 풍수를 부언한다. 호랑이 형상의 산이 불광정사를 굽어보고 있으니 그만한 사찰터는 흔치 않다는 신앙적 신뢰를 확신케 한다. 좋은 기운을 받으려면 대웅전 안 부처의 발에 눈을 맞춰 경배해야 한다. 간절함을 가슴으로 품고 부처님을 찾아온 사람들이 한둘이겠는가 싶다. "부처님은 얼마나 많은/ 소원을 가지고 계실까요/ 법당엔 얼마나 많은/ 기도가 쌓여 있을까요"라며 묻는 말에 부처님도 난감했던지 침묵으로 일관한다. 어차피 인생사가 백팔번뇌라 했으니 쉽게 답해줄 리 없을 것을 예상했을까? 경내를 두루 돌아보며 법문을 듣고자 했지만, "아직 무엇에도 묵묵부답이다" 한다. 한참을 행여 하며 한 소절 깊은 화두를 얻을까 하여 서성이는 데 "산문 밖으로 구절초꽃이 환"하게 핀 것을 보았다. 세상사는 법을 가장 잘 알고 있는 것은 부처보다 한 소식을 잘도 견뎌낸 '구절초'였다. 세상이 힘들게 하거든 구절초처럼 환하게 가슴 열어젖히라는 부처 말씀이 산문 바깥에서 이미 실현되고 있었다. 마음을 한 곳으로 정갈하게 한 뒤 뒷걸음으로 산문을 나서는 것도 부처에 대한 신앙심이란 것을 아는 사람이 많지는 않다. 사부대중의 초심으로 일주문을 들어갈 때와 나갈 때의 다른 모습을 부처님이 모를 리 없다.

단청 밖으로
시간이 머문 듯한데

백팔배로 시끌벅적한 법당

매듭짓고 풀어내는 일
그리 쉬운 것은 아니지만

신묘장구대다라니를 외우는 나는,

내 몸에서 끝끝내 버티는
무엇이 남아 있는지

내게 어떤 비루한 퇴행이 있는지
모은 손이 볼록하다

얼마나 버려야 부처님 손처럼 펴질까

대웅전 하늘에 낮달이 떴다

　　　-〈두 손을 모으다〉 전문

이 시에서 말한 단청의 대상은 "백팔배로 시끌벅적한 법당"과 "신묘장구대다라니를 외우는 나,"에서도 그렇고 "대웅전"을 구체적으로 적시한 것이어서 사찰 건물에 한정한다는 것을 알 수 있다. "단청 밖으로/ 시간이 머문 듯한데"라는 말에서 은연중 건축 속에 숨은 의도를 추론하고 있다. 화자도 이미 단청 안과 바깥의 은닉된

고도한 정치성을 간파한 것이다. 사실 처마 끝 단청을 입힌 사찰 문양은 일반 건물과 다르다. 단청은 신비감을 유발하여 삿된 잡귀를 쫓는 벽사辟邪의 의미도 들어있어 외부로 향한 처마 끝이나 난간은 붉은 칠을 주로 하였다 한다. 그런 것보다 우선한 것은 부처를 뵙기 전 흐트러진 몸과 마음을 추스르도록 경건한 위엄을 연출해야 했다. 그래서 아무 곳에나 덧칠한 단청이 아니다. 그럴만한 이유가 있을 터이다. 먼저 외부로부터 침입하는 해충으로부터 소중한 건축물의 골간인 목재를 보호하는 데 있었다. 기왕에 그렇다면 범인이 쉽게 다가설 수 없는 특정한 문양의 도안과 색을 입히는 것도 고개를 절로 숙이게 하는 신앙심까지 고려한 것이다. 예나 지금이나 여러 정치적인 통치 권위를 감안해 입힌 단청 작업이다. 그 작업 자체가 소소하게 진행되었을 리도 없고 삼엄한 지휘를 받았을 것은 뻔하다. 그 건물 자체가 아무나 기거하거나 하찮게 사용될 것이 아니기 때문이다. 단청 자체가 지난한 작업이라 그랬을까? 아니면 단청이 갖는 효과에 영향 받아 그랬을까? 자발심이 일어 깊은 삶의 반성으로 "내게 어떤 비루한 퇴행이 있는지/ 모은 손이 볼록하다"며 백팔 배를 곧 넘어설 것 같다. 불심은 고통스런 경배로 시작하기에 '백팔 배'는 기본으로 손목 좀 부은 것은 시작에 불과하다.

〈싸리나무 문〉의 '싸리나무'는 한국의 산이라면 어느 곳이나 자생하는 관목류의 나무다. 가느다란 가지가 다지 형태로 성장하여 시골에서 흔한 싸리나무를 베어 땔감부터 다양한 용도로 활용했다. 그중 마당에 눈이 내리거나 청소를 해야 할 때 요즘의 대빗자루처럼 싸리나무로 빗자루를 만들곤 했다. 워낙 가지가 드세 잘 닳지도 않아 오래 쓸 수 있었기 때문이다. 그뿐만이 아니라 지게에 얹혀 농부가 두엄을 져 나를 때도 유용한 '지게 발대'란 것도 있었다. 화자도 시골에서 자랐기에 그런 것을 안다. 마침 지리산 길을 오르는데 암자를 드나드는 대문 간에 싸리나무로 만든 문이 매달려있다. 고향에서 익히 보아온 싸리나무 문짝이니 만큼 눈에 띄어 반가웠던 것이다. 추억의 판박이 마냥 그곳에서 정겨운 풍경을 만났으니 마음이 그만 들 떠 시적 충동으로 이어졌다. 암자 출입을 안내하는 싸리나무 '문짝'을 통해 속세의 잡다한 생각들을 털어내고 불도에 정진했을 스님을 생각한다. 그와 추구하는 바는 다르지만, 좀 더 나은 미래를 위해 열심히 공부할 것을 지엄하게 강요하던 "선생님이 들고 다니시던/ 싸리 회초리가 잃어버린/ 길을 알려 주는/ 방향지시등이었"다는 것을 깨달았다. 그 싸리나무에 얽힌 추억으로 어린 시절로 돌아갈 수 있었다. 시가 갖는 사유의 반경은 과거와 현재 그리고 미래에 도래할 모든 것으로 발현된다. 지리산 산정을 향해 오르며 뒷걸음질하는 화자를 능선을 지키는 싸리나무가 노려보고 있는 것을 아는 가 궁금하다.

남한강과 북한강이
혼인 서약을 하는지

두 물이 만나는 합수 지점에서
얼어붙은 마음을 녹인다

사랑의 구속에 기꺼이
영원히 마르지 않을
신접살림 차린 두물머리

은하수가 되어 흐른다

유실된 기억들이
꼬리에 꼬리를 물고
업장으로 얼룩진 가슴에
찬물을 끼얹는다

마치 아무 일 없는 듯
저렇듯 한 몸이 되어 흐르고 있는 까닭을
우연이라 해야 하나
필연이라 해야 하나

물이 물을 업고, 물 위를
필사적으로 걸으며 속울음을 운다

족두리 쓴 두 물은
지금 어디쯤에서
지난날의 기억을 담수淡水하고 있을까

혼인서약서의 맹세가
노안으로 멀어져 가물가물하기만 하다

   -〈두물머리〉 전문

 강과 강이 합쳐지는 곳은 어디에나 있다. 작은 샛강과 큰 강이 만나는 지점에 붙인 '두물머리'란 이름들은 의외로 많다. 그렇지만, 여기서는 북한강과 남한강이 합수되는 경기도 양평군 양서면 양수리

두물머리를 지칭한다. 그곳의 풍경을 보다 낭만에 빠져든다. 강과 강의 만남을 예쁜 남녀가 눈 맞아 서로를 사랑하게 된다는 러브스 토리를 덧씌워 한껏 분위기를 고조시킨다. 그런 상상이 들었던 까닭은 그곳에 들면서 긴장된 마음이 주변의 넉넉한 수면으로 편안해진 까닭이다. 그러면서 "사랑의 구속에 기꺼이/ 영원히 마르지 않을/ 신접살림 차린 두물머리"라며 신혼 시절을 떠올린다. 이전 각각의 강줄기를 따라 흘러온 여정에서 만남 이후 "족두리 쓴 두 물은/ 지금 어디쯤에서/ 지난날의 기억을 담수淡水하고 있을까"라며 주변의 풍경에서 환상처럼 곁들인 시간은 크나큰 삶의 위안이 된다. 들뜬 단상 같지만, 강을 통해 젊은 날을 되짚어보는 추억 여행을 단단히 치르고 온 셈이다. 족두리를 쓰고 가마를 타고 갔을 신혼의 아득한 기억만이 가물가물하다는 두물머리에서 현재를 거슬러 올라가 흩어져 조각난 시간을 맞춰보며 잊힌 풍경을 만나게 된다.

 우리가 바라보는 세상의 일부도 한때는 전체를 상징하고 있는 풍경에서 사물이고 대상으로 자리매김을 톡톡히 해냈다. 그 사물과 대상이 감성을 자극하여 사유를 촉발한다. 스친 단상이 흑백필름처럼 사물의 형상을 간직한 시간으로 호명되면서 의식을 현전화 한다. 시적 발현 과정이 그렇다는 것을 잠깐 언급해 보았다. 시 〈조각보 우산〉도 그런 상상 속에서 재미있는 발상을 보여준다. 우산을 쓰고 있는 텃밭을 상상할 수 있는가를 생각해 보시라. 텃밭 귀퉁이에 꽂아놓은 우산이 아닌 우산을 쓰고 있는 텃밭의 시적 발상이 매섭다. 그 버려진 우산이 "이슬 한 방울 떨어져/ 뭇 생명을 키워내고/ 완전한 생명체가 될 때까지/ 밭머리를 지켜줄 것"이라며 그냥 버려진 우산이 아니라는 것을 말해준다. 아무짝에도 쓸모없다며 텃밭 모퉁이에 내팽개쳐진 우산이 의외로 풍경을 압도했다. 그 우산이 텃밭에 자라고 있는 어린 농작물에 강한 햇살을 가려주고 거친 소나기가 내려칠 때 은근슬쩍 빗방울을 통통 구슬려 땅에 살짝 내려놓는 일을 감당한다. 그것만이 아니다. "허공 떠도는 먼지를 막아주고/ 돌풍이 심술부릴까 봐/ 사위四圍에 울타리"가 되어 주는 것도 마다치 않는다. 자칫 버려질 수 있는 우산이 요긴하게 텃밭을 잘 지켜내고 있다. 어느 정도 할 일을 다 했다고 생각할 즈음 우산을 접어 보니 이상이 없을뿐더러 그 덕분에 잘 자란 채소들이 한껏 초록을 뽐내고 있다. 그나저나 보는 눈이 즐거워지면 몽글거리는 마음이 쓸쓸해지는 법이다. 그 한가운데 추억 바랜 세월을 껴안은 아버지가 계신다.

아버지의 누런 월급봉투 속에
켜켜이 담겨 있던 지폐가
가족을 위해
당신의 어깨를 짓누르고 있던 무게인지

그때는 철부지였던
나이 탓에 몰랐습니다

정직하게 살되
베풀고 살라 하시던 말씀
가슴에 신권 지폐처럼
차곡차곡 쟁여 두고 살고 있습니다

봉투에 적혀 있던 이름과 수령액이

선명한 기억으로 남아서
과거란 나이로 다시 돌아가곤 합니다

통장으로 월급이
입금되었다며 알림 문자가 뜨는 지금
망각하고 있던 어린 시절이 자꾸만 생각납니다

군불 넣는 저녁쯤에
노을이 저렇게 붉은 것도

아버지의 기울어진 어깨와
헐렁한 월급봉투를 감싸기 위함을
철이 든 후에야 알게 되었습니다

    -〈아버지의 월급봉투〉 전문

이런 정도면 80년대 이전 직장인의 모습일 것이다. 요즘은 월급이 통장으로 자동 입금되는 편리한 세상이다. 어찌 보면 삭막하지만, 모든 것이 간편해야 직성이 풀리는 신세대 취향에 맞는 시스템으로 적격이다. 아주 옛날도 아니지만, 옛날이야기가 될 법한 월급을 노란 봉투로 수령한 시절이 깃든 추억도 쏠쏠한 것이다. 요즘도 그런 곳이 있는가 알 수 없지만, 80년대까지만 해도 월급(현금)이 그렇게 나왔다. 화자의 아버지도 그 시절을 살았던 분 같다. 매번 넉넉하지 않은 살림을 위해 열심히 회사를 다녀도 매번 월급봉투는 얇을 수밖에 없다. 그만큼 한 가계를 책임진다는 것이 쉽지 않다. 비록 팍팍한 월급봉투지만, 한시도 마음의 긴장을 놓지 않으면서 "정직하게 살되/ 베풀고 살라 하시던 말씀"을 누누이 당부하셨다. 아버지의 월급봉투에 적힌 이름과 수령액까지 기억하고 있는 걸 보면 보기 드문 효자가 맞다. 아버지는 월급을 타온 날이면 미안한 마음에서였을까? "군불 넣는 저녁쯤에/ 노을이 저렇게 붉은 것"을 곁에서 지켜보았고 철없던 화자는 속도 모른 채 좋기만 했는데 나이 들어 아버지의 마음을 알게 된다. 가족에게 넉넉하지 않은 살림이지만, 방만큼은 군불이라도 지펴 따뜻하게 해주고 싶었던 것이다. 아버지의 월급봉투는 생활의 한계점을 명확히 제시하면서도 침묵으로 일관했다. 그 분위기에서 좋기만 했던 화자의 천진난만함은 아무렇지 않게 방방 거렸다. 먼 훗날 시의 연륜을 통해 아이러니하게 사유의 경제성을 부여한다. 언어는 불가피한 지점을 넘어설 때에도 존재(생존)에 대한 두려움이나 안위를 쫓지 않는다. 다만 공익적인 기여와 긍정을 위해 최선을 다할 뿐이다.

시나 삶이나 첫출발부터 중심과 바깥의 위치를 먼저 묻지 않는다. 시로 제시된 시어가 동사여야 한다거나 명사나 부사가 되어야 한다는 것을 의식하지 않는다. 〈말이 동사가 되어〉란 시에서 언어의 가용성을 환기한 형용을 발상으로 보여준다. 먼저 '명사'의 체면을 구기는 방법을 시도한다. 응당한 예우를 받아야 할 독립성을 훼손하기라도 하려는 듯 "물컵 속에 명사를 구겨 넣"어 망가뜨린다. 명사의 의미 속에는 사회의 온갖 부류 중 제 잘난 맛에 떠들며 사는 부류까지 지칭하고 있다. 떠드는 데도 기력이 있어야 하는 법이다. 그들마저 삶의 초과를 감당할 수 없었는지 "언어 속에서 심호흡"을 할 정도로 과잉의 대가를 치르며 더는 힘에 부쳐한다. 그동안 아집 같은 파열음으로 사회 곳곳에서 "현악기처럼 길게 파장을 일으켰"

다면 그것은 사회적 윤리를 벗어난 불행을 전염시킨 것이다. 다시 말해 개성 강한 사회의 주체보다 사회에 우선하는 '동사'적 기여를 잊지 않은 것이다. "물 잔을 비우듯 나를 비우는 시간// 사라진 것들은 모두 부사 속에 숨고// 딱딱한 명사들이 지느러미를 세운다"며 사회질서를 추동하는 동사의 역할을 자임한다. 여기에서 '말'은 이기주의적 사고라고 볼 때 중심의 주체가 되는 것에서 한 번쯤 중심을 일탈할 수 있다. 비 주체의 입장에서 바라보는 양보의 윤리를 질문하는 것으로 이해했다. 좀 더 첨언한다면 사회 정의로운 부분에 대한 과감한 사회성을 요구하는 것으로 이해하고 싶다.

초승달은 보름달이 될 때까지
웅숭깊은 시간을 지나고 있다

뒤돌아보면 내, 의지는 달의 주기를 앞서

맨 먼저 제자리로 돌아오는
그 열심에 있었다

보름달의 환영을 좇던 어제보다
묵언으로 비우는 오늘이 더 좋다

모양을 달리해도 같은 하나의 이름으로
당신을 닮아가고자 하는 나

별빛 깊은 나이테에 몸속 기억이 휘돌고

내 어두운 기억에 환하게 달이 뜨면

혼자서도 외롭지 않은
달맞이꽃이 되고 싶다

　　　-〈나를 관조하다〉 전문

　가장 편한 것은 멀찍이서 중심을 바라보는 것이다. 일종의 회피 같지만, 꼭 그런 것만은 아니다. 마음의 여유를 찾을 수 있는 시공을 가르는 간극이 보호 기제로 작용한다. 〈나를 관조하다〉란 시는 해와 달로 교차되는 우주 현상을 통해 욕망보다 순리에 따른 질서에서 불안했던 호흡을 안정시킨다. 하지만, 그것은 혼란이 초래한 오해였고 처음부터 그럴 의지가 아니라 정념에 찬 관심이었다. "초승달은 보름달이 될 때까지/ 웅숭깊은 시간을 지나고 있"는 것으로 인식하는 줄 알았는데 엉뚱하게 "뒤돌아보면 내, 의지는 달의 주기를 앞서// 맨 먼저 제자리로 돌아오는/ 그 열심에 있었다"는 고백이다. 언제나 미리 다가올 미래의 모습보다 더 조급해한 가시적인 욕망을 추구한 것이다. 아예 처음부터 선명하게 드러내지 못한 것에서 비롯된 의지를 차단할 수 없었기에 제어될 수 없는 본능이다. 앞선 의식이란 것도 이미 무의식 속에 존재한 '달의 원형'을 기억하기 때문이다. 사실 화자가 바라본 달의 변화는 들끓는 듯 뜨거운 욕망과는 거리가 먼 은근한 정념으로 한국인의 전통적 정서와 맥을 같이한다. 어떤 어려움에도 인고하는 서정성의 전형으로 체화된 내면은 살아온 표면적과 비례하거나 상회한다. 그처럼 각인된 절제미를 초과하지 않도록 "모양을 달리해도 같은 하나의 이름으로/ 당신을 닮아가고자 하는 나"란 존재에 대한 끈질긴 확인을 위해 핀 '달맞이꽃'이 상징하는 서사도 동일하다. 달은 초과와 잉여가 아닌 원형을 재현하려는 것을 멈추지 않는다. 그것의 다른 말은 인간의 욕망도 절제를 통한 본성에서 벗어나지 않으려는 윤리적 성찰을 게을리 하지 않은 것에서 같다. 달과 인간의 욕망은 자연의 순리에 순응하며 살아가고 존재하는 현실에서 교훈적인 의미로 교감하고 있다.

 긴 시간 곽인숙 시인의 시 세계를 함께 하며 더 많은 이야기를 끌어내지 못한 것을 안타까워해야 할 시간이다. 시를 구성하는 긴요한 말은 수많은 고뇌에 찬 발현으로 멈출 수 없는 관성 작업이다. 그것의 기운은 곧은 삶에서 충동해 온 오감으로 이성과 감성을 아우르는 언어의 사유 망으로 건져 올린 정서를 함의한다. 〈죽방렴 멸치〉에서의 "건반을 두드리는/ 하얀 손가락처럼/ 오월의 바다에서/ 멸치들이 춤사위를 펼쳐요"라는 시행은 곧바로 생생한 기운이 재현된 이미지를 부조한다. 이어 〈가뭄의 텃밭〉도 체험적인 삶에서 비롯한 "쩍쩍 금이 간/ 논바닥이 그랬듯이 몇 번이고/ 단비에 흠뻑 젖고 싶었던 지난날"의 고통의 속말을 쉽게 발설하지 않는다. "그래도 아름다웠던 순간은 있었기에/ 어느 것이나 반목하지 않고/ 바라볼 수 있"었다는 말로 누구나 겪었을 시절의 추억으로 돌려주고 있다. 〈유년 시절의 남해〉에서 "우린 매번 다르게 느껴지는/ 가로등 같은 섬들을 바라보며/ 시도 때도 없이 꿈꾸는/ 미래의 희망이/ 밀물과 썰물이 되기도 했었다"며 모래성처럼 허물어진 현실을 어린 마음으로 안타까워하며 가슴 아파한다. 유년 시절과 성장하여 고향을 떠난 이후 애증과 복잡한 감정들이 분출할 때마다 다짐했다. 결코 어떤 환경에서도 절망해선 안 된다는 희망을 품어왔듯 그런 의지를 부추기고 있다. 시란 그런 것이라고 감히 말한다면 아픈 상처를 치유하는 언어적 최후로 투여할 수 있는 수단이다. 더 많은 사람에게 공감적 이해로 다가가는 말의 또 다른 형상을 보여주는 상상력의 이행인 것이다. 곽인숙 시인의 시 전반을 관통하는 정서가 가슴을 은근하게 밀물처럼 여백을 밀치며 우리에게 다가오는 것을 느낄 수 있었다.

가슴에서 솟는 달
- 김도수 시집 《진뫼로 간다》 중심

　사람은 태어나면서부터 태자리를 갖고 태어난다. 태자리를 만들어 준 분들은 아버지와 어머니임은 당연하다. 굳이 이 시집을 읽어보지 않아도 고향이 갖는 의미가 얼마나 큰 것이고 사람의 삶 속에서 오랫동안 영향을 끼치는가를 알 수 있다. 자신을 키워준 아버지와 어머니 그리고 고향 사람들이 살아왔던 과거의 흔적들을 들추는 것이 당시는 고통이었지만, 지금은 아름다운 이야기일 수 있다. 그 험난한 생을 버텨온 사람들에게는 가슴 아픈 이야기여서 들추고 싶지 않은 과거인 것은 당연하다. 가슴 시린 이야기가 아직도 그곳에 가면 발목까지 차오르며 앞강으로 흘러가는 곳이 김도수 시인이 태어난 진뫼 마을이다. 그 물소리가 이제는 고향을 등진 사람들의 가슴까지 촉촉하게 적시고 있다. 섬진강 상류에 위치한 진뫼 마을은 한 사람만의 고향이 아닌 한국인의 정서 속에 생생한 기억으로 살아있는 산촌의 원형으로 존재한다. 팍팍한 산촌의 허기진 추억은 모두의 고향이어서 시의 울림은 가슴까지 적시고도 남아 찡한 감동으로 젖어든다. 섬진강 변 진뫼에 뜬 달과 별빛을 상상하며 삶에 찌들어 잠시나마 고향을 잊었던 사람들에게는 늦었지만, 위로의 서신을 담은 안부의 시편을 펼쳐 찾아갈 것이다.

　고향 도착해 차 문

여는데
어디서 숨었다 나오는지
윙 하며 재빨리 빠져나간다

파리, 저놈도
고향에서
살다 죽겠노라고

　　　-〈파리 한 마리〉 전문

　참말이지 시詩라고 말하기에는 상상치고는 너무 깔끔하다. 하찮은 똥파리 한 마리마저도 귀찮은 혐오로 끝나지 않고 귀향이라는 의미로 대입해 오기 때문이다. 제 놀던 곳에서 잘 놀아 대던 똥파리는 갑자기 들이닥친 차 한 대를 만나 운명이 바뀔 뻔했다. 지금껏 보아온 세상과는 다른 삐까번쩍한 차가 창문을 열면서 실내의 방향제 냄새를 맡고 따라 들어온 것이다. 자의가 아닌 타의에 의해 고향을 등질 뻔한 파리. 그 똥파리가 시인의 눈에서는 도시인의 모습으로 환기된다. 먹고살기 위해 고향을 등지고 떠나왔지만 질기도록 놓을 수 없는 고향에 대한 미련은 버릴 수 없다. 그러나 한 번 떠나온 고향은 떠날 때처럼 쉽게 되돌아갈 수 없는 것이 요즘의 현실이다. 특히 진뫼 마을처럼 강변의 풍경이 호수가 큰 화폭 같다면 빠르게 외지 자본이 유입되어 본래의 모습을 잃기 십상이다. 〈씨름하는 강〉의 "양돈장/ 소 축사/ 양어장/ 모텔/ 식당// 강 따라/ 하루가 다르게/ 주우욱 늘어만 간다"고 우려하고 있다. 그렇지만 단순히 우려나 걱정만 하고 있는 것은 아니다. 〈섬진강 지킴이 돌〉에서는 "강물님/ 제발, 아부지 징검다리 건너 논에 가는 강이지를/ 밭 매고 돌아온 어매 얼굴 씻어주는 강이기를/ 멈추는 강이 아닌 흘러가는 강"이 되어 예전의 모습처럼 그대로 보존되길 소원한다. 하지만 그 강도 현재는 많이 변해버려 예전의 순한 강은 아니다. 상류에 들어선 섬진 댐으로 사시사철 넘쳐흐르던 물길이 말라버렸다. 강은 때로는 주변의 모든 것을 삼킬 정도로 범람하듯 거칠게 흘러줘야만 한다. 북정물 풀어 쓸어버리던 강물도 잦아들어 정화 기능이 상실된 강은 살아 숨 쉬는 강이 아니다. 강이 살아야 그 강변에 둥지를 튼 사람들이 건강해진다. 건강한 삶은 영혼마저 맑다. 수시로 맑은 강물에다 눈을 맞추기 때문이다. 그럴 때마다 환한 웃음이 강물 위로 번지고 희망을 품고 흘러갈 수 있다.

버들피리 꺾어 불며
폴딱폴딱 건너다
미끄러져 떠내려간 검정고무신 한 짝

해는 저무는데 집으로 돌아갈 수 없고
고무신 벗겨진 흙 묻은 발등 위로
부아 치밀어 오른 아버지 눈동자만 가득 떠오르던

거센 강바람 강물에 땔 나뭇짐 부려지고
가리퐁 나뭇짐 지고 오다 떠 내려가 나뭇잎 강 되던
감 따 오다 헛디뎌 붉은 강 되던
넘어지면 일으켜 세워 나를 키웠던 그 징검다리

　　-〈진뫼징검다리〉 부분

냇가를 끼고 있는 마을이면 징검다리는 전혀 낯설지 않다. 흔한 냇가보다 큰 곳이 강이다. 그런 강가의 징검다리에서 놀다 새로 산 신발을 흘려보낸 추억 정도는 흔히들 갖고 있다. 한눈팔며 신나게 놀다 떠내려 보낸 고무신 때문에 징검돌 사이의 소용돌이보다도 더 한 두려움을 안고 집으로 갈 것이다. 부모님이 어렵게 사준 신발은 잃었으니 그 질책을 상상하는 시인의 겁먹은 표정이 눈에 선하다. 그래서 시집 속의 시들은 단순한 시라고 보기보단 김도수 시인의 성장 과정에서 겪어온 주변적 서사의 기록물로 보는 것이 합당하다. 서사는 삶에 대한 사실적 근거를 기록하는 문학의 장르다. 어찌 보면 쉽게 사라질 수 있는 추억을 사실에 근거하여 절절하게 풀어내는 것은 결코 아무나 할 수 있는 것은 아니다. 현장에서 보고 듣고 몸으로 부딪친 상처가 어느 정도 아물어진 다음에야 가능한 것이다. 나이가 들어 그 상처마저도 완벽에 가깝도록 치유해 낸 김도수 시인이기에 가능한 것이다. 그것은 과거와 현재까지를 아우르고 미래에 대한 안목까지를 포옹하려는 시 의식으로 진전된다. 그래서일까? 시를 읽다 보면 박수무당이 하얀 무의巫衣를 입고 살풀이를 하는 장면이 언뜻언뜻 떠오르는데 그것은 우연일까? 살풀이는 죽어간 사람들의 원혼을 불러 진혼을 하는 의식이다. 꼬이고 맺힌 한을 하나씩 불러내 위무하는 사람이 무당이다. 그런 무당 같은 사람이 진뫼 마을에서 태어난 뒤 객지로 떠돌다 고향에 든 나쁜 귀신들 다 내쫓겠다며 발품을 팔고 다니는 김도수 시인이다. 무당은 산 자와 죽은 자를 연결해 주고 죽은 자의 빙의로 애환을 넋두리로 전하며 살아있는 자에게 고스란히 전해준다. 그 넋두리는 그 땅에서 살다 간 사람들의 죽은 영혼을 찾아가 접신과 현신을 반복하며 살아있는 사람들에게 당부하는 신탁과 같다.

김도수 시인의 시는 진뫼 사람들의 고통스런 세월을 한풀이로 들려주는 넋두리라고 보면 틀림없다. 진뫼의 산과 들의 녹음방초에 가려진 넋두리를 귀담아듣다 보면 자신도 모르게 진뫼 사람이 되어버린다. 시인은 마을을 둘러싸고 있는 산밭이며 강 건너를 수없이 건너다니며 살풀이를 한다. 살을 풀어낸 원혼은 다시는 한을 품지 않는다. 김도수 시인은 진뫼에 묻힌 부모님의 한 많은 생과 자식으로 대물림된 업보까지 한 권의 시집으로 씻김 의식을 수행하고 있다. 지리적으로 '진뫼'는 전형적인 가난에 찌든 산촌으로 가난만 빼버리면 순정한 눈빛들만 총총하여 강물에 반짝이는 밤별처럼 강가를 비출 것이다. 그토록 순수한 사람들은 진정한 사랑과 꼭 만나게 되어있다. 순수한 사랑은 실개천 같은 지류로 흘러들어 더 깊은 강이 된다. 강은 긴 시간을 켜켜이 흘러가며 옹골진 세월을 재워둔다. 사람도 마찬가지여서 그것 또한 생애의 작은 지류가 된다. 그 지류는 끝없이 흘러가 세월이란 강을 만든다. 자연이나 사람이나 흥망성쇠가 있다. 우리는 어디에 생의 방점을 찍어야 될까를 고민하며 산다. 그래서 우린 살다 지쳐 쉽게 쓰러지면 안 될 소명을 가슴에 새기지만 스스로 견뎌낼 수 없어 지쳐간다. 그토록 꿈꾸듯이 흘러가 찾아간 곳이 돌고 돌아 고향으로 되돌아가는 여정이었던 것을 알게 된다.

세월은 물길을 통해 강을 만들지만, 사람은 힘든 삶을 끈질기게 견뎌내며 강물 같은 세월을 가슴으로 껴안고 살아간다. 그런 강을 틀어막으려는 사람들이 있다. 앞으로도 수없이 남의 삶을 아랑곳하지 않고 오직 그들은 이권에만 관심을 둘 뿐이다. 우리는 그런 사람들을 만나 나 하나가 아닌 또 다른 소중한 삶을 살아갈 가치를 부여받은 사람들이 그 강가에 살고 있다는 것을 수천 번이라도 알려줘야 한다. 남의 피나 빨아먹는 〈찰거머리〉를 향해 일갈하는 "야 이 새끼야/ 공짜 좋아허지 마라/ 공짜 좋아허다 디진다"는 소리가 에둘러하는 말 같지만 결코 허튼소리는 아니다. 김도수 시인이 꿈꾸고 기억하는 강의 모습으로 복원해 가려는 노력은 건강한 지류처럼 사시사철 흘러가는 유년의 추억 속에만 존재하는 아름다운 강 같은 세상이다. 살아있는 강이 되길 소망하는 시인의 바람은 진뫼를 넘어서 더 큰 사회를 위한 인식으로 거듭나야 한다. 나이 들어 늦깎이로 내보인 시집에서 강가의 고향 이야기가 소소한 것 같지만, 지류가 살아야 강이 살아난다는 생명의 외침임을 잊어서는 안 된다.

세상에 나가 어떻게 살아야 하는지
강변 휘젓고 다니며 배웠으니
강물 속 헤엄치며 배웠으니
나는 오늘도 진뫼로 간다

-〈진뫼로 간다〉부분

"벼락 바위에서 별 헤고/ 뱃마당에서 뱃놀이하고/ 자라바위에서 자라 보고/ 까마귀바위에서 미역 감고/ 두루바위에서 다이빙하고/ 노둣거리에서 징검다리 건너고/ 강변에서 황소 등 올라타고/ 쏘가리방죽에서 쏘가리 잡고/ 다슬기 방죽에서 다슬기 잡고/ 얼음바위에서 얼음 타고/ 뛰엄바위에서 폴짝폴짝 뛰어보고" 무엇 하나 부족한 것 없이 하고 싶은 것 다하며 강가에서 고만고만한 아이들이 놀고 있다. 진뫼의 강변을 거닐며 저 강가에서 그토록 즐거웠던 유년 때의 생각에 잠겼다. 저 흘러가는 강물은 예나 지금이나 똑같은 물길로 강가의 마을을 어루만지며 흘러간다. 변한 것이 없는 것 같아도 인심도, 물길도 다 변해버렸다. 십 수 년 전 그곳에서 태어나 강물이 보이는 산밭에 뼈를 묻고 말없이 지켜보는 사람들이 있다. 가난의 고통이 그분들의 삶을 몹시도 궁핍하게 했지만, 짓눌리지 않은 삶의 강한 의지는 후손들에게 전해졌다. 김도수 시인의 아버지가 강 건너까지 지어 날랐다는 산밭이 거름을 받아먹고는 더 푸른 산이 되었다. 산으로 져 나른 지게만큼을 헤아리며 돌을 쌓았다는 〈짐탑〉은 아버지를 위로하는 그만의 작은 사랑 법이다. 〈막걸리〉를 읽으며 마른 목울대가 울컥 젖어 올랐다. 엄마가 남의 집에서 먹으라고 준 막걸리 한 사발을 집으로 가져와 지아비와 새끼들에게 한 모금씩 나눠 먹이는 심정은 살아보겠다는 절박함이지만 기막힌 모정이다. 〈돼지고기 한 점〉에서는 "입 안에 없는 고깃살/ 쫄깃쫄깃 씹어가며/ 꼬올딱 삼켜가며/ 함께 먹여주고 있는 어머니"의 지극한 입 사랑을 다시 한번 보여준다. 그런 시편 속의 절절한 일상을 들여다보면서 인간이 추구해야 할 보편적 삶의 가치는 어디까지 닿아야 하는 것인가에 대해 궁금해졌다. 그것은 사랑을 잊지 말아야만 가능한 것이다. 시인이 오십 넘도록 놓지 못한 고향 "진뫼로 간다"에서 내보인 시詩 의지는 더 많은 사람들의 삶 속에서 소중한 것에 대한 사랑으로 기억되어야 한다. 사람이나 자연에게 주어진 가치는 동서고금을 떠나 절대로 변하지 않는다. 자연은 인간에게 무한히 베푸는 것만은 아니다. 그런 자연이 만들어준 환경 속에서 인간은 자연과 더불어 사는 법을 깨닫게 된다. 시인의 소중한 시를 통해 인간과 자연은 서로에게 절대적 존재임을 깨닫게 된다. 우리 곁을 떠난 아버지와 어머니도 결국은 그렇게 살았고, 자연의 일부가 되었다. 해가 들던 하늘에 밤이 되면 둥근달이 강물에 얼굴을 담그며 우리의 꿈속을 보듬어 줄 것이다.

제4부
시간을 관류한 언어망

상상 속 표상과 시적 재현
  - 박수원 시집 《빗방울에 맞아도 우는 때가 있다》 중심

 한 권의 시집은 감각을 통해 내면화된 시적 대상과 마음이 통어한 혼신의 결과이다. 매 문장이 내포한 시적 심연은 찰나란 순간의 충동을 넘어선 정황과 고도의 집중을 거쳐 긴장과 여유로 포화한 뒤 감정 본능으로 변주한 내적 행동의 기호를 통한 집약체다. 언어 발현도 결국 감정의 흥분을 절제하는 감각의 반응 결과로 볼 수 있다. 시가 사물로부터 전이된 감성을 자극하여 발현한 것으로 본다면 박수원 시인의 시 전부를 일컬어 체험적 반응에 대한 정서가 이행된 것으로 규정할 수 있다. 시의 형상으로 현재화된 문장에 등장하는 화자를 통해 보여 주려 한 또 다른 주체는 전달력의 확장을 얻고자 한 개연성의 문제까지를 감안한 것이다. 문득 치달아온 현재의 시간은 사라져 버린 과거와 연속성의 괴리감을 완만하게 주체인 자아와 교감한 외연까지 함의한다. 풍경으로 다가오는 시간의 실체와 그 안에 존재하는 사유의 보폭들이 감각적인 이미지와 융합을 이뤄 또 다른 시의 정서를 확장해 간다면, 시가 담아내고자 한 의도를 충분히 반영한 것이다. 박수원 시인이 드러내고자 한 시의 전면은 한국문학이 안고 있는 집단적 표상에서 크게 벗어나지 않는다. 그런 문학적인 본령을 지향하면서 변화를 통해 과거와 현재 그리고 미래로 나아가려 한 고뇌는 만만치 않다. 가장 확연하게 드러낼 수 있는 것의 중심에는 시가 갖춰야 할 서정의 맥락을 견지한다

는 데 있다. 사물 속 대상화를 통해 그 안에서 상징하고 있는 존재론적 사유를 인간적인 관점으로 전환하려 한 시편들을 눈여겨보았다.

산이 그리운 날은 우리가 올랐던 무수한 산이
거기 있어서,
아직도 눈속에 까맣게 잠들어 있는 산이라면
그것도 덤벙대고 쉼 없이 올라온 산이라면
차라리 청솔에게 길을 물어라,
한 발짝 두 발짝 내디딘 비로봉 상고대 우로
낮달만이 성큼 외로이 걸리어 있고
영원한 격리는 독해야 산다고 뒤따라온 목탁의 질책,
산허리 두른 안개에 쌓여 길을 잃는다
안개에 쌓여 숨던 미혹의 길을
저 산은 우뚝 서서 고루 굽어 헤아리나
평생을 볕조차 누리지 못한 산비탈 누운 밭 한 떼기에
숨 쉬기도 힘든 돌꽃들이 꿈틀거리긴
산 위에서도 매한가지, 산 아래서도 매한가지
그 돌꽃도 꽃들이라면
눈서리 맞고 선 찔레꽃 저 열매이듯, 저 빨강의 늪이듯
깊이도 모를 늪 구렁에 빠져들어도
독하게 살자구나,
우리가 올랐던 무수한 산이 거기 있어서
그리운 날은 그리운 대로 산으로, 산으로 오르는 날

─〈돌꽃처럼〉 전문

자아 속 세계에서 오랫동안 이상적인 공간으로 각인된 산이다. 그 산은 하루 이틀 보아온 산이 아니다. 비가 오나 눈이 오나 사계절을 한결같은 모습으로 흔들림 없이 지켜온 산이다. 어릴 적부터 산을 통해 성장하고 세월이 거듭되면서 많은 산과 만나게 된다. 그 산이 끼친 긍정이 건강한 세계관을 성장시켜 지금에 이르렀다. 산을 통해 위안과 위로가 된 것인데 화자는 문득 "아직도 눈속에 까맣게 잠들어 있는 산이라면/ 그것도 덤벙대고 쉼 없이 올라온 산이라면/ 차라리 청솔에게 길을 물어,"야 한다며 산에 대한 생각을 바꾸게 된다. 지금껏 미시적인 관점에서 바라본 '산'이었는 데 그 안의 다양한 존재에 대한 관심이 부족했던 것을 깨닫게 된다. 산을 찾아다닐 때는 눈에 보인 아름다운 것이 전부였는 데 화자는 지금껏 볼 수 없던 것들 속에서 생의 위중함을 알게 된다. "평생을 볕조차 누리지 못한 산비탈 누운 밭 한 떼기에/ 숨 쉬기도 힘든 돌꽃들이 꿈틀거리긴/ 산 위에서도 매한가지, 산 아래서도 매한가지"였다며, 그들도 높고 깊은 산이라는 지형 속에 엄연히 존재한 주체다. 누구 하나 거들떠보지 않는 밭떼기를 지켜온 작은 '돌꽃'처럼 존재감조차 없던 그들을 생각한다. 이제 작은 생명에도 눈길이 진정하게 다가가는 화자다. "그 돌꽃도 꽃들이라면/ 눈서리 맞고 선 찔레꽃 저 열매이듯, 저 빨강의 늪이듯/ 깊이도 모를 늪 구렁에 빠져들어도/ 독하게 살자구나,"라며 세상을 구성하고 있는 모든 주체가 소중한 존재란 것을 각성한다. 결국 '산'을 통해 우리가 살아가는 사회의 다양한 모습을 바로 알게 된 것이다. 사회의 틈바구니에서 보호받지 못한 삶의 모습을 생각하게 된다. 화자의 시선은 일상의 소소함이 아닌 피로가 공감으로 변주된다.

버스 창가를 놓칠세라 줄곧 매달려오던
강남터미널로부터의 동행
그 서울의 달이
상주 터널을 뚫고 나와선 선산 휴게소 앞마당에 벌러덩 드러누웠다
배꽃보다 새치름히 드러누웠다
막, 중부내륙 빠져나던 졸음 겨운 김 씨네 화물차를 깨우려나
토끼까지 대동하고는
덩더쿵 방아 찧던 방망이로 창가를 두드리는 뜨거운 세레나데까지
잠시라도 저린 다리 펴고들 누워서
황금알 같은 달을 안고 달나라를 헤매어 날았다

　　-〈달나라를 헤매다〉부분

　달은 낮보다 밤의 이미지에 적합하다. 어둠이 깊어질수록 색감을 더해가는 달빛은 더욱 절실해져 가슴을 파고들기 때문이다. 달빛을 보며 낮 시간 동안 긴장한 마음이 이완되면서 거칠어졌던 마음을 다독여간다. 서울에서 일을 마치고 내려오는 데 아직도 귀가하지 못한 달과 동행하는 화자다. 그 달이 있어 이 밤이 외롭지 않았다. 강남고속버스터미널을 빠져나온 심야 버스도 선산휴게소에서 벌러덩 드러누웠다는 것을 보면 화자도 그 이상으로 지친 몸 상태란 것을 말해준다. 서울을 빠져나오며 함께 한 '서울의 달'이 그곳까지 따라온 것이다. 그렇다면 이미 화자가 서울을 출발할 때부터 달은 고속버스를 탄 것으로 봐야 한다. 그달은 하늘에 뜬 달이 아니라, 깊어 야심해진 시간 고속버스 안 사람들을 한껏 보살펴주는 마음속에 뜬 달이다. 지친 피로보다 졸음이 더 힘이 든 화물차 운전하는 김 씨를 깨워주는 달이면서 좁은 고속버스 안 저린 다리를 어루만

져준 달이다. 그달은 사람들의 삶에 대한 기대와 부푼 꿈같은 '황금알'이 되거나, 동심 속 옥토끼를 만날 수 있는 신화 속 상상 공간으로 이끌어간다. 달도 노곤한 졸음이 찾아올 즈음 휴게소의 가락국수로 배를 불리며 지친 몸과 마음을 풀어낸다. 그것도 잠시여서 달이 빠져나가기 전 이 밤을 서둘러야 한다. 누가 재촉하지 않아도 멈출 수 없듯 버스 안 사람들은 가슴을 보듬고 돌아가야만 하는 집이 있다. 지금껏 그래왔듯 말없이 멀어져 가는 달빛이 새벽 귀퉁이를 지키고 있다.

길음시장 아래 식육점 집 셋째딸과 생선가게 맏아들 결혼식이 며칠 남지 않았다는 것, 그래서 신랑과 새댁이 잘 다니던 회사들 집어치우고 대를 이어 제2호 가게를 내 장사를 시작한다는 것, 국밥집 아줌마가 갑자기 병이 들어 액땜을 한답시고 굿판을 벌이는 데 늘 삶던 돼지머리에 적어도 오만 원짜리 서른 장은 꽂아야 정성이 지극해 병이 낫는다고 박수무당이 설레발친다는 것, 속옷 파는 과부 춘자네랑 홀아비된 떡집 아저씨가 눈맞아 내일은 아예 문 닫고 알뜰살뜰 준비해 남이섬으로 나들이 간다는 것, 재개발로 분양받은 아파트가 택도 없이 고층이어 입주도 못하고 전매해야겠다는 박 씨네 만수영감 잠 못 드는 밤을 위하여, 그 모든 것을 위하여

이런저런 귀띔에 덩달아 바빠지는 하늘에서의 네 염탐들

-〈샤갈의 하늘〉 부분

세상의 주어진 현실을 긍정하며 살기를 거부한 사람들이 있다. 그런 부류들은 평범한 생각을 가진 사람들이 아니다. 그들은 사회가

정한 규칙을 거부하면서 자신만의 유리한 가치를 최고의 이상으로 욕망을 추구해 간다. 마치 현실과 다른 몽상적인 상상력을 콜라주 기법으로 내적 고뇌를 해소하려 했던 샤갈처럼 화자는 인간 군상들의 다양한 모습을 시적으로 표현한다. 그 깊은 내막은 누구나 속속들이 밝히기 싫어하는 속내라서 겉으로는 그럴싸하더라도 깊숙이 파고들다 보면 겉과 속이 전혀 딴판인 경우가 많다. 그런 정황들이 얽히고설킨 '길음시장' 사람들을 호명하면서 샤갈이 자신의 내면세계를 다양한 그림으로 보여주었듯이 화자는 '길음시장' 사람들을 보며 샤갈의 그림들을 연상했을 것이다. 화자는 길음시장 사람들을 회화적으로 활용해 욕망의 환상을 시적인 문장으로 투사하고 있다. 이웃 같은 평범한 사람들의 무의식 저변에 존재한 욕망을 본 것이다.

물조차 삼키지 못해 메마르고 해진 마음은 어디, 풀 한 포기는 제대로 심을 수가 있겠고 유니세프 그 광고물 흙물 먹는 아이에게 또 눈은 갈 수가, 애꿎은 리모컨만 요리조리 만지작대다 건성으로 즐겨보는 일일드라마에서 뼈마디 걸린 낚싯줄처럼 꼬이는 너절한 하품들, 통풍 오듯 휘젓다가 신바람만 좌악 싣고는 뼛속을 새어나간다 이미 소진한 산소는 한바탕 웃음으로 변모 못하고 웃을 일이 많은 데도 뭐라 웃을 수 없는 지금, 아니 오늘, 내일, 모레

-〈4박5일 전문치료형 캠프 1〉부분

시가 지향하는 사물은 형상에 그치지 않는다. 내 몸으로 반응하는 심리적인 변화까지 대상으로 삼기 때문이다. 어느 순간부터 내 몸 안의 이상 징후들이 마음에 거슬린다. 예전 같지 않게 "산 너머 단

풍에도 울렁이던 가슴이/ 왜일까,"라고 자신에게 묻지만, 특별히 이상도 없는 데 즐겨 마시던 커피 한잔도 몹시 불편하다. 이런 생각들이 끊임없이 뇌리에서 사라지지 않은 요즘 부쩍 예민해진 화자이다. 아무리 원인을 찾으려 골똘해 보지만, 최근 들어 특별한 일도 없었기에 더 신경이 거슬린다. 그 이유는 "물조차 삼키지 못해 메마르고 해진 마음은 어디, 풀 한 포기는 제대로 심을 수가 있겠고 유니세프 그 광고물 흙물 먹는 아이"의 열악한 현실에 충격이 컸던 것이다. 지구적인 문제에 관심이 많다는 것은 그만큼 광폭적인 삶을 살고 있다는 방증이다. 즉 주체에 대한 자기 반응에 충실하면서 살아온 세월이지만, 이번에는 그렇지 않다. 시간이 경과할수록 심해져서 "울혈지고 멍울졌던 메스꺼움이/ 그새 뒷목을 당기고/ 고속질주하던 혈압은/ 뒤척이는 밤을 또 칠흑으로 뒤척이게 했으니/ 아침밥 한 덩이가 순순히 넘어갈 수가,/ 목구멍 둔덕에서 목을 조르고 사레"까지 들고 만다. 이런 징후가 계속된다면 건강에 적신호가 온 것이 분명하다. 이제는 전문적인 진단이 필요한 시점이라 판단하고 알고 있는 지식을 총동원한다. 가장 큰 원인은 대사회적 불평등에 기인한 심리적인 영향이 큰 것으로 진단한다. 몸의 증상에 대한 생각으로 부쩍 예민해진 화자는 며칠 전 지하철 2호선에서 본 광고가 떠올랐다. '4박5일 전문치료형 캠프'란 안내 글이 떠올랐고 조만간 한번 다녀와야 할 것 같다는 결론을 내린다. 그런 마음의 정리는 자기 삶에 대한 경험이자 확신에서다. 불확실한 시대를 살아가는 현대인들에게 불안한 것은 사회 환경의 악화에 있다. 이럴 때는 자연 속 풍경에서 위안을 찾는 것도 한 방법이다.

어느 화가의 붓 끝인가, 금세

요동치는 물에서부터 하늘로 쫘악 번지는 수묵화 한 폭
주남저수지의 철새는 화선지 위에서 야단법석이다
석양도 흠칫 놀라 지상을 떠나는 마지막 의식처럼 하늘은 검은 띠로 출렁인다
그 하늘에 빠진 한 마리 철새,

-〈혼돈과 질서〉부분

우리는 너무 많은 것을 빨리 이뤘고 앞으로도 더 성공하겠단 물신적인 욕망에 사로잡혀있다. 무모한 인간의 욕망과는 다른 모습으로 살아가는 '새'들의 황홀한 비행에 마음을 빼앗기고 만다. 허허로운 공중을 나는 새떼를 보면서 "어느 화가의 붓 끝인가, 금세/ 요동치는 물에서부터 하늘로 쫘악 번지는 수묵화 한 폭"이 일사불란하게 움직이는 군집성에 감탄을 금치 못한다. 우리가 사는 사회는 획일적 사고와 규정된 일탈을 금하고 그것을 벗어나면 강제한 벌칙을 받게 된다. 그런 것에 아랑곳하지 않는 주남저수지의 새들을 보며 인간이 갖지 못한 진정한 자유를 발견한다. 누구에게도 통제되지 않으면서 무리에서 이탈과 복귀를 반복하는 모습이 혼란 같지만, 어느 순간 대오를 만들어가는 자연스러움이 너무 아름답다. 새떼에겐 몸에 밴 듯한 '혼란과 질서'는 강제가 아닌 자율적인 판단이라고 본 것이다. 무리에서 이탈한 "그 하늘에 빠진 한 마리 철새,"가 외톨이 같은 소외가 아니라 무리를 벗어날 수 있는 자유로 인식한다. 스스로 선택한 행위를 만끽한 뒤 다시 무리로 복귀할 수 있는 자유를 향유한 새들이다. 군집을 이뤄 살아가는 새들의 습성이 속박이 아니듯, 땅에서 스스로 단맛을 키워가는 수박이 인간의 의지와 무관한 것도 그와 같다. 어차피 우리가 살아가는 세상도 저들과 다르

지 않아 각각의 존재 방식을 구체화하며 실현하려 한다. 삶과 직결된 것은 아니지만, 박수원 시인이 인식한 역사의식에 대한 면면을 만날 수 있다.

잘그락잘그락 울어대는 몽돌의 부름인가
보라, 대왕암 우로 비상하는 청룡 한 마리의 위상을
그 멀찍하니 응시하는 매운 눈길 좇아 홀린 듯 따라가 보면
대마도 지나 동경을 지나
후지산 분화구를 칭칭 감아대다가 붉은 용암을 흔들어대다가

삼백 년 후에도 동해는 동해이어야 한다고
삼천 년 후에도 독도는 독도이어야 한다고

　　-〈삼백 년 후 2〉 부분

"경주 봉길리 앞바다에 서 보라,/ 동그마니 누운 바위는 끝내 무너지지 않을 우리의 역사"처럼 동해 바닷가에서 밀려오는 파도를 보면 금방 뭍으로 치달아 오를 것 같은 조바심이 든다. 현재를 굽어보며 미래를 헤아려보는 것은 아무나 할 수 없다. 그것의 본질은 먹고사는 현실의 문제와 전혀 다른 것이다. 일본이 동해에 있는 독도를 그들의 땅이라고 주장하는 것을 보며 역사적 유래를 통해 대한민국이 점유한 정당성을 피력하고 있다. 우리의 독도 점유는 수백 년 전부터 많은 역사 자료에 기록되어 있고 일본을 비롯한 서양의 중요 사료에 대한민국의 영토란 점을 분명히 표기하고 있다. 하지만 한반도에 대한 야욕이 임진왜란과 일제 36년의 식민통치로 드러났듯이 독도가 일본의 영토라는 것을 교묘한 왜곡을 통해 국제적

인 분쟁지역으로 부각하기 위한 술수를 체계적으로 진행하고 있다. 일본은 지금 당장이 아니라도 어린 학생들에게 교육을 통해 정당성을 축적하고 있는 것을 볼 때 철저한 대응을 위한 주문으로 봐야 한다. 그것의 인식 발원은 현실에 대한 실제적 점유를 확고하게 수호해야 한다는 교육자의 삶과 무관하지 않다. "삼백 년 후에도 동해는 동해이어야 한다고/ 삼천 년 후에도 독도는 독도이어야 한다"라는 역사 인식이야 말로 국가적 존망에 대한 주체적 자아가 확고하기 때문이다. 결국 국민의 한 사람으로 국가 안위에 대한 의식을 확실히 드러낸다. 우리가 태어난 강산과 바다가 그러하다고 배운 까닭이다.

 빈틈없는 대칭이다,
 빈틈없는 대비다,

   -〈일월오악도〉 부분

'일월오악도'는 그런 인식을 공감하기에 딱 들어맞은 그림이다. 삼천리 금수강산의 산이 저토록 둥글둥글하고 양쪽에 그려진 노송도 어딜 가나 마을 앞 정겨운 소나무와 다르지 않다. 그 아래로 잔잔하게 일렁이는 파도를 품은 바다도 그렇거니와 모든 것이 낯익은 풍경이다. 일월오악도를 보며 시인은 판박이처럼 닮은 대칭성을 발견한다. 좌우가 자연스럽게 균형을 이루고 있는 이미지에 내재된 평등세상을 상상한다. 모든 사람이 저 그림처럼 같은 마음으로 살기를 바라는 세상이 우리의 심성에 자리하고 있지만 그렇지 못한 현실을 떠올린다. 아예 존재감조차 없는 삶을 속박처럼 여기며 살아가는 힘없는 사람들이 현실 속에 실재한다. 평등한 세상을 꿈꾸었을 일월오악도는 현실과 먼 "한 치의 과오 없이 모두에게/ 콸 콸 콸, 가뭄 적실 물결 출렁이며 갖은 고기 뛰노는 저 세상은/ 아마도 신들이 사는 세상"인 현실과 먼 이상세계에 머물러 있다. 시인이 꿈꾸는 세상은 소외되지 않은 존중과 배려가 함께 하는 세상임을 시로써 말하고 있다. 그런 세상은 그냥 오는 것이 아니다. 스스로 불공정과 불의에 저항하는 행동을 실천해야 가능한 일이다. 그것에 대한 답은 로마 시대 검투사의 최후처럼 매 순간 비장한 것이다.

먹잇감이 되고 싶지 않았다 그래서 죽으라고 정신을 바짝 차렸다 바바리사자가 훅 들어오더니 카스피호랑이 같다는 느낌도 들었다
며칠을 굶겼는지 피가 그리웠는지 코를 연방 킁킁거렸다 이기지 못하면 당하는 싸움이다 검투사의 목숨 건 싸움은 이제 시작이 반이다

　　　-〈콜롯세움 경기장〉부분

시대만 변했지, 우리가 사는 세상은 그 당시처럼 선택을 강요하는 시대를 살고 있다. 도박판과 같은 아사리 판이 로마 시대만 횡행한 것은 아니다. 동서고금을 통해 목숨을 담보로 내몰린 선택의 순간은 권력자의 의지대로 결행된다. 오직 그것을 실행해야 하는 당사자는 닥친 위기의 순간을 숙명처럼 감당한다. 막대한 권력 앞에 내몰린 검투사의 공포에 떠는 눈빛과 피 냄새를 맡으며 환호했을 죽음의 '콜롯세움'에서 소중한 생명은 안중에도 없다. 오직 그곳을 가득 메운 광기에 찬 탐욕과 눈빛만 교차할 뿐이다. 인간과 굶주린 사자와의 피 튀기는 아수라판을 보며 생과 사란 것이 꼭 강하고 약해서가 아니란 것이다. 당장 다가올 죽음의 공포가 아니라

미래의 닥칠 죽음에 이르는 여정은 "강자는 순간에 강해 멋대로 사냥몰이를,/ 하지만 오히려 독이 되어/ 자멸할 시간을 앞당"길 수 있다는 부메랑을 알아야 한다. 권력이란 것은 허무하게도 유한하여 검투사처럼 죽고 죽이는 것에서 방식만 다르지 언제든지 위기에 내몰릴 수 있다. 유형은 달라도 우리네 삶이 그와 닮은 점이 많다.

    짜디짠 눈꽃이 피었다
    바닷물 한 줌마다 태양을 사모하여 말라버린 알갱이들
    아버지 고향길 메우던 메밀꽃, 그 소금밭이다
    숯검정 물들인 베잠뱅이 교복 입고
    평창 지나 안미리 뜨락 드나들던 아버지의 한 됫박 땀도
    말라들면 저렇듯 메밀꽃 피던 짜디짠 눈꽃일 것을
    어제 본 아버지는
    모든 것 떨치고 소금마냥 작아진 결정체로 앉아 있었다

        -〈소금밭〉 부분

추억 속 아버지의 세월이 '소금밭'을 통해 되살아났다. 가부장 중심 사회에서 아버지가 갖는 의미는 매우 커 존재만으로 든든한 힘이 되었다. 집을 에워싼 담장처럼 가족을 지켜준 역할을 튼실히 수행한 아버지의 고향은 메밀꽃이 지천으로 핀다는 평창 너머 '안미리'다. 한여름이면 소금밭이 햇살에 하얗게 반짝이는 것처럼 메밀꽃이 핀 그곳의 풍광이 닮았다. 지천으로 핀 메밀꽃을 보고 자란 화자는 추억 속 풍경을 소환하고 그 안 어딘가에 서 계실 것만 같은 아버지의 모습을 상상한다. 삶의 고통이 힘들다 해도 다행인 듯 다붓한 마음으로 찾아가던 "아버지 고향길 메우던 메밀꽃, 그 소금밭

이다/ 숯검정 물들인 베잠뱅이 교복 입고/ 평창 지나 안미리 뜨락 드나들던 아버지의 한 됫박 땀도/ 말라들면 저렇듯 메밀꽃 피던 짜디짠 눈꽃일 것"이라며 아득한 당시를 회상한다. 아버지의 고향 '안미리'에 하얗게 핀 메밀꽃이 만개한 뒤 꽃이 지고 나면 메밀이 서서히 영글어갔고 그런 계절의 시간처럼 주기적으로 찾아오는 오일장을 무대 삼아 살아오신 아버지다. 잠시라도 쉴 틈 없이 찾아 나선 "오일 장날 화수분처럼 채워지던 전대,/ 중세기사 허리춤에 칼 차듯 둘러차고는/ 동대문, 평화시장 문지방 헐 듯 드나들던 아버지의 땀방울" 밴 세월을 소금밭으로 상징하고 있다. 화자는 전남 신안 앞바다의 염전을 둘러보다 하얗게 반짝이는 소금밭을 보며 세월에 묻힌 아버지의 시간을 상기하고 있다. 사람이 살아온 시간을 돌이켜보면 아련한 것이어서 간혹 울컥하는 슬픔이 된다. 세월은 그들에게 자꾸만 작아지라며 남은 시간마저 빼앗아간다.

시골버스 안이 왁자지껄 덜컹거린다
수양버들이 덩달아 일렁거린다
갑자기 자갈돌 튕기듯 툭툭 튀어나오는 그 말들

올해 얼마지유우우우,
올해 어찌 되었슈우우우,

덜컹거리는 버스는 낯모르는 사람들도 정겨운지 나이부터 묻는다
산 날보다 살아갈 날이 적은 사람들,
주름살 이는 것처럼 서러운 나이를 왜 그렇게도 아름답게 묻는가

　　　－〈늙어본 적 없는 사람〉 부분

하지만, 빼앗아갈 수 없는 것이 있다는 시의 전언을 귀에 담아야 한다. 잘 꾸며진 무대를 보는 듯 시골 버스가 막 출발을 한다. 이어 소란한 틈으로 불쑥불쑥 튀어나온 "올해 얼마지유우우우,/ 올해 어찌 되었슈우우우,"라는 말투가 무대 분위기를 돋워주고 있다. 세월의 시간은 고된 생애를 감당한 무게만큼 당사자의 몫이 된다. 그런 흔적의 시간은 온몸에 각인된 삶이어서 언어 습관으로 투영된다. 시골 버스 안 몇몇 낯선 사람들이 살아온 세월이 궁금한 듯 인사말로 시끌벅적하다. 그중 화자의 귀에 든 순박한 말투가 감성을 충동해 시적 세계로 유입된다. 그 사람들의 언어는 투박하고 거칠지만, 가식 없어 듣는 귀가 편해 시골 풍경과 절묘한 조합을 이뤄낸다. 버스 안 사람들의 행색으로 보아 상당한 연륜을 품어 살날보다 죽을 날이 가까울 것이라는 생각에 한편으론 슬프지만, 그렇다고 꼭 그런 것만은 아니다. 그 사람들의 삶 자체가 혹독한 시간을 견뎌오며 생로병사란 의미를 초월했기 때문이다. 누구에게나 찾아오는 노화 과정과 뒤따르는 죽음은 무엇으로도 막을 수 없음을 익히 알고 있다. 그분들이 두려워하는 것은 죽음이 아니라 젊은 사람들의 경박한 언행으로 입은 상처가 더 가슴 아픈 것이다. 화자도 어느덧 좋은 호시절을 다 보내고 노년기에 접어든 나이라 갓 시집왔을 때 시어머니께서 "너희들은 안 늙을 줄 아냐,/ 너희들은 안 서러울 줄 아냐,"라던 말씀이 귓전을 울린다. 나이 들어 실감할 수밖에 없는 화자도 어느덧 그 사람들과 별반 다르지 않은 유한한 생의 절절함이 철학적인 사유로 현현했다. 시가 말하고자 하는 영역은 삶의 근경을 맴돌며 공감할 수 있는 언어의 정제와 천착으로 완성된다. 박수원 시에서 정념을 집요하게 파고든 서정성이 함축된 말을 꼽으라면 "자꾸 그 말씀 따라가는 나, 화들짝이나 서럽다"라는 말이 생의 울림통 같아 마음이 쓰였다.

　오래돼서야 그 사람
　씨앗처럼 여문 사람
　아름다운 사람인 줄 알았듯이,
　여렸던 그 나무도 고목돼서야 고목인 듯 아름다웠다
　갈라지는 틈새로 계절이 머물다 떠나고 나면
　또 한 계절이 사랑 같은 열병으로 다가오고
　우주가 넘나들며 죽을 듯이 에이는 살집,
　그득그득 그늘 채우라는 거역 못할 신호였다
　시샘하는 봄날의 바람 매양 같아서
　매양 그리운 것이 미움의 시작인 줄도 모르고
　빈 나무로 몇 날, 몇 달
　잎으로 꽃으로 피우지 못해 앙상한 가지에 초승달만 걸친 밤
　볼품없다 내팽개친 그 사람 그 구두가
　치명적인 함묵으로 발자국 없이 종일을 걸어 다녔다

　　　-〈그 고목 그 사람〉 부분

　사람 이외의 사물에 존재 의미나 가치가 꼭 내재되어 있는 것은 아니다. 다만 그 의미를 사람의 인식으로 동일시하며 실체성을 부여했을 뿐이다. 고목이 아무리 세월을 품었다 쳐도 나무에 불과하고 그 위치에서 오랜 세월을 지켜왔을 뿐이다. 결국 고목은 고목일 뿐이고 사람처럼 감정을 갖고 있거나 어떤 경우에도 의식을 통해 분별할 수 없는 것으로 존재성에 대해 논한 것 자체가 무의미한 것이다. 그렇지만, '고목'의 내부로 파고든 비바람에 앙상한 표피만으

로 세월을 감당해 온 모습에서 인간적인 회한으로 바라본다. 세월의 고태가 고목의 진면을 알게 하듯 사람도 세월이 흘러 "오래돼서야 그 사람/ 씨앗처럼 여문 사람/ 아름다운 사람인 줄 알았듯이," 몰랐던 심성이나 성정의 곧았음을 알 수 있는 법이다. 그래서 사람은 오래 지켜봐야 아는 것이라고 했던 것처럼 화자의 세상 보는 시선이 그만큼 넓고 깊어졌단 방증이다. 세월을 비켜갈 수 없는 것이 사람이라 했다. 마찬가지로 연륜이 들어서야 진정한 안목으로 세상 흐름을 간파할 수 있게 된다. 시적 화자는 매번 다가온 계절을 접하며 고목처럼 세월을 품는 법을 배우게 된다. 앙상한 "빈 나무로 몇 날, 몇 달/ 잎으로 꽃으로 피우지 못해 앙상한 가지에 초승달만 걸친 밤/ 볼품없다 내팽개친 그 사람 그 구두가/ 치명적인 함묵으로 발자국 없이 종일을 걸어 다녔다"는 것을 생각하며 '당신'에 대한 안타까움이 헤집고 들었다. '고목'과 상관성으로 환기된 낡아 팽개쳐진 '구두'가 물리적인 풍화의 시간에서 그리움의 감정 선을 밀치고 들어온다. 그 안 온기 스민 사람의 발을 감싼 구두를 통해 사물의 실체성을 추억하게 된다. 잊을 만하면 외로운 마음을 아는지 생전처럼 '그 사람'이 꿈속에서 보이는 때가 있다.

내 꿈 마르다고 꿈조차 멀리하던 당신이
무릉리 그 산골
진달래꽃 아름드리 껴안고서는
지하철을 탔다가 버스를 탔다가 저 혼자 *무심히 사라져 갔다
웬일이실까,
잊을 만큼 보고 싶으니
올봄 진달래꽃 보러 한 번 다녀가란 기별인가

*無心:속세에 전혀 관심이 없는 경지

-〈웬일이실까〉 전문

 질문형의 〈웬일이실까〉는 단막극 속 독백으로 꿈의 세계에 대한 호기심을 자극하기에 충분하다. 한동안 꿈에서조차 만날 수 없던 '당신'이어서 못내 소식이 궁금하던 차였다는 화자다. 꿈에서 '당신'이 가리킨 "무릉리 그 산골"이 재현되면서 마음속 갖가지 상념들이 물안개처럼 피어난다. 꿈이 지시한 기억의 편린을 생각하며 무슨 의미일까를 곱씹으며 그리움 저편에 존재한 과거 속 '당신'을 헤아려본다. 꿈속은 잠시 잠깐의 단속적인 상황으로 전개되면서 지하철과 버스로 순간 이동하며 광폭 행보를 보여준다. 하지만 끝내 보고 싶은 대상은 아무런 언질도 없이 사라지고 만다. 꿈이란 것이 그렇듯 막상 깨고 나면 기억이 흐릿해서 마치 색 바래 분별할 수 없는 흑백 사진처럼 안타까움만 깊다. 그 허망 속 어딘가에 존재했던 지난날의 아름다웠던 시절을 상기시키듯 어른거리는 꿈속 무의식은 평소 화자가 가슴으로 품어왔던 생각들이 현실처럼 유사한 장면으로 데자뷔 된다. 흔히 개꿈이라고 치부할 만큼 무의미한 것과 달리 특별한 암시처럼 다가온 메시지가 압축된 무의식으로 꼬리를 물었다. 꿈에서 보았던 '무심'함은 인간이기에 산 사람의 마음으로 헤아릴 수밖에 없다. '함묵'을 보고 싶단 그리움으로 해석한 것이다. 어차피 꿈이란 것이 억압된 의식의 발현이라고 볼 때 충분한 해몽의 사유가 될 수 있어 꿈이 간혹 현실처럼 되는 일도 있다. "올봄 진달래꽃 보러 한 번 다녀가란 기별인가"하는 마음이 들기도 하여 '무릉리'에 봄 꽃 핑계 삼아 '당신'을 찾아갈 것이다.
 쟌느여, 나는 죄인입니다

커다란 모자에 감춰진 그대 그늘 빛
아침 호수를 건너오는 안개보다 더 짙게 내게로 퍼질 때
하루도 걸을 수 없어 치욕이던 시간을,
내 그늘 그대 그늘을 덮어
한 치 앞을 못 보게 눈멀게 했음을
그래도 1918년 11월 29일 그날,
니스의 축복은
우리의 분신, 또 다른 쟌느의 시작입니다
닮은꼴은 닮은꼴을 남기려는 본능에 섧도록 우쭐했으나
세파에 강한 듯 연약했던
나는 가장 어리석은 가장입니다
해가 반짝 뜬 한낮의 정원도 끝내 마련치 못하고
그대의 문 앞에서
밤새 두드리던 울부짖음은 한 끼의 밥과 꿈의 간격입니다
채울 수 없는 내 용서의 시간입니다
그럼에도 하루조차를 견딜 수 없어
더 짙은 안개로 호수 건너온 쟌느여,
이제 누구를 위해 태어났다고 말하지 맙시다
몽파르나스 언덕 위를 별빛보다
청량히 밝혀주던 그대가, 참으로만 사는 그대가
내겐 충만한 슬픔
챙 큰 모자에 감춰진 그 그늘은 내 안고 갈 그늘이려니
나로 말미암은 공허의 쟌느, 부디 풍요로운 쟌느여
이제야 아침 호수를 지키는 나는 죄인입니다

    -〈그 고백, 모딜리아니〉 전문

지극한 사랑을 위해 할 수 있는 것은 무엇이 있을까? 그것은 목숨을 건 사랑일 것이고 그런 사랑을 우리는 아름답다고 말한다. 그 진실한 사랑을 증명이라도 하듯 죽음이 뒤 따른다. 세기의 사랑으로 기억되는 로미오와 줄리엣도 아름다운 사랑으로 회자된다. 비극적인 사랑이 많지 않을 것 같지만, 그런 이야기를 접하면 가슴이 아파온다. "쟌느여, 나는 죄인입니다"라며 말한 〈그 고백, 모딜리아니〉를 통해 슬프도록 아름다운 사랑을 전한다. 사랑에 대한 고백은 15살 연하의 "커다란 모자에 감춰진 그대 그늘 빛"이 슬프도록 기다란 목선을 타고 흘러내린 고요 속 말이 없는 '쟌느'를 향하고 있다. '모딜리아니'에게 영원한 사랑이자 예술의 영감이 되어준 뮤즈, '쟌느 에뷔테른', 그녀와의 만남은 운명처럼 다가왔다. 모딜리아니는 선천적으로 허약한 체질에 늑막염, 장티푸스, 폐렴을 앓으면서 술과 마약으로 방탕한 생활을 이어간다. 당연히 화가로서 활동도 저조할 수밖에 없다. 그즈음 모딜리아니가 화가로 활동하고 있던 몽파르나스에 운명처럼 '쟌느'도 화가의 꿈을 이루기 위해 머문다. "내 그늘 그대 그늘 덮어/ 한 치 앞을 못 보게 눈멀게 했"다며 말한 것을 보면 모딜리아니가 쟌느에게 사랑에 빠진 것이 분명하다. 이후 둘만의 사랑을 키워가는 "니스의 축복은/ 우리의 분신, 또 다른 쟌느" 즉 니스에서의 행복했던 시간을 더해 둘 사이에 태어난 딸 '쟌느 모딜리아니'를 얻게 된다. 그렇게 2년여의 행복은 불행하게도 오래가지 못한다. 쟌느의 행복을 위해 아무것도 할 수 없었던 모딜리아니는 폐결핵이 악화되어 죽음을 맞는다. '쟌느'와 '모딜리아니'의 짧은 사랑에 대한 대략적인 전개는 그렇게 끝나는가 싶었다. 만약 이후 진전이 없었다면 모딜리아니의 고백을 시적 세계로 소환하진 않았을 것이다. 모딜리아니가 죽은 지 이틀 후 '쟌느'는 5층 아파트 창문에서 투신을 하고 만다. 비극 속 아름다운 사랑의 이야기는 모딜리아니가 쟌느를 모델로 삼아 그린 세기의 걸작 '큰 모자를 쓴 쟌느 에뷔테른'의 초상화가 시적 서사를 부연하고 있다. 검은 모자로 이마를 가린 얼굴과 우수에 젖은 표정을 타고 흘러내린 갸름한 목선으로 더 수줍어 애틋해 보인 '쟌느'의 숭고한 사랑을 생각한다.

우중충한 고가도로가 내 머리 위에 올라앉아 아프도록 짓눌렀는데도 그래도 청계천 헌책방은 내 청춘의 후미진 길목쯤, 청춘은 늘 감기 앓듯 날 드러눕히다가도 봄바람 불 듯, 아니 여름비 주룩주룩 퍼붓듯 팔랑거리며 청계천 거리를 활보시켰다

-〈헌책방〉 부분

과거의 시간을 품고 있는 청계천 '헌책방'은 세월을 켜켜이 쌓아놓은 듯했고, 그 아래로 흐르는 "청계천변 물속을 꼬리치며 반기는 붕어 떼는/ 물장구치며 거슬러 오르던 남한강으로의 회귀이듯/ 거슬러 가다 가다가 보면/ 또 다른 낯선 고향도 발에 익는 법"을 깨우쳐주었다. 복개된 '청계천'을 거닐며 그 아래로 흐르는 물길이 있었다는 것과, 그 위로 짓누르던 '청계천 고가도로'에 대한 문제 인식을 뒤늦게 깨닫는다. 헌책방을 통해 청춘의 결핍을 채울 수 있었던 시절을 회상하며 빠르게 흘러가 버린 시간을 더듬어간다. 화자가 기억하고 있는 과거는 소멸된 것이 아니라 기억 속에 존재한다. 그 익숙한 추억은 화자에게만 유효한 것이어서 "내 청춘의 후미진 길목쯤, 청춘은 늘 감기 앓듯 날 드러눕히다가도 봄바람 불 듯, 아니 여름비 주룩주룩 퍼붓듯 팔랑거리며 청계천 거리를 활보"했던 당시를 필름처럼 새기고 있다. "그 헌책방들, 낡아버린 목판 간판에 아

귀 맞지 않은 열린 문으로 지긋이 손을 내밀면 먼지 묻은 책장도 내 옛집 황토방, 그 멍석처럼 아득도 하여 머물고 머물기를 거듭했었다"는 당시 상가 구조를 세세히 복원한다. 현재는 사라진 헌책방이지만, 박수원 시인에게는 볼거리만을 위한 곳이 아닌 청춘과 낭만의 충전소였던 셈이다.

머지않아 소용돌이 칠 폭풍우 맞으며 퍼 올릴 난파선 몇 척, 아마도 한 배엔 작년 여름 배나무 가득 달렸던 하이얀 고깔이 폭락한 배 값처럼 나뒹굴지라도, 아마도 한 배엔 허리 굽혀 일하다 결국은 드러눈 공들 머리맡, 함께 아파하는 황구만이 웅크려 지킬지라도 슬픈 낭만의 으스름 저녁, 냥이들 애절한 울음이 누구 집 갓난애 울음이라 착각해 반색할지라도

아픈 이야기도 묻혀서 아름다운 때 이때든가
표류하며 파도 다독이며 되돌아올 지친 이들이여,

타국살이 서러워 훌쩍였던 베트남 새댁 앙티엔도 싣고 지난 추석, 애비 통장에 돈 몇 푼 덜렁 부치곤 비행기여행 떠난 용구네도 싣고 동구 밖 400년째 지키는 느티나무 그 쓸쓸함에 통곡하던 김초시네 장손 내외도 싣고 역마살 끼었는지 사방 떠도는 삼태 녀석도 싣고
용총 찾아 닻을 올려라, 이안의 아침바다로

　　-〈이안의 바다〉 부분

'이안의 바다'는 감각으로 다가온 풍경을 심상 안에서 재구성한 현실 속에 실재한다. 그날의 진기한 풍경은 몽환적인 이미지로 다가왔고 상상 속에 묻힌 진경으로 환기된다. 마침 '추분'이 어제였다며

낮과 밤의 길이가 같다는 계절을 확인한다. 화자가 느낀 시각적 감상과 '이안'이 갖는 풍경의 절묘한 분위기가 안개를 통해 부풀어 오른 것이다. "해안가 스치는 해무가 너울너울 올라와 날개깃을 펼치다가 일렁이다가/ 슬픔보다 진한 몽환의 안개/ 이안을 감싸더니 금시에 삼켜버린" 그때의 풍경은 신비한 기운을 더했을 것이다. 마치 고요한 바다에 당도한 듯한 착시는 마음을 달뜨게 하면서 상상 속으로 빠져들게 한다. 그 순간 화자는 경북 내륙의 '이안'에 있는 것이 아니라 '이안'이란 바다에 당도한 것이다. 안개 덮인 이안은 본래 모습인 과거로 회귀하는 시간이면서 당시처럼 실재한 모습으로 복원된다. 그 기억은 이안으로 다가갈 수 있는 경로와 미래의 항해 좌표로 동네 사람들만 해독할 수 있다. 바다 안에 묻힌 유물들이 발굴되듯 본래의 모습을 서서히 드러낸다. 그 안에 실재했던 동네 사람들이 다시 모여들어 복작대고 '성황당'이 있던 곳의 '삼신할매' 전설과 '이안교'를 오가며 들녘으로 나가던 길목도 활기를 되찾는다. 벼 익어가는 들판 너머 '상주 옹기장네' 가마터 장작불이 이글거리며 어둠을 밝힐 때 산골 마을에서 들려오는 개 짖는 소리마저 또렷이 들린다. 아름답고 고즈넉한 동네가 순식간에 안개에 덮여 사라져 버렸을 때의 심리적 공황은 클 수밖에 없다. 긴 항해를 마치고 목적지에 당도할 기쁨도 잠시 '버뮤다 삼각지대'에서 난파당한 배처럼 "그 괴물이 삼켜버린 해저 동굴엔/ 동네를 담가 놓은 벽화가 울음을 참고 서있다/ 무르익는 광란의 바다처럼" 사라져 버리고만 '이안'의 바다다. 잘 살아보겠다고 빚내서 배밭을 일궜는데 값이 폭락해 드러눕고만 '공검댁'도 저 안에 있고, 희망을 안고 온 베트남 새댁 '앙티엔'이 비통하게 침몰한 '이안'의 바다다. 그 바다를 화자는 안개의 시간 속에서 복기하듯 현실처럼 재현하고 있다. 그 안에 복원된 삶은 지금껏 이루지 못한 욕망의 완성으로 현실과는 상관없는 먼 과거에만 존재한다. 희망을 상실한 현실을 '이안의 바다'를 통해 상기시킨다. 우리가 살고 있는 시간도 그 안에 갇혀있는 시적인 세계처럼 한 부분일 수 있다.

 박수원 시인의 시가 함의한 시의성을 살펴볼 때 가장 두드러진 점은 시의 근원에 충실한 시적 지향을 추구하면서 다양한 내, 외적인 변화를 시도한다. 그런 시의 유형은 시집 전반에서 시어와 행간의 배열을 통해 고루 모습을 드러낸다. 시 행간의 자유로운 변형을 통해 시적 긴장감이나 집중력을 높이고 시적 대상을 깊숙한 층위의 서사로 심화해 변별성을 더해간다. 특히 주목할 지점은 회화적 상상력에 대한 이면을 상징적인 텍스트로 실체화한다. 거기에 더해 설화 속 구전을 시적인 세계로 호환해 종결된 서사의 현전화를 기해 문학적인 생명성을 환기한다. 대체적으로 시가 지녀야 할 고아한 위의를 하회하지 않으면서 진전시키려는 박수원 시인만의 시론으로 봐도 무방하다. 더불어 많은 변화를 시적 소요로 몰아붙이려는 기미가 곳곳에서 포착되는 걸 보면 또 한 번의 변곡점을 머지않아 보여줄 태세다. 각박한 현대를 살아가며 순간순간 슬픔처럼 젖어든 상실감을 긍정하며 깊숙한 지점까지 닿고자 한 시적 욕망은 과한 것이 아니다.

천착으로 이뤄낸 환기력의 시
- 이지담 시집 《자물통 속의 눈》 중심

1. 발원의 구경究竟에서 감각해낸 소리

시인은 텍스트 이전 시니피앙의 기표記標와 시니피에의 기의記意 앞에서 고민한다. 하지만 그런 고민도 결국은 기호라는 텍스트의 의미로 다가오는 명제 앞에서는 같아진다. 롤랑 바르트Roland Barthes에 따르면 문학 작품work은 공간의 한 부분을 차지하는 실체의 단편이라고 말했다. 따라서 시의 실체는 개념을 텍스트로 대체함으로써 경외하고 찬탄해야 할 대상이 아닌, 적극적으로 분석하고 해석해야 하는 대상으로 본 것이다.

장 콕토나 발레리가 쓴 시를 읽으면서 놀라고 찬탄하는 사람은 많지만 감동하는 사람은 드물다고 했다. 그의 시적 언어에서는 존재 과거 이전 사람과 부대끼며 살아온 이야기를 현재와 미래로 옮겨놓는 데 실패한 것으로 그 이유는 텍스트를 벗어나지 못한 것으로 보았다. 역설적으로 말한다면 이지담 시인의 두 번째 시집 《자물통 속의 눈》(서정 시학, 2016) 에 실린 작품은 텍스트로 한정해서 바라보기에는 무리가 따른다. 텍스트적 관점보다는 과거 이전의 가능한 기억에 머물지 않으려는 노력과 시인이 표출한 작품 속 지시된 인식으로 다가가려는 노력이 미래까지 나아갔기 때문이다. 시

행간마다 과거 속 행위의 기억을 통해 현실에 대한 불합리와 부조리에 대한 조건들은 끝없는 회의와 성찰의 결과로 보았다.

 첫 시집 《고전적인 저녁》(서정 시학, 2011)을 출간했던 시인이다. 그런 시인의 시적 발원지가 어디에서 시작되었는지 궁금했고, 시의 근원인 자연의 소리에 대한 천착과 규명에 대한 인식에 몰입한 듯하다. 시 〈목탁〉에서 "나무로 서서 새소리 물소리 천둥번개 소리 다 들이키더니/ 햇살 속 귀밝은 소리, 결마다 쟁이며 박달나무로 자라더니/ 저를 버리려고 늪 속에서 오래도록 묵힌다/ 늪이 잠겨들면 소리들을 삼켰다 뱉어냈다 되풀이하며/ 깨지지 않을 소리만 남겨두고 푹푹 찌고 말려/ 득음에 이를 때까지 제 속을 파내는 그,/ 동자승은 노승을 두드리고/ 아이들은 나를 두드려 경전을 읽는다"라고 말한다. 이지담 시를 청량한 득음에 이르도록 침전시킨 저류 지底流地는 어디일까. 그것은 만물의 근원인 자연을 배경으로 한다. 자연과 인간의 관계를 끝없이 탐구하고 궁극에 이를 자연에서 발아된 이치가 소리라고 믿는다. 이치가 소리이니 곧 자연이 인간에게 가져다준 최고의 경전이라고 보았다. 〈벽화〉에서는 자연과 인간이 절제와 관용의 경계에서 욕망을 넘어서선 안 된다며 엄중히 경고한다. 더 나아가서 인간과 자연이 어떻게 공존해야 하는가를 제시한다.

 이지담 시인의 두 번째 시집 《자물통 속의 눈》(서정 시학 2016)에서는 시원에서 발원한 소리에 대한 탐색의 감각체는 더욱 심오해졌다. 그래서인가? 일상적 사물을 볼 때 시인의 감각은 남다르다. 시적 탐색의 영역도 그래서 신선하고 흥미로울 수밖에 없다. 심오하게 인식한 바탕으로 시작詩作된 시편들은 새롭거나 신선하거나 표현 방법에서 기존의 시와 다름을 보여주고 있다. 소재화된 제제提題는 일상적이지만 그 대상을 통해 궁극하려는 시적 세계는 깊거나 다층적인 의미를 함의하여 시의 서정을 부단히 부조浮彫하여 조명한다. 수록된 시편 내부에는 우리가 감지해내지 못한 고뇌의 시간이 온축해 있다. 시의 정서를 주어진 시대의 복무로 인식하고 미래의 전망에서도 소홀하지 않으면서 새로운 시의 이정표를 세워가려는 시인의 고투는 곳곳에서 빛나고 있다. 또한, 시인의 예민한 감각은 우리 사회 현실이 주는 암울함에 그치지 않고 긍정의 전망으로 미래뿐만이 아닌 과거까지를 외면하지 않는다.

 존재에 대한 깊은 천착을 향한 시선으로 감각해 오는 사물을 기억하며 침식된 사고마저 온전하게 수용하려 한다. 그러나 〈시작 이후〉에서 시인은 자신의 나이를 이야기하듯 간단하게 시공을 현실로 접수하며 만물의 신비나 우주적 가치보다는 인간적 보편성이 절대 가치라는 것에 다다른다. "138억 살이란다// 아랑곳없이/ 보도블록 사이/ 키 작은 제비꽃이 고개 숙이고 생각에 잠겨 있다// 우주 진화 이후" 지구가 아무리 진화를 거듭해도 변할 수 없는 것이 인류 보편의 가치임을 인식한다. 쉽게 지나치는 보도블록의 키 작은 제비꽃도 마찬가지여서 앞으로 유구한 세월이 흘러 138억 년이 더 흘러도 변하지 않을 것이 있다는 것이다. 생명에 대한 존재 인식의 가치다. "일찍 어머니 아버지 잃고 자라/ 홀로 키운/ 딸의 손잡고 결혼식장 들어가는 남자"처럼 부모가 자식 사랑하는 온정은 변할 수 없다. 결혼식장에서 딸의 손을 잡고 들어가는 모습은 흔한 광경이지만, 불우했던 가정사에 대한 안타까움에 눈물 바람은 외면할 수 없다.

　대다수 사람은 사회의 밑바닥 삶을 살아가기 때문에 〈바닥〉의 의미를 잘 안다. 누군가에게 짓밟히는 바닥의 의미도 사람에 따라 다양하게 인식된다. 고층의 유리창을 닦는 사람은 자신이 바닥이라 여길 것이고, 폐지를 모으는 할머니는 자신이 비참한 바닥 생활을 한다고 여길 것이다. 그렇지만 바닥의 의미는 무엇일까. 어차피 상대적 박탈감에서 비롯되지만, 사회 계층 간 바닥은 항상 존재한다. 추락의 끝이 바닥이라지만, 최소한의 위로라도 받기를 원한다. 바닥을 벗어나려는 각오는 바닥의 참혹함을 아는 사람에게 더 절박해진다. 참담하게 "바닥으로 떨어질 때 잡아줄 거라던 손, 어떤 흠도 받아줄 손, 촛불 하나 들고 기다리는 손, 그에게 전부인 손, 가까우면서도 그리운 손"은 최후의 보루이다. 차가운 등을 뉘어야 하는 하룻밤은 길고 고달프다. "아침상을 차려 놓고 기다리는 손이 바닥을 닦고 있"으니 그것도 소리로 들렸을 것이고 천상 몸으로 쓴 시임은 분명하다.

　우리에게 〈들려요〉에서 처럼 사라지거나 사라졌을 소리를 일러주며 되물어 온다.

　내 몸 구석구석 박히는 이름 아침의 새소리
　들려요?
　아무 소리도 들리지 않는 다는 그
　면도날 같은 고음을 가까이 할 수밖에 없었던
　결에 따라 들리거나 뛰어넘어가는 소리들
　들려요?

--〈중략〉--

물기가 빠져나가지 않도록 입 다문 그
바닷가 물기 없는 바위에 죽은 듯 딱 붙어
밀물을 기다리는 고동처럼
들려요?
몸에서 가장 늦게까지 열려 있는 귀의
나이테를 열고 속삭인다

-〈들려요〉 부분

사람은 스스로 외로워지기 위해 살아가는지 모른다. 우린 가장 듣기 싫거나 보기 싫었던 순간을 오래 기억하여 스스로 관계된 사람들로부터 고립되어 간다. 자신을 부정적으로 바라보는 사람들에게 결코 혼자만 존재해선 안 될 소중한 사람이란 것을 알리고 싶어 한다. 자신의 존재 가치를 알리기 위해 사회 구성원에게 "들려요?"라고 묻는 말에 구체적 대상을 제시한다. 눈만 뜨면 이 세상은 온통 소음 천지다. 그렇지만 그런 소음에 아랑곳하지 않고 "들려요"라며 반복해 묻고 있다. 피폐해진 마음은 모든 것에서 멀어져 있어 더 위험하다. 그럴 때 공감으로 다가야 하는데 혹시나 지나칠만한 소리라도 간과해선 안 된다며 경고한다. 무한 경쟁 시대에서 살며 타자의 소리에는 아예 무관심해져 버렸다. 브레이크를 잡는 차 소리도 그렇고 노점상 아줌마의 절박한 소리는 비명에 더 가깝다. 이상하게 생과 결부된 소리는 죄다 칼날이 부딪치듯 우리가 사는 시대의 파열음이 되었다. 그러나 귀를 열어 또 다른 소리를 들어보자는 채근을 외면하지 말자. "식탁 둥근 접시의 방울 토마토 툭 터뜨리는" 소리와 "바이올린 활의 춤사위들"의 절정에 찬 환상의 소리가 주는 기쁨을 어디에 비유할 것인가? "학교 운동장에서 아이들이 찬 공이 허공을 가르는 소리"는 얼마나 명랑하며, "바닷가 물기 없는 바위에 죽은 듯 딱 달라붙어 밀물을 기다리는 고동"이 바위를 혀로 핥을 때 난바다가 숨죽이는 소리들을 귀담아 들어 보자는 어조에 악센트가 높은음까지 올라간다.

2. 시원始原을 탐색한 시의 문장들

　수건 한 장의 무게마저도 발걸음을 잡아끌 때
　평평한 길 하나씩 버리기로 한다
　배낭 구석 땀에 절어 써 둔 문장이
　바위를 매단 두발을 끌어당긴다 때로는
　사람이 살지 않는 땅일수록
　알 수 없는 어느 힘에 이끌려 나아간다

　　　-〈여행자〉부분

버리지 못한 시들을 정리하다가 종이에 손이 베였다
오래 들여다본 풍경들이 나를 휘저어 뽑아 쓴 문장
하얀 종이는 글자들의 껍데기만 붙들고 스테이플러에 찍혀 있다
머릿속에서는 보고 싶다 하는데
입 밖으로는 그래 잘 가라고 흘러나오는 이면의 소리들
솔개는 높이 살아온 시간의 뒷면으로 다시 살기 위해
바위를 쪼아
낡은 부리와 무딘 발톱을 빼낸 후 이전以前의 시간으로 날아간다

-〈이면지〉 부분

우리는 평생을 옮겨 다니며 살다 죽음을 맞이한다. 옮겨 다닌다는 것은 단순한 거리 이동을 뜻하지 않는다. 사람의 몸을 아우르는 육신과 정신도 함께 이동한다는 것을 의미한다. 몸은 멈춰 있지만, 정신은 보이지 않는 대상을 탐색하면서 수만 리를 이동하며 빛의 속도보다 빨리 이 세계를 섭렵해 간다.

〈여행자〉에서 시적 세계는 물질과 정신의 하나만 국한되는 것이 아니라 둘을 아우르는 의식 세계이고 대상에 대한 확연한 표출이다. 첫 행에서 배낭은 물건을 챙겨 넣을 수 있어 좋고 휴대하기가 간편하니 이동성까지 그만이었다. 그 배낭이 시간이 지나 삶의 흔적을 감당한 생애 전반의 시적 비유로 작동한다. 배낭 속 물상은 단순함을 뛰어넘어 상징화된 소리로 전화되기에 귀를 기울여야 한다. 무엇이든 소유하려는 주체는 배낭이 아니고 배낭을 소유한 사람 마음이기에 그렇다. 사람에 의해 "배낭은 제 안에 채워 넣을 것만 생각"한다며 속물적 근성을 드러낸다. 그렇지만 가볍게 넘길 수 없다. 인간의 속성이란 것을 이미 알아버렸으니 이 여행은 성공할 수밖에 없다. "매일매일 등이 헐어도 짊어져야 하는 배낭/ 지퍼에 매달아 놓은 쇠방울 소리/ 몇 걸음 앞에서 쫑알대는/ 옛 애인 잔소리"는 시크한 것 같지만, 통속적이다. 그것이 단 몇 시간이 아닌 생애라면 평정심을 잃지 않아야 한다. 길을 가며 방향을 일러주는 쇠방울 소리를 반복적으로 듣다 보면 그 나름 엄중한 소리란 것을 안다.

〈이면지〉에서 "솔개는 높이 살아온 시간의 뒷면으로 다시 살기 위해// 바위를 쪼아// 낡은 부리와 무딘 발톱을 빼낸 후 이전以前의 시간으로 날아간다// 종이 한 장의 두께 속에 눌려진 지나간 웃음과 그늘이// 절벽에서 피어나는 꽃을 아슬아슬 만져보는 순간 같아서// 그림자와 나 사이 같아서// 가장 가까이 있으면서 까맣게 잊혀진 문장들"마저 쉽사리 곁을 주지 않는다. 기어이 "버리지 못한 시들을 정리하다가 종이에 손이 베"였고 한참이 지난 뒤 통증을 타고 건너온 문장이다. 한 구절의 시를 얻기 위해 감당한 노고는 끊임없이 화자를 괴롭힐 것이다. 그 간단치 않은 창작 과정에 대한 것도 시적 위의에 도달하지 못할 때는 번번이 허망한 마음이 엄습해 올 것이다. 이면지에 적힌 글들은 언제쯤이면 표면으로 나올 수 있을까를 고민하며 아픔은 깊어진다. 그토록 고뇌한 시간도 울음이 되는가? 몽골 초원의 어린 낙타가 길을 잃었나 보다.

어미 잃은 새끼낙타, 처음 본 초원에서 우는 연습부터 배운다.
모래 먼지 쓰고 돌아온 낙타들은 새끼낙타에게 젖을 물리지 않는다
되새김질하던 노을을 심장 가까이 누인 마두금, 낙타를 울려 어미가 돼 주겠다
는 약속의 눈물 받아낼 수 있을까

--중략-

쌍봉에 저장된 기억이 열렸다 닫히고 모성이 능선을 타고 온다
가슴으로 낳는다는 말, 퉁퉁 불은 여명을 허겁지겁 빨아댄다

－〈한 단편〉 부분

초원의 나라 몽골은 살아있는 화석이다. 거대하고 유구한 물상들이 자연에서 태어나고 죽어서 일부는 비와 바람과 초원에 다시 묻혀 화석이 되는 곳이 몽골이다. 화석으로 돌아가기 위해 존재하는 땅 그곳에서도 화석이 될 수 없는 것들이 있다. 바로 대자연의 경혈經穴을 뚫고 나온 소리다. 그 소리는 퇴적되어서도 묵음의 화석이 될 수 없어 어딜 가나 일렁이는 작은 바람에도 불쑥불쑥 모습을 드러낸다. 그 소리는 전혀 슬프지 않은 태초의 신비를 닮았다. 태초의 원형 같은 몽골 초원의 소리는 당연히 시원의 우주다. 그 소리는 하늘과 땅이 맞닿은 곳이어서 휘파람처럼 맑을 수밖에 없다. 인간의 입으로 기억해 낸 태곳적 소리가 휘파람이다. 인간이 태어나 원시의 소리로 말을 배우기 시작하였다면 휘파람 소리처럼 맑고 고운 소리였을 것이다. 마음속 고요가 정점에 달하고 평안해질 때 고요를 비집고 나온 몽골 초원이 소리를 내기 시작한다.

시인은 몽골 초원을 여행하고 있다. 사람뿐만이 아닌 자연조차도 원시 그대로인 몽골의 초원에서 "어미 잃은 새끼 낙타, 처음 본 초원에서 우는 연습부터 배"워야 살 수 있는 생의 시작을 보았다. 인간도 어쩌면 몽골 초원을 살아가는 낙타처럼 몽골의 광활한 기운이 주는 슬픔을 피안彼岸의 세상일 것이라며 막연하게나마 알아간다. 어찌 보면 어미 잃은 낙타 새끼처럼 모성의 근원이었던 대 자연을 잃고 그 순간부터 울부짖어야 생존할 수 있는 아비규환 같은 세상에서 살고 있다는 것을 사람만 모를 뿐이다. 슬픔을 넘어 비장한 세계에 홀로 놓인 눈앞의 새끼 낙타와 사람도 같다는 것이다. 그렇지만 어미를 잃은 낙타는 인간보다는 덜 외롭다. 원시 그대로의 초원이 모유지母乳地이기 때문이다. 거칠게 이는 모래 바람에도 애절한 슬픔처럼 울어주는 마두금 소리가 마른 어미의 젖줄을 열어 생명을 살린다. 백야에 가까운 초원의 석양은 무섭도록 슬프다. 그런 무서움을 떨치기 위해서라도 지는 노을 앞에서 셀 수 없이 파동 하는 소리를 받아 되새김해야만 한다. 지금껏 지나왔던 황량한 허허로움과 시간 속에다 떨치고 온 새끼 낙타의 이별까지도 화자의 가슴에서는 놓칠 수 없는 이명 같은 노을이 되었다. 그토록 질긴 노을도 슬픔이란 소리에는 어쩔 수 없이 휘파람 같은 소리를 내뱉을 수밖에 없다. 마두금의 구슬픈 소리가 어찌 보면 우리가 애타게 찾고 있는 시원의 소리인지 모른다. 해가 지는 석양이 되어서야 어둠보다 더 진하게 배어 나온다는 마두금 소리는 어둠이 내려온 초원을 어루만지듯 널리 퍼져나간다. 어둠처럼 파고드는 마두금 소리에 어미 낙타의 독한 마음도 흔들릴 수밖에 없다. "가슴으로 낳는다는 말, 퉁퉁 불은 여명을 허겁지겁 빨아"먹는 소리가 저토록 애절한 것인가를 생각한다. 그런 화자의 발길을 부여잡는 마두금 소리가 시원의 소리처럼 가슴을 덮쳐온 것이다. 어린 낙타 새끼의 배고픔을 채워주는 아름다운 수유는 생의 활기이고 영원한 모성으로 각인되는 생명의 시詩가 된다. 강의 물줄기가 눈물 같은 이슬로 맺혀 이끼에서 떨어지듯 소리의 탄생도 작은 생명에서 비롯된다.

세상에서 가장 슬프고 가슴 아픈 아이들의 소리도 있다. 그 절박한 소리가 탄생되지 못하고 영원히 갇혀버린 구멍이 있다. 간절히 손을 내밀며 울부짖는 소리에 다가가는 시원의 소리와는 너무 다른 비명의 아수라阿修羅다.

눈들이 자물통 구멍 속에 숨었다

보는 것이 두려운 눈
눈을 떠도 눈물이 보이지 않는 눈
영혼 없이
바다 거품으로 둥둥 떠도는 눈들이다

자물통 구멍을 들여다본
나비는
한가로이 감자 꽃을 좋아했다
시끄럽게 떠들던 매미는 열쇠열쇠 불렀을까
오래도록 지켜보던 나무가 있었다
열쇠는 신비로운 별이 되려는 것일까

  -〈자물통 속의 눈〉 부분

 눈은 대상을 주시하는 목적으로 존재한다. 시야를 무언가로 가려 버린다면 더 이상 볼 수 있는 기능은 사라지고 마음으로 세상을 보게 된다. 사람은 안목이라는 혜안적인 통찰의 눈이 있다. 그런 의미로 자물통 속에 숨은 눈을 호명할 수 있는 투시력을 갖게 된다. 보이지 않는 저편에 숨어있는 물체를 간파한다는 것은 예사로운 일이 아니다. 그것이 사실이고 그것을 알기까지는 많은 시간이 필요하다. 자물통 속의 구멍을 비집고 들어와 줘야 할 열쇠가 왜 들어올 수 없었는가를 말해주는 사람은 없었다. 자물통은 시인의 관점에서는 도저히 열리지 않을 비밀의 문이다. 그런 곳을 훔쳐보며 열리지 않는 비밀을 은폐하려 했던 사람들을 고발하고 싶은 마음이 강해졌다. 부조리한 말소리와 간교한 눈들이 교환하는 소리가 난무한다. "보는 것이 두려운 눈/ 눈을 떠도 눈물이 보이지 않는 눈/ 영혼 없이/ 바다 거품으로 둥둥 떠도는 눈들이" 애타게 구원을 열망하는 소리를 외면한 눈들이 있다. 기울어가는 배 안의 공포에서 구조만을 기다리다 죽어가는 아이들의 절규는 안타깝게도 빠져 나올 수가 없었다. 생떼 같은 아이의 생명을 구조하지 않은 국가였다. 그런 국가를 의심하지 않았고 집행하는 권력의 선량함을 믿어 의심하지 않았다. 어린 낙타나 아이들과 크게 다를 바 없다. 차이라면 어린 낙타는 위태로울 때 어미 낙타를 불러 구원을 받는다. 이 땅의 아이는 기득권자인 어른들을 피를 토하는 심정으로 불러댔지만, 그 누구 하나 다가온 사람이 없었다. 아예 그 소리에 귀를 막아버렸다. 그 아이들은 자신들이 선택받지 못한 생명임을 죽어가면서도 깨닫지 못했다. 죽음에 이르러서야 거짓으로 가득 찬 세상이었음을 알게 된다. 자물통을 바라보는 눈은 세월호에만 특정한 일이 아니다.

이 국가의 부조리는 폐부까지 깊어 쉽게 사라질 기미가 없다. 그럴수록 억압받는 사람들의 목소리는 더 커진다. 비명마저 낼 수 없는 태풍 앞에 배롱나무는 그야말로 풍전등화. 무섭도록 달려드는 권력의 모습이 꼭 저러했다. 〈태풍이 지나간 날〉은 공교롭게도 "쉿 소리를 내며 오토바이 한 대/ 아이를 매달고 지나간다."는 전언이 위험을 말해준다. 왜 사람인 아이를 매달고 지나간다고 했을까. 품에다 보듬고 가도 부족한 아이들이다. "대한민국에서 10년째 살고 있던 몽골 17살 소년을 불법체류 외국인보호소에 감금했다 수갑 채운 채 인천공항에 데려가 몽골로 추방시켰다 아이의 부모는 한국에 남겨진 채 미등록 아동이라는 이유다 아이는 한국어만 알 뿐 몽골어는 할 줄 모른다"는데 기가 막힌 사연을 토로한다. 누가 봐도 이것은 사람이 할 짓이 아니라는 말로 우리가 사는 국가의 부당함을 고발하며 성토한다. 그런 불합리한 사실들에 대하여 그 누구도 책임을 묻지 못한 국가 체제에서 우리가 살고 있다.

시인은 쉽게 잊을 수 없다. 소중한 아이가 살아 돌아오지 못한 빈자리를 〈퍼즐〉로 맞추기 시작했다. 우리는 언제까지 슬픔으로 흐느껴야 할까. "미처 버리지 못한 서랍 속 접힌 메모지/ 책갈피 속 낙서들/ 살아남은 친구들의 희미한 기억들까지/ 끌어모았다// 빈 바다 위에 쏟아지는 햇살에게/ 보통이 짙어지고 가는 구름에게/ 사소한 바람에게/ 내 아이 안부를 물으며/ 띄엄띄엄 퍼즐 조각들을 맞"추며 죽은 아이들을 잊지 못한다.

또다시 〈아이가 운다〉는 동일한 아픔을 시로 써야만 한다. 우리는 얼마나 냉혹한 사람들이었는가. 아이가 운다는데 누구 하나 귀 기울이지 않는다. "수학여행 가던 학생들/ 세상에 없는 악보로/ 비상구 불빛을 더듬는다"는 시인의 시적 상상력은 일상의 아름다운 서정이어야 했지만, 기억은 그럴 수 없다. 우린 아픔과 비통한 사태들을 묻어두고는 한 치도 나아갈 수 없다. 시는 미래를 긍정으로 담보하는 진실한 삶의 정신이다. 아름다운 서정을 전망할 수 없는 현실에서 부단히 고민한다. 그럴 때마다 소리들은 어디에서든 우리를 부를 것이다.

3. 시詩의 전망과 정처定處

〈무등산 고사목〉의 "낙관처럼 찍힌 죽음 앞에 해석이 분분했다"는 사람들이다. 고사목 앞에서 죽음을 통과의례로 여기는 "조문객들은 웃고 떠들고 말이 난무"했다지만, 우리에게 죽음이 아닌 희망이 될 수는 있는 대안은 없는 것인가 물으며 고뇌한다. 무등산 고사목을 바라보며 참혹했던 죽음의 기억을 되살리고 있다. 누군가에게 부당하게 죽임을 당한 80년 광주의 5월을 각인한 무등산이다. 5월 민주 영령들의 "죽음이 한 시대를 깨"울 수 있어야 한다는 외침은 처절한 시대의 절규였다. 끝나지 않은 5월은 지금도 계속되고 있다. "문을 닫아 걸고 집안에 웅크리고 있는 자신을 두려워하라"는 말은 80년 5월의 아포리즘Aphorism적 실천 담론이다.

때로 "모두가 우러르게 푸르렀던 가지의 결"을 어루만지며 잊혀 가는 '80년 광주 5월' 정신을 새로운 시대정신으로 소환해야 한다. 그 죽음의 곁에서 돋는 "새순"을 빌어 광주 정신의 각성을 촉구하고 "귀를 열어" 담보하는 민주 양심을 국가의 미래로 견인해 가기를 희망한다.

그 희망을 시 〈돌탑〉을 빌어 간곡히 당부한다. 무너진 산성터의 돌무더기를 보며 감회가 시의 표류를 이루었다. "바람도 흔들지 못할 단단한 손깍지 끼고// 맨 아랫돌은 윗돌에게/ 비탈길 오르는 가쁜 숨소리로 함께 가자 하고/ 가운뎃돌은 마주본 돌에게/ 분에 넘치지 않게 산모퉁이를 지키자 한다/ 아랫돌은 맨 아랫돌에게/ 입은 닫고 귀는 열고 이끼와 함께 둥그렇게 살자 한다"라며 온전한 세상을 희망하고 있다. 그러기 위해 생긴 대로 모나면 모나는 대로 둥글면 둥근 대로 작으면 작은 대로 제 모양에 맞게 아귀를 맞추며 살자는 마음이다. 모진 세월을 견뎌낸 산성터의 돌무더기처럼 우리도 그럭저럭 보듬어가며 살아가자는 그 바람이 이지담 시인이 마음이면서 시의 모습이다.

삶의 서사로 사유한 분광分光
- 양종화 시집 《귀한 마주침》 중심

  우리가 살아가는 시간 속에는 계절의 변화처럼 희로애락이 존재한다. 그 순간에는 느끼지 못한 즐거움과 슬픔이 훗날에는 각각 다른 기억으로 재현된다. 그래서 흔히들 긴 인생살이를 즐거움보다는 고달픔으로 말을 한다. 생각해 보면 삶의 경험으로 축적된 일상을 보더라도 고통만 있던 것은 아니다. 판박이처럼 다들 그렇고 그런 삶을 사는 것처럼 생각되어도 들여다보면 제각각이다. 양종화 시인의 삶도 많은 사람이 살아온 범주에서 본다면 양상만 다를 뿐이지 같다. 시인만의 시간으로 기억되는 과거의 일들이 어찌 기쁨으로만 존재하겠는가? 동시대를 살아가는 사람들의 인생살이가 천차만별이듯 같을 수 없다는 것을 시인은 오래전부터 말하고 싶었을 것이다. 양종화 시인이 살아온 시간 속에는 우리가 미처 헤아리지 못한 시대의 변화와 소용돌이 속에서 자신을 지켜내려 한 혼신의 고투가 있었다. 고달플 때마다 좌절하지 않고 막다른 골목에서 벗어나기 위해 질주할 수 있었던 에너지의 원천에는 성장기의 소중한 사람들로 인연 된 따뜻한 추억이 존재한다. 기억 속에만 존재한 오롯한 추억이 아니라 시인에게 든든한 보루였다. 견딜 수 없는 외로움도 가슴 한 켠에서 그리운 이야기가 되어 도란도란 어둠을 밝혀주는 반딧불이처럼 빛이 되어주었다. 바쁘게 돌아가는 현실에서 농촌에서나 가능한 점심때의 달콤한 쪽잠을 청하는 것도 과거의 추억을 소환하는 방법 중 하나이다. 힘든 노동의 시간을 나른한 시골의 정취로 환기할 수 있는 것은 실재한 과거의 경험에서 비롯한 것이다. 추측해 본다면 시인의 시적 세계는 유년기 시절의 기억으로 간직한 고향 집 햇살 드는 마루쯤이 아닐까? 바쁜 현대인들에게는 낯선 '오수午睡'의 추억을 소환하는 서정의 풍경을 상상해 보자.

    풀벌레 울음소리 베개 삼아 대청마루에 누어
    가슴에 어릴 적 봇둑에서 미역 감던
    동무의 깔깔거리던 웃음소리를 품에 안고 오수를 청해 본다
    동무의 웃음소리는 멀고도 머 언 먼 메아리가 되어 귓속에서 맴돌고
    그는 어느 하늘 아래 빛바랜 인생의 끄트머리를 잡고
    누구의 할머니가 되어 코스모스 흐드러진 저녁
    흙먼지 풀풀 날리는 신작로를 타박거리고 있을까
    은연중 신작로 복판에서 손을 흔들며 누가 나를 부른다
    가까이 가보니 그녀는 꽃봉오리 그대로였다
    중간에 도랑이 있어 건널 수 있는 데를 찾으며 생각해 본다
    나는 왜 이리 늙었는가
    도랑을 막 건너려는데 자지러지는 매미의 울음소리에 깨여보니
    같이 있던 그녀는 간 곳이 없고
    텅 빈 대청마루에 땡볕만이 홀로 고추를 말리고 있다.

    -〈오수午睡〉 전문

시인의 향수를 관통하고 있는 서정의 전경을 고스란히 간직하고 있는 〈오수午睡〉를 통해 양종화 시인의 시적 세계를 가늠해 볼 수 있다. 나이 들어 더 애절해지는 것이 고향이고 희미해질수록 그리

운 것이 깨복쟁이 친구들이다. 시인도 세월을 비켜갈 수는 없었음을 말해준다. "풀벌레 울음소리 베개 삼아 대청마루에 누어/ 가슴에 어릴 적 봇둑에서 미역 감던/ 동무의 깔깔거리던 웃음소리를 품에 안"기듯 여름날의 회상을 전제하고 있다. 여기서 우리가 눈여겨봐야 할 것이 있다. 시적 사유의 저변을 관류하는 체험을 통해 과거를 상기해 볼 수 있다. 오롯한 시간을 통해 찾아가는 고향의 정경들 속에서 아슴하도록 가슴 아리게 하는 것들은 쉽게 잊히지 않는다. "동무의 웃음소리는 멀고도 머 언 먼 메아리"가 되어 시인의 귓속을 맴돌고 있다. 그 웃음은 애틋한 풋사랑일지 모를 가슴속에서 선명한 '여자 아이'로 되살아난다. 유년기 시인의 어린 가슴을 설레게 했을 '여자 아이'인 "그는 어느 하늘 아래 빛바랜 인생의 끄트머리를 잡고/ 누구의 할머니가 되어/ 돌이킬 수 없는 누군가의 아내가 되어" 살고 있을 거라며 넉넉한 마음으로 '그녀'의 세월을 내려놓았다. 유년기 마음을 흔들어 놓았던 소녀에 대한 추억도 세월이 덧씌운 늙어간다는 것에서 피해갈 수 없기 때문이다. 추억 속 성장기의 이야기들은 매번 들어도 정겨운 것이다. 그것은 더하고 말고가 없는 그 사람들만의 시대를 증언하는 것이기 때문이다. 그러나 현실 속 우리가 살아가는 세상은 호락호락하지 않다. 모든 것이 치열한 논리와 계산으로 거래되는 세상이기 때문이다. 시인은 생존의 방법으로 어쩔 수 없다 해도 인간적인 도리를 떨칠 수가 없다. 이혼에 이른 결혼도 거래인가?

시간이 지났는데도 판사는 오지 않고
지루함을 이기지 못한 이가 의자를 당겨 앉는다
내면 깊숙이 삼키는 나의 긴 한숨은 대기실은 채운다

우리 다음 생에는 이런 식으로는 만나지 말자 너무 아픈 세월이었기에
이혼 확인서를 손에 들고 옛이야기를 뒤로 한 체
저녁노을 속으로 또 다른 인연을 만나기 위해 신의 세계로 들어간다

　　-〈법정동 248호〉부분

　거래는 상대방에게 정당한 대가를 지불하고 교환하는 행위를 일컫는다. 마치 상거래하듯 천륜으로 맺은 남녀가 아무렇지 않게 이혼하는 세태를 우려스럽게 바라본다. 시인이 알고 있는 부부란 관계는 사랑으로 미래를 일궈가는 특별한 인연인 것이다. 사용하다 불편하면 버리는 물건과 같을 수 없다. 이혼의 목적을 달성하기 위해 찾아온 사람들에게 그곳이 정담을 나누는 사랑방은 아니다. '법정동 248호'에 모인 사람들을 보고 마음이 씁쓸하다. 사랑하는 사람으로 만났지만, 다시는 만나지 말자고 청산하는 '법정동'의 풍경을 전하며 "우리 다음 생에는 이런 식으로는 만나지 말자 너무 아픈 세월이었기에"라는 독백이 이명처럼 가슴을 울린다. 침묵으로 쌓인 응어리가 헤어진다는 것에 대한 아픔으로도 해소할 수 없는 현실을 시인은 안타까워한다. 사람 사는 것이 결코 그런 것이 아니라며, 아직도 미련으로 남은 〈이별〉의 한 때를 회상한다. 세상이 아무리 험하게 변한다 해도 "내 눈에 슬픔만 가득히 남기고/ 우리 맹세는 꿈이었나/ 그대여 말해 주오/ 아무리 멀고 험해도/ 같이 가자던 그 맹세/ 가슴에 괴로움만 남긴 채/ 어디로 가버렸나 아~~ 그대여"라며 말하는 화자는 요즘 사람들처럼 '이별' 앞에서 독해질 수가 없다. 남남으로 만나 평생을 해로偕老하며 부부로 함께하는 것처럼 소중한 것이 '인연'이다. 시인은 〈동행〉에서 "인생의 해거름에// 당신을 만

난 것은// 축복입니다// 영산홍 빛 고운 마음은 아니더라도/ 헤슬피 웃는 웃음 하나에도// 애절한 향이 묻어납니다"라며 고백하는 심사마저 다소곳해졌다. 그것은 살만큼 세상을 살아본 사람으로서 다시 얻은 인연을 헛되게 할 수 없다는 질실함에 대한 다짐인 것이다. 세월의 더께가 한 해씩 두터워질 때마다 날카롭던 의식도 무뎌지듯 달관된 삶이 자연스럽게 배어 나온다. 시적 사유의 대상에서 '어버이'란 존재는 자연 속 근원처럼 시인에게는 존재의 근본인 셈이다.

    산길은 구부러져 끝 간 데 없고
    물길은 東쪽 깊은데서 시작하여 西로 흐르는구나
    어버이 나 기른 情 어찌 많다 적다할쏘냐
    이내 心情 같은 외기러기 슬피 울며 가나니

    -〈어버이〉전문

  시인의 내면에 존재하는 〈어버이〉란 시를 통해 회고回顧와 부재에 대한 그리움임을 알 수 있다. 부모와 함께하였던 시간이란 것의 덧없음과 세상 사람이 아닌 '어버이'의 존재처럼 "산길은 구부러져 끝 간 데 없고/ 물길은 東쪽 깊은데서 시작하여 西로 흐르는" 세월이 소멸하는 생과 다르지 않다. 유한한 생의 시간이 끝나야 비로소 비움으로 돌려지듯 반야심경의 색즉시공色卽是空이 의미하는 진리를 깨닫는 순간도 찰나인 것이다. 실재에서 부재로 변화되는 무상감을 토로하는 시인의 마음처럼 '기러기' 슬퍼 우는 소리도 다르지 않다. 인간의 심상 속에 존재한 애절함은 사람에 대한 인연의 질곡을 벗어날 수 없을 때 더 절절해진다. 가을밤의 풍경으로 감전된 심정을 혼자 감당할 수 없다는 것도 외로움에서 오는 절실함이다. 시 〈가을밤〉의 정한情恨깊은 심사도 아닌 인간적인 고독의 극한에서 오는 심리상태를 말해준다. 재미있는 것은 체면치레를 중히 여긴다는 의식을 깔고 있지만, 지금은 그럴 여유가 없다는 조바심마저 보여준다. '홍랑'은 조선 선조 때 기생이었다. 최경창이 함경도 경성에서 북평사로 있을 때 그를 사랑했던 여자다. 안타깝게 사랑마저 함부로 할 수 없는 조선조의 신분 사회에서 억압받은 삶을 강요받은 관기였던 것이다. 불운하게도 길지 않은 사랑마저 한양으로 떠나보내며 아픈 이별을 맞게 된다. 이후 오로지 최경창만을 위한 생을 살다 죽은 홍랑의 애절한 사랑은 죽어서야 파주의 무덤에 함께 묻힐 수 있었다. 홍랑을 빗대 절실함을 드러내는 시인의 외로움에 병화가 깊다는 시詩 전문을 보자. "내가 당신을 연모하는 마음 홍랑만 할까 마는/ 초 가을밤 밝은 달을 보고 있자니/ 달 속에 그림자 님 얼굴 같구나.// 풀벌레 울음소리 또한 님 그리워 우는듯하네/ 지척에 있는 그대가 천리 멀리 있는 듯하니/ 어찌 쓸쓸하지 아니 할까/ 그대도 저 달을 보고 있거든 날 보는 듯하소서"라는 시구가 '홍랑'10)의 시조 "묏버들 갈해 것거 보내노라 님의 손에/ 자시는 窓 밧긔 심거 두고 보쇼셔/ 밤 비예 새 닙 곳 나거든 날인가도 너기쇼셔"를 의식했을 것이다. 그것은 그만큼 절실한 대상에 대한 간절함을 강조한 연시인 것이다. 오랫동안 달아오른 마음을 다독이는 것

---

10) 홍랑(洪娘)은 관기(官妓)로 소싯적에 고죽(苦竹) 최경창(崔慶昌)의 사랑을 받았다. 최경창이 도성으로 돌아가서 병이 깊어지자, 밤낮으로 7일을 걸어 도성(한양)으로 찾아가 병을 간호하였다. 최경창이 죽자 몸을 단장하는 일 없이 파주(把住)에서 무덤을 지켰다. 임진왜란 때에는 고죽(苦竹)의 시고(詩稿)를 등에 짊어지고 다녀 병화(兵禍)를 면하게 되었고 최경창의 『고죽시집』이 그렇게 해서 전해지게 된다. 홍랑이 죽자 파주(把住)에 있는 고죽의 무덤 아래 묻히게 된다.

이 쉽지 않다. 다행스럽게 문학은 사회(사람)에 대한 감정을 토로하는 도구인 셈이다. 시적 사유로 혼입된 세상살이의 흔적들을 보면 만만치 않은 삶을 말해준다. 말의 깊이는 알 수 없지만, 의도적 언술의 배치는 반어적 상상력으로 다가온다.

〈순두부〉에서 '순두부'가 갖는 이미지처럼 무르거나 순탄한 삶을 살지 않았음을 알 수 있다. 나이 들었다는 것이 불편한 사회다. "이빨 없는 노인네가 먹을 수 있는 것이/ 말랑말랑한 순두부뿐이라고 생각하지"라며 묻고 있다. 여러 가지 의미가 내포된 질문에 쉽게 답을 할 수는 없다. 시인의 의도를 좀 더 알아보자. "물렁한 것 아니면/ 못 먹을 거라고 생각하지/ 쥐 봤나"라며 묻는 데 난해하다. 단순히 먹는 것이 아니라는 것을 알기 때문이다. "난 똥 씹어 봤지"라며 호락호락해선 살 수 없는 세상살이의 아픔을 말해 주는 단말마이기 때문이다. 그렇게 살아낸 세월의 귀소는 살가운 삶의 서정을 위한 것임을 '호미'부터 챙겨 나서야 하는 〈모종〉에서 구체적으로 드러낸다. '모종'은 여린 식물을 일정한 크기까지 키워 옮기기 전의 여린 개체를 가리키는 말이다. 보통 상추나 먹거리 채소는 준비한 어린 모종을 심어 수확할 때까지 키워낸다. 그렇게 한 것은 언제 들이닥칠지 모를 손자와 손녀들을 기다리는 마음에서였다. 잘 키운 쌈 채소로 "애들 오면 마당에 숯불 피워/ 석쇠 위 두툼한 소고기와 삼겹살 올려/ 노릿 노릿 구워/ 눈 부라리며 쌈 한번 크게 먹어 봐야지"라는 전원에서의 오붓한 삶을 잠시라도 갖고 싶다는 화자의 생각을 누가 탐욕이라 말할 것인가?

설을 앞둔 일요일 밤
초저녁부터 눈이 내린다
내리는 눈을 맞으며 장작을 충분히 들여 놓고
달걀과 김치를 넣어 끓인 라면을 안주 삼아
한잔하며 회한悔恨에 젖어본다
벽난로 속 장작의 톡톡 소리가
이 겨울밤 나를 위해 소신공양한다고 생각하니
나는 누구에게 따뜻한 말 한 마디라도 했을까
자문해 본다
눈은 소리 없이 내리는데

-〈야식〉 전문

양종화 시인의 시적 세계를 살펴보면 몸으로 축적한 세월이란 것을 알 수 있다. 혼자인 겨울밤, 살아온 시간을 되돌아보면서 회한 깊은 성찰의 시간을 맞이한다. "설을 앞둔 일요일 밤/ 초저녁부터 눈이 내린다"는 분위기로만 본다면 그만큼 낭만적인 풍경은 흔치 않다. 눈 내리는 겨울밤도 그렇거니와 장작불이 활활 타는 방안의 따스한 온기도 훈훈해 좋다. 시인을 둘러싼 방안의 풍경과 달리 왠지 마음이 편치 않아 보인다. 주변을 둘러싼 환경이 녹록치 않은 것처럼 혼자 보내야 하는 설날이 즐거울 수만은 없어서일까? 그런 밤을 견디려고 "달걀과 김치를 넣어 끓인 라면을 안주 삼아/ 한잔하며 회한悔恨에 젖어본다"는 데 그렇게 된 작금의 상황을 통해 자신을 되돌아보려 한다. 장작불 속에서 활활 타들어 가는 장작개비를 보면서 "나는 누구에게 따뜻한 말 한 마디라도 했을까/ 자문해 본다"며 고독한 밤을 헛되게 하지 않는다. 혼자만의 시간 속에서 자조에 빠지지 않고 '나'를 위한 것보다 '너(사회)'를 생각하는 삶의 주체로의 변화에 이르게 된다. 긍정적인 자아의 성찰은 겨울밤의 긴 시간도 능히 견뎌낼 수 있을 만큼 훈훈한 위로가 되어주었다.

사람의 마음이 수시로 변화하듯 사유의 갈래가 〈바다 앞에서〉 파도를 넘나들고 있다. 밀려왔다 다시 떠 밀려 가면서도 아무렇지 않다는 듯 바다는 모든 것을 받아들이고 있다. 그 '바다 앞에서' 지금껏 "나는 왜 삶을 두려워하고 만 살았을까/ 나는 왜 항상 혼자라고만 생각하며 살았을까/ 나는 왜 항상 나만 고독하다고 생각하며 살았을까/ 나는 왜 나만 슬프다고 생각하며 살았을까/ 나는 왜 나만 실패했다고 생각하며 살았을까"라며 통절하게 반성하고 있다. 험난했던 생을 복받치는 가슴으로 받아치면서 나약한 자신을 거부하고 있다. 시적 대상으로 찾아온 '바다'를 통해 삶에 쫓기듯 긴장 속에서 헤어 나오지 못한 시간들을 떠올린다. 갈기를 세우며 밀려왔다 소멸하는 '파도'를 보며 현실도 다를 바 없다는 것을 깨달았을 것이다. 인생살이란 것이 죽기로 맞서는 것이 아니라 순응하는 것임을 알았다. 이제는 아무렇지 않다는 긍정한 마음 안으로 수평의 바다가 밀려들었다.

양종화 시인의 시는 사유 깊은 문장이다. 시가 현실과 다를 때 죽은 문장이라고 말한다. 삶과 분리된 시적 언어의 기교는 무용하단 말일 것이다. 그와 반대로 양종화 시인의 시는 연금술사가 빚어낸 신비함이나 논쟁의 유불리有不利를 가리는 수사적 언어가 아닌 삶 속에서 길어낸 통찰의 언어인 것이다. 〈착각〉은 시인만의 시적 언술을 보여줄 수 있는 상황극 같은 현실이다. 몹시 추운 날의 노동 현장을 배경으로 한 무대라고 상상해 보자. 나이가 들었지만, 현실적으로 아직은 생존에 대한 노동 현실을 배제할 수 없다는 데 있다. "짜식들/ 아직은 짱짱 한디 무슨 말이여/ 지금 내가 하는 일 누가 할 수 있어/ 할 수 있으면 나와보라고 해/ 삼십여 년을 이밥 묵은 놈이여 까불고 있어"라는 말에는 생존 경쟁의 치열한 현장에서 살아남기 위한 허세가 아니란 것이다. 냉정히 말한다면 삶이 개입된 현장은 완벽한 자본주의적 가치가 인간성을 상회하는 무서운 현실의 세계다. '청춘'으로 무장한 왕성한 젊음과 "이제 겨우 예순여섯이여/ 젊은것들이 힘쓰려고 혀/ 힘으로 보나 기술로 보나 백번 낫지 암/ 머리에 염색은 쪼금 해야 쓰겠구먼"이라는 자위가 안타까운 희곡의 대사처럼 올려졌지만, 우격다짐으로 현실을 이겨내려는 뚝심 같은 근성도 알고 보면 몸으로 체험한 생존 수단인 것이다. 거기다 능청스런 여유까지 곁들인 연륜도 한몫을 거든다. 시인의 현실에 대한 '착각(능청)'이 오히려 건강한 사회적 에너지와 시적 활력으로 환원된다. 시는 언어의 절제와 정체성을 우위로 한다는 것이 통념이다. 양종화 시인의 시가 일반적인 인식을 뛰어넘어 아무렇지 않게 시의 형태로 다가오는 데는 그럴만한 이유가 있다. 그것은 삶의 현장에서 흘린 땀들이 진정성을 더해 시적인 상상력을 응집해 주기 때문이다.

    붓은 다시 한번 정正 가운데서 오른쪽으로 겹치며
    질풍처럼 내달리다 또다시 힘을 놔버린다
    잠시 망설이던 붓은 다시 한번 먹을 먹음고
    아래에서부터 위로 하늘을 찌를 듯 치고 올라간다
    하늘을 갈망하는 꽃대
    우뚝 솟아 오른 꽃대

눈보라 속에 서있는 그대 너무 애처롭구나
한숨을 돌려 잔잔함으로 밑동에 작은 이파리
넷 을 더치고 붓을 놓는다

　　-〈설란雪蘭〉 부분

시인이 갖는 일상은 다채롭다. 상상만 해도 즐거운 난을 친다. 문인으로서의 시서화에 능하거나 빼어남을 떠나 양종화 시인은 생활 속 일상인 것이다. 시인의 붓 끝으로 힘주어 치는 난蘭이 예사롭지 않은 문장으로 행간을 조율해 간다. 시의 형상을 통해 전해오는 '설란雪蘭'은 그냥 난이 아니다. "병신년 첫 달 눈 오는 날 먹을 갈아 난을 친다" 시인의 손끝에 유달리 힘이 들어갔을 듯하다. 그 안에 담긴 시인의 희망과 염원은 어느 때보다 충만해 있다. 전문을 읽다 보면 자연스럽게 감전되어 오는 묵향에서 번진 붓끝의 미세한 묵점까지 한치의 흐트러짐 없는 경지에 몰입하고 있다. 난을 치며 시가 미치지 못한 정신적 궁극을 염원하고 있다. 홀로 핀 꽃대마저 외로울까 싶어 놓았던 붓을 다잡아 이파리 넷을 더 치고 마쳤다는, 시인의 심미안적인 감각을 헤아리며 넉넉하게 비워둔 여백이 호기롭다. 그 난을 치던 손으로 다사다난했던 세상사를 위로하듯 난향 은은한 꽃을 피워 올렸을 것이다. 그렇지만, 시인이 할 수 없는 것도 있다. '세월호' 사건으로 세상을 온통 뒤흔들어 놓았던 진도의 맹골수로가 보이는 〈팽목 항에서〉 "여기서 누구를 그리워 말자/ 난간을 부여잡고 아쉬움에 몸부림치는/ 여인네의 가슴속 그리움 알기 전에는/ 나의 그리움은 사치일 뿐/ 맴돌아 흐르는 뱅골만은/ 나의 가슴을 애이는 듯"하다는 마음은 진정일 것이다. 원망스런 세상을 향해 아이들의 눈빛이 살아나 울부짖는 팽목항은 지워야 하는 기억이 아니라 시대를 뒤흔든 역사로 기록될 것이다. 그 사건이 빌미가 되어 대통령의 정치적인 생명줄을 옥죄고 말았으니 말이다. 시인도 눈으로 본 세상을 공감하면서 슬픔을 털어내야 한다. 살아 있는 사람은 어떻게든 살아갈 방도를 찾게 된다. 고달픈 심사를 다독이는 데는 선술집 만한 곳이 없다.

서너 평 남짓 홀 안은
닭똥집 돼지껍데기
홍어 삭힌 냄새가 가득하고
나름대로 멋을 부린
다시든 꽃 한 송이
알 수 없는 미소를 흘리며
역한 냄새를 밟고 이 테이블
저 테이블로 헤집고 다닌다
구석진 자리 이 빠진 늑대 한 마리
술기운 탓인지 불빛 탓인지 게슴츠레한 눈빛으로
씰룩거리는 과부의 엉덩이를 핥고 지나가면
건너편 탁자 막걸리 잔 넘어 눈빛과 심오한 조우를 한다
피식 웃고 돌아선 길
잘 열리지 않은 미닫이문 사이로
타향살이 노랫가락이
허리춤을 잡는다

-〈미소집〉 전문

출출한 한기를 메우느라 나이 들어 간간이 찾아가는 곳이 있기 마

련이다. 마음 가는 곳에 술잔처럼 온정이 넘치는 곳을 시인은 알고 있다. 잘 삭혀야 맛깔난 전라도 홍어처럼 산전수전 다 겪은 듯한 선술집 과부가 그리운 것이다. 그날도 컬컬한 목을 축이려 주렴을 밀치고 들어갔을 것이다. 선술집이 고만고만한 것처럼 찾아든 시인도 평범한 소시민이기 때문이다. 어디 가나 안주 따라 덤으로 넘어오는 주인아줌마의 은근한 눈 홀림이 있기 마련이다. "구석진 자리 이 빠진 늑대 한 마리/ 술기운 탓인지 불빛 탓인지 게슴츠레한 눈빛으로/ 씰룩거리는 과부의 엉덩이를 핥고 지나가면/ 건너편 탁자 막걸리 잔 넘어 눈빛과 심오한 조우를" 즐기며 은근하게 안주 너머로 수작하는 마음이 통했던 것이다. 시가 되어 살아난 '미소집' 풍경도 시인의 절제된 마음처럼 거기까지인 것이다. "피식 웃고 돌아선 길/ 잘 열리지 않은 미닫이문 사이로/ 타향살이 노랫가락이/ 허리춤을 잡는다"는 미련이 비집고 나온 욕망보다 혼자라는 외로움이 더 질기다. 고질병을 탈탈 털어버릴 목덜미가 환해지는 묘방은 없는 것인가? 그런 날이 있었다는 것이다. '개살구나무'가 환하게 꽃을 피웠다는 동네 이야기만 구전口傳이 되어버렸다.

올봄에는 뒤꼍 모서리 대나무 옆에 개살구나무를 심어야겠다
도랑 건너 만수네 집 언덕 베기에 있는 것을 캐다가 심어야지
만수 엄마는 만수가 해소 천식이 약간 있는데
개살구만 한 것이 없다며
마을 입구에 있는 개살구나무를 씩씩거리며 파다
집 양지쪽 호박 심었던 자리에 심었다
만수 엄마는 개살구 꽃이 피기도 전에
그해 겨울 집 앞에서 낙상해 시름시름 앓다 죽었고
만수마저 얼마 전 바튼 기침을 심하게 하더니 젊은 나이에 죽었다

장례를 치르고 동네 청년들하고 만수네 집에 가보니
봄빛 가득한 언덕에는 아무 일 없었다는 듯
개살구 나뭇가지에는 꽃망울이 잔뜩 올라와 있었다

　　　－〈개살구나무〉 전문

인생살이가 희로애락과 더불어 욕망에서 헤어 나오지 못하고 끝을 맺는 것이라고 불교에서는 말한다. 태어남과 죽음으로 귀결되는 삶의 여정과 풍파 한가운데 핀 개살구 꽃도 그것(죽음)을 지켜보기만 할 뿐이다. 꽃이 무슨 감정이 있겠는가? 개살구 꽃을 통해 시인이 의도하고 보여주려는 것도 다름 아닌 인생살이의 덧없음을 말하고 싶었을 것이다. 인간의 욕망이 얼마나 허망한 것인가를 '만수'와 '만수 어머니'의 죽음을 보며 다시 확인한 것이다. 과연 개살구나무가 갖고 있다는 신통함은 유효한 것인가 의문해봐야 한다. 그것은 양종화 시인의 세상을 인식하는 경향일 수 있다. 예컨대 의학적인 합리성보다 자연적인 삶의 가치를 중히 생각하는 친 자연성에 부합하는 것이다. 시인과 더불어 "만수 엄마는 만수가 해소 천식이 약간 있는데/ 개살구만 한 것이 없다"는 믿음을 신뢰해야만 한다. 그것은 숙명처럼 자연에서 비롯되었고 자연의 순환질서처럼 인간의 생로병사의 과정에서 얻은 고질병이기 때문이다. 운명처럼 죽음을 맞으면서도 한 가닥 희망에 목메었을 '만수'나 '만수 어머니'를 통해 인간의 나약함을 본 것이다. 그들이 떠난 집 어귀에 어김없이 봄마다 환하게 꽃을 터뜨린다는 '개살구나무'도 사람과 다르지 않다. 뻔히 알면서도 틈바구니를 벗어날 수 없는 현대인들의 현실과 닮은꼴이다.

양종화 시인은 맞닥뜨린 현실을 긍정하며 슬픔과 고통보다는 희망의 의지를 보여주고 있다. 시의 형태를 빌어 일상을 바라보려 한 궁극의 의미도 문학적인 의지를 구체화하는 수단임을 보여주었다. 우리가 살아가는 삶의 궤도도 일상이라는 바탕에서 진전된다고 볼 수 있다. 시적인 완성도에서 우위 여부보다 위중한 것은 진정성 있는 문학의 구현이라고 보기 때문이다. 따라서 양종화 시인의 시를 소중히 여겨야 할 것은 일상을 통해 자연스럽게 인간 본성으로 회귀하려는 깨달음에 이르려는 데 있다. 현란한 도시적 이미지보다 색 바랜 가슴속의 추억들도 우리가 살아가는 현실에서 소중한 것이라는 것을 보여주고 있다. 소소한 것의 진정함과 아름다움을 시로 부단하게 형상화하려는 시인의 노고가 결코 작은 것이 아님을 확인시켜 주었다. 앞으로도 일상을 시로 구체화하는 작업을 통해 시인만의 서정적인 다양한 가치로 실감 있게 구현되기를 바라는 마음이다. 그 말은 곧 시인의 삶이 고도의 정신적인 사유로 발휘한 문학성보다는 몸으로 살아온 삶에 근거하고 있다는 것을 뜻한다.

동그라미처럼 그려가는 사랑
 - 이은유 시집 《태양의 애인》 중심

나뭇잎을 밟고 서 있는 무거운 생
내 생의 가벼운 담론은 나뭇잎을 밟고 지나쳤다

-〈나뭇잎을 묻혀오다〉 부분

 누구나 그런 경험은 흔히 있을 법하다. 구두 밑창은 치열한 삶의 접점이다. 사람의 감정보다 더 감정적일 때가 많다. 하지만 눈물은 없다. 다만 오랜 침묵만으로 충분하다. 항상 말보다는 먼저 찾아가야 할 난감한 일이 부지기수다. 오래전 헤어진 여자의 집 앞이거나 도살장으로 끌려가는 소처럼 생의 그늘이 써늘하게 번져오는 그곳을 기억해야 한다. 하지만 거기까지다. 부둥켜안고 가야 할 삶의 속살과 끝까지 할 수 없는 안타까움 앞에서 멈추고 만다. 생의 무게는 죄다 구두 밑창으로 고인다. 그것들은 진한 피눈물처럼 주변을 적시며 흐를 때도 있다. 그럴 때마다 그녀의 작은 어깨는 쓰린 듯 몹시 뒤틀렸다. 그렇지만 울음소리는 더는 몸에서 빠져나올 수 없어 가벼운 담론마저 되지 못했다. 구두 밑창에 묻은 모든 것들은 어디에서든 존재가 되지 못했다. 그래서 그녀가 걸을 때마다 비명을 질러댄다. 가끔은 가던 길을 멈춰 다소곳이 귀를 기울일 때도 있다. 마땅한 시기가 드디어 찾아왔다. 〈눈 오는 날〉을 빌어 그 이유를 고백하고 있다. "나도 그만 지워버렸어요./ 무엇이 남았을까요./ 당신이 남긴 발자국만 남았어요./ 그냥 오시지 그랬어요./ 그렇게 가시지 말지 그랬어요."// 보이세요./ 당신이 디딘 발자국 밑에/ 눈이 흘린 통곡을,/ 당신의 진액을 묻히고 돌아갔잖아요." 어찌 보면 시인이 이야기하고 싶은 말들은 떠나보낸다는 것은 쉽지 않다는 말한다. 지금도 시인은 어느 거리에서 누군가에게 귀를 기울이며 걸어왔던 발자국을 더듬으며 말들을 맞추고 있는지 모른다.

남자가 지붕 위를 걸어간다
주먹밥처럼 매달린 수국이 그의 발밑에 떠 있다
남자는 하늘 위를 올라가고 싶은 내 마음을 훔친 게 분명하다
그 집은 저수지를 바라보고 있다
언젠가 그 집 창가에 앉아 어머니를 떠나보낸 친구와 술잔을 기울인 적이 있다
그때 불빛에 죽은 이의 영혼이 눈동자처럼 반짝이는 것을 보았다

-〈지붕 위의 남자〉 부분

사람은 한 번은 죽는다. 죽어서 갈 수 있는 곳이 하늘이다. 예전 내 고향에서는 사람이 죽으면 망자의 하얀 속옷을 지붕에 던져놓았다. 혼백을 부르는 의식이다. 그래서 특별한 곳이고 지붕은 하늘과 맞닿은 생과 사의 접경이다. 그 경계는 아무 때나 범접해서는 안 되는 곳이다. 그런데 문제는 남자가 지붕 위를 걸어가고 있다는 것이다. 온기 있는 방 안이 아닌 지붕 위는 이 세상이 아닌 피안의 장소다. 이때쯤이면 남자는 누굴까 궁금해진다. 어떤 연유로든지 고인이 되었음 직한 아버지를 떠올려보는 것은 무리일까? 지붕은 위

치가 높은 곳에 있을뿐더러 빗물의 흐름이 용이하도록 가파른 각도를 유지하고 있다. 빗물이 새어 보수할 때도 아무나 올라갈 수 있는 곳은 아니다. 가파른 지붕을 올라갈 때도 미끄러질 위험이 큰 것처럼, 어쩌면 아버지는 그런 삶을 살았을 것이다. 이후 아버지의 부재는 남은 사람들에게 오래도록 고통을 주었을 것이다. 시간이 흘러서일까? 사는 것이 힘들면 가장 가까운 주변 사람들부터 기억 속에서 지워나간다. 아버지도 그랬다. 이후 오랜 시간 잊고 지냈던 아버지였지만 가슴 깊숙이 그리움이 되었음을 깨닫는다. 누구에게나 운명으로 맺어진 아버지가 존재한다. 아버지란 존재는 생전이나 사후에도 우리의 삶 속에서 정신적 지주로 남아 있게 된다. 도시화한 사회는 속도와는 반대로 삭막하다. 고층 빌딩 어디에도 옥상은 있지만, 지붕이 없는 세상이다. 모처럼 시인을 통해 우리의 현실에서 조형적 가치를 넘어 '지붕'의 의미를 되새기며 마음으로 그려보는 아버지는 어떤 모습일지 생각해 보았다. 이끼 핀 용마루의 누선을 따라 곱게 하늘과 맞닿은 시골집 지붕이 눈에 선하다. 이맘때 가을이면 높푸른 하늘과도 닿아있어 좋았던 기억은 더 새롭다. 어쩔 수 없이 우린 그런 기억을 더듬어내며 오늘 하루도 살아갈 것이다.

그날 햇빛의 말을 들었다
각도를 달리하며 내리꽂히는 말들
햇빛의 수다에 귀가 따가웠다
햇빛이 얼굴 위로 쏟아질 때는 달콤한 졸음에 잠기기도 했다
햇빛이 왜 나를 이곳까지 이끌었는지 알겠다
어느 날엔가 이곳에 앉아 햇빛 한 모금 받아먹고 출렁거린 사람 있었을 것이다

그가 흘린 눈물 한 방울 한 숨 한 가닥 햇빛 속에 묻어 있었다
서서히 실어증 걸린 시간들이 몸 푸는 소리를 냈다
오래도록 이 자리에 앉았다 간 이의 숨소리가 깊었다
햇빛이 그 말을 전해 주었다

-〈햇빛의 말을 들었다〉 부분

식물처럼 사람도 햇빛이 드는 쪽으로 기우는 햇살 바라기다. 볕이 드는 쪽은 언제나 환하다. 사람들은 빛을 쫓아 말을 건다. 지금껏 있었던 시간과 앞으로 다가올 시간을 죄다 알려주기 때문이다. 그러면서 "서서히 실어증 걸린 시간이 몸 푸는 소리"를 내기 시작할 때 햇빛은 말을 걸어온다. 햇빛은 어둠의 속성을 너무도 잘 알기 때문이다. 시 〈봄날〉에서는 어둠이 얼마나 혹독한 고통인가를 말해주고 있다. 깊어지는 불면으로 정신마저 혼미해졌지만 "해가 뜨고 해가 지지 않는 일기엔/ 수없이 물고기가 파닥거렸다/ 나에게 봄날"이 풍경소리처럼 왔다고 말한다. 그렇다고 시인은 굳이 사람 사는 일을 햇빛으로만 말하지 않는다. 〈한 사람을 따라갔다〉에서는 지금과는 전혀 다른 모습을 보여준다. "그 사람이 한 사람일 리는 없잖은가/ 오래전 마음에서 걸어내었던 그 사람이/ 어쩌자고 한 사람이 되어가는가/ 어쩌자고 그 사람을 따라가는가"라고 되묻지만 이미 늦어버렸다. 그 사람에게 되돌릴 수 없을 만큼 기울었음을 고백하는 것이다. 이 밤도 긴 어둠이 저물면 그 사람이 돌아올 것을 알고 있다. 그렇기에 〈적벽강〉어귀에 하염없이 앉았다가 "당신의 붉은 가슴을 보고 돌아서 가야겠다"는 맹세를 다짐한다. 시인은 누군가를 사랑하지 않고는 견딜 수 없기 때문이다.

그곳에서는 차마 먹지 못했다
먹을 수 없었다
세 개의 모서리와 꼭짓점을 이루어 만든 삼각김밥
생의 지점에 들어와 죽음의 문을 나서는
이승의 운명을 넘나드는 것 같은 삼각김밥
삶과 죽음이 맞물리듯
죽음의 모양, 그대의 무덤이 되는 것일까

　　-〈생의 간극〉 부분

　간극이란 시제가 낯설지만, 관념으로만 읽어버리기에는 가볍지 않다. 아무나 그 말을 끌어다 쓸 수 없기 때문이다. 좁거나 작은 틈을 말하겠지만, 사람의 눈이 아닌 간극을 우주의 개념으로 본다면 한 개의 점일 수도 있다. 아니면 두 개의 점은 영원하여 세 개의 꼭짓점이 맞댄 삼각형으로 생의 유한함을 의식했는지 모른다. 시인은 삼각형을 보며 왜 죽음과 생을 동시에 말하려고 했을까? 그것은 삶의 경험을 통해 죽음이란 게 맞물린 꼭짓점처럼 살아 있음과 별개가 아님을 알았을 것이다. 그것은 수시로 다가오는 만남에서 이미 예감하고 있었다. 〈청주〉의 "술이 들어가자 깔깔 웃어대던 여자/ 살포시 그의 어깨에 머리를 기대고/ 와락 안기던 당돌한 여자/ 이제 그에게 마음의 불씨 조금씩 타오르지만/ 이미 되살리기에 너무 늦"었음을 직감하고 있다. 만남은 꼭 처음처럼 시작되어 끝나지 않는다. 그 좋은 만남으로 시작해 살 떨린 사랑까지는 운이 좋아 이루었다 해도 어쩔 수 없는 이별은 필연이다. 생은 사랑하는 것이고 사랑하는 것이 생이기에 어쩔 것인가. 살며 사랑하며 가끔은 후회도 하지만 이미 시간은 몸과 마음을 갈라놓아 간극이 너무 깊어 돌이킬 수 없는 경우가 허다하다. 저무는 석양에서 곧이어 사라질 그림자 같은 사랑은 더는 사랑이 될 수 없다. 시인은 삼각김밥을 먹으려다 자기를 떠나간 누군가를 생각하고 있다. 그것도 살아 있는 사람만이 먹을 수 있는 음식 앞에서 말이다. 그래서일까 문득 제사상의 사자死者 밥이 떠오른다. 사자死者 밥은 수저로 세 번의 각을 넣어 떠내는 삼각의 밥 덩어리다. 그 밥을 들고나면 망자는 일 년을 꼬박 기다려야만 한다. 우리는 삼각김밥을 먹을 때마다 지엄한 생사의 의미를 되새기고 있는지 모른다. 사랑과 이별 그리고 죽음으로 이어지는 삼각형의 트라이앵글은 위치에 따라 울림의 소리도 제각각이다. 우리의 삶이 어떤 소리일지 자못 궁금하다.

   그 모습에 훅 웃음이 터진 여자 앞에서
   이마 위로 앞머리를 쓸어 올리던 그 남자
   그때 여자는 남자의 외로움을 보고야 말았다네
   여자의 메마른 가슴을 스치고 지나간 가을빛 같았네
   그 여자는 급격히
   하고 싶은 말이, 해야 할 말이 소용돌이쳤네
   오래지 않아
   남자의 외로운 이마와 젖은 눈빛이 태생이라는 걸 알게 되었지만
   나뭇가지에 걸린 낮달이 허상인 줄 알았지만
   여자는 무심결에 가을의 그늘을 사랑하게 되었다네
   가을이라서,
   그만 가을이라서 그랬네

      -〈그 남자의 머리칼〉 부분

한밤 달무리 진 가을 뜰 앞을 서성이는 발걸음이 이슬에 젖었다. 그런 사람을 보며 눈에서 빛을 내던 도둑고양이도 숨을 죽였다. 외롭다는 것은 적막과 통한다. 적막은 사방에 숨어있는 어둠을 소름 돋도록 끌어들인다. 하지만 외로움이란 것이 끝없이 이어질 것 같아도 그렇지 않다. 가볍게 스치는 바람에도 어이없게 숨겨진 몸통 속을 들쑤셔 밤을 새운 때가 많았다. 문득 어느 해인가 보았던 월식이 떠올랐다. 지구의 그림자에 달이 가려질 때 더 고독해진 늑대가 산 정상에서 울음을 쏟아낸다. 수컷의 고독한 외로움은 어둠이 깊어지면 몸서리치도록 고통스러운 것이다. 하지만 엔간해서 속내를 보이지 않기에 그것이 슬픔인지 고통인지는 알 수 없다. 그런 기회는 우연스럽게 찾아온다. "유난히 말수가 적었던 남자/ 알고 보니 여자 앞에서만 말을 아끼던 것이었"음을 알게 된다. 그 남자의 외로움은 마땅히 받아줄 여자를 만나지 못했기에 그랬다. 언제부턴가 말문이 터진 것이다. 말은 가슴속 심장의 박동 소리를 담아내는 숨소리다. 그렇지만 소리가 전부 다 진실이 되는 것은 아니다. 그래서 말보다 더 오래 몽글어진 몸짓을 유심히 보는 것이다. "이마 위로 앞 머리를 쓸어 올리던 그 남자"에게서 시인은 외로운 남자의 진심을 읽어낸다. 인간은 누군가를 만나 사랑을 하게 된다. 불같은 사랑도 언젠가는 끝나고 외로움을 떠안고 죽음에 이르게 된다. 우리가 사는 인생이란 게 뭐 대단한 것 같지만, 낙엽이 지기 시작한 시월과 같다. 머잖아 시월이 세상을 물들일 것이다. 미리부터 외로워질 각오를 단단히 해야겠다. 〈괜찮아〉에서처럼 "저 눈발들은 서러운 눈물이 되겠죠/ 흰 눈은 되지 못하겠죠/ 당신을,/ 당신을 가질 수는 없겠죠"라고 말할 때는 너무 늦은 것이다. 하얀 눈발도 차가운 대지 위에서 누군가를 사랑하듯 녹아 스며든다. 누군가에게 스며든다는 것은 자신을 버렸을 때야 가능한 것이다. 이은유 시의 세계는 대상에게 다가가 포용해 가는 인식의 변화를 의지意志로 표상하고 있다. 그 안에 시라는 사유가 깊어가는 시간을 끌어낸 것이다.

범람과 순응의 시적 재현
- 정재영 시집 《드론, 섬을 날다》 중심

1

  시의 매혹으로 비롯되는 시간과 시의 관계에서 형성되는 연륜을 우린 내공이라고 말한다. 누구나 시를 쓰면서 시의 깊이나 시적 상징의 완성도를 생각하지 않는 시인은 없다. 그러기 위해 끊임없이 시를 고민하며 시를 위한 삶을 포기하지 않는다. 시인이 의도하던 의도하지 않던 언어의 조합으로 시적 형식을 구성하였다면 우리는 그런 구조를 시라고 수긍해야 한다. 구조된 시를 만족감이나 자괴감이 주는 심리적인 관점으로 의미를 판단해 버린다면 시적 세계는 시인의 의도와 달리 심각하게 왜곡될 우려가 크다. 시를 접할 때마다 예의 조심해야 할 이유가 된다. 굳이 연유를 물을 것까지야 없겠지만, 시의 깊이나 시의 완성도를 떠나 독자적인 시적 사유의 안에 내재된 세계가 엄연하게 존재하기 때문이다. 시라는 실체가 되기 위한 의도는 시의식의 구체성으로 드러나고 화자가 되는 시인의 시적 사유와 결부될 수밖에 없다. 시적 유형의 다양한 분화는 시의 양상에서 혼돈까지 초래하였고 시의 근본까지 위협하고 있는 것이 현실이다. 시의 혼돈이라는 전위의 시 유형보다는 전통 시에 가까운 세계를 보여주고 있는 정재영 시인의 시적 세계는 친숙에 가깝다. 서정시는 자신이 느끼거나 체험한 감정의 정서를 형상화한 것이라고 할 때, 전통적 서정을 간과하거나 우회하지 않았음을 알 수 있다. 시의 화자가 사유의 세계를 통해 배설한 시의 정처는 우리들이 발붙이고 살아가는 도시라는 현실 이전 전통적인 사유지思惟地에서 포유한 자연과의 친연성을 바탕하고 있기 때문이다. 시력의 오랜 연륜처럼 대자연의 현상을 시적 감각으로 포획해 내는 심미적 변주는 상투적 귀환을 어느 정도 허용하기에 이른다. 발설하지 않는 나머지를 상상할 수 있는 정재영 시인의 시세계를 살펴보기 위해 2014년《조선문학》5월호에 수록된〈당신은 지금도〉와《드론, 섬을 날다》에 실린 시〈강처럼〉을 먼저 일별해 보는 것도 좋은 방법일 수 있다.

강은 흘러 흘러 앞 뒤 흔적을
지우려 하지만
당신은 들판에 뿌리는 빗방울로
깊게 새긴 비석입니다

---중략---

당신은
당신은
그때나 지금이나 그러신 분입니다.

-〈당신은 지금도〉부분

붉은 마음 잠드는 비단 노을이
강 속에 스르르 잠기는 저녁강
꽃망울로 다짐하던 오래 된 약속

푸른 마음 손잡고 함께 가는 그대
삭지 않는 뜨거움 깊이 보듬고
길고도 먼 길을 혼자서 가네

　-〈강처럼〉부분

정재영 시인의 시에서 은연중 발설하고 있는 자의식 속 언어는 평범해 보이지만, 입체감으로 채색한 회화적 이미지를 차용하고 있다. 분절되지 않고 연상되는 이미지는 긴 강폭을 그려 넣고도 남을 여유를 여백으로 남겨둔다. 두 편의 시에서 '강'은 서로 다른 의미를 담고 있다.

〈당신은 지금도〉의 둘째 연에 '강'이라는 공간은 실재하지 않은 상상 속의 공간일 수 있다. 그렇지만 선험으로 습득된 무의식 속의 '강'은 의식 속에 실재하는 장소로 전이된다. 마찬가지로 의식 속에 실재하는 '꽃'과 '강' 그리고 '해'는 무의식에 존재하는 '향기'로 변주를 거듭하여 이내 '가로등'을 따라 꿈에도 그리던 '당신'을 향한 귀소에 다다른다. 시인은 현재적인 공간에서 순간순간 기억되는 과거의 어느 시점으로 회귀하려는 갈망과 정한의 정서를 담고자 한다. 특히 '당신'이라는 대상은 굳이 어떤 지시어로 한정되지 않으며 절대적이면서 불변하는 중의성을 갖고 있다. 여기서 '강'은 생명체의 포유지로 시인의 내면에서 살아 숨 쉬며 무한한 애정을 수유한 불변의 대상으로 자리매김 된다. "오래된 약속"처럼 굳게 믿고 있던 상상 속에 존재하는 '강'이라는 위안만으로 이해하기에는 현실적으로 녹록하지 않다. 막연하지만, 강가 어딘가에서 불쑥 다가와 가슴을 내밀 것 같은 모성을 상상하며 치유를 고대하는 그 꿈은 현실에서 더 이상 나아가지 못한다. 그렇지만, "당신은/ 당신은/ 그때나 지금이나 그러신 분입니다"라면서 절대적인 신앙信仰을 저버리지 않는다.

〈강처럼〉에서는 긴 세월로도 마모되지 않는 심리적 정서와 되레 견고해져 내면에서 거듭 홀로서기를 하는 성장의 모습을 잘 보여준다. 성장이란 의미는 이미 완결된 환경에서의 정신적인 안주가 아닌 미완의 현실을 극복하려는 과정에서 얻어지는 의지의 결과라고 본다. 앞선 '강'의 이미지에서는 귀소를 통한 위로와 위안이었다면, 여기에서 '강'은 현대인의 관계 단절에서 오는 절대 고독을 스스로 극복해야만 하는 거친 도시로 치환된다. 도시라는 삶에서 인간 본성을 회복하기 위한 궁극과 생존이라는 본질로 부단히 다가가려는 변화 의지를 엿볼 수 있다. 또한 다 발설하지 못한 이면에는 시인만의 은유를 암시하고 있다. 그 속내를 아직은 노출할 수 없다. 현대인들에게 도시는 한 방향으로 흘러가는 강의 속성으로 인식한다. 본래의 속성을 잃어가는 '강'은 현대인들이 살아가는 도시의 자화상과 다를 바 없음을 보여준다. 따라서 시인의 내면에 존재하는 강은 시詩라는 세계 속으로 유입된 순간 서정의 근경에서 멀어질 수 없는 생래성生來性을 안게 된다.

2
정재영 시인의 시선이 도시 일상에서 비롯된다고 해도 삭막한 이면에 존재하는 현대인의 심정적 저점은 어디를 향하고 있어야 하는

가를 질문한다. 그런 시적 세계로 표출된 자아의 정념과 통어하는 수단이 되는 문장들이 구체적인 언어 대상으로 이미지화해도 하등 시적인 구조에서 문제 될 것은 없다. 시에 내재한 이미지즘이나 심리적 보폭은 시적 화자가 표현해 낼 수 있는 개연성을 훨씬 유연하게 확장해 주기 때문이다. 더욱이 도시적 삭막함을 텍스트 자체만으로 면피하거나 본질로만 인식했을 때 오는 건조함은 시감을 현저히 떨어뜨릴 수밖에 없다. 어차피 시도 예술의 한 부분으로 영역을 구축하고 있는 한 이성적인 의지보다는 감성에 근거한 체험에서 비롯된다는 것이다. 이성과 감성의 교합 점에서 절묘하게 현현하는 시도 몸으로 써가는 것이라 할 때 의식의 분화를 통해 발화한 것임을 알 수 있다. 아리스토텔레스의 시학에서 "시는 흔히 일어날 법한 개연적인 세계를 모방한다"라고 했듯이 이즈음에서 우려해야 하는 것은 이성보다 감성임을 알 수 있다. 비극이라는 관념의 의미는 진실된 감각으로 촉발된 감성에 가깝다고 볼 수 있다. 이는 곧 이성보다 감성이 상위에 있을 때 비로소 온전한 시의 세계를 획득할 수 있다는 말과 같다. 사물의 대상이 인간의 내면으로 들어와 변화 확장되는 시점을 인지할 수 있다. 시인의 의식에 잠재된 강은 도시라는 현실에서 수시로 호출되며 시적 내면을 거쳐 재현된다.

강물처럼 돌아오지 못하는 길을 달려
마지막 시간 항공기를 타러 가는 사람은
뒤돌아볼 수 없는 길을 달려
누구나 일방통행길로 공항을 간다

–〈하늘길〉 부분

현대인의 대다수가 거주하는 공간이 수직을 지향하는 도시 공간이라면 자연 본래의 수평적인 사유에 익숙한 정서와는 반(反)한다. 시인은 도시의 규범에서 문학적으로 생존하는 방법을 찾아 진화하고 있다. 생물학적으로 새로운 종의 출현이 쉽지 않듯 단번에 완전해질 수 없다. 그렇지만, 성장기를 통해 체험해 온 정재영 시인의 과거 궤적을 시로써 판단하는 데 있어 한계가 있다. 결국 노출된 시인의 세계관에서 발화된 시의식을 통해 엿볼 수밖에 없는 아쉬움이 있다.

〈하늘길〉은 도심 저녁 풍경에서 하루라는 현실과 자연 현상의 경계에 놓여 있는 이미지에서 차용한 시상으로 볼 수 있다. 밤하늘에 떠 있는 '하현달'이 무한 경쟁의 도시를 그나마 숨통을 틔우듯 비추고 있다. 강변에 즐비한 대형 빌딩들마저 삶의 위안이 되어주길 바라지만 "사원의 촛대"마저 될 수 없듯이 "수척한 하현달"도 하루살이처럼 거대 도시에서는 무용한 소품에 불과하다. 인간과 도시라는 관계는 땅거미가 도시를 일방적으로 포식하듯 상생관계가 성립될 수 없다는 것을 잘 알고 있다. 그런 화자의 시야를 통해 비행해 오는 항공기는 이미 기착지를 잃은 기표에 불과하다. 그 비행기를 기다리던 사람들은 자기 의지가 아닌 일방적 강제가 작동하는 자본주의의 메커니즘 속에서 고립된다. 앞서 〈당신은 지금도〉에서 무의식 속에 존재하는 '강'을 현대인들에게 고립된 자아를 위안해 주는 대상으로 인식하고 있었다. 하지만 서서히 현실을 통해 그 한계를 인식한다. 〈하늘길〉에서 '강'은 무한 경쟁 자본에 노출된 도시 그 자체를 은유하고 있다고 볼 때 사람들에게 더는 희망의 귀소지가 되지 못한다. "강물처럼 돌아오지 못하는 길을 달려/ 마지막 시간 항공기를 타러 가는 사람은/ 뒤돌아볼 수 없는 길을 달려/ 누구나 일방통행길로 공항을 간다"라며 현대인의 슬픈 자조를 듣는다. 지구가 지속적인 자전 운동을 통해 더 이상 기울지 않듯 인간의 실존에 대한 질문을 멈추지 않는다.

> 사람이 로봇으로 살아가는 도시에
> 성탄절이 가까워져도
> 꿈꾸는 별이 사라진 곳에서는
> 바람에 휘어져도 다시 일어나는 풀처럼
> 뿌리가 뽑히지 않는 한
> 도시의 욕망은 나갈 길이 없는 막장이어서
> 서로는 늘 혼자다
>
> -〈적막의 경계에서〉부분

"반짝이는 시간의 별이/ 가로등처럼 멈추어 있는 동네"하늘에 떠 있는 별은 강처럼 영원을 암시하는 메타포다. 반대로 지상의 어둠을 밝히는 '가로등'은 도시의 편리를 극대화한 단속성을 보여주는 상징에 불과하다. 밤에 반짝이는 별과 달리 '가로등'은 사유의 정서가 스며들 여지가 없기 때문이다. 그런데 무한한 상상의 대상인 별마저도 도시인에게는 '가로등'과 같은 오브제에 지나지 않는다. 자연 속의 '강'이나 '별'은 인간의 고단한 삶 속에서 실제적인 위안이 되지 못한다. 그것들은 그 나름으로만 존재하는 한계 때문에 "당신은 항상 곁에 계셔도/ 나는 늘 혼자였다"는 독백으로 위안을 삼아야 한다. 현대인으로 살아가는 방법은 '혼자'라는 현실을 받아들이는 것이다. 도시라는 안식처에서 살아남기 위해 낭만적인 여유는 무의미한 것이 되었고 무한 고립과 고독에 익숙해져야만 한다. "사람이 로봇으로 살아가는 도시"임을 긍정하는 것도 결국 체념에 대한 수사에 불과하다. "반짝이는 시간의 별이/ 가로등처럼 멈추어 있는 동네/ 당신은 항상 곁에 계셔도/ 나는 늘 혼자였다"는 인식에 다가간다. 그런 현실 인식으로부터 무엇인가를 조금씩 깨달아가는 것마저 생존하기 위한 방편일지 모른다. 도시라는 사회집단에서 관계가 단절되고 있는 현실은 개인에 국한되는 것이 아니라 모두에게 해당한다. 사람 간의 소통 부재에서 "도시의 욕망은 나갈 길이 없는 막장"처럼 가망은 사라져 버렸다. 그런 징후를 포착한 시인은 반복적으로 "떠나거나/ 떠나보내거나"하는 것은 아무렇지 않은 상투적인 것이 되었다. 그것은 철저한 고립과 체념으로 "나는 나고/ 당신은 당신이라서"였음을 스스럼없이 자인한다. 이럴 때는 혼돈의 치유를 위한 사유의 배회가 필요하다. 시의식으로 현시顯示되는 '당신'은 어떤 모습으로 형상화될 것인가가 궁금하다.

언제부턴가부터 사랑은
가지는 게 아니라
주는 거라고 무수히 들어왔다
셀 수 없다는 말을
무수라는 숫자로 그리 했어도
주는 것보다 가지는 것이 더 확실해
만질 수 있을 때만 사랑이라고 여겼다.
당신이 떠나 멀리 있을 때 더욱 그랬다

늦가을 싸늘하게 바람 부는 날
이파리 모두 버리고

하늘을 받들고 있는 까치밥이
사랑은 주는 것이 아니라
있던 자리에 남겨둠이라고
그림으로 그려 말해 주었다

　　-〈까치밥 사랑〉 부분

늦가을 지나 벌거벗은 겨울나무 초입의 속살 같은 까치밥은 우리 삶의 전통인 심미적 정서와 닿아 있다. 거칠 것 없이 변화되어 가는 인정머리라 해도 그것만은 쉽게 외면해 버릴 수 없다. 그것은 더불어 살아가는 인지상정이기 때문이다. 어찌 보면 시의 서정성을 통해 시적 변명으로 포섭된 의미망에서 까치밥은 생명의 가치를 소홀히 하지 않아야 한다는 인간적인 약속임을 알 수 있다. 사소한 것마저 의식하는 시인의 '사랑'이란 인식은 다른 의미로 다가온다. 사랑 그 자체가 갖는 속성은 화폐가치처럼 주거나 받거나 하는 교환 가치가 아니라는 것이다. 지금껏 알고 있는 그런 방법으로는 우리 사회가 더 이상 나아질 기미가 없다고 단정한다. 여기서 시인은 "사랑은 주는 것이 아니라/ 있던 자리에 남겨둠"이라는 시적 아포리즘을 통해 상투성에 대한 반전에 성공한다. 지금껏 인식해 온 보편성을 벗어난 무한한 사랑이야말로 한번 해볼 만한 우리 사회의 가치임을 강권하고 있다. 사랑으로 '당신'이라는 대상과의 이별을 극복할 수 있는 수단일 수 있다. 그것은 현대인의 물질문명에 경도된 소유욕에 대한 욕망을 초월할 수 있다. 훌훌 떠나간 사랑의 흔적마저도 온전하게 남겨두자는 시인의 〈까치밥 사랑〉은 언제까지 유효할지 사뭇 궁금하다. 풍경의 프레임 속에서 도시인들이 망각하기 쉬운 인간 본연의 보편성을 회복하려는 시의 의지를 본다. 따라서 언어의 층위에서 전복을 통해 형상화하려는 의식은 또 다른 가능성을 보여주고 있다.

　바다는
　겨울에 만들어진다

　　-〈겨울바다와 달〉 부분

　시인은 바닷가에 와 있다. 풍경으로 그칠 수 있는 그 "바다는/ 겨울에 만들어진다"는 변증적 발상을 통해 시적 호기심을 유발하는 데 성공한다. 시발점은 겨울 바다라는 대상에 대한 연민에서 출발한다. 생명의 멈춤을 상징하는 겨울이라는 속성과 바다를 절묘하게 시각적으로 보여준다. 의도가 개입되지 않았다 해도 정재영 시인의 《드론, 섬을 날다》에서처럼 가시권의 확장을 기해 상상력은 가능하다. 고도를 높여야 가시권에 들어오는 사유적인 풍경은 지상보다 다양하게 포착할 수 있다. 바다라는 접근성은 일반적으로 겨울이란 계절은 쉽지 않다. 그렇지만, 시인은 보편적 정서와 반反한 겨울바다를 통해 현대인의 고독과 '강'의 소멸까지 탐색하려는 시도를 멈추지 않는다. 그러한 시 인식의 연속성은 시에서 일관되게 나타나고 있다. 그것은 도시적 삶을 영위하지만, 체득한 과거 속의 자연 질서에 대한 정서가 소실되지 않았음을 나타낸다. 인간은 자연과 조화하며 생존할 수밖에 없는 불가분의 관계는 당연한 것이다. 친수 공간의 바다에서 반 풍경적인 문제의식은 반서정적인 의식까지 진전되며 확산된다. "땅에서 유배된 수평선 건너/ 보이지 않는 곳까지 가야 겨울은 있다"라는 그곳이 곧 강이 당도해야만 할 필연의 도착지인 바다다. 맞닥뜨려야 할 그 '겨울'은 우리의 삶에서 제외할 대상이 아니라 극복해야 할 것이다. 언어의 습관성에서 강은 바다를 지향하는 일방향성을 갖고 있다. 그렇다면 도시의 확장성과 동일한 메타포에 해당한다. 메타포는 여정의 모든 것을 끊임없이 편입하며 변주를 이루어간다. 강의 생명성으로 당도하는 바다가 소멸로 마감하는 곳이 아님을 변증 한다. "겨울 바다의 마른 영혼을 다 독거리는 시간/ 강물을 바다까지 밀고 온 바람을/ 때 이른 둥근달이 검은 수평선을 부수고/ 환한 얼굴을 내밀며 마중 나오고 있다"는 겨울 바다 이미지와는 상반된 반 풍경적이다. "섬 하나 보이지 않는 곳에서/ 중환자실 심폐기능의 표시처럼/ 선 하나로 잔잔해지는 수평선에서/ 마지막 거두는 숨이 편해질까"라며 자문하며 그렇지 않다는 긍정을 탐색해 간다.

> 읽지도 않는 어려운 시를 왜 쓰냐고
> 돈을 잘 아는 사람이 묻는다
> 돈이 안 되는 탓인가
> 진지한 답을 피하고
> 다른 장르보다 종이나 잉크도 덜 들어가도 많은 생각을 담아낼 수 있다고 했다
> 그럼 인색한 게 아니냐고 도리어 놀란다
> 아니 돈만 아는 사람이 인색과 절약을 모르다니
> 순간 검소와 쫌씨를 구분 못해 입이 막혔다
>
>   -〈현문우답〉부분

술 몇 순배 돌다보면 "읽지도 않는 어려운 시를 왜 쓰냐고/ 돈을

잘 아는 사람이 묻는다"는 아주 평범한 담화로 시작된다. 굳이 시제를 〈현문우답〉이라 했을까 싶지만, 답이 필요하지 않았기에 우답이라 했을 것이다. 이미 시 〈겨울바다와 달〉에서 생명의 유한성을 직시한 까닭이고 지금껏 열람한 신작시 다섯 편에서 관통하는 시의식과 맥을 같이하고 있음을 보여준다. 도시라는 속성은 끝없이 인간성의 파괴와 인간의 삶을 지지해 준 자연환경에 위해를 가한다. 이러한 인식하에 "현문우답"에서 시의 주요 언표로 '시'와 '돈' 그리고 '사랑'과 마지막에는 '신앙'을 애써 제시하고 있다. 하지만 물질에 길들여진 심리적인 판단으로 만족과 부족함을 느낄 뿐이고 궁극은 행복과 불행으로 결론된다. 이 세 가지의 욕망의 이면에는 불안감이 내재되어 있다는 것에서 확신이 없는 것에서 같다. 그렇다면 '시'는 이미 문학적인 논의가 충분히 이뤄졌다고 볼 때 '돈'은 자본주의 사회에서 빼놓을 수 없는 물질적인 가치를 부여받고 있다. 마지막 '사랑'도 여러 유형의 사랑이 있겠지만, 조건 없는 사랑은 결국 '신앙'으로 귀결됨을 알 수 있다. 결국은 시와 돈 그리고 사랑을 욕망해 왔으나 완전한 정신적인 위안에 도달할 수 없었음을 깨닫는다.

3

정재영 시인이 보여준 언어의 표면에 반한 이면을 끝없이 지시하는 '신앙'은 시 정신을 관통하는 마지막 언표로써 중의적 세계관을 드러낸다. 그 신앙의 시작과 끝은 인간이고 처음 제시한 '강'의 이미지와 끊임없이 변주하며 치환을 거듭할 것이다. 그러한 의식이 시간의 흐름을 통해 변화되는 것 또한 아이러니하지만, 자연 질서에 순응하는 것이라고 본다. 사유 속에 녹아있는 의식들이 시의 세계에서 잉여로 초과하지 않았다고 본다면 시적 모티프는 충분하다. 어차피 시 자체의 도래는 인간의 본성을 넘어선 영감으로 이뤄진 것이라고 볼 때 지극한 신앙의 결과물이기 때문이다. 신앙信仰이라는 사전적 의미는 믿고 받든다는 의미보다 확장성을 함의한다고 볼 때 다양한 시적인 개연성으로 맞닥뜨리게 된다.

 현문우답에 적절한 《드론, 섬을 날다》에 수록된 〈시 쓰는 밤〉 전문을 통해 정재영 시인의 문학적인 논의를 마무리하려 한다. "끄집어 낼 도리 없고, 해서도 안 될 사랑의 말을 점點에 가두어 가루 별로 만들었습니다./ 별은 안개꽃 꽃망울로 수다를 떱니다./ 그 말 몇 개 집어 자근자근 짓이기면 톡톡 터져 당신 향기를 냅니다.// 사랑이란 자랑하는 게 아니라지만 꽃향기처럼 숨길 수도 없는 일이지요./ 사방팔방 퍼뜨리고 싶어도 차마 그럴 수 없는 것은 당신께서 그리 말라 하셨습니다.// 그래야지 도리 없지 다독거리는 손길은 아직 시작 못한 첫 줄 위에 멈추어 있습니다./ 백지 뿐인 공간을 바라보는 입 다문 하늘의 별들도 숨죽이고 있습니다."라며 맺고 있다. 누구에게나 가슴에 닿는 시임은 여지가 없다.

생태적 여성성과 연기론적 사유
– 석연경 시집《섬광, 쇄빙선》중심

1. 시적 세계와 아우라

 너무 길을 오래 에돌아왔다는 느낌이다. 단언한다면 석연경 시인은 그렇다고 본다. 그러다 보니 시에서도 긴 여정의 접점이 다양하게 포섭되었고, 많은 걸 드러나지 않도록 은폐하려 했다. 기법에서도 수사에 치중하지 않아 심미적이지 않을뿐더러 과감한 직유는 단조롭게 작용한다. 어차피 시라는 의미가 유의미하기 위해서는 다중성이라는 의미망을 내포해야 한다면 아이러니한 것이다. 그렇더라도 시라는 여정을 찾아가며 보여주는 시어의 낯섦이 불편을 도발한다면 한계를 넘어선다. 보편적 정서로 맞닿은 사물적 세계가 분방한 사유 속에서 내장되어 단순하지 않다는 삶의 서사이다. 매사에 분명한 상상력으로 긴장하면서도 생경한 세계와 맞닥뜨리기를 주저하지 않는다. 그러나 애써 찾아간 그곳에서마저 안식처를 찾을 수 없어 다시 떠나야 한다면 고달픈 노정이다. 고통스런 현실에서 세계로 표출된 시 속에서 '나'는 존재하지 않는다. 타자적 묘사를 통해 전망을 관조하며 시가 구조되고 있음을 알 수 있다. 그런 현실에 대한 문제 인식은 모든 것을 알고 있다는 전지적 관점임을 간파할 수 있다. 궁극은 삶에 대한 성찰과 모성인 여성성의 회복을 통한 화해와 치유 그리고 따뜻한 사회를 지향하려는 의지다. 전체적으로 시에 자연과 인간의 이항 대립적 사고가 아닌 모성母性에 기반한 생태주의를 지향하고 불교의 연기적 사유와 휴머니즘으로 합일되면서 시의 세계로 관류된다. 그러한 석연경 시인의 시적 내면을 살펴보고자 한다.

2. 행간의 언표와 다양한 매혹들

두 번째 시집 속 서시序詩 〈미인수〉는 독특하게 생긴 외래종 인기 조경수로 교목이다. 시인은 그 나무의 외피에 촘촘히 박힌 무시무시한 가시를 "단단한 고독의 뼈"로 인식한다. 어차피 고독 그 자체는 주체의 폐허에서 자기를 보호하려 한 본능으로 표출된 소극적 행위다. 건기에 수분 증발을 억제하기 위한 수단으로 잎사귀가 가시로 변화된 것도 최소한의 자기 방어 수단이다. 그런 모든 것은 변화된 환경에서 생존을 위한 행위로 실행된다. 그러면서 "잔가지부터 가시 촘촘하니/ 신전은 가시집일 터/ 우주 파동 읽은/ 충혈된 시詩의 뿌리가/ 세계를 향해 뿜는 심미안의 정수"는 가시로 둘러싸인 미인수라는 나무가 지향하는 의미가 아름다움이라면 우주의 파동까지 꿰뚫어 읽어내는 시인의 의지는 그 이상의 가치를 갖는다. 또한 가시로 보호받고 있는 '신전'은 시인에게만 존재하는 '내면의 세계'로 보아도 무방할 것이다. 환경의 충격이나 변화에서 오는 황폐함을 회복하는 데는 성전 속에 간직한 미인수 나무의 씨앗에서 해법을 찾게 된다. 씨앗은 인간으로 볼 때 모성으로 치환이 가능하다. 그러한 환경적인 재앙을 극복할 수 있는 방편으로 석연경 시인은 모성을 바탕으로 하는 생태주의적 시詩의 가능성을 생각한 것이다. 어차피 인간은 태어나서 필연적으로 죽음을 맞이한다. 그 죽음의 그림자는 시 속에 또 다른 의미로 치환된다. 죽음이라는 시어가 죽음으로 끝나지 않고 새로운 생명체로 탄생하기 위한 바르도라는 중음中陰의 단계에 대하여 말문을 연다. 생이 죽음에 이르러 또 다른 세계를 '티벳 死者의 書'에서 상세하게 말해준다.

 그런 티벳을 여행하다 만삭의 악사가 켜는 노래와 연주를 듣게 되었을 것이다. 들려준 음악을 통해 시인은 여행자만이 가질 수 있는 즐거움 대신 고통스런 삶의 전부를 봐 버린 것이다. 〈마삭 만삭 티베트 악사〉에서 힘겹게 절벽을 타고 올라가는 마삭줄기를 통해 전이된 죽음의 환영을 본다. 그 죽음은 만삭의 악사 아내가 출산할 생명의 대가다. 티베트 악사가 부른 노래는 티베트의 황폐한 현실과는 다른 세계의 노래이고, 듣거나 보지도 못했을 먼바다 산호섬 깊은 동굴에서 울려 나오는 축축한 노래일 수밖에 없다. 단지 만삭의 악사 여인의 삶과 무관한 여행객에게 기쁨을 주는 노래에 불과할 뿐이다. 궁극에는 죽음에 이르러 당도한다는 갈망의 형해形骸는 내세를 믿는 열락의 묘지에 묻혀야 끝이 난다. 그런 악사의 고통을 시인은 예감하고 있다.

 목도한 현실에 대한 불편한 사유는 또 다른 시의 편편에서 감지되는데 〈엉겅퀴〉에서도 아름다운 꽃 이미지에 반하는 불편한 시어를 의도적으로 배치하고 있다. "유랑하는 뭉게구름/ 관들이 떠다니네"라며 하얀 솜털 구름을 "관", "사막에 던져진 돌", "충혈된 묘비" 등으로 섬뜩하게 치환해 간다. 이것은 대상에 대한 인식의 낯섦을 의도한 변용에 기인할 것이다. 대상화된 엉겅퀴 꽃을 자연법칙으로 생장하여 개화하는 초본과라는 식물학적 관점에서 단순하게 바라볼 수 있는 기회를 상실한다. 그마저도 엉겅퀴라는 대상물에 그치지 않고 인간까지 범주를 확장해 버린다. 어차피 인간의 삶이나 엉겅퀴의 성장 사이클이 생과 죽음으로 귀결된다면 구분한다고 문제될 것은 없다. 엉겅퀴나 인간이나 황폐하거나 핍진한 환경을 벗어나기 위해 찾아가는 곳이 산문 안의 사찰이다. 그곳 "산문에 절망이 피네 / 텅 빈 길가에/ 보랏빛 혈이 톡톡 터지네/ 충혈된 묘비/ 고독한 눈"에 비친 길에서 기어이 너와 나마저 잃어버린다. 마음 하나 편안하게 내려놓을 곳은 그 어디에도 없다. 그래서 어렵게 찾아낸 "꽃 탑 하나 경내를 밝"히는 작은 희망으로 만족해야 한다. 그런 엉겅퀴는 또 다른 시적 형상으로 부단히 변주된다.

'만다린'이라는 오렌지의 씨앗을 심었다. 아예 사람이 살지 않는 '고성'이어야 하는 이유가 의아하다. 환경과 사람은 이항 대립의 연속임을 알 수 있다. 〈다링 만다린 오렌지꽃〉이라는 시를 살펴보면 의도를 충분히 알 수 있다. 만다린 씨앗을 사람의 손이 닿지 않는 곳에 심을 수밖에 없는 환경적 불모성을 이유로 들 수 있다. 식물이 살 수 없는 환경에서 살아남기 위해 선택한 마지막 선택지로 〈엉겅퀴〉의 "산문 안"처럼 〈다링 만다린 오렌지꽃〉에서는 "암벽 위 고성"으로 변용된다. 그마저도 사람에 의해 불리는 곳마다 호수가 되고 마지막 미답지로 선택한 고성마저 위태롭지만, 모든 것을 치유할 수 있는 모성은 "백조"로 전이된다. 이후에야 비로소 다링 만다린 오렌지꽃은 꽃을 피우고 수면 아래로 잠긴 집들도 오렌지빛 불빛으로 환해진다. 그러한 건강성을 회복하는 생태적 의도로 쓰인 시편에서 또 다른 마술 같은 치유는 이어진다. 그것은 석연경 시인만이 가능한 내면화된 시적 세계이고 대상에 대한 공간의 확장으로 다양하게 발화한다. '릴리'는 거친 땅에서도 잘 자라는 알뿌리 백합과의 식물이다.

여기서도 마찬가지로 〈릴리와 또 다른 릴리〉로 구분하고 있지만, "본 적이 없는 릴리와 또 다른 릴리가/ 보이지 않는 길 끝 너머를 바라보"는 지점은 같다. 각각의 릴리는 하나라는 공간과 한 우주 안에서 공존하는 생명체라는 것을 깨닫게 된다. 그런 연유에야 찾아갈 수 있는 〈비밀의 정원〉은 석연경 시인의 내면에 온존한 모성으로 치환된다. 그곳은 "향기롭고 달콤한/ 순백의 비단꽃길 정원"이다. 그 정원은 인간의 이기적인 생각을 버리고 "맨발"로 가야 한다. "집 없는 것들의 집/ 길 없는 길들의 길"처럼 무욕의 정신세계에서만 가능한 이상향이다. 〈연리지〉에서 그 이상향은 멀리 있지 않고 내면에만 존재하는 허상이며 파천지播遷地. "생이라는 슬픔/ 죽음은 고른 숨을 쉬기에" 오욕칠정에서 해탈한 "눈 덮인 대적정大寂定 연리지"는 바로 당신의 생애 동안에 뿌리를 내려야만 당도할 수 있다. 당신이 곧 부처이듯 사라쌍수 나무 아래 열반에 들었다는 부처의 열반지涅槃地다. 우리가 꿈꾸는 만다라는 〈동백꽃〉으로 변용을 거듭한다.

맑은 바람길
오방신 반지 끼고 미리와 기다리네
깊고 융숭 깊은 방
어둠 속 황금빛 뭉치

겨울 아지랑이 사이
투명한 거울
짙은 그림자 강 건너
참빗으로 머리 빗고
꽃섬으로 피는 꽃

그가 올 줄 알았네
까마득한 대륙 성산에서
겨울바람 거스르고 환한 갈기 휘날리며
어디선가 본 듯 어디선가 들은 듯
다디단 숨소리
둥근 울림통 어둠을 두드려
내일이면 만날 길을 부른다

붉은 연지 칠보족두리
금박 박힌 홍색 원삼
生의 화사한 핏빛 가마 타고
숨 트이게 눈부신 은빛 길 위에 섰네
지구 그림자 떠받치는 붉은 사람

　　－〈동백꽃〉 부분

　석연경 시인이 바라보는 동백꽃은 엄연한 현실 세계에 존재하는 자연물이다. 하지만 대상화된 내면의 동백꽃은 환상의 세계로 비약하려는 비현실적인 꿈의 세계를 갈망한다. 현실에 대한 비애나 고통을 극복하려는 모색을 시에서 찾고 있음을 알 수 있다. 그런 동백꽃의 개화 시점은 각기 다르지만, 본질적 의미로는 같을 수밖에 없다. 핀다는 본질은 변하지 않기 때문이다. 동백꽃이 피는 곳에 따라 꽃 그 자체가 다른 꽃으로 변종이 될 여지는 없다. 오직 동백꽃은 동백꽃 일 뿐이듯 인간도 어디에 존재하던지 인간은 인간이다. 꽃은 개화 시기가 되면 자연스럽게 개화하듯 "하늘 땅 물 불 견고한 경계도/ 하나의 탯줄 안"에서 인간도 자연과 공존하며 행복한 삶을 살고 싶다는 간절함을 엿볼 수 있다. 석연경 시인의 시를 살펴보면서 공통적 함의의 시어와 만나게 된다. 〈미인수〉의 "신", 〈마삭 만삭 티베트 악사〉의 "고대의 입구", 〈엉겅퀴〉의 "꽃탑", 〈다링 만다린 오렌지꽃〉의 "고성 정원", 〈릴리와 또 다른 릴리〉의 "한 우주" 〈비밀의 정원〉 속 "비단꽃길 정원" 〈연리지〉의 "낙안" 〈동백꽃〉의 "붉은 사람"의 궁극은 우리가 살고 있는 자연의 부분으로 볼 수 없는 절대적 가능성을 가진 모성이며 여성성을 전제한다. 우주라는 자연과 합일을 이루어 인간의 공존을 의미한다고 해도 과언은 아닐 것이다. 그 근본에는 모성에 근거하는 여성성에 있고 그런 자연법칙을 거스를 때 인간에게 다가오는 것은 재앙뿐임을 시인은 경고한다.

붉게 타오르는 파도가 지나자
맨발 아이가 길 위에서 울고 있다

　　　-〈붉은 파도〉 부분

화자는 티베트의 거리를 걷는 사람 중 맨발의 오체투지를 수행하는 범인凡人을 목격했을 것이다. 대지에 밀착한 겸허와 경외함 만큼 행복은 과연 수수收受되었는가를 의문해본다. 오체투지를 반복하면서 인간의 가슴속 열정은 더 뜨거워지는데 자연의 순환법칙에 따른 하늘은 당연하고 현실이라는 삶은 더 가빠지고 꽝꽝 얼어붙었다. 오체투지의 목적지까지 당도해도 "맨발 아이가 길 위에서 울고 있"을 뿐 이생의 핍진한 고통이 나아질 기미는 전혀 보이지 않는다. "소녀 뒷모습"에서도 공허한 종교적 삶의 무상과 시의 무력감을 확인할 뿐이다. 아픔을 인식하는 근간은 모성의 탈진이지만, 그마저 시인의 몫이다. 그런 안타까움은 더 큰 재앙까지를 초래하는 "섬광"으로 다가온다.

밖은 캄캄하고 안은 너무 밝네 전구 수십 개가 하얗게 사물을 지우고 빛 중심에 창백한 여자가 있네 머리카락이 하얗게 되네 불이 꺼지지 않네 몸이 자꾸 투명하게 바래가네 절대 잊지 않겠다 하니 섬광이 창문을 부수고 튕겨 나가네

　　　-〈섬광, 쇄빙선〉부분

태초에 어둠이 있었고 이후 빛이 들어왔을 것이다. 천지 창조의 순서를 부정할 의도는 없다. 다만 추정으로 가늠해 볼 뿐이다. 이후 빛이 있을 곳과 있을 만큼으로 우주 속 지구는 존재한다. 시인은 어느 날 계시처럼 하늘과 땅의 신음소리를 듣게 된다. 그런 이후 이상한 징후는 한동안 없는 듯했다. 하지만 그것은 은밀하게 이루어져 왔고 다만 몰랐을 뿐이다. 인어가 살았다는 전설 속 바다가 얼어붙고 폭력으로 파괴되는 지구를 외면하고 금단의 극지를 비집

고 들어가는 쇄빙선을 본다. 인간에 의해 인어가 죽어버린 것처럼 지금은 아무 일도 없지만, 인간들도 전설 속의 인어처럼 죽음이라는 숙명을 맞을 거라는 경고다. 만년설로 뒤덮인 극지에 데카르트적 사고로 무장한 이기심들이 인간의 욕망을 독점하기 위해 침투를 하고 있다. 문제는 그곳이 끝이 아니라는 데 있다.

    무풍대 적요를 훑고
    뇌우가 쏟아진다
    타버린 숲보다 캄캄하게 젖은
    커다란 사슴 두 마리는
    번쩍거리는 적요의 배후보다 멀리 보느라
    잠시 구름처럼 서성거리다 날아갔을
    재 냄새를 맡는다 고통에 움츠리며

        -〈무풍대 사슴 두 마리〉 부분

적도 아열대의 수렴대에 위치한다는 무풍대를 상상해 본다. 인간이 오래전부터 생존하는 법을 배우며 살기 위해 정착한 위도선, 그곳에서 무슨 일이 있었는지 알 수 없지만, 상상은 인간의 욕망을 "적요의 배후"로 의심할 뿐이다. 그 희생물이 될 뻔한 사지에서 살아남은 사슴 두 마리가 참상을 알려줄 뿐이다. 폐허에서 살아남기 위해 사경을 빠져나온 사슴은 대지 모신인 가이아의 마지막 남은 젖 줄 "연두 여린 입술"을 놓치지 않고 빨아야 한다. 참혹한 생존의 단면이다.

〈지구 돈다 돌아〉에서 처럼 "돈다 돌아 돌다가 어느 날 흔적 없이 사라지지 뼈다귀 한 톨쯤은 아직 돌고 있을지 몰라 사막 모래든 해변 모래든 산기슭 흙이든 그나마 어디로 휙 날아가 버릴지도 몰라 돈다 돌아 위대한 지구"가 파괴될 우려가 현실이 될 수도 있다. 지구적 생존과 직결되는 존재적 사유는 끝이 없고 가릴 것이 없다. 시인의 몸과 눈은 항시 아프다. 먼저 마음이 아프고 보는 눈이 괴롭다.

한시도 포성이 멈추지 않는 분쟁의 땅 〈팔레스타인 돌멩이〉를 보며 시인의 여린 가슴은 울분을 외면하지 못한다. 아이들이 던지는 돌멩이를 향해 거침없이 날아오는 총탄을 맞고 죽어가는 생명보다 세상에 더 소중한 것은 없다. 죽음의 돌멩이가 하나씩 더해질 때마다 "아이의 꿈속 돌멩이에는/ 금시초문 별자리가 박혀 빛난다"는 팔레스타인에서 벌어지고 있는 전쟁의 참상을 멈추게 하는 평화는 요원한가를 생명을 잉태했던 가슴으로 간절히 묻고 있다. 흉통으로 지친 마음을 쉬게 할 수 있는 정처를 떠 올린다. 그마저 쉽지 않은 현실이다. 물질문명의 시작은 어둠보다 빛을 더 많이 확장해가면서 비롯되었다. 시인은 좀 더 어두워지거나 환해지거나 미세한 차이에 개의치 않는 이분법적 사고를 상상한다. 태초처럼 어둠과 빛으로 단순해지려 한다.

극명하게 드러나는 의식으로 바라본 인간의 탐욕을 고발하며 인간의 본성을 회복하려는 자기 성찰에 이르고자 한다. 이제 석연경의 시 〈견見과 또는 관觀〉의 화두 같은 선문답을 따라 해 볼 차례다. "홍수에 소 떼기 떠내려간나 본다/ 독수리가 찬 새벽의 흰 가지에서 날아오른다 본다// 한 소식 했다는 견자가/ 해골에 단물 출렁이는 것을 관한다 본다// 빈 들에 숲이 생겼다 본다/ 피비린내가 훑고 간다 본다/ 산이 불타는 것을 본다/ 뜰 앞에 잣나무가 불타는 것을 본다// 바다 건너 저쪽이 그리워하던 이쪽으로/ 바다 건너 이쪽이 그리워하던 저쪽으로/ 정박해 있던 배가 미끄러져 가고/ 이쪽과 저쪽은 흔적 없이 사라진다 본다// 배는 제 다리에 그대로 있다 본다/ 바다 비린내가 물씬 섞인 바람이 온다 본다/ 숲이 하나 될 때까지 일렁인다 본다"는 몸의 기능은 숨 쉬는 데 필요한 이상 이하도 필요치 않은 무욕에 다다르게 된다. 주술적 최면에 빠져든 듯하지만, 위 시 전문을 통해 시인은 인간 군상들의 전생을 상상토록 하여 무욕의 근본으로 회귀를 역설하고 있다. 마음이 가벼워진다면, 눈도 가벼워지는 것이다. 그럴 때 고통스럽던 우리의 일상이 새롭게 다가오는 것이다.

봄이 오기 전 여름과 가을 그리고 겨울을 지나야 한다. 시인의 사유는 앞서 말한 바대로 새로울 것도 없고 오래된 것을 구분하지 않으면서 단지 현상을 바라볼 뿐이다. 스스로 산문을 찾아들어 사계절의 순환 속에 머무르고 있는 찰나 속 홀연한 자신을 발견한다. 사물적 변용은 사유의 전이로 이어져 "돌탑도 돌담도 나무도 적멸에 들고/ 비로소 처음처럼 아무것도 아닌 이 가을/ 고요하고 활활하니/ 겨울마저 웅숭깊"어 졌다는 시 〈선암사 달마전 돌확에 어룽대는〉 자신이 곧 선암매였음을 알게 된다. 불교적 사유의 천착은 시 전반에서 시의 세계로 표출된다. 때로는 선문답이거나 오도송悟道頌처럼 들리지만, 자연스럽게 시적 상상력으로 자리매김하는 시어가 되었다. 시도 삶도 생명처럼 다시 태어나듯 돌고 도는 것이다.

불교적 사유뿐만이 아니라 시적 내면의 자양분인 생태적 모성성이 도저하게 자리매김하고 있음을 알 수 있다.

 그런 시도 삶도 〈원추리〉 꽃처럼 그랬으면 좋겠다. "이 생의 봉우리/ 숨 가쁘면 어떤가/ 팔 벌리고/ 양지바른 곳에 모인// 질박한 빛줄기의 성채" 하나면 살만하지 않을까? 허허롭게 핀 원추리 꽃을 따라 걷다 보면 누구나 잔잔한 여울 같은 노랫가락이 흘러나올 것이다. 상처받고 위로받을 사람들이 찾아가는 자연 속 특정한 곳을 고향이라 정의하자.

 오래전부터 아리도록 아파오는 통증이 심해질 때마다 살점을 파던지며 〈마암산을 전각하다〉에서 고향의 몽유전도夢遊全圖를 완성한다. "오디가 익어가는 들을 지나/ 밀양 마암산에 닿았지/ 익숙이 까마득 낯선 꽃으로 피어/ 오묘한 향기 내뿜었어/ 깊은 숲에 점점이 핀 꽃들은/ 물그늘처럼 아른거리고/ 유실수는 물고기처럼 파닥거렸지/ 아버지가 가리키는 나무 어깨에는/ 마삭이 감겨 있었어"라고 추억을 회상한다. 그곳에서 성장한 시적 세계가 확장되면서 존재에 대한 현재까지 부연한다. 시인의 심연 속에 '마암산' 전각도篆刻圖는 시의 본질인 삶의 체험에서 비롯되고 고스란히 투영되어 긴 시간의 내적 육화를 거쳐 발화되었음을 말해준다. 몸과 마음이 피폐해질 때 우린 인간적인 사랑과 그리움을 통해 편안한 위로처를 찾아간다.

 그 명제는 특별한 방정식이 필요 없고, 단순한 산술로도 가능한 과거 속 기억을 상상하면 된다. 시인의 〈아랑 아리랑〉 부분에서는 행간에 부여된 음률이 이랑겨 오는 음보와 유장하게 가락을 이룬다. "물고기 붉은 꽃눈을 추억하느라/ 아리 아리랑 쓰리 쓰리랑 헤엄치고/ 오랜 항해에서 닻 내리듯/ 아랑은 허공의 층층바다에/ 은장도를 던지오/ 대밭에는 죽순이 쑥쑥 솟아오르고/ 둥근 달이 아리 아리랑 불멸을 노래해요/ 동지섣달 꽃 본 듯이" 살아가고픈 시인의 욕망은 다름 아닌 자연과 인간이 공존하는 모성의 회복을 강조하는 생태 시적 발화임은 분명하다. 따라서 이제는 석연경 시인도 "나"의 발견을 통한 시의 주체로서 마음이 바빠졌다. 시적 화자 속에서 당당한 주체의 확신은 시적 담론에서 실천적 의지를 이행하는 것이기 때문이다. 그런 징후는 자신을 포섭한 〈애끓다 봄〉 부분에서 맹아의 기미로 발아한다.

"지금 눈물을 흘리고 있는/ 나무 사슴 동박새 봉우리 그리고 당신…/ 사실 나의 괴로움은 당신들 슬픔에서 비롯된 것/ 이는 더 처절하게 젖은 내 슬픔이어서/ 이제 눈보라치는 절벽에도 떨지 않고/ 봄불 지피러 간다/ 봄꽃 피우러 간다"는 확신에서 가능한 것이다. 어차피 세상사가 고통과 억압의 굴레인 현실은 누구도 벗겨줄 수 없다. 오로지 삶의 주체인 '나'의 것일 뿐이다. 그런 현실에서 초연해지려는 의지야말로 시적 세계에서 맨 앞에 놓여야 할 시의 진정이라고 볼 수 있다.

3. 주체적 확신과 시론

상기해 본다면 석연경 시인의 시작 전반에서 보여주는 시의 본질은 생태적 사유를 기반으로 인간과 환경이 공존할 수 있는 모성에 토대한 따뜻한 삶의 회복에 있음을 알 수 있다. 그러한 의식 저변에 오랫동안 천착해온 불교적 사유도 석연경 시인의 시적 내구력을 다지는 데 큰 몫을 하고 있음을 말해준다. 또한 현실 속에서 실존의 의미는 끊임없는 존재와 시간 속에서 인간의 존재적 가치를 드러내는 작업임을 하이데거의 예술을 바라보는 철학이라고 본다면, 그 도구인 시어야말로 부단히 출현하는 대자연 속 사물적 세계에 대한 고뇌에서 건져 올린 석연경 시의 세계임은 두말할 여지가 없다. 따라서 시적 담론을 떠나 존재적 본질에서 제외될 하등의 이유가 없다. 〈물 위에서〉의 "징검다리 앞 끈끈이대나물이 붉게 피었습니다./ 난봉鸞鳳이 맑은 물 위를 지나갑니다"라며 시 미학적으로의 면면과 그 속에 감춰진 존재론적 의미를 부단하게 탐색하려 했다.

낯섦에서 치환한 자연의 시어
- 김계식 시선집 《연리지의 꿈》을 중심

자연과 맞닥뜨리는 촉수는 사물을 바로 보려 한 의식이고, 자아가 외부 세계로 나가는 유일한 통로이다. 그 첨예한 접점에서 발현한 자의식으로 시적 상상력은 형상화에 다다른다. 시의 세계로 내재화된 자연은 삶의 경계를 여지없이 허물어 낸다. 그러한 작업이 환기되어 건강한 시어로 추수됨을 알 수 있다.

나는
무리의 질서를 존중하는
한 마리의 일벌

-〈몰락〉 부분

비록 부분을 보여주지만, 전체를 나타내주기에 충분하다. 이 문장을 통해 시인의 시적 방향성과 삶의 정신을 가늠해 볼 수 있다. 여기에 "나는/ 한 마리의 일벌"이었다며 기나긴 침묵을 고해하는 성사를 마저 이룬다. 시인의 고백을 통해 단정할 수 있는 것은 공감할 수 있는 비애와 슬픔과 통증에서 비롯되는 아픔이 생애로 통시 通時를 이루고 있음을 직감할 수 있다. 시대를 관통해 온 체험의 공감에서 오는 의식으로 시적 발원지를 〈틈 건너온 새〉에서 일말을 엿볼 수 있다. "독일 광부와 간호사/ 월남전에 다리 하나 놓고 온 전사 등 디딘/ 가난 까맣게 모르는 손주새끼들/ 동물원으로 새보러 간다/ --중략--/ 어제 오늘로 건너온/ 우리네 삶의 틈새를 함께 건너온/ 갖가지 새/ 그 새보러 간다"라며 당시의 시골에서 흔히 볼 수 있는 과거를 현실과 빗대어 사회적 불편을 고발한 시다. 그러한 틈새는 여전할 것이고 머지않아 주류가 될 것이 자명하다. 자신 이외의 남을 인정하지 않는 사회의식을 점잖게 질타하는 모습마저 익숙하다. 오랜 시간을 제도권의 교직에서 몸담아온 까닭이다. 〈나도 너의 너다〉에서 "남의 이목이라고는 아랑곳없는/ 가면무도회의 표정"보다 더 심각한 "빗살무늬 토기 깨진 조각 찾을 수 없다고/ 플라스틱 조각으로 때워 놓은 꼴불견"의 세상을 우려스럽게 바라본다. 개인적 체험에서 얻을 수 있는 사유가 사변적 감동만은 아니듯 사회의 부조리에서 오는 불편한 불화의 시적 발화는 시인으로는 꼭 필요한 사명이다. 그러한 의식은 역사의 일면인 역사의 현장에서도 지나치지 못한다. 〈제자리걸음인 좌와 우〉는 지리산 자락 하동 북천면의 이병주 문학관을 둘러보다 느낀 감상임을 알 수 있다. "검은 풀테 안경 짙은 콧수염 뭉툭한 곰방대/ 추키고 쓰다듬고 어루만지던 손길/ 지금껏 좌와 우 하나 되지 못한 뭇사람들의 상념마냥/ 문학관 밖 고샅만 어설피 뱅뱅 돌고 있네"라며 시인의 문학적 해명까지 곁들이고 있다. 과거와 현실이 시로 아귀처럼 맞물려 있는 자아는 시로 불순한 잠식을 허용한다. 그것이 가능할 수 있는 것은 자연의 천이遷移처럼 삶을 인식한 자아에서 비롯된다. 더욱이 내면의 관용으로 전부가 아닌 일부만이 발화를 거칠 때는 아예 그마저도 보류되기 십상이다. 그러한 작업이 시인에게는 문학적 통념으로 내재화되고 서정의 공간으로 재인식된다.

 시인의 근원적 욕망은 자연의 참모습을 찾아가는 것이다. 시의 이미지를 따라가다 보면 몸과 마음이 자연의 결을 응시하고 있음을 보여준다. 김계식 시인의 시는 세계로 다가온 자연 속 풍경에서 시작되었고 과도하거나 때로는 빈약할 수밖에 없는 풍경 속 텍스트를 내면화하는 노력으로 추수되고 있다. 풍경의 실체인 내면을 인식한 순간 김계식의 시에서는 살아있는 자연의 전언을 아포리즘처럼 담아낸다. 그러한 풍경은 내, 외부를 망라하고 이미 소멸해 버린 과거의 어딘가를 향하기도 하지만, 현재와 미래를 아우르고 있다. 시선의 초점은 항상 부침 없이 성장하는 도시의 중심이 아닌 도시 바깥을 향하고 있다. 도시의 틀은 견고한 제도 속에 갇혀 시인의 시 세계로는 치유나 휴식을 취할 공간이 아니라는 것이다. 소모와 피폐를 수반하는 도시에서는 모든 것이 〈뒤죽박죽〉이 될 수밖에 없다. "전주 중앙시장 계란 직판장 유리문에/ '계란 없습니다'./ 아예 계란이 없다는 건지/ 팔아야 할 계란이 없다는 건지// AI로 살처분한 닭이/ 오늘 현재로/ 이천오백만 마리"를 깡그리 죽이고도 아무 일 없었다는 나라다. 도저히 용인될 수 사람도 잘 사는 나라라는 현실에 "모든 걸 새로이 시작했으면 좋겠다는 생각"으로 분노하지만, 그마저 혼란스럽다. 그럴 때는 시선을 다른 곳으로 돌릴 이유가 극명해진다.

 자연에 은둔하는 삶은 은일적 노장사상이고 안빈낙도의 회피적 삶이다. 그러나 시인은 그러한 경계를 절대 넘지 않는다. 눈과 귀가 더러워졌을 때는 자연 속으로 찾아 들어가는 것이 최고다. 자연으로 분리된 공간이 보기에는 누추하고 비루하지만, 오래도록 들여다 보면 누추하지 않고 비루하지 않은 당당한 이유를 귀로 들을 수 있다. 섬진강 변의 물소리가 귀를 씻어주기 때문일까. 소음이라는 데시벨의 단위가 어느 지점부터 꽃잎이 벙그는 소리로 들려온다는 화개花開 장터를 향하고 있다. 〈벚굴〉을 통해 은유하고 있는 시인의 눈은 한갓 미물에 불과한 '벚굴'을 통해 시인의 속말을 전하고 있다. "오직 하나 아직도 입술 꼭 여민 벚굴/ 담수의 맑은 물 쪽도/ 짭짜름한 해수 쪽도 편 들지 못해/ 훈풍도 모르쇠 거칠게 앙다물고 있"는 벚굴의 모습에 쉽게 다가갈 수 없는 생리적 불편함을 표출한다. 몸으로 감지한 자연과 시인의 의식이 동화할 수 있는 시간이 아직은 더 필요하다. 자연과 오랜 단절에서 오는 모음으로 "만삭된 벚꽃망울들/ 오백오십 리 줄달음쳐 달려온/ 섬진강 짠한 역사며/ 푸른 바다 일렁이며 다독인" 세월의 전언을 통해 여기까지 달려온 이유를 알게 된다. 자연을 통해 두툼해진 서정의 시선은 벚꽃이 벌어지는 찰나에서 멈추지 않고 더 깊어진다. 그 너머 '벚굴'의 꽉 다문 입속에서 발화되지 못한 묵음의 의미까지 치환해 낸다.

헌 나무 질통
가늘게 쪼갠 대나무로 테를 맨다
금간 옹기동이
두툼한 무명배로 배접褙接한다

헌옷 같은 편함이 좋아서
나보다 더 나를 잘 아는 게 좋아서
얽어매고 때우고 꿰매고 붙이고
끊기려는 명줄을 이으려 애를 태운다

-〈연명〉 부분

　김계식 시인은 이미 그러한 연배를 훌쩍 뛰어넘은 칠십이종심소욕七十而從心所欲, 불유구不踰矩에 이르렀다. 내 마음이 원하는 바를 순연히 따르는 것이어서 법도에 어긋날 수 없다는 것이다. 공자는 학문을 통해 죽음의 예禮를 삶의 예禮로 학學을 이뤄 낸 사람이다. 공자와 달리 자연을 학學의 근본으로 삼고 살아온 시인의 시 세계는 아름답고 웅숭깊을 수밖에 없다. 자연을 답사하며 깨달은 가치는 의미 그 이상이다. 질통이 수명을 다하면 느슨해진다. 이것을 더 사용하기 위해 조여 줘야만 한다. 대나무를 깎아 질통을 조이는 데 사용하는 테를 만든다. 잘 빚어진 옹기동이도 흙에서 나오고, 사용하다 깨진 옹기를 때우는 데 덧댄 두툼한 무명 삼배 그 또한 흙에서 나온 동질이다. 그러려니 하며 보아 넘길 수 있는 일상이 예사롭지 않게 보이는 시점이 곧 깨달음이다. 어거지처럼 들이대지 않아도 〈연명〉에서 "헌옷 같은 편함이 좋아서/ 나보다 더 나를 잘 아는 게 좋아서/ 얽어매고 때우고 꿰매고 붙이고/ 끊기려는 명줄을 이으려 애를 태"우는 모습이 우리였음을 상기한다. 더 시간이 지난 어느 때인가는 시인에게도 예감할 수 있는 "해거름/ 황혼이라고 믿은 서글픔 위로/ 언뜻언뜻 내일의 일출 얼비침에/ 살며시 쥐어보는 생명선"을 가늠해 보는 여유마저 가능해졌다. 해가 저무는 곳은 언제나 서쪽 하늘이고 어둠도 서쪽으로부터 다가온다는 자연법칙을 이미 헤아리고 있다. '연명'은 생과 죽음에 대한 자유 의지까지를 함의하고 있다. 시인의 인식 속 자연과 삶의 경계에는 보이지 않는 문이 존재한다. 그 문을 오가며 시인의 삶을 검열하기를 주저하지 않는다. 그렇다고 자기 검열을 통해 시적 성찰에 이르러야 하는 것은 아니다.

　짚신 한 짝 외로이 놓인 댓돌을 디딘 시선
　열린 방문 너머로 바라본 아랫목 햇대에는
　집안의 역사만
　주렁주렁 거미줄로 매달려 있고

　빠끔히 정지문 열고 서 계시는 어머님 모습
　전기는 있지도 않았던 그 곳에
　13촉 알전구 불빛마냥
　어른거리는 내 고향집

　오늘 밤에는
　어머님의 전화번호 찾지 못해
　너른 광야를 또 얼마나 헤매야 할지
　벌써 정신이 멍멍한 내 마음의 공황.

　　　　-〈공황〉전문

　누군가를 잊어야 하지만 쉽게 잊히지 않는 것이 인연이다. 인연 중에서 모질도록 그리운 인연이 어머니다. 언젠가는 찾아오는 죽음을 통해 아픈 이별을 안고 남은 사람은 살아가야 한다. 그토록 극한 슬픔도 시간이 흘러 삭아지면 애처로운 그리움이 된다. 그럴 때마다 몽매토록 더 그리워지는 것이 어머니의 손때가 묻은 고향 집이다. 텅 빈 시골집을 찾아간 시인은 그래도 어딘가에 있을 어머니의 흔적을 놓칠 수 없다. 아무리 찾아보지만, 어머니는 보이지 않는다. 잊을 수 없는 빈집에 촘촘히 걸쳐진 거미줄마저 더 애처롭다. 망막한 날이다. 〈사모곡〉에서는 "어머니의 굽은 등/ 그리운 눈빛으로 바라보다가/ 문득 저 아래쪽 여윈 볼기로 깔고 앉은/ 서러운 새끼 타래를 보았습니다."라며 자신의 철없던 시절을 회상하고 있다. 타래는 울타리에 심어 붉은빛이 돌 즈음 잘 익은 열매를 따서 처마 밑에 매달아 두었다 약으로 달여 먹던 약재다. 그런 타래마저 어머니의 손길이 닿은 의미 이상으로 감지한다. 추운 달밤까지 새끼줄을 꼬아 가족을 챙겨 온 과거까지 회상하는 것은 덤으로 얻은 서정이다. 타래로 자극된 이미지가 과거의 시간으로 되돌려지며 의미가 걷잡을 수 없이 확장된다. 그렇다고 마냥 어머니에 대한 회상에 머물러 있을 수만은 없다.

 오랫동안 걸어온 길이 너무 아득해 보인다. 그 길은 누구도 알려주지 않아 스스로 찾아 나서거나 물어 찾아가야만 닿을 수 있는 시원의 길이다. 그곳에 닿으려면 안주할 수 없는 고된 질주라면 그것은 평범한 사람의 길이 아님을 알아챌 수 있다. 인간이 태어나 시작부터가 끝없이 유랑(流牧)하는 생일지 모른다. 어머니의 모태를 벗어나 발걸음을 떼면서부터 시작되는 습성은 주변으로 끝없이 나아가야 하는 영역 확장으로 비롯되고 삶의 반경을 이룬다. 유목적 삶의 반경에 서식하는 다양한 환경과 매번 부딪치면서도 변할 수 없는 것이 있다. 시어를 통한 모성으로의 회귀 지향은 모태인 자연언어를 몸이 기억하기 때문이다. 시인의 사변적 일상은 시의 관심으로 유발되고 시로써 다시 태어나고 비로소 하나의 가치를 지닌 시로써 명명됨을 볼 수 있다. 사실 환경에 무심해져 버린 사람들이 사는 세상이 요즘이다. 하물며 사람이 잘못되어도 무심한 세상인데 길가에 있는 듯 없는 듯 처박혀 있는 우체통쯤이야 별 대수가 아니다. 모두가 무관심하게 방치한 녹슬어가는 우체통을 그냥 지나치지 못한다면 그것이 오히려 문제가 되는 세상이니 말이다. 녹슬어 간다는 것 자체가 함의하는 종착은 소멸이다. 사람이 흙으로 돌아가는 긴 여정 자체가 곧 눈물이고 마음 쾡하도록 아픈 통증이다.

〈녹슬어가는 세월〉도 그 범주에서 크게 벗어나지 않다는 것을 보여준다. 누구나 존재감을 보여주며 살아가고 싶지만, 그럴 수 없는 문제가 현실이다. 우체통도 스스로 가슴앓이처럼 아파하다 사라져야만 하는 "골목길 어귀에서/ 부양가족 없는 외톨이로/ 시름시름 앓고 있"는데 누구 하나 보듬어 주지 않고 되려 "철딱서니없는 통개 한 마리/ 왼쪽 뒷다리를 들고/ 질펀하게 오줌 갈겨/ 제 영역을 농하게 그려놓으면// 정신 오락가락하는 빨간 우체통/ 제 눈물인양/ 쾡한 마음 밭에 담긴 찬바람 쓸어안고/ 징징 울고 있는 꼬락서니가/ 그냥 짠하다"며 어쩔 수 없는 현실을 수용하고 만다. 그렇다고 여기에다 모든 것을 놓아버린 것이 아니다. 시인의 시 세계는 의식의 해체를 통해 무망 해진 것을 이미 깨달았지만, 욕망을 놓지 않는다. 성찰까지는 아니더라고 의식의 전환을 위한 시도를 멈추지 않는다. 시 〈균형잡기〉에서 "나무에 매어놓은 찌러기// 한 방향으로 잡아돈 외고집/ 끝내/ 벌건 콧구멍으로/ 날선 아픔을 쌕쌕 뿜고 있다"며 자의식을 바라보는 시점으로 끝나지 않고 도발적 인식으로 전환해 간다. 그러한 인식의 전환은 존재 의미로 발화한다. 시인만이 인식한 구체적인 서정의 공간에 둥글다는 달을 띄워 올렸다.

둥근 달덩이였다
가느다란 외줄기쯤
깊숙이 감춘
그럴싸한 함성이었다

초점은
그 작디작은 꼭지였던 것

그저 여린 끈의 끄트머리인 줄 알았더니
탄소 소재로 된 질김의 상징이었고
지구를 통째 빨아들이는
생명의 빨대였다

  -〈배 꼭지〉부분

 발화한 시어가 감각을 자극한 질감으로 다가온다. '둥근 달덩이'라는 이미지가 떠오르고 이어 '함성'은 청각적 분별까지 요구한다. 그러면서 다시 빨대라는 미각적인 음미를 강요한다. 그러다 기어이 시각을 자극하여 숨겨진 의미를 읽어내도록 장치하고 있다. 시인의 눈빛을 꿰뚫고 있는 배의 꼭지다. 그 작은 꼭지를 통해 달덩이 같은 풍만한 배를 키웠다. 그토록 풍성함으로 충만한 배를 키워내기까지는 시련을 참고 견딘 내력이다. 단단한 결속의 이음새마다 흔들리지 않도록 견고하게 지탱해 준 꼭지가 있었음을 환기하고 있다. 과거 한 때 자신만의 아집으로 "지구를 통째 빨아들이는/ 생명의 빨대"이길 바랐던 적이 있었음을 진술한다. 생물적 기능에 불과한 배 꼭지에 우리가 상상할 수 없는 생명성이 함축된 가계家系를 이루고 있다. 단순한 시어의 나열에도 관심의 집중은 균일하게 재 배분되고 있다. 기어이 의미를 획득하고 대상화의 진술에 성공한다. 이 '꼭지'라는 수유 지점을 통해 개개인이 아닌 우리가 자연이라는 공간에서 공존할 수 있음을 의미한다. 자연이라는 복판에 솟은 산과 산을 이어가는 길을 따라 시인의 눈은 바쁠 수밖에 없다. 〈가을 복판에 들어서다〉에서는 기왕에 "짙게 그린 도계道界쯤은/ 허공에 그린/ 어느 곳에서도 찾을 수 없는 헛금// 내장산 무르익은 단풍/ 추령고개 넘으며 갈탄 목 축이려/ 장성호를 굽어볼 즈음/ 백양사 추켜세운 울창한 숲 덩달아 고왔다"는 시인이 자연 속의 일부로 동화되어 간다. 자연은 이미 시인의 가슴 안에 있는 상상의 자연이 아닌 몸이 욕망하는 자연이다. "산골 아낙네들 앞서 품은 가을바람/ 살진 감 곱게 전 벌이고/ 제 마음의 정까지 흥정하고 있는" 내장산의 풍경을 통해 자연에 동화 된다. 그러나 자연의 이면에 터를 잡은 산골 아낙의 '살진 감'은 결코 붉은 가을의 서정과 비례한 것만은 아니다. 먹고사는 생존과 직결되는 자연과 인간의 경계에서 붉어가는 가을이 첨예한 대립을 완충하고 있음을 간과할 수 없다. 산골 아낙에게는 하루가 천금처럼 애끓는 생계다. 태생적 가난을 체험한 시인은 다만 속내를 내보이지 않을 뿐, 이미 다른 세계를 통해 고단한 전언을 마다하지 않는다. 시인의 촉수는 전신全身이다.

한순간도 생각을 멈추거나 쉬지 않고 대상을 살핀다. 〈더듬이 짓〉처럼 생각을 좇아 몸이 뒤따라간다. 다가가려는 곳은 보이지 않은 미지의 자연 속이거나 자연의 일부로 흡수되어 흔적조차 없는 풍경만 남은 전설일 수도 있다. "미지는 언제나/ 낯선 들어섬 앞에 두려움으로 무장한다// 마라난타 존자가 멀고 먼 극동/ 백제에 첫발을 붙인 그 깊은 뜻이나/ 불갑사 대웅전 삼신 불좌상이/ 왜 동쪽을 향해 앉았는지/ 아둔한 자가 어찌 알 수 있을까"라며 반문한다. 진리를 향한 탐문은 오랫동안의 사유를 유발하여 자연에 대한 응시로 나타난다. 그윽하게 바라본 지점의 표면에 응전된 시간까지도 꿰뚫는 날카로움이다. 백수 해안도로를 따라 찾아들었던 수백 년 전의 마라난타 존자를 떠올린다. 낯선 곳에 대한 탐색은 두려움이 따르지만, 시간이 지나면 보편적 가치를 벗어나지 못한다. 사람 사는 거나 만물이 피고 지는 것마저 크게 다를 바가 없다는 인식에 다다른다. "잎과 꽃/ 만나지 못한 상사화의 서러움"을 통해 "또 한 삶의 서툰 행보"를 내디딜 수밖에 없음을 자각한다.

 티베트 사람들은 평생의 소원으로 오체투지를 통해 삶을 훌훌 벗어던지고 라싸까지 찾는 고행을 마다하지 않는다. 어찌 보면 시인은 티베트 사람들처럼 헛헛한 생의 덧없음을 깨닫기 위해 자연을 순례하며 마음을 청결히 하는 수행을 하는지 모른다. 그러한 의식이 시에서 표출되고 있지만, 사유의 접점은 아쉽게도 이해가 가능한 코드에서 정물화靜物畵되고 만다. 자연의 순례에서 만나는 서경敍景을 더 강한 상징으로 환유하지 못하고 마는 아쉬움이 크다. 〈비에 젖은 나제통문〉의 "나제통문 지나/ 무풍 땅에 들었더니/ 억양 다른 말소리에 귀가 막혔다// 적상산 붉은 치마폭/ 보드라움으로/ 닦아내고 닦아내도 끄떡없더니"라며 자연 속 풍경에서 서사적 의식으로 발화한다. 하지만 "무슨 필설로 이 우매를 타이를 것인가"라며 감상적 애수에서 시적 치환으로 더 진전되지 못한다. 〈연리지의 꿈〉에서도 "기어코 그 꿈 이루고 말리라는 믿음에/ 너 아닌 나로/ 나 아닌 너로/ 똑 같은 크기의 나이테를 그려내고 있다"며 유사성을 보여준다. 이어 〈두 줄기 빛〉의 "다 잊고/ 오순도순 우리의 마음 하나로 섞은 빛/ 저 동산에 내거는 쌍무지개로/ 앞서거니 뒤서거니 그냥 어울려 살아가자고요"에서처럼 시 세계에서 보여주고 있는 친숙함은 사실 낯섦의 부재에서 오는 위안일 수밖에 없다. 낯섦의 부재라는 것은 유형의 반복으로 시적 긴장감을 떨어뜨려 과소비를 유발한다. 물론 일부는 문학적 가치로 환수되겠지만 말이다. 그러한 낭비를 감소시키기 위해서라도 자의를 배제한 시대적 통증이 내재된 구체적 발화가 요구된다. 그것은 자연을 통한 언어의 분화에서 확장된 타자성을 환기해야만 가능하다. 그러한 징후의 기미는 멀리 있지 않다. 시인의 시속에서 맹아의 촉이 이미 발현하고 배를 띄울 강물도 남상濫觴에서 비롯됨을 인식하고 있다.

어둠을 뚫고 나가는
구부러짐 없는 한 가닥 밝은 빛이요
정적을 뚫고 나가는
날카로운 한 줄기 소리올시다

추녀 밑 단단한 돌에 동그란 확을 파는
끊임없는 물방울 그 힘의 첫머리요
도도한 물줄기를 이루어 바다로 흘러가는
남상濫觴이올시다

　　　-〈꿈의 씨눈〉 부분

화랑의 금석문에 새긴 맹세처럼 이 시를 통해 시인은 무언가에 대한 단단한 결의를 내비치고 있다. 촉을 화살에 매달아 쏘면 날아가

과녁에 꽂힌다. 그러나 여기에서 촉은 감을 이르고 있어 비집고 나온 촉은 때로 감感보다 앞서는 혜안이거나 마른 땅을 비집는 강한 힘을 가진 여린 싹이기도 하다. 그렇기에 '촉'은 보편성에 담보된 언어 체계에 대한 타격을 가할 수 있는 최상의 무기임이 분명하다. 상처를 입은 언어들은 새살을 돋우려는 강한 의지의 촉수를 드러낼 수밖에 없다. "추녀 밑 단단한 돌에 동그란 확을 파는/ 끊임없는 물방울 그 힘의 첫머리요/ 도도한 물줄기를 이루어 바다로 흘러가는/ 남상濫觴"임을 진술하고 있다. 시적 감수성이라는 상투성을 탈피하고 차별성을 획득하려는 날카로운 의지의 '촉'이 몹시 기대되는 시점이다. 그것은 김계식 시인의 시가 가진 최고의 희망이기에 놓칠 수가 없다.